UNIVERSALE
ECONOMICA
FELTRINELLI / SAGGI

BECKY A. BAILEY

Facili da amare, difficili da educare

Crescere i figli con autocontrollo e sensibilità

Traduzione di Grazia Maria Torasso

Titolo dell'opera originale
EASY TO LOVE, DIFFICULT TO DISCIPLINE

Published by arrangement with William Morrow,
an imprint of HarperCollins Publishers.

Traduzione dall'inglese di
GRAZIA MARIA TORASSO

Prima edizione nell'"Universale Economica" – SAGGI ottobre 2015

Stampa Nuovo Istituto Italiano d'Arti Grafiche - BG

ISBN 978-88-07-88720-8

FSC
www.fsc.org
MISTO
Carta
da fonti gestite in
maniera responsabile
FSC® C015216

Indice

Questo libro è dedicato a mia mamma e mio papà
con immenso amore e gratitudine.

Lo dedico anche all'amore tra tutti i genitori e i figli.
Questo amore è un dono del potere universale
che unisce tutti noi.

Capitolo 1

Da ostinati a disponibili

A wonderful woman who lived in a shoe
Had so many children,
And she knew exactly what to do.
She held them,
She rocked them,
She tucked them in bed,
"I love you, I love you"
Is what she said.[1]

Avete mai pensato: "Le ho provate proprio tutte per far vestire mio figlio" (o fargli fare i compiti, o pulire la sua camera) per poi arrivare alla triste conclusione: "Ci rinuncio"? Avete mai punito vostro figlio per poi sentirvi in colpa per esservi comportati proprio come avevate giurato a voi stessi che non vi sareste mai più comportati? Vi siete mai ripromessi di fare ginnastica regolarmente, mangiare meglio, o trascorrere più tempo con i vostri cari, per poi scoprire che quelle promesse erano difficili da mantenere? Alla fine, avete rinunciato o vi siete sentiti in colpa?

Ho scritto questo libro per aiutarvi a modificare il vostro comportamento, poiché solo imparando a disciplinare voi stessi sarete in grado di indirizzare con sicurezza il comportamento dei vostri figli. Vi dimostrerò perché acquisire autocontrollo e autodisciplina permette di sapere esattamente che cosa fare per educare i figli.

Se vi chiedessi di tenere un corso di fisica nucleare, sareste in grado di farlo? Probabilmente no. Sapreste insegnare a vostro fi-

1 Una donnina meravigliosa viveva in una scarpa, / Aveva tantissimi bambini, / E sapeva esattamente cosa fare. / Li abbracciava, / Li cullava, / Rimboccava loro le coperte, / "Vi voglio bene, vi voglio bene" / È ciò che diceva. [*N.d.T.*]

glio a saltare con l'asta? Anche in questo caso, probabilmente, la risposta sarebbe ancora no. Non si può insegnare ciò che non si conosce.

Tuttavia, spesso, chiediamo ai bambini di acquisire competenze che mancano a noi stessi. Richiediamo loro di fare ciò che diciamo, non ciò che facciamo. Certi genitori *urlano*: "Vai in camera tua e datti una regolata". Altri, mentre afferrano il giocattolo per cui due bimbi della materna si stanno azzuffando, li ammoniscono: "Non si strappano di mano i giochi agli altri! Adesso lo tengo io!". Mariti e mogli si danno battaglia ricorrendo a strategie di attacco quali insulti e isolamento. Poi, però, pretendono che i figli risolvano i propri conflitti con calma, discutendone. Nel migliore dei casi, la nostra intelligenza emotiva è primitiva e, che ci piaccia o no, trasmettiamo tale incertezza emotiva ai nostri figli.

Per la maggior parte di noi imparare a mantenere l'autocontrollo rappresenterebbe un cambiamento rilevante. Perciò questo libro riguarda il cambiamento: vi esorta a modificare il vostro comportamento e quello dei vostri figli per sentirvi più uniti, per accettare e risolvere le situazioni conflittuali, e per godervi la vita. Quando voi stessi sarete un esempio di autocontrollo, i vostri figli mostreranno un autocontrollo che non avreste mai pensato potessero acquisire. Vi aspettano sorprese meravigliose.

Quando voi stessi sarete un esempio di autocontrollo, i vostri figli mostreranno un autocontrollo che non avreste mai pensato potessero acquisire.

Immaginate di dire una sola volta a vostro figlio di farsi la doccia e che lui si metta in marcia immediatamente. Immaginate di promettere a voi stessi di diventare più ordinati, o di smettere di farvene un problema, e poi di riuscire a mantenere la promessa. Questo libro vi aiuterà a rendere concreti simili propositi e tanti altri.

Facili da amare, difficili da educare può aiutarvi a diventare la persona che vorreste che vostro figlio emulasse. Vi renderà più capaci di autodisciplinarvi e di crescere i vostri figli. Imparerete a non controllarli semplicemente con regole e punizioni, e scoprirete come creare una famiglia basata su relazioni sane e in cui i figli scelgono volontariamente di collaborare.

Vi sembra impossibile? La versione rivisitata della filastrocca di Mamma Oca[2], all'inizio del capitolo, contiene tutti gli ingredienti necessari. Se volete che i vostri figli cambino, innanzitutto dovete diventare adulti meravigliosamente amorevoli. Dovete concentrarvi su ciò che *volete* che accada, piuttosto che su ciò che *non* volete. Dovete fare affidamento sull'amore, non sulla paura, per motivare voi stessi e i vostri figli. Quando imparerete ad amare voi stessi, sarete pronti a insegnare ai vostri figli ad amare se stessi e gli altri.

Si tratta di un approccio radicalmente diverso da quello espresso nella filastrocca originale, che fa così:

There was an old woman who lived in a shoe,
She had so many children
She didn't know what to do.
She gave them some broth
Without any bread;
She whipped them soundly
And put them to bed.[3]

Avete mai manipolato vostro figlio con il cibo, come ha fatto Mamma Oca? ("Se fai il bravo mentre facciamo la spesa, poi ti porto da McDonald's"). Avete mai sculacciato vostro figlio, colti dalla disperazione? Non sapendo bene come procedere, avete spedito vostro figlio in camera sua o in "time-out"?[4] Quante volte vi siete sentiti come la vecchia signora stanca (o come un vecchio papà stanco) dopo essere sopravvissuti a una giornata combattendo con i vostri figli, battaglia dopo battaglia? A volte la casa dà davvero l'idea di essere angusta come una scarpa con lacci legati troppo stretti.

Che sensazione vi darebbe il domani se sapeste esattamente come comportarvi? Quando i vostri figli bisticciano, sareste in grado di insegnare loro a risolvere i conflitti, invece di punirli. Quando i vostri figli si rifiutano di riordinare, sapreste come fare

2 "Mother Goose", Mamma Oca, è un personaggio archetipico (un'oca antropomorfizzata nel ruolo di anziana signora di campagna, che racconta fiabe o recita filastrocche). *Mother Goose* è la più famosa collezione di filastrocche del mondo. [*N.d.T.*]

3 C'era una vecchia signora che viveva in una scarpa, / Aveva così tanti bambini / Da non sapere cosa fare. / Così diede loro la minestra / Senza pane; / E dopo averli sculacciati sonoramente / Li mise a letto.

4 "Time-out" significa spedire il bambino in camera sua per un tempo stabilito dall'adulto (come alternativa alla classica punizione). [*N.d.T.*]

a superare la loro resistenza e ottenerne la collaborazione, invece di finire per assillarli, punirli o svolgere il compito al posto loro. Quando i vostri figli perdono il controllo, sareste capaci di aiutarli a calmarsi e a riorganizzarsi, invece di urlare più forte di loro. Immaginate di sapere esattamente che fare!

I tempi sono cambiati e noi dobbiamo fare altrettanto

Quando si tratta di descrivere la nostra situazione sociale, dire che "i tempi sono cambiati" è davvero un eufemismo. Sono avvenuti parecchi cambiamenti nella nostra società, ma nessuno è stato così profondo come il passaggio dai ruoli alle relazioni. Verso la fine degli anni Cinquanta, la società è entrata in un nuovo, audace territorio: abbiamo deciso, collettivamente, che i ruoli del passato erano troppo limitanti. I ruoli di marito e moglie erano stabiliti in modo esplicito. Il ruolo del bambino (essere visto e non ascoltato) e il ruolo del genitore (essere il capo) erano ben definiti. Le relazioni si basavano sui ruoli così prescritti. Finché ognuno svolgeva il proprio dovere imposto, tutto andava bene. Soltanto che, pur nel comfort e nella sicurezza garantiti da questi compiti, si sentiva che mancava qualcosa, specialmente a chi era relegato in ruoli subordinati. Il gruppo privo di potere (le donne, le persone di colore, i disabili, i bambini) si è ribellato. Era aumentata la consapevolezza, e la gente, spavaldamente, chiedeva di più. Volevamo relazioni, partner e intimità basati sulla parità di valore, anziché su ruoli gerarchicamente prescritti che distinguevano le persone tra chi aveva potere e chi non l'aveva. Purtroppo, però, non avevamo le abilità relazionali o le competenze sociali necessarie per far funzionare queste nuove relazioni. Il numero dei divorzi è salito alle stelle. Le aziende sono ricorse a riorganizzazioni radicali, cercando personale che possedesse spirito d'iniziativa e capacità comunicative. I bambini sono diventati esigenti e i genitori si sono sentiti disorientati rispetto a come comportarsi. Ci siamo trovati in un territorio inesplorato, in cui mentre cerchiamo di stabilire relazioni significative con gli altri, dobbiamo anche apprendere capacità di interazione che promuovano il rispetto. Dobbiamo ottenere strumenti nuovi per tempi nuovi. *Facili da amare, difficili da educare* si propone di insegnare ad acquisire abilità che aiutino i genitori a costruire relazioni di rispetto con se stessi, tra loro e con i propri figli.

Tutti i genitori esprimono un codice di comportamento e un sistema di valori e lo fanno attraverso le interazioni quotidiane con gli altri. Finché non diveniamo consapevoli di questi modelli d'interazione, non saremo in grado di costituire una guida morale per la generazione futura. Il rispetto lo insegniamo finché siamo calmi e la vita procede per il verso giusto. Che cosa succede ai nostri valori quando ci ritroviamo stressati e la vita si complica? Come ci comportiamo quando siamo imbottigliati nel traffico, quando i figli dimenticano il diario a scuola, il partner si scorda per l'ennesima volta di fermarsi a fare la spesa, o quando la suocera ci stressa sulle nostre scelte educative? Che cosa accade al rispetto reciproco in questi momenti?

Facili da amare, difficili da educare ci riguarda un po' tutti. Ciascuno di noi è facile da amare in certi momenti e difficile da sopportare in altri. È facile amare i nostri figli quando fanno ciò che chiediamo loro appena glielo diciamo. È facile amare i nostri compagni quando siamo d'accordo su come crescere i figli. È facile amare noi stessi quando siamo all'altezza delle nostre personali aspettative. Questo libro parla delle altre volte. Le volte in cui la vita non va come l'avevamo programmata. Quando gli altri non si comportano come avremmo sperato. E quando le nostre stesse azioni ci lasciano con l'amaro in bocca.

Facili da amare, difficili da educare presenta un quadro disciplinare chiamato "guida amorevole". Questo quadro si basa sulla premessa che il modo in cui percepiamo una situazione plasma la nostra condotta. Per modificare un comportamento, dobbiamo concentrarci sulle nostre percezioni e non solo sulle nostre azioni. Questa guida amorevole investe i genitori dei *Sette poteri dell'autocontrollo,* abilità percettive che vi permetteranno di diventare proattivi piuttosto che reattivi nei momenti di conflitto, e di mantenere il controllo di voi stessi e dei vostri figli.

L'autocontrollo deve essere la priorità assoluta di tutti i genitori. Mantenere l'autocontrollo non significa fingere di essere calmi nei momenti difficili. È la capacità di aprirsi ed empatizzare con gli altri, di accettare e riconoscere il valore delle differenze, di comunicare i propri sentimenti in modo diretto, di risolvere i conflitti in modo costruttivo e di gioire nel sentirsi vicini e connessi con gli altri. È la capacità di accogliere il conflitto come un'opportunità di apprendimento invece di considerarlo uno sconvolgimento. I Sette poteri dell'autocontrollo sono modi di percepire e pensare. Se adottiamo tali modi di vedere i momenti difficili, conserveremo una capacità di autodisciplina sufficiente a permetterci di disciplinare gli altri. Ciascuno dei sette poteri è associato a uno slogan che vi aiuterà a ricordarvi di usare quel particolare potere nei momenti di conflitto. I *Sette poteri dell'autocontrollo* e gli slogan che li sostengono sono i seguenti.

1. Il potere della Percezione: nessuno può *farci* arrabbiare senza il nostro permesso.
2. Il potere dell'Attenzione: la cosa su cui ci si concentra è quella che si ottiene di più.
3. Il potere del Libero Arbitrio: l'unica persona che possiamo *far* cambiare siamo noi stessi.
4. Il potere dell'Unità: concentrarsi sulla connessione invece di cercare di essere speciali.
5. Il potere dell'Amore: vedere il meglio negli altri.
6. Il potere dell'Accettazione: questo momento è così com'è.
7. Il potere dell'Intenzione: il conflitto è un'opportunità di apprendimento.

Dai Sette poteri dell'autocontrollo emergono le *Sette competenze disciplinari fondamentali*. Queste sono le *uniche* capacità di cui avete bisogno per rispondere in maniera costruttiva a qualsiasi momento difficile. I genitori che attingono ai Sette poteri dell'autocontrollo e usano le Sette competenze disciplinari fondamentali creano una famiglia che mostra con l'esempio i *Sette valori per vivere*. Questo accadrà automaticamente. Quando voi genitori cambierete i vostri atteggiamenti e comportamenti, i vostri figli faranno lo stesso. Ciascuna delle Sette competenze disciplinari fondamentali ha uno slogan che vi aiuterà a ricordarvi che cosa potete aspettarvi quando utilizzate quella capacità. Di seguito trovate un elenco di slogan e valori a cui vi atterrete e che insegnerete ai vostri figli.

1. Calma: vivere secondo i valori che si vorrebbero sviluppare nei figli.
   Insegna l'*integrità*.
2. Incoraggiamento: rispettare i figli per avere il loro rispetto.
   Insegna l'*interdipendenza*.

3. Assertività: dire di no ed essere ascoltati.
   Insegna il *rispetto*.
4. Scelte: costruire l'autostima e la forza di volontà.
   Insegna l'*impegno*.
5. Intento positivo: trasformare la resistenza in collaborazione.
   Insegna la *collaborazione*.
6. Empatia: gestire le scenate e i capricci.
   Insegna la *compassione*.
7. Conseguenze: aiutare i figli a imparare dai propri errori.
   Insegna la *responsabilità*.

Disciplinare e insegnare sono la stessa azione

Questo libro parla di genitori che insegnano ai propri figli a comportarsi bene, non di genitori che controllano il comportamento dei propri figli. I problemi disciplinari con i figli s'incontrano quando sorgono conflitti d'interesse. Il conflitto può avvenire tra adulti e bambini, o tra bambini. In pratica, insegnate ai vostri figli a risolvere i loro conflitti con gli strumenti disciplinari correttivi che utilizzate voi. I vostri strumenti disciplinari si trasformano in abilità interpersonali che i vostri figli adotteranno e porteranno con sé in tutte le loro relazioni future. Se considerate la disciplina in quest'ottica, vi renderete conto che la vostra guida coinvolge problemi molto più profondi del riuscire a far terminare i compiti ai figli o a farli andare a letto a un'ora precisa. Dal vostro approccio alla disciplina i vostri figli imparano a risolvere i conflitti e a soddisfare i loro bisogni per il resto della vita.

Attraverso la disciplina insegnate ai vostri figli a far fronte ai bisogni contrastanti di persone diverse.

I conflitti distruggono le persone adulte. I conflitti possono avvenire dentro di noi, con il nostro partner, tra vicini di casa o tra nazioni. Oggi il tasso di divorzi ha raggiunto il 50 per cento. Nel XX secolo le guerre sono costate la vita a 150 milioni di persone. Il Fondo delle Nazioni Unite per l'Infanzia stima che, solo nell'ultimo decennio, le guerre hanno provocato la morte di 1 milione di bambini, hanno reso disabili 5 milioni di minori e lasciato orfani 12 milioni. È chiaro che abbiamo bisogno di metodi migliori per risolvere i conflitti.

Una guida amorevole: la strada migliore

Storicamente, quando i bisogni di un bambino si scontravano con quelli di un adulto, i bisogni dell'adulto avevano sempre la precedenza. I genitori consideravano un successo qualsiasi strategia inducesse il bambino ad arrendersi. Mantenevano la disciplina negando i bisogni dei loro figli, di solito attraverso forme di coercizione. In sintesi, genitori potenti dominavano bambini impotenti.

Recentemente è avvenuta un'inversione di tendenza. Bambini potenti e arroganti sembrano dominare adulti impotenti. I genitori che non vogliono ripetere i modelli che hanno governato la loro infanzia, ma non sono capaci di un approccio migliore, hanno semplicemente ribaltato il problema: hanno negato i propri bisogni e permesso ai figli di comandare.

Esiste una strada migliore. Non è una questione di controllo o di potere. Quando usate una guida amorevole, insegnate a vostro figlio a soddisfare i propri bisogni in maniera socialmente accettabile, senza abbattersi né dominare gli altri. "Socialmente accettabile" fa riferimento a un comportamento che tutela il rispetto di sé e la sicurezza di tutti. Una guida amorevole dà potere a voi e ai vostri figli, anziché costringervi a misurarvi con loro. Rafforza l'intera famiglia.

Insegnare presuppone il dare. Controllare presuppone il prendere.

Per insegnare a vostro figlio a rispettare i limiti, avete bisogno di tre ingredienti essenziali. Primo, vi servono i Sette poteri dell'autocontrollo, per cambiare il modo in cui percepite una situazione conflittuale. Secondo, vi servono le Sette competenze disciplinari fondamentali, per cambiare il modo in cui rispondete a un conflitto. Terzo, avete bisogno di comprendere lo sviluppo dei bambini. Con questi tre ingredienti – che imparerete a mettere in pratica nei prossimi capitoli – potrete rispondere con calma a qualsiasi sfida i vostri figli vi presenteranno.

Insegnare presuppone il dare, mentre controllare presuppone il prendere. I metodi disciplinari di una volta non ponevano l'enfasi sull'insegnamento. Imparando i metodi della guida amorevole scoprirete come sia possibile soddisfare i vostri bisogni e al contempo quelli dei vostri figli in maniera socialmente accettabile.

Che cosa state insegnando?

Insegno da venticinque anni. Ho insegnato a bambini di tutte le età, e ad adulti in corsi dedicati ai genitori, all'università, e nell'ambito del mio lavoro con famiglie in crisi. L'insegnamento mi ha condotto in luoghi remoti e mi ha fatto conoscere persone di culture molto diverse.

Ida, una guaritrice con cui ho lavorato nel Nuovo Messico, mi ha insegnato una lezione profonda. Ida utilizzava i termini "imparare" e "insegnare" in modo intercambiabile. All'inizio pensavo che non sapesse parlare bene in inglese, ma alla fine ho capito che l'utilizzo dei due vocaboli come sinonimi conteneva una grande saggezza. Ida mi ha insegnato che ci inganniamo nel fingere che imparare e insegnare siano due attività distinte, con l'insegnante che dà qualcosa all'allievo, e niente a se stesso. Inoltre, abbiamo erroneamente trattato l'insegnamento come un'attività speciale che si svolge in orari prestabiliti. Ho scoperto che i processi di insegnare e apprendere avvengono continuamente, e che insegnare è un'attività costante per ciascuno di noi, non soltanto per i cosiddetti "insegnanti" o "allievi". Ho scoperto che qualsiasi cosa insegno, la imparo. In ogni momento insegnate agli altri *e* rafforzate in voi stessi il senso di chi siete, e di che cosa significano gli altri per voi. Insegnare e imparare in realtà sono la stessa cosa.

Se inveiamo contro qualcuno che ci taglia la strada con l'auto, insegniamo che siamo migliori e più saggi degli altri guidatori, e che le persone "inferiori" non meritano rispetto. Insegniamo che è nostro compito giudicare gli altri adeguati o inadeguati, e che le persone che commettono errori devono essere condannate. Pensate alle tante lezioni che impartiamo ai nostri figli quando interagiamo con la vita. Possiamo insegnare loro ad avere paura, a odiare, e a lottare contro le cose che non sono come loro le vorrebbero. Oppure possiamo insegnargli a essere aperti alla vita, con tutti i suoi misteri e la sua imprevedibilità. Possiamo insegnare loro a trattare gli altri con amore, rispetto e fiducia, anche quando le cose non vanno come "dovrebbero". I nostri metodi disciplinari impartiscono queste lezioni, poiché il bisogno di disciplina nasce nei momenti di conflitto e il conflitto nasce quando la vita si rifiuta di procedere come l'avevamo programmata.

Il viaggio dalla paura all'amore

Questo libro vi accompagnerà in un viaggio dalla paura all'amore. Nulla è più potente dell'amore, eppure è stato trascurato come elemento di disciplina, e sono stati compiuti innumerevoli atti offensivi nel suo nome. Definisco amore un'azione che dà i seguenti risultati:

1. *L'amore aumenta e rafforza la sensazione di essere al sicuro e protetti.* Potreste sbraitare a vostro figlio: "Resta qui, altrimenti ti perdi!". Tuttavia, non sarebbe meglio dire qualcosa tipo: "Stammi vicino nel negozio, così potrò tenerti al sicuro. Se ti accadesse qualcosa, sarei triste. Mi piace averti accanto"? La paura allontana, l'amore unisce.

2. *L'amore scorre tra persone che hanno valore.* Quando ci sentiamo bene con noi stessi, tendiamo a concentrarci sulla bellezza presente nella nostra vita e sulla bontà negli altri. Quando non siamo in pace con noi stessi, tendiamo a criticare e giudicare gli altri. Se volete insegnare a vostro figlio, invece di rimproverarlo per qualche problema che si presenta, dovete prima scoprire e accettare il vostro valore. Per trasmettere amore agli altri, dovete amare voi stessi. La paura giudica, l'amore gioisce.

3. *L'amore cerca il meglio nelle persone e nelle situazioni.* Immaginate di pranzare con vostro figlio in un ristorante e che la cameriera abbia fatto un pasticcio con il vostro ordine. Anziché dire: "È proprio un'incapace, meriterebbe di perdere il lavoro", datele una possibilità. Dite: "Tutti abbiamo giornate no. Aiutiamola con un sorriso e una parola gentile". La paura si concentra su ciò che manca, l'amore vede il meglio in ciò che c'è.

4. *L'amore accetta ciò che è.* La paura cerca qualcuno da incolpare quando le cose non vanno come "dovrebbero". L'amore cerca soluzioni poiché accetta il momento presente. Anziché sbraitare:

"Ma questo giornale deve proprio starsene sparpagliato dappertutto?", dite con calma: "Metti il giornale nella pattumiera per la carta". La paura cerca un colpevole, l'amore cerca soluzioni.

Una guida amorevole si basa su queste definizioni di amore. Il suo obiettivo è insegnare ai bambini a esprimersi onestamente e a comportarsi in modo responsabile nell'ambito di un ambiente sicuro. I problemi nascono quando i figli si sentono in diritto di esprimersi liberamente, senza che questa libertà sia mitigata da alcun senso di responsabilità, oppure quando crescono sentendosi responsabili di tutto e di tutti, e quindi calpestano i propri desideri in una perenne, disperata ricerca di approvazione. Potete crescere figli che si sentono sia liberi *sia* responsabili, ma per farlo dovete innanzitutto sentirvi liberi e responsabili voi stessi. Non si possono insegnare capacità che non si possiedono.

È possibile crescere i figli in modo che si sentano liberi e responsabili al tempo stesso.

Il costo fisico ed emozionale del fare affidamento sulla paura

Il viaggio dalla paura all'amore vi affascinerà e allo stesso tempo vi metterà alla prova. I nostri genitori in genere facevano affidamento su un tipo di disciplina basata sulla paura. Da piccoli temevamo le punizioni ("Metti a posto questo pasticcio, altrimenti...!"). Temevamo di perdere il loro amore ("Se ti comporti così, fili in camera tua!"). Temevamo di non essere abbastanza buoni ("Lavoro sodo per tenere la casa in ordine. Perché non riesci a fare la tua parte? Ti chiedo solo un po' di collaborazione. È forse chiedere troppo?"). La paura peggiore era quella di essere abbandonati ("Conto fino a tre. Se non sei ancora pronto me ne vado senza di te. Uno. Due... Dico sul serio!").

Essendo cresciuti con la paura, ora facciamo affidamento su di essa con i nostri figli. Un approccio del genere utilizza i premi e le punizioni ("Se ti comporti bene, ti compro le caramelle", oppure: "Se non riordini la cameretta, oggi salti l'allenamento di baseball"). I bambini temono di essere privati del premio o di dover rinunciare alle loro attività preferite.

Ragionare con i figli è un altro dei metodi disciplinari "odierni" che in realtà si radica nella paura. I genitori interrogano i figli con domande quali: "Come mai l'hai picchiato? È una cosa bella da fare?", oppure: "Come ti sentiresti se io ti picchiassi?". Queste domande implicano che il bambino sia cattivo o stupido, e possono instillargli il timore di essere un buono a nulla. Spesso gli adulti chiedono ai figli di risolvere i conflitti, senza insegnare loro come si fa ("Parlatene e risolvete il problema. Se devo intervenire io, ve ne pentirete tutti e due"). I bambini, comprensibilmente, temono di non saper trovare soluzioni, poiché mancano di quelle competenze relazionali necessarie a "risolvere il problema".

La disciplina basata sulla paura fa sì che voi e i vostri figli vi concentriate su ciò che non è stato fatto, o su ciò che è stato gestito nel modo sbagliato. Le tattiche basate sulla paura possono essere espresse in toni forti: "E questa la chiami una camera in ordine?", oppure pacati: "Dai, tesoro, ricordati di finire quello che avevi incominciato". Quando vi concentrate continuamente su ciò che vostro figlio ha fatto in modo sbagliato, ponete in evidenza le sue imperfezioni, che assumeranno un'importanza esagerata nel concetto di sé di vostro figlio. Il risultato è che il bambino cresce con la sensazione di essere "non abbastanza bravo". Tutti gli adulti che conosco sono in conflitto con il proprio senso di valore personale, in qualche modo. Alcuni diventano arroganti, nel tentativo di provare agli altri il loro valore. Alcuni raggiungono risultati fin troppo eccellenti, mentre altri rendono al di sotto delle proprie capacità. Molti mangiano o bevono in modo eccessivo, altri spingono i figli a eccellere per superare il proprio senso di fallimento.

Quando fate affidamento sulla disciplina basata sulla paura, provocate in vostro figlio risposte da stress fisico che *ostacolano* la sua capacità di imparare da voi. Quando un bambino prova stress, il suo organismo produce ormoni da stress, uno dei quali si chiama cortisolo. Alti tassi di cortisolo possono danneggiare le cellule cerebrali in una zona chiamata ippocampo, che svolge un ruolo fondamentale nella memoria e nell'apprendimento. Volete che vostro figlio capisca e ricordi le lezioni che cercate d'insegnargli, eppure quante volte vi è capitato di udirlo pronunciare frasi come: "Non lo so" o "Non ricordo"? Quando fate affidamento sulla paura, intralciate l'ippocampo e sabotate gli obiettivi della vostra disciplina. Alcune ricerche hanno dimostrato che la disciplina basata sulla paura in realtà incoraggia il comportamento che i genitori tentano di eliminare. Strategie del genere insegnano ai bambini a essere più resistenti all'autorità paterna, e possono alterare per sempre le loro reazioni chimiche cerebrali. Madre natura ha fornito i materiali per costruire il cervello umano e l'educazione deve comportarsi come l'architetto che disegna il progetto.

Le interazioni con i figli plasmano letteralmente il loro cervello.

È molto probabile che durante la vostra infanzia vi siano state inculcate le tattiche della paura. Se non vi rendete conto di quanto la paura possa essere subdola e manipolativa, insegnerete inconsciamente ai vostri figli che non sono "abbastanza bravi". Quando instillate in loro sentimenti d'impotenza, il loro rapporto con voi e con gli altri si svilupperà all'insegna delle lotte di potere.

L'obiettivo dell'amore è sviluppare relazioni sane che ispirano naturalmente la collaborazione. Con relazioni simili, è più probabile che i bambini scelgano di migliorare il loro comportamento e siano propensi ad apprendere le competenze sociali. I conflitti accadono quando si interviene prima di aver stimolato la loro collaborazione.

Per tutto il libro vi offrirò degli esempi. La scelta dei vocaboli potrà sembrarvi un po' strana, all'inizio. Potreste domandarvi: "Come mai non ha usato il 'per favore' o il 'grazie', o altri termini comuni in questo esempio?". Le risposte non mancheranno. Per ora vi chiedo di leggere il libro a mente e cuore aperti. Passare dalla paura all'amore richiede di cambiare il nostro modo di parlare a noi stessi e ai nostri figli. Vi offrirò suggerimenti specifici di linguaggio con cui potrete cominciare. Alla fine, ovviamente, adatterete la scelta di vocaboli alla vostra personalità. Negli esempi seguenti, quale genitore preferireste essere?

Due bambini, seduti in giardino, stanno mangiando la pizza. Carter, quattro anni, è andato a trovare John, dieci anni, che adora. Carter sputa sulla pizza di John, il quale corre in casa "a dirlo".

- *Il genitore che utilizza la paura*. La mamma di John esce e ordina: "Carter smetti di sputare! Ti piacerebbe se John sputasse nel tuo piatto? È una cosa brutta. Se non la pianti, dovrai mangiare da solo. So che voi due siete in grado di andare d'accordo. Non fatemi uscire di nuovo". John sogghigna: "Io non ho fatto niente". Si siede al tavolo da picnic e lancia a Carter un'occhiataccia.

Dopo che la madre di John è rientrata in casa, Carter sputa nuovamente sulla pizza di John, che gli dà uno spintone, buttandolo giù dalla panca. Carter comincia a piangere. La mamma di John ritorna in giardino e spedisce John in camera e Carter a casa sua.

- *Il genitore che fa affidamento sull'amore*. Quando John riferisce alla mamma che Carter ha sputato sulla sua pizza, lei risponde: "Esci e digli con fermezza: 'Non mi piace che sputi sulla mia pizza'. Vengo con te". Escono insieme e John dice a Carter: "Non mi piace che sputi sulla mia pizza. Smettila di sputare". Il bambino rimane seduto in silenzio. La mamma di John allora gli dice: "Vuoi che John ti presti attenzione e parli con te, vero?". Carter sorride e annuisce. "Non sapevi che cosa fare, così hai sputato sulla sua pizza." "Sì" sussurra Carter. La madre di John risponde: "Non puoi sputare sul cibo di John. A John non piace. Ascoltalo. Quando vuoi la sua attenzione, diglielo. Vi piacciono tanto i camion. Perché non chiedi a John del camion che ha visto ieri?". I ragazzini allora iniziano a discutere di montacarichi.

Questi esempi mostrano, in azione, una disciplina basata sulla paura e una basata sull'amore. Il genitore che ha utilizzato la paura ha tentato invano di dominare la situazione ed eliminare il conflitto. Il genitore che ha usato l'amore ha insegnato ai ragazzini nuove abilità con le quali avrebbero potuto risolvere il conflitto.

Scelta contro forza

Tengo parecchi seminari e conferenze a livello nazionale. Immancabilmente qualcuno mi pone la fatidica domanda: "Come posso fare in modo che mio figlio...?". Di solito rispondo: "Non lo so, avete provato con il nastro adesivo?". Il pubblico ride e poi ci mettiamo a parlare di quanto siamo tentati di cadere nella trappola della disciplina basata sulla paura. Questa disciplina ha le sue radici nella convinzione che gli adulti possano "fare in modo che" i bambini si comportino bene. Quando vi chiedete: "Come posso fare in modo che mio figlio...?" è un indizio che siete alla ricerca di una strategia di controllo basata sulla paura, sulla forza, o sulla manipolazione. Ricordate: se usate questi strumenti con i vostri figli, loro useranno le stesse armi per influenzare le altre persone nella loro vita, *voi compresi*!

Se tentate di controllare il comportamento di vostro figlio attraverso la paura e la manipolazione, imparerà a usare le stesse strategie con voi.

La disciplina basata sull'amore si fonda sulla convinzione che i bambini scelgono se comportarsi bene o no. Quando la utilizzate, la domanda cruciale che vi dovete porre è: "Come posso aiutare mio figlio affinché scelga con più probabilità di...?".

Ciò che pensate è ciò che otterrete

Se cercate delle prove che il vostro partner è un cretino, il vostro cervello si metterà in moto alla ricerca di esempi di comportamento "da cretino" e nel giro di qualche secondo vi consegnerà un documento in carta da bollo. Con questo documento potete convincervi di aver sposato la persona più cretina al mondo. Se invece chiedete al vostro cervello le prove di quanto il vostro partner sia meraviglioso e amorevole, il vostro documento sarà un'ode alle sue virtù. Dove voglio arrivare? Per ottenere risposte nuove, dovete porvi quesiti nuovi. Quando vi ritrovate a pensare: "Come posso fare in modo che mio figlio....?" bloccatevi immediatamente e modificate il vostro atteggiamento mentale chiedendovi invece: "Come posso aiutare mio figlio affinché scelga con più probabilità di...?". Cambiare la domanda è cruciale. Una guida amorevole vi chiede di disciplinare innanzitutto la vostra mente – usando i Sette poteri dell'autocontrollo – e poi il comportamento dei vostri figli grazie alle Sette competenze disciplinari fondamentali.

Il cambiamento richiede motivazione. La motivazione può derivare dalla paura o dall'amore. A voi la scelta.

Una volta lavorai con un'insegnante della scuola materna che stava lottando con un vivacissimo bambino di cinque anni che non riusciva a rimanere in fila senza agitarsi e senza spingere i compagni. Mi disse che le aveva provate tutte per "farlo" stare in fila per bene. Lo aveva privato di privilegi, messo in time-out, e aveva scritto segnalazioni ai genitori. Gli aveva fatto ramanzine, l'aveva fatto ragionare e gli aveva promesso dei premi. Tutte le sue strategie erano tentativi per costringere il bambino a stare in fila "per bene". Nessuna aveva funzionato.

Domandai a quell'insegnante se avesse chiesto un suggerimento al bambino. Si era fatta consigliare dai suoi genitori, dallo psicologo scolastico e da uno specialista del comportamento, ma non dal diretto interessato. Sapendo che non si può "far" fare qualcosa a qualcuno se questi non vuole, chiesi al bambino: "Che cosa ti potrebbe aiutare a stare in fila con i piedi fermi come lo sono i miei adesso?". Lui guardò le mie gambe immobili e rispose: "Dovresti appiccicarmi le scarpe al pavimento".

Compresi così quanto fosse difficile per lui rimanere immobile e ideai una strategia per aiutarlo a riuscirci. Gli feci disegnare il contorno delle sue scarpe su un cartoncino colorato, e ne ritagliai le sagome. Poi le incollai sul pavimento nel punto in cui il bambino sarebbe dovuto stare in fila ogni giorno. Quando la maestra lo vide rispondere correttamente alle proprie attese, ricominciò a provare gioia nei suoi confronti. La gioia sostenne e alimentò la loro relazione, e insegnante e alunno sentirono di aver conseguito un risultato importante.

I metodi manipolativi non funzionano poiché si basano su una convinzione errata. Quante volte avete cercato di far rimanere nel suo lettino il vostro bimbo per tutta la notte? Quante volte avete tentato di rendere felice una persona triste? Non è uno sforzo inutile ed estenuante?

Se credete di poter "fare in modo che" vostro figlio vi dia retta, ricorrerete a tattiche che vi porteranno a odiare voi stessi per averle utilizzate. Proverete a convincerlo, a costringerlo, a ricattarlo, a implorarlo, a obbligarlo, a minacciarlo, poi vi arrenderete e ci rinuncerete. Potreste persino ricorrere alla violenza se vostro figlio sfiderà la vostra volontà. (La convinzione alla base di questo comportamento è che se vostro figlio ignora la vostra volontà, allora si deve spezzare la sua.)

Il vostro compito di genitori è rafforzare, non spezzare la volontà dei figli. Quella volontà ha un ruolo vitale per la loro sicurezza, e per aiutarli a realizzare il loro potenziale. Potrebbe portarli a scrivere romanzi bellissimi, a eccellere in uno sport, a inventare un programma per computer, o a entrare in politica. La volontà potrebbe dare loro la forza di scegliere cibi e rapporti sani, o di pensare positivo. Potrebbe dare loro il potere di tenersi alla larga da droghe e coetanei pericolosi, e dal sesso prematuro. Avranno bisogno della volontà per controllare i loro impulsi quando saranno arrabbiati, per non fare del male agli altri o a se stessi. La loro volontà potrà aiutarli solamente se è forte e integra, non se è debole o spezzata.

La tabella che segue mostra le credenze che stanno all'origine della disciplina basata sulla paura e i valori che insegniamo ai nostri figli quando vi aderiamo. Ricordate che, poiché insegnare e imparare accadono contemporaneamente, quando utilizziamo strategie basate sulla paura rafforziamo quei valori in noi stessi.

Tabella 1.1

Credenza	**Valore che insegniamo ai figli e rafforziamo in noi**
È possibile far cambiare gli altri. Non riuscire a far cambiare gli altri equivale a un fallimento.	Quando gli altri non fanno ciò che noi vogliamo, dobbiamo cercare di piegarli alla nostra volontà. La forza fa la legge.
Quando riusciamo a fare in modo che gli altri si comportino bene, abbiamo potere.	Il potere viene dal dominare gli altri.
Quando non riusciamo a fare in modo che qualcuno ci ubbidisca, è colpa sua. Abbiamo il diritto di incolpare lui e gli altri.	Se qualcuno non fa le cose a modo nostro, è cattivo e pigro e merita di soffrire.
Se gli altri cambiassero (facessero quello che diciamo noi), saremmo tranquilli e beati.	Incolpare gli altri dei nostri problemi è giustificabile. Gli altri sono responsabili del nostro comportamento.
I bambini devono sentirsi in colpa per imparare a comportarsi meglio in futuro.	La vendetta è la risposta alle difficoltà della vita.
Il conflitto è una cosa brutta, negativa, e deve essere eliminato.	Se siamo abbastanza bravi, il conflitto non ci toccherà mai.
La paura è il miglior incentivo per l'apprendimento.	La paura è più potente dell'amore, e la coercizione è più forte della collaborazione.

Sono questi i valori che volete insegnare ai vostri figli? Più precisamente, sono questi i valori sui quali volete basare la vostra vita? Non sono forse valori che contribuiscono a creare un mondo violento? La credenza che guida la disciplina basata sulla paura è che se noi potessimo controllare il mondo (e le persone, le istituzioni e gli eventi), potremmo evitare tutti i problemi e i conflitti. In realtà controllare gli altri crea più conflitti e, se anche non fosse così, è un lavoro davvero duro. Esiste una strada migliore.

La disciplina basata sull'amore e i valori che insegna

La tabella che segue mostra le credenze che stanno all'origine della disciplina basata sull'amore, e i valori che una guida amorevole insegna ai figli e rafforza in noi stessi.

Tabella 1.2

Credenza	Valore che insegniamo ai figli e rafforziamo in noi
Cambiare noi stessi è possibile e, come genitori, possiamo decidere se cambiare oppure no.	La responsabilità è nostra. Possiamo diventare la persona che vogliamo essere.
Scegliere di controllare noi stessi anziché gli altri ci darà una sensazione di potere.	Il potere viene da dentro di noi.
Quando le cose non vanno a modo nostro, cercheremo soluzioni.	Siamo responsabili dei nostri sentimenti, pensieri e azioni. Le nostre scelte hanno un impatto sugli altri.
Se vogliamo che i bambini imparino a comportarsi bene, dobbiamo insegnarglielo.	Dobbiamo insegnare agli altri come trattarci. Non possiamo aspettarci che lo "sappiano" magicamente.
Il conflitto è parte essenziale della vita e ci offre l'opportunità di imparare abilità che ci mancano o di lasciar andare credenze che ci limitano.	Il conflitto fa parte della vita e gli errori ci offrono l'opportunità per imparare.
L'amore è il miglior incentivo per l'apprendimento e la crescita.	L'amore è più potente della paura, e la collaborazione è più forte della coercizione.

Insegnare è dimostrare con l'esempio.

Non fermarsi alle soluzioni rapide

Passare dalla paura all'amore richiede di non fermarsi alle soluzioni rapide. È utile capire che i comportamenti scorretti svolgono un ruolo importante nello sviluppo dei vostri figli. Non è il caso di reprimerli ogni volta che si presentano, perciò rallentate e godetevi il viaggio. Se promettete a un bimbo di tre anni un biscotto perché rimanga seduto tranquillo sul carrello della spesa, probabilmente avrete un angioletto al supermercato. Se minacciate vostro figlio paventandogli una sculacciata, probabilmente smetterà di piangere, reprimerà i propri sentimenti e si metterà in riga. Tuttavia, il bimbetto calmato con i biscotti potrebbe diventare obeso perché si rilasserà con il cibo. Il bambino minacciato dalla sculacciata potrebbe crescere talmente angosciato dalle emozioni, che minaccerà di lasciare la moglie ogni volta che lei si arrabbierà, giacché la considera un'isterica.

Da troppo tempo i genitori sono affascinati dall'idea di soluzioni disciplinari facili. Nella nostra società, la gente si aspetta soluzioni rapide per tutti i tipi di problemi. Se abbiamo l'emicrania, prendiamo una pastiglia. Se il mattino siamo stanchi, beviamo più caffè. Se nostro figlio sembra fuori controllo, chiaramente vorremo trovare un trucco o una tecnica semplice per controllarlo. Tuttavia, man mano che maturiamo, riconosciamo che non esistono rimedi infallibili. Se siamo stanchi, o abbiamo mal di testa, o ci sentiamo fuori controllo, ci sono dei motivi. Partendo dal presupposto che non siano di tipo medico, la loro soluzione potrebbe imporci di cambiare alcune abitudini. Questo libro parla di cambiamento interiore duraturo per voi e i vostri figli. Un tale cambiamento richiede tempo, fatica e perseveranza.

Il ruolo del comportamento scorretto nello sviluppo dei bambini

Se foste in procinto di partire per il Tibet, come cerchereste di conoscere i costumi tibetani? Potreste leggere un libro, parlare con chi ci è già stato, oppure osservare attentamente le persone che incontrerete sul posto, sperando di interpretare correttamente il loro comportamento. In ogni caso, commettereste degli errori, e le lezioni migliori verranno proprio da quegli errori.

Il comportamento scorretto, in realtà, serve a molti scopi meravigliosi nello sviluppo di vostro figlio. Sarebbe sbagliato cercare di fermare un comportamento scorretto. Il vostro obiettivo dovrebbe essere piuttosto quello di prevenire la probabilità che tali comportamenti si ripetano e divengano abituali. Per fare questo dovrete affrontarli con saggezza quando si presentano.

I bambini entrano nella società umana incapaci di leggere o parlare con chi ha più esperienza di loro e possiedono capacità limitate con cui interpretare ciò che osservano. Per loro, buona parte dell'apprendimento è data dagli errori che commettono. Gli adulti spesso chiamano questi errori "comportamento scorretto", tuttavia rappresentano una funzione vitale per i bambini. Questi imparano il significato di "sì" dicendo "no", capiscono che cos'è "tuo" proclamando "mio". Allo stesso modo, afferrano il concetto di giustizia percependo azioni ingiuste, e il concetto di pazienza facendo richieste continue. Il comportamento scorretto serve ai bambini come sistema di comunicazione. Gli adulti devono imparare a leggere i segni dei bambini.

Apprezzare il comportamento scorretto

Il comportamento scorretto serve a queste sette funzioni essenziali.

1. *Attraverso il comportamento scorretto, i bambini imparano a distinguere ciò che è sicuro da ciò che non lo è.* Nessun bambino nasce sapendo che bisogna stare sul marciapiede, o dire di no ai coetanei che propongono esperimenti pericolosi. L'unico modo in cui i bambini imparano queste lezioni è correndo in mezzo alla strada e lasciandosi influenzare dai compagni. Dalla vostra risposta a queste situazioni i vostri figli iniziano a capire quali sono i comportamenti pericolosi, e come reagire quando qualcuno li spinge oltre i limiti della sicurezza.

2. *Il comportamento scorretto insegna ai bambini come comunicare affinché gli altri rispondano ai loro bisogni.* Megan, quattro anni, è al supermercato con la mamma. A un tratto scappa nella corsia dei giocattoli. La mamma si infuria. Dopo averla ritrovata, l'afferra per una spalla dicendo: "Non allontanarti mai da me, al supermercato. Mai!". A Megan si riempiono gli occhi di lacrime, mentre indica una bambola. Sua madre alza

gli occhi al cielo e inizia ad allontanarsi. Megan, allora, presa la bambola, segue la madre, che le dice: "No, hai centinaia di bambole". La piccola inizia a piagnucolare: "Non come questa". Alla fine la mamma accondiscende: "Okay, ma questa è l'ultima cosa che ti compro oggi". La mamma ha insegnato a Megan come ottenere ciò che vuole. Deve: 1) scappare e trovare ciò che desidera, 2) ignorare i commenti della mamma e 3) implorare. Tutti i comportamenti scorretti offrono un'opportunità per insegnare e imparare. Dalle nostre risposte a questi comportamenti i bambini apprendono come arrivare a soddisfare i propri bisogni.

3. *Il comportamento scorretto aiuta i bambini a capire quali pensieri, sentimenti e comportamenti sono adeguati nei confronti degli altri.* Zachary corre in casa, urlando: "Drew è un deficiente, lo odio!". Un genitore potrebbe rispondere: "Ti sembra una cosa carina? A casa nostra non si parla in questo modo". Questa risposta carica di giudizio non insegna a Zachary nessun modo adeguato per esprimere la frustrazione. Gli lascia tre scelte: 1) smetterla di sentirsi frustrato e fingere che tutto vada bene quando non è così; 2) imparare a essere passivo (non dire niente), aggressivo (parlare male degli altri, ma non di fronte ai genitori), oppure passivo-aggressivo (vendicarsi in modo subdolo con gli amici); 3) convincersi di non avere il diritto di provare certi sentimenti ("Non dovrei sentirmi così"). Qualcuna di queste opzioni vi suona familiare?
   I bambini sfogano la frustrazione verso gli altri come possono. I genitori devono insegnare loro modi migliori per esprimersi. Un genitore potrebbe dire: "Che cos'è successo? Sembri così arrabbiato". Una volta che il figlio gli ha raccontato la storia, il genitore potrà insegnargli le abilità che gli consentiranno di gestire il problema. Zachary magari spiegherà: "Stavamo giocando a dama, e Drew ha barato. Ha fatto troppe mosse". Allora il genitore potrebbe dire: "Non sapevi che cosa dire per far capire che toccava a te. Così l'hai insultato e sei tornato in casa. Se questa cosa dovesse accadere ancora potresti dire: 'Drew, non mi piace quando fai due mosse di seguito. Ora tocca a me'. Dai, proviamo insieme adesso".

4. *Il comportamento scorretto insegna ai bambini a dire di sì alle cose giuste e di no a quelle sbagliate.* Abbiamo tutti bisogno di

questa abilità. Dire di no implica un grande potere. Imparare a dire di no significa anche imparare ad accettare il no degli altri. La disciplina insegna molto al riguardo. Se cedete quando i bambini vi supplicano, non insegnate loro ad accettare un no importante, né a dirlo. (Pensate a quanto sarà importante saper dire di no quando vostro figlio entrerà nell'adolescenza.) Se li ferite quando dite di no, insegnate loro che i "no" feriscono gli altri.

I sì e i no definiscono le relazioni. Non sappiamo davvero chi siamo finché non diciamo di no a qualcuno. Se non riusciamo a dire di no, vivremo attraverso gli altri, cercando di essere la persona che pensiamo si aspettino da noi. Dire di no definisce chi siamo e perciò è una forza positiva, non negativa. Dire di no rafforza il carattere. Ci mette al riparo dalle manipolazioni, e comunica agli altri informazioni su di noi. Dire di no insegna letteralmente agli altri come trattarci. I bambini imparano il no dalla disciplina con cui crescono.

5. *Il comportamento scorretto definisce ciò che è compito dei bambini e ciò che non lo è.* Quando sorge un conflitto, avete l'opportunità di aiutare vostro figlio a imparare quali sono i suoi doveri nella vita. "Me l'ha detto April di fare così!" esclama vostro figlio. "Ma April è il tuo capo? Può dirti che cosa pensare, sentire e fare?" potreste rispondere. "Ho dovuto farlo perché April ha detto che..." ribatte vostro figlio. "Avevi altre scelte, ma non te n'è venuta in mente nessuna in quel momento" potreste spiegare. "Il tuo dovere è pensare e chiederti: 'Voglio fare questo? Mi sembra giusto, o lo faccio solo perché così farò piacere agli altri?' Sei *tu* che controlli le tue scelte, non April". Per rassicurare un adulto o un bambino turbato spesso basta ricordargli che è lui a controllare i suoi pensieri, i suoi sentimenti e le sue scelte.

6. *Il comportamento scorretto insegna ai bambini la responsabilità.* La responsabilità è l'abilità di reagire alle necessità del momento presente. Quando i bambini si comportano male, è come se dicessero: "Non so come reagire in modo appropriato a questa situazione". Se lo sapessero, non si comporterebbero male.

7. *Il comportamento scorretto fornisce ai bambini l'opportunità di imparare l'autoconsapevolezza e l'autodisciplina.* I bambini imparano a stabilire, mantenere e recuperare l'autocontrollo

solamente perdendo il controllo, e perciò ogni momento di perdita del controllo vi regala un'opportunità d'insegnamento. I bambini imparano l'autodisciplina in tre fasi. Primo, scoprono i limiti mettendoli alla prova. Secondo, testano le loro scoperte ripetendo ciò che era stato detto loro di non fare. In questo modo capiscono se il limite è rigido. Il bambino che percepisce indecisione, continuerà a testarlo fino a quando non ottiene chiarezza. Per rinsaldare ulteriormente le loro scoperte, i bambini possono scherzare e provocare gli altri: ciò fornisce loro ulteriori informazioni su ciò che è consentito e ciò che non lo è. Alla fine i bambini interiorizzano i limiti.

La disciplina è un viaggio che dura tutta la vita, non una tecnica. Godetevelo!

Ancora una volta, l'obiettivo di questo libro non è quello di aiutarvi a eliminare i confitti – anche se capiteranno con una minor frequenza dopo che avrete acquisito una buona padronanza dei vostri poteri e delle vostre competenze – ma piuttosto d'insegnarvi a rispondere ai conflitti in modo costruttivo. Se applicate con impegno i poteri e le competenze della guida amorevole, rimarrete strabiliati dai risultati. Tuttavia, per raggiungere il vostro obiettivo, non dovete essere ossessionati dal risultato. Godetevi, piuttosto, il processo di lavoro e crescita personale. Paradossalmente, meno vi concentrate sul risultato desiderato (un figlio felice, rispettoso, responsabile), più facilmente questo si verificherà.

Una favola ribadisce tale concetto. Un ragazzino si recò da un saggio che abitava lontano, per studiare con lui. Quando incontrò l'insegnante, gli chiese: "Quanto mi ci vorrà per diventare saggio come te?". L'uomo rispose: "Cinque anni". Sbalordito, il ragazzo esclamò: "Quanto tempo! E se m'impegnassi il doppio?". Il maestro allora rispose: "Dieci anni". "Ma è una pazzia!" urlò il ragazzino. "E se studiassi giorno e notte?". Con calma il saggio rispose: "Allora ti ci vorrebbero quindici anni". "Non capisco" disse il ragazzino. "Ogni volta che prometto di lavorare di più per realizzare il mio obiettivo, tu mi dici che ci vorrà ancora più tempo per raggiungerlo. Come mai?" "La risposta è semplice" rispose il saggio. "Con un occhio fisso sull'obiettivo, te ne rimane solo uno a guidarti lungo il cammino".

Rilassatevi. Godetevi questo libro e il processo di cambiamento. Siate disponibili ad abbandonare le vecchie convinzioni e ad accoglierne di nuove. Fate gli esercizi. Allenate le vostre abilità. Alla fine del libro, nel capitolo 12, troverete un programma di sette settimane che riassume tutti i punti essenziali della guida amorevole. Dopo aver letto il libro, meditato sui suoi principi ed esercitato le vostre abilità, impegnatevi a svolgere il programma di sette settimane. Concedetevi di essere disponibili anziché ostinati, e osservate come i vostri figli vi seguiranno. Il viaggio inizia nel prossimo capitolo imparando i Sette poteri dell'autocontrollo.

Capitolo 2

I Sette poteri dell'autocontrollo

Un giorno, mentre guidavo in autostrada, mi venne una voglia improvvisa di cioccolatini. Considerai la possibilità di aspettare che questo desiderio incontrollabile passasse, ma alla fine cedetti e lasciai l'autostrada, alla ricerca di un negozio aperto. Immaginavo che ne avrei incontrato uno facilmente, vicino all'uscita, invece dovetti percorrere dieci chilometri, prima di trovare ciò che cercavo.

Nel negozio, vidi una madre e un bambinetto che stavano bisticciando. Il bambino, che aveva circa sei anni, stava facendo i capricci poiché la mamma gli aveva negato un dolcetto. La madre si rivolse a me dicendo: "Non ne posso più. Questi bambini non sanno controllarsi. È tutto un voglio, voglio, voglio. Non ascolta nemmeno quando dico di no".

Stava parlando a *me*, una persona che aveva appena fatto una decina di chilometri per un pacchetto di M&M's, giacché non era riuscita a dire di no a se stessa. Annuii e sorrisi, ma capii che non c'era alcuna differenza tra me e quel bambino, e mi domandai che cosa avrei potuto fare al riguardo.

Questo fu uno degli avvenimenti che diedero il via al mio cammino personale. Capii che la mia attenzione si era concentrata sull'obiettivo sbagliato. A lungo avevo creduto che fossero gli altri a dover cambiare. Adesso, però, mi ero resa conto che toccava a me trasformarmi nella persona in cui volevo trasformare i bambini. Volevo diventare una "signora meravigliosa" come quella descritta nella filastrocca all'inizio del capitolo 1. Per farlo, avevo bisogno di imparare l'autocontrollo.

Che cos'è l'autocontrollo?

L'autocontrollo è il controllo della mente. Significa essere consapevoli dei propri sentimenti e dei propri pensieri. Grazie a questa consapevolezza assumete il controllo del vostro comportamento. La mancanza di autocontrollo consegna la vostra vita nelle mani degli altri, degli eventi, delle cose, mentre voi procedete sbandando come un veicolo telecomandato, inconsapevoli di voi stessi, o concentrati solamente su ciò che gli altri pensano o provano. Quel giorno, in autostrada, ho consegnato la mia vita a un pacchetto di cioccolatini.

In sostanza, mi sono resa conto che ero convinta che, riuscendo a predire le reazioni altrui, non avrei corso alcun rischio e avrei potuto tenere sotto controllo gli eventi attorno a me. Perciò dedicavo un'enorme quantità di energia al tentativo di leggere nella mente degli altri per cercare di compiacerli. Quando finalmente ho imparato a essere onesta con me stessa, ho compreso che mi sforzavo di capire che cosa gli altri volevano, per poi utilizzare quelle conoscenze per manipolarli e ottenere ciò che volevo io. Non mi ero mai resa conto che esisteva un'altra strada. Fino a quel momento, il mio senso di valore personale consisteva nell'ottenere il consenso degli altri, e nel cercare di far andare il mondo nel modo "giusto"... il mio.

L'autocontrollo è un atto di amore e una scelta che dovete compiere continuamente.

Diventare consapevoli dei propri pensieri e sentimenti è un traguardo importantissimo. Molte persone non hanno la più pallida idea di che cosa stiano pensando. Domandateglielo. Di solito la risposta è: "Niente". Tuttavia, gli psicologi sanno – e le vostre osservazioni possono confermarlo – che il dialogo interiore non si interrompe mai, nella nostra testa. Gli esperti stimano che ognuno di noi formula più di 77.000 pensieri al giorno. Dove sono i vostri pensieri in questo momento? La mia mente è così portata a divagare che, a volte, mentre sto leggendo, scopro che in realtà stavo pensando alla lista delle cose da fare. L'ironia è che non ho idea di cos'ho letto e non ho nemmeno fatto nessuna delle cose della lista. A causa del caos che ho nella mente sono distratta e fuori controllo.

Diventare consapevoli dei propri pensieri e sentimenti è un traguardo fondamentale e il primo passo verso l'autocontrollo.

È ora di rieducare la nostra mente, così non saremo più schiavi dei nostri impulsi e delle nostre insicurezze. L'autocontrollo ci permette di autodisciplinarci. L'autodisciplina ci farà diventare il genitore che vogliamo essere. Si tratta di un prerequisito essenziale per educare i bambini. Ricordate: non si possono insegnare capacità che non si possiedono.

Quando cominciai ad affidarmi all'amore, anziché alla paura, perché guidasse il mio comportamento e quello dei bambini, ero scoraggiata perché spesso mi ritrovavo a utilizzare ancora le tattiche della paura. Davo in escandescenze e strillavo (come avevo giurato non avrei mai fatto) più spesso di quanto volessi ammettere. Compresi, però, che sotto sotto doveva esserci qualche convinzione che alimentava le mie intemperanze. Quando ero calma e tranquilla capivo che urlare con i commessi nei negozi non li motivava a risolvere il problema. Capivo che far sentire in colpa i bambini non suscitava in loro il desiderio di collaborare. Quali erano questi poteri distorti che facevano presa su di me? Come potevo trasformarli in un approccio più amorevole ed efficace?

Avevo sempre sentito dire che per educare i bambini bisogna "essere decisi ma giusti, positivi piuttosto che negativi, trattarli con rispetto, considerarli responsabili delle loro azioni, essere coerenti e prevedibili ed essere un esempio di autocontrollo". Tuttavia non avevo mai imparato *come* fare tutte queste belle cose. Come si fa a mostrare queste brillanti qualità di fronte a bambini scatenati, irrispettosi e irresponsabili? Come fa un adulto a rimanere calmo quando il figlio gli urla: "Ti odio", o fa una scenata perché non c'è la pizza sul menu, o piange disperato perché non può rimanere alzato fino a tardi per guardarsi un programma in terza serata?

Alla fine, la mia ricerca di alternative mi ha condotto ai *Sette poteri dell'autocontrollo*, che sono in grado di promuovere l'autocontrollo sia negli adulti, sia nei bambini.

I genitori che hanno raggiunto tale padronanza sono in grado di compiere le seguenti azioni:

- Concentrarsi su ciò che vogliono che i figli realizzino.
- Celebrare i successi e le scelte dei figli.
- Vedere le situazioni sia dal punto di vista dei figli, sia dal proprio.
- Insegnare creativamente ai figli a comunicare i propri desideri e le proprie frustrazioni a parole, in maniera accettabile.

- Rendere responsabili i figli in modo coerente con questi insegnamenti.

Un adulto fuori controllo non è in grado di compiere nessuna di queste azioni. Gli adulti che hanno perso il controllo di sé si concentrano su ciò che non vogliono che accada ("Smettila immediatamente"). Vedono solamente il proprio punto di vista ("Mi fai impazzire!"). Puniscono anziché insegnare ("Fila in camera tua!").

Quando perdete il controllo, perdete anche la capacità di disciplinare voi stessi e i vostri figli. Per questo motivo l'autocontrollo – la serenità che deriva dalla consapevolezza dei propri pensieri e sentimenti – deve essere la vostra priorità assoluta, come genitori. Solo acquisendo l'autocontrollo sarete in grado di offrire una guida amorevole. Per non incorrere nella sindrome del "Fa' quello che ti dico, non quello che faccio io", che tutti abbiamo odiato da piccoli, abbiamo bisogno di autocontrollo.

L'autocontrollo deve essere la vostra priorità assoluta, come genitori.

I Sette poteri dell'autocontrollo

I Sette poteri dell'autocontrollo spostano l'attenzione dai torti alle soluzioni, dalle colpe all'azione, dalla punizione all'insegnamento e dalle teorie ai risultati. Eccoli:

1. *Il potere dell'Attenzione*: la cosa su cui ci si concentra è quella che si ottiene di più.
2. *Il potere dell'Amore*: vedere il meglio negli altri.
3. *Il potere dell'Accettazione*: questo momento è così com'è.
4. *Il potere della Percezione*: nessuno può *farci* arrabbiare senza il nostro permesso.
5. *Il potere dell'Intenzione*: il conflitto è un'opportunità di apprendimento.
6. *Il potere del Libero Arbitrio*: l'unica persona che possiamo *far* cambiare siamo noi stessi.
7. *Il potere dell'Unità*: concentrarsi sulla connessione invece di cercare di essere speciali.

I Sette poteri vi permetteranno di guardare alla vita attraverso la lente dell'amore, anziché quella della paura. Quando riuscirete a farlo, sarete in grado di esercitare il vero autocontrollo. Come potete vedere, ciascuno dei Sette poteri è associato a un motto che fa da promemoria. Ripetendovi questi motti sposterete la vostra mente dalla paura o dalla rabbia all'amore. Se acquisite un atteggiamento mentale amorevole, riuscirete a riconoscere il libero arbitrio che guida le vostre scelte e quelle dei vostri figli. Allora potrete offrire loro una guida amorevole. Guida amorevole significa aiutare i bambini affinché scelgano con più probabilità di collaborare. Riguarda la scelta, non la forza.

Purtroppo, pochi usano questi Sette poteri per costruire relazioni amorevoli con i propri figli. Troppi si ritrovano infelici in un mondo pieno di amore. Abbiamo rinunciato a connetterci con gli altri perché non siamo riusciti a controllarli. È ora di cambiare.

In questo capitolo, ogni potere è trattato separatamente, ma l'amore è unità. L'amore non si può suddividere, perciò i vari poteri sono interdipendenti tra loro, e questo non lo sottolineerò mai abbastanza. Tuttavia, in termini pratici, concentrarsi su un potere alla volta è di aiuto. Quando avrete interiorizzato pienamente le credenze che stanno alla base dei Sette poteri dell'autocontrollo, avrete l'atteggiamento mentale necessario per utilizzare le Sette competenze disciplinari fondamentali, che imparerete nei prossimi capitoli. Le Sette competenze fondamentali, a loro volta, vi daranno la capacità di gestire qualsiasi conflitto con i vostri figli.

Procedete lentamente e fate gli esercizi. Per anni ho evitato di mettermi alla prova, aspettando che qualche magia mettesse a posto tutto. Alla fine, quella magia l'ho trovata e ho scoperto che era dentro di me.

Il potere dell'Attenzione: la cosa su cui ci si concentra è quella che si ottiene di più

Vi descriverò due situazioni in cui un genitore torna a casa dal lavoro e trova i figli che stanno giocando in soggiorno, e il lavandino pieno di piatti sporchi. Il genitore A entra in casa, vede la cucina in disordine e comincia a fare una ramanzina: "Chi ha lasciato questi piatti qui? Non ci vuole tanto a metterli nella lavastoviglie. Perché devo sempre fare tutto io in questa casa? Odio trovare la casa tutta in disordine quando rientro. Cosa sono io, la serva?".

Il genitore B entra in casa, vede i figli che giocano e li saluta con un abbraccio. Quando nota i piatti sporchi, dice: "Jessica, tocca a te occuparti dei piatti questa settimana. Per favore, sciacquali e mettili nella lavastoviglie".

Il genitore A, arrabbiato, ha scelto di concentrare la sua attenzione su ciò che non andava; il genitore B, calmo, innanzitutto si è concentrato sulla gioia di rivedere i figli. La sua risposta è stata semplice: si è concentrato sull'azione necessaria a risolvere il problema. Quale di questi genitori preferite essere? Su che cosa volete concentrarvi: sull'errore o sulla soluzione? In ogni momento sono presenti entrambi. A voi la scelta.

La cosa su cui ci si concentra è quella che si ottiene di più.

Prima di poter insegnare ai vostri figli ciò che vi aspettate da loro in una data situazione, dovete definire chiaramente a voi stessi che cosa volete che accada. Spesso ripetiamo alla nausea ciò che vogliamo che i nostri figli *non* facciano, o *smettano* di fare, o le cose che *non permettiamo* loro, anziché ciò che *vogliamo*. Questi ordini vi suonano familiari? "Smettila di piagnucolare." "Non picchiare." "Piantala di darmi fastidio."

Imparare a concentrare la vostra attenzione sui risultati che desiderate vi darà enorme potere. Probabilmente è la tecnica più importante da imparare per vivere in pace con i bambini (e con gli adulti) e per trovare gioia nella vita. Concentrarsi su ciò che si vuole pone le basi per tutte le competenze che imparerete in questo libro, poiché crea le opportunità da cui può partire il cambiamento.

Molte persone cercano di modificare il proprio comportamento senza successo. I buoni propositi di Capodanno ne sono esempi perfetti. "Smetterò di fumare", "Mangerò meno schifezze" e "Trascorrerò meno tempo al lavoro" sono propositi molto comuni. Solitamente la gente mantiene questi impegni giusto alcune settimane, per poi ricadere nelle cattive abitudini. Come mai?

Il motivo principale è che cerchiamo di cambiare il nostro comportamento concentrandoci su ciò che non vogliamo più fare. Se vi ordinassi: "Non pensate a un coccodrillo viola", che cosa vi verrebbe subito in mente?

Oppure osservate un bimbo di uno-due anni. Se gli dite: "Non toccare la lampada", che cosa fa il bambino? Vi guarda, guarda la lampada, poi la indica, la tocca e infine vi guarda ancora, di solito con un bel sorriso sulle labbra. Il suo cervello ha udito: "Toccare la lampada", perciò vi guarda orgoglioso come per dire: "Ehi, ce l'ho fatta! Ho toccato la lampada!". Immaginate la sua confusione quando strillate: "Che cosa ti avevo detto?", respingendo la sua manina. Non c'è da stupirsi se abbiamo tutti bisogno di andare in terapia.

Anziché concentrarvi su ciò che non volete, potreste "reindirizzare" il bimbo. Quando nota la lampada, potreste dire: "Vedi che bella lampada? Metti la manina nella mia, così ti mostro come bisogna toccare gli oggetti delicati che possono rompersi". Magari, però, preferite non insegnargli a toccare la lampada. In questo caso potete dire: "Visto che lampada carina? Adesso guardiamo questo bel camion. Ti passa sopra. Brum brum!". Fateglielo scorrere addosso e divertitevi a scegliere altre alternative. I bambini, al pari di tutti noi, rispondono all'entusiasmo.

Come adulti, probabilmente siete in grado di compiere un collegamento mentale tra un ordine negativo ("Non picchiare") e un'alternativa positiva ("Parla dei tuoi problemi"). I bambini fino ai cinque o sei anni semplicemente non sono in grado di compiere un tale collegamento.

Concentrandovi su ciò che non volete in realtà fate in modo che la vostra chimica corporea si opponga alla vostra forza di volontà e compromettete le probabilità di successo. Poniamo il caso che vogliate mangiare meno dolci. Potreste dirvi: "Adesso basta. Non toccherò più una sola caramella, per lo meno non dopo le sette di sera". Con queste parole, dirigete la vostra attenzione sulle caramelle. Il vostro cervello sente la parola caramelle e, che mi crediate o no, la regione del cervello che regola la chimica corporea (l'ipotalamo) prepara il vostro organismo all'arrivo di zuccheri. Il livello di zucchero nel sangue crolla davvero, e i livelli d'insulina cambiano in previsione del dolce delizioso.

Perciò, ecco come iniziate la dieta: con la mente concentrata sul "Basta dolciumi", e il corpo che vi spinge a correre ai distributori automatici. Man mano che trascorre la settimana vi sentite sempre più letargici. Alla fine, per far sì che l'adrenalina torni nuovamente in circolo, potreste diventare moralisti, iniziando a fare prediche agli altri sugli effetti dannosi dello zucchero. Al termine della settimana, è probabile che vi sentiate esausti e diciate a voi stessi: "Sono stato bravo tutta la settimana, me lo merito un piccolo premio". E a questo punto ecco che appare una bella torta al cioccolato. Pieni di rimorsi, giurate a voi stessi ancora una volta di rinunciare ai dolci. Il giorno dopo il livello di zucchero nel sangue precipita, preparandovi a una nuova settimana di privazioni, seguita da eccessi spaventosi.

Che cosa c'entra tutto ciò con i bambini, la disciplina e la guida amorevole? Per scoprirlo, leggete le seguenti situazioni e stabilite su che cosa è concentrata l'attenzione di ciascun genitore.

SITUAZIONE 1: "Robby, perché hai picchiato Kelsey? Ti piacerebbe se qualcuno picchiasse te? Picchiando si fa male agli altri. Vai in camera tua, rifletti sul tuo comportamento, poi torna qui e comportati bene."
Attenzione del genitore: ______________________________

SITUAZIONE 2: "Crystal, non puoi dormire con la mamma e il papà."
Attenzione del genitore: ______________________________

SITUAZIONE 3: Pensate al vostro ultimo momento disciplinare con i figli.
Su che cosa era concentrata la vostra attenzione? ______________

Nella situazione 1, l'attenzione del genitore è focalizzata sul picchiare. Nella situazione 2, l'attenzione del genitore si concentra sul dormire con mamma e papà. Su che cosa eravate concentrati nella situazione che avete ricordato? Non dimenticate: la cosa su cui ci si concentra è quella che si ottiene di più.

Questa settimana prestate attenzione alle varie occasioni in cui dite a voi stessi che cosa *non* dovete fare e che cosa *non* volete. Poi, consapevolmente, reindirizzate la vostra attenzione sulle cose *da fare* e su quelle che volete *davvero*. Seguite lo stesso procedimento in ogni ambito della vostra vita: quando scegliete qualcosa da mangiare, o un DVD da noleggiare, o discutete sul comportamento del vostro partner. Ricordatevi il principio universale: la cosa su cui ci si concentra è quella che si ottiene di più. Se siete concentrati sull'ottenere che vostro figlio smetta di dormire con voi, creerete ancora più occasioni di lotte notturne. Se, invece, vi concentrate sul fatto che vostro figlio rimanga nel suo lettino, creerete un'opportunità di cambiamento.

Starete pensando: ma a me sembra di dire loro che cosa devono fare la maggior parte delle volte. Un secondo principio può aiutarvi a rendervi conto di quante volte, in realtà, vi concentrate su ciò che non volete, piuttosto che su ciò che volete. Il principio è questo: quando siamo alterati, siamo sempre concentrati su ciò che non vogliamo. Pensate all'ultima volta che vi siete sentiti alterati. Cercate di richiamare alla mente la scena nei dettagli. Ricreando quel momento, ve lo assicuro, scoprirete che eravate concentrati su ciò che non volevate. Volevate con tutte le forze che qualcuno smettesse di fare qualcosa. Per concentrarvi su ciò che volete, dovete essere un modello di autocontrollo e tranquillità.

Quando siamo alterati, siamo sempre concentrati su ciò che non vogliamo.

Quando parlo del potere dell'Attenzione ai genitori, loro ascoltano, ridono e annuiscono come se si stessero davvero ritrovando. Regolarmente, però, appena finisco di spiegare questo potere, qualche genitore mi domanda: "Come mi aiuterà tutto questo a fare in modo che mia figlia di due anni la smetta di picchiare il fratello di cinque?". Ancora una volta, cerco di renderli consapevoli della loro attenzione dicendo: "Pensate a che cosa vorreste che facesse la vostra bambina di due anni". La risposta usuale è: "Smettere di picchiare". Molti di noi hanno l'abitudine profondamente radicata di concentrarsi sui risultati che non vogliono. In questi casi continuo a guidarli lungo il cammino. Domando: "Quale competenza desiderate che vostro figlio di due anni utilizzi per attrarre l'attenzione del fratello maggiore? Volete che lo chiami per nome, o gli chieda di giocare?".

Siate precisi e assertivi quando dite ai vostri figli ciò che volete.

Concentratevi sull'azione *precisa* che volete che vostro figlio compia. Concentrandovi su ciò che volete che smetta di fare è come se entraste in un negozio di tappezzeria e diceste al commesso: "Voglio cambiare la moquette" e quando lui vi chiede quanti metri vi servono, voi rispondeste: "Non voglio tornare a casa e non averne abbastanza". Suona assurdo, ma questo è proprio il modo in cui ci rivolgiamo ai nostri figli giorno dopo giorno. Siate chiari quando spiegate loro ciò che volete. Essere precisi e assertivi è essenziale quando vi rivolgete ai vostri figli.

Tutti ci arrabbiamo. Il nostro obiettivo è ritrovare l'autocontrollo prima di trattare con i figli. Dovete disciplinare anzitutto voi stessi, e poi i vostri figli. A tal fine, questa settimana allenatevi a "invertire la rotta", spostando la vostra attenzione da ciò che non volete a ciò che volete. Quando vi sentite stressati, fermatevi, fate un bel respiro profondo e parlate con voi stessi. Potreste dire: "Mi sento alterato, e se sono alterato è perché mi sto concentrando su ciò che non voglio. È questo che desidero dalla vita?". Se la risposta è no, focalizzate la mente su ciò che volete e procedete con calma. Se la risposta è un chiaro e tondo: "Non me ne importa niente", andate avanti e date in escandescenze, ma ricordatevi di perdonarvi, dopo.

ALLENATE IL POTERE DELL'ATTENZIONE CON I SEGUENTI PASSI

- Acquisite consapevolezza delle cose su cui focalizzate la vostra attenzione. Siete concentrati su quello che volete che accada, o su ciò che non volete?
- Quando siete alterati, invertite la rotta. Dite a voi stessi: "Okay, sono alterato. Se sono alterato è perché mi sto concentrando su ciò che non voglio. È questo che desidero dalla vita?". Se la risposta è no, respirate profondamente e dite a vostro figlio ciò che volete che faccia e perché.
- Almeno cinque volte al giorno, ricordate a voi stessi: "La cosa su cui ci si concentra è quella che si ottiene di più". Ricordatevelo la mattina appena svegli, durante i pasti, quando andate a dormire e in qualsiasi momento in cui vi sentite alterati.

Il potere dell'Amore: vedere il meglio negli altri

Immaginatevi a una festa di benvenuto organizzata nel quartiere in cui voi siete gli ultimi arrivati di tutto il vicinato. Entrando nel salone, vi chiedete come gli altri ospiti vi stanno giudicando, se vi stanno squadrando i vestiti e i capelli, se siete passabili. Come vi sentite? Probabilmente state morendo dall'imbarazzo.

Adesso cambiate situazione nella vostra mente. Immaginate di arrivare a una festa in cui tutti vi accoglieranno in modo caloroso. Come vi sentite adesso? Probabilmente molto sereni. Nella vita reale, chi decide che cosa immaginate che la gente pensi di voi? La risposta è una bella notizia: voi! Spetta a voi stabilire come immaginare ciò che gli altri stanno pensando. Potete decidere di "andar bene" agli altri – e sentirvi bene – oppure che non vi reputino "accettabili", e non sentirvi accettati. Con una decisione possiamo seminare la pace, con un'altra possiamo scatenare la guerra. La scelta è nostra.

Ciò che offrite agli altri lo provate anche voi. Questo è un principio guida da ricordare. Un altro modo di vederlo è questo: ciò che vedete negli altri si rafforza in voi stessi. Per afferrare meglio il concetto, smettete un momento di leggere e pensate a qualcuno che amate. Augurate ogni bene a quella persona in silenzio e con tutto il cuore. Se non vi viene in mente nessuno in particolare, prendetevi un attimo per pensare a qualche aspetto della vostra vita del quale siete grati: la casa, la salute, il lavoro, o qualsiasi altra cosa. Adesso fate caso a come vi sentite. Se auguriamo del bene agli altri, abbiamo il cuore traboccante di commozione e proviamo una sensazione di calore e benessere. Se offriamo gratitudine, tendiamo a sentirci contenti e fortunati.

Se offrite agli altri amore e gratitudine, proverete una sensazione di calore e vi sentirete fortunati.

Lo stesso tipo di rispecchiamento si verifica quando guardiamo il mondo e ci focalizziamo su ciò che va male. Il genitore che rientrando a casa si è accorto subito dei piatti sporchi inconsciamente ha scelto di sentirsi inadeguato. È un paradosso, ma è vero: il nostro senso di autostima non deriva da come gli altri ci vedono, ma da come noi vediamo gli altri. Se scegliete di vedere ciò che manca, ciò che non va bene, non solo inibite la possibilità di cambiamento, ma compromettete il vostro senso di valore personale. Sentendovi impotenti, sarete pronti a incolpare gli altri per il vostro disagio.

Quando vi accostate alla vita ansiosamente, è come se collocaste dei pulsanti nel vostro cervello, per poi incolpare i bambini che li hanno schiacciati. Vi convincete che vostro figlio stia cercando di rendervi la giornata difficile con i suoi capricci o semplicemente che sia cattivo. Vedete atti di cattiveria intenzionale anziché errori innocenti. Invece, potreste supporre che vostro figlio stia soffrendo, abbia bisogno di un gesto di amore, o che si stia comportando male perché gli mancano competenze più adeguate per ottenere ciò che vuole. Ancora una volta, la scelta sta a voi. Se sceglieté di attribuire intenti positivi, vi sentirete in pace con voi stessi e potrete partire da quella serenità interiore nel formulare la vostra risposta. Se scegliete di attribuire intenti negativi, vi sentirete inadeguati e sarete meno pazienti nel gestire i conflitti.

Anni fa, un bimbo e il suo cane, un labrador nero, si persero nell'Ocala National Forest, in Florida. Fortunatamente furono entrambi ritrovati il giorno dopo. I telegiornali riferirono che il cane era rimasto con il suo padroncino per tenerlo al caldo e io mi domandai chi mai l'avesse intervistato. Subito dopo, le vendite di cuccioli di labrador neri salirono alle stelle in Florida: i genitori li compravano affinché proteggessero i loro figli. Se mettiamo intenzioni nella testa delle persone, perché non metterle nobili? L'abbiamo fatto con un cane!

Ciò che offriamo agli altri, lo doniamo a noi stessi.

L'amore vede il meglio nelle persone. Ostinarsi a trovare difetti nei figli significa semplicemente non essere disponibili a cambiare se stessi. Se date credito alle persone, convincendovi che siano in buona fede, avrete molte più giornate belle che brutte e manterrete un buon livello di autostima. Inoltre, farete notare ai vostri figli gli aspetti migliori di sé e degli altri. Questo è vero potere!

L'amore vede il meglio nelle persone, inclusi i figli.

ALLENATE IL POTERE DELL'AMORE CON I SEGUENTI PASSI

- Augurate ogni bene alle persone. Fatelo in silenzio, dal profondo del cuore, mentre siete alla guida, in coda, o per la strada. Fate caso a come vi sentite dopo.
- Quando commettete un errore, o lo fa qualcun altro, attribuitevi un intento positivo. Anziché fustigarvi dicendovi: "Non posso credere di essermi dimenticato di passare in lavanderia", riformulate il pensiero: "Volevo rientrare presto per accogliere i bimbi quando scendevano dallo scuolabus, così ho dimenticato la lavanderia. Ci andrò domani". Quando vi tagliano la strada, resistete alla tentazione di urlare: "Stupido idiota!", ma riformulate il pensiero e dite: "Ragazzi, doveva essere proprio di fretta". Allenatevi a vedere il meglio negli altri.

- Ripetetevi: "Ciò che offro agli altri, lo dono a me stesso" cinque volte al giorno per almeno una settimana. Mettete un post-it con questa frase sul frigo come promemoria.

Il potere dell'Accettazione: questo momento è così com'è

Siamo stati indotti a credere che, al fine di cambiare qualcosa, dobbiamo opporre resistenza. Quando accade qualcosa che contraddice le nostre convinzioni su come le cose *dovrebbero* andare, automaticamente cerchiamo di fare in modo che quanto è accaduto sia diverso da ciò che è. Spesso affermiamo che l'avvenimento in questione non sarebbe mai dovuto accadere. Quando diciamo: "Questa cosa non sarebbe mai dovuta succedere; la gente non dovrebbe comportarsi così" stiamo dicendo che questo non è un buon momento, che sarebbe migliore – e ci sentiremmo meglio – se le cose fossero andate come preferivamo noi. È un'enorme responsabilità sapere che cosa è meglio per il mondo. Naturalmente, quando giudichiamo in modo negativo il momento presente, rafforziamo i nostri sentimenti d'inadeguatezza personale.

Non potete negare un momento particolare, considerandolo negativo, senza attaccare le persone presenti in quel momento. Gridando: "Dove dovresti essere adesso? Che cosa dovresti fare? Hai fatto bene a picchiarla?" rivolgete un attacco ai vostri figli. Domande del genere insinuano: "Stupido, non sai nemmeno dove dovresti trovarti e che cosa dovresti fare?". Altre frasi che i genitori utilizzano per negare i momenti problematici sono: "Non si parla così in questa casa", oppure: "Non si corre in questa casa", subito dopo un insulto o una corsa. Un osservatore imparziale potrebbe notare: "Sì che si fa, li ho appena sentiti insultarsi", o visti correre. Quando negate un momento, negate anche il bambino coinvolto in quel momento. Troppi adulti ripetono questo messaggio denigratorio che tutti abbiamo sentito crescendo. Io lo chiamo "Il messaggio dello stupido", poiché ci ha lasciato la sensazione di essere veramente stupidi. Per combattere quella sensazione ci sforziamo di eccellere negli studi, di essere perfetti, incolpiamo gli altri o noi stessi, mangiamo troppo o troppo poco. L'elenco potrebbe continuare ancora per molto.

La resistenza non promuove il cambiamento, favorisce solamente il conflitto. Il cambiamento nasce solo attraverso l'accettazione. Quando sarete in grado di accogliere ciò che è, e farlo vostro, avrete il potere di scegliere se accettare lo *status quo* oppure cambiare in meglio. Immaginate di camminare su un marciapiede e vedere un'automobile che si avvicina a voi sul marciapiede. Potete continuare a camminare, dichiarando: "Quell'automobile non dovrebbe salire sul marciapiede", oppure potete accettare che quell'auto è dov'è, e balzare via per evitare di essere investiti. La scelta sta a voi.

Accettazione significa riconoscere che le persone, le situazioni e gli eventi sono quello che sono. Ogni momento è semplicemente così com'è. Accettarlo non significa che lo approviamo, ma solo che riconosciamo che ciò che sta accadendo in un dato momento sta, in effetti, accadendo. Ogni momento è quel che è, poiché l'intero universo è quel che è. Quando lottiamo contro il momento, dicendo: "Non dovresti aver fame, hai appena mangiato", stiamo lottando contro l'universo. Non c'è da stupirsi se ci sentiamo stanchi!

Il momento sarà sempre quel che è, indipendentemente dal fatto che lo accettiate o no. La realtà è che il vostro bimbo non è vestito, la camera non è pulita, e il bagnetto non è stato fatto. Invece di scegliere di arrabbiarvi e concentrarvi sui problemi, grazie all'accettazione potrete iniziare a "reagire" ai figli, creando momenti che vi godrete molto di più. La responsabilità è la capacità di reagire.

Questa settimana allenatevi a essere presenti in ciascun momento. Invece di logorarvi pensando a quello che avreste dovuto fare o dovete fare, allenatevi a essere dove siete. Se state lavando i piatti, sentite l'acqua, osservate il colore del detersivo, notate la pressione della spugnetta sulle padelle. Se state passeggiando con vostro figlio, sentite la sua manina calda nella vostra, la morbidezza della sua pelle. Ascoltate il tono della sua vocina. Stasera, quando mettete i bambini a letto, provate un nuovo rituale della buonanotte. Toccate loro le sopracciglia e, mentre lo fate, dite: "Adesso do la buonanotte alle tue sopracciglia". Ripetete quest'operazione con le orecchie, la fronte, i capelli, le spalle, le braccia, le gambe e i piedi. Guardate davvero i vostri figli, e toccateli veramente. Potete fare lo stesso con il vostro partner. È divertentissimo. Man mano che la vostra giornata trascorre, allenatevi a notare gli alberi, le nuvole, gli uccellini. Spostate l'attenzione dal giudicare le cose come carine, buone, brutte o cattive, al notarle semplicemente perché ci sono. Se state iniziando ad alterarvi, respirate profondamente e ricordate a voi stessi: "Questo momento è così com'è". In ogni momento, rilassatevi e reagite.

Quando resistete alla realtà, vi alterate. Ricordate che quando siete alterati, vi state concentrando su ciò che non volete. Ciò su cui ci si concentra si ottiene ancora di più. Concentrandovi su ciò che non va bene, non vi sentirete mai bene. Se vi sentite inadeguati, tenderete ad accusare gli altri del vostro malessere interiore. Evitate questa trappola interiorizzando il potere dell'Accettazione.

Allenate il potere dell'Accettazione con i seguenti passi

- Allenatevi a vivere il momento presente notando le cose. Per farlo descrivete a voi stessi ciò che vedete, senza esprimere giudizi.
- Aggiungete il "rituale della buonanotte" alla routine quotidiana della sera.
- Se iniziate ad alterarvi perché qualcosa non va secondo i vostri piani, respirate profondamente e affermate: "Questo momento è così com'è, e posso rilassarmi".

Il potere della Percezione: nessuno può *farci* arrabbiare senza il nostro permesso

"Guarda che cosa *mi hai fatto* fare." "Non *costringermi* a mandarti in camera tua." "Mi state facendo diventare matta." Avete mai sentito qualcosa di simile uscire dalla vostra bocca? Quando ricorrete a queste frasi rabbiose con vostro figlio, gli inviate il messaggio che è lui il responsabile del vostro stato d'animo. Quando attribuite a qualcuno il controllo delle vostre azioni, gli attribuite il controllo di voi stessi. Se siete convinti che aspettare in coda vi faccia ammattire, accordate questo potere alla coda. Se credete che il vostro partner vi stia spingendo a bere, gli date potere. Se credete che i vostri figli vi stiano *facendo* urlare, li rendete padroni di voi.

Non preferireste avere voi il controllo della vostra vita? Per farlo, dovete essere disposti a riconoscere i vostri sentimenti negativi. Poniamo di uscire insieme e che la prima sera io vi regali un mazzo di rose. Quando aprite la porta e mi vedete con un bouquet in mano, potreste meravigliarvi per il mio pensiero gentile. Se avete questa percezione, probabilmente proverete gioia nel ricevere i fiori. E se io vi portassi fiori anche la seconda sera? Questa volta potreste pensare: "Perché me li ha portati? Non è mica il mio compleanno". Con questo tipo di pensieri, non sareste più contenti, ma un po' sospettosi. Allora i fiori vi hanno reso felici o sospettosi? Io vi ho reso felici o sospettosi? Oppure i vostri pensieri su di me e i fiori hanno determinato le vostre emozioni? Non sono stata io, e nemmeno i fiori. I vostri pensieri hanno creato le emozioni.

Ognuno di noi porta con sé un'immagine di come pensa che il mondo dovrebbe funzionare. Siamo consapevoli di alcuni aspetti di questa immagine, e inconsapevoli di altri. Avete certe attese su che cosa costituisce una *buona* scuola? Avete in mente l'ideale di un *buon* matrimonio? Avete un'idea chiara di come sarebbe una *bella* mattinata? Probabilmente avete un'immagine per tutte queste cose, ma spesso non ci pensate in modo consapevole. Avete anche un'immagine di come dovrebbero comportarsi "*i bravi bambini*".

Tutti noi vediamo il mondo non com'è, ma attraverso una lente costituita dai nostri giudizi su come dovrebbe essere. Questa lente altera ciò che vediamo. Quando la scuola dei nostri figli o il nostro partner non soddisfano le nostre aspettative, ci alteriamo perché il mondo non ha funzionato come pensavamo noi.

Per quanto possa sembrarvi incredibile, questo è lo stesso motivo per cui un bambino piccolo fa i capricci quando gli portate via i pennarelli che stava usando per colorare il muro del soggiorno. Per quel bimbo colorare è ciò che dovrebbe accadere. Per voi scrivere sui muri è una cosa che non dovrebbe accadere. Perciò entrambi vi arrabbiate, lasciandovi sopraffare dalla sensazione di non riuscire a far andare il mondo secondo le vostre aspettative. Nessuno di voi ha *causato* l'arrabbiatura dell'altro. È stato *scatenato* dall'altro, ma non era lui la *causa*. L'arrabbiatura nasce dentro di noi. Il motivo per cui ci arrabbiamo non è mai quello che pensiamo noi.

Il motivo per cui ci arrabbiamo non è mai quello che pensiamo noi.

Quando ci sentiamo impotenti, è probabile che finiamo per dare la colpa a qualcun altro. Attribuendo a lui la colpa, cerchiamo di farlo soffrire per quello che ci ha fatto. Questa è una forma di aggressione, e non crea certo un ambiente rassicurante. Ogni volta che cerchiamo di far sentire qualcuno responsabile del nostro malessere creiamo una situazione di pericolo. Il nostro malessere indica che abbiamo percepito la situazione come un attacco. Chiedetevi: "Esiste un altro modo per vedere questa persona o questo evento?". Se deciderete di assumervi la responsabilità delle vostre emozioni, renderete a voi stessi e alla vostra famiglia un enorme servizio.

Questa settimana, ogni volta che vi sentirete arrabbiati, riappropriatevi delle vostre emozioni. Ne avete bisogno. Sono gli strumenti di navigazione che vi guidano nel viaggio della vita. Se i vostri sentimenti creano un senso di pace, la vostra visione del mondo sarà amorevole. Se i vostri sentimenti suscitano disagio, è perché il vostro atteggiamento è passato dall'amore alla paura. Se siete alterati, è perché state opponendo resistenza alla realtà. O vi siete concentrati su ciò che non volete, attribuendo motivazioni negative agli altri, o state incolpando gli altri per il vostro malessere. Ricordate il potere dell'Attenzione: la cosa su cui ci si concentra è quella che si ottiene di più.

Ogni volta che vi sentirete alterati, questa settimana, chiedetevi: "Voglio ammettere la mia inquietudine e mantenere l'autocontrollo, o voglio regalare il mio potere ad altri e incolparli per averlo accettato?". La scelta è vostra. E la scelta l'avete sempre, perciò potete attingere a questo potere in qualsiasi momento. Per ammettere i vostri sentimenti, dite: "Mi sento turbato (arrabbiato, triste, ecc.) e va bene. Sono al sicuro e in grado di gestire la situazione".

Allenate il potere della Percezione con i seguenti passi

- Notate come il modo di pensare crea i sentimenti. Se vi sentite arrabbiati, tristi o ansiosi, fate caso a cosa stavate pensando e a dov'era diretta la vostra mente.
- Ascoltatevi quando incolpate gli altri. Prestate attenzione al vostro linguaggio, quando compare un "Mi fai". Notate quante volte vi sottraete potere dicendo: "Non farmi...", oppure: "Mi hai fatto...". Sostituite i "Non farmi" con "Adesso faccio...". Per esempio, anziché dire: "Non fatemi fermare l'automobile", dite: "Adesso fermo l'automobile e non riparto finché voi due non vi sarete allacciati le cinture di sicurezza".
- Quando siete alterati, dite a voi stessi: "Mi sento arrabbiato e va bene così", oppure: "Mi sento ansioso e va bene così".

- Ripetete a voi stessi: "Quando affido a un'altra persona la responsabilità dei miei sentimenti, la rendo padrona di me". E riprendetevi il vostro potere. Chiedetevi spesso: "Dov'è il mio potere?".

Il potere dell'Intenzione: il conflitto è un'opportunità di apprendimento

Vedete il conflitto come una cosa brutta? La maggior parte delle persone sì. Lo considerano deleterio, un problema da evitare. Molti genitori mettono sullo stesso piano la disubbidienza e la mancanza di rispetto. Questi genitori giudicano irrispettosi i figli che non si conformano ai loro desideri. Se la camera è in disordine è perché il figlio non li ascolta e non perché è stato distratto dai giochi o dagli amici. Questi genitori potrebbero prendere il rifiuto di un bambino di farsi il bagno come un atto di sfida, anziché accettare che il figlio, semplicemente, preferisca giocare.

Mettendo sullo stesso piano la disubbidienza e la mancanza di rispetto, create un collegamento tra il comportamento di vostro figlio e la vostra competenza. Sebbene questo collegamento non sia valido, convincendovi che sia così rischiate di perdere rapidamente il controllo, soprattutto se l'atto di disubbidienza del bambino accade in pubblico. Vostro figlio ha mai fatto capricci in un negozio perché gli avete negato un giocattolo? Se sceglīete di vedere la sua scenata come un gesto mirato a umiliarvi la vostra reazione sarà obbligata. Però sarebbe ben diversa se consideraste che vostro figlio può essere stato sopraffatto da tutte quelle tentazioni. Gli adulti che mettono sullo stesso piano la mancanza di rispetto e la disubbidienza dimenticano che i bambini non hanno ancora tutte le abilità emozionali e intellettive degli adulti. I bambini di un anno dicono no per un *motivo*: stanno iniziando a definire se stessi come soggetti separati da voi. I bambini sui sette anni sembrano sordi alle richieste degli adulti per un *motivo*: la loro attenzione è concentrata su di sé, poiché stanno cercando di comprendere il senso della vita. È facile prendersela per l'egoismo dei bambini, ma in realtà è una caratteristica necessaria per il loro sviluppo.

Tuttavia, ci aggrappiamo alla convinzione che se fossimo abbastanza perfetti, nelle nostre famiglie non ci sarebbero conflitti e i nostri figli sarebbero dei modelli di ubbidienza: farebbero ciò che diciamo loro di fare, quando lo diciamo, e magari persino con il sorriso sulle labbra. Vi piacerebbe sul serio avere un figlio totalmente sottomesso agli altri? Una persona simile sarebbe priva di creatività, incapace di pensare da sola, direbbe di sì a tutto. Immaginatevi un figlio del genere, adolescente, libero per le strade.

Se pensate che il conflitto sia una cosa brutta, quando compare vi preoccupate immediatamente di inchiodare il "cattivo" ("Chi ha cominciato"?). Cercate un colpevole per decidere con chi prendervela perché vi ha fatto arrabbiare. Non vorreste mai punire un innocente, salvo che siate così stanchi e stufi dei litigi da non avere la forza di identificare il "cattivo". In tal caso, entrambi i figli vi sembreranno insopportabili. "Basta!" potreste sbraitare. "Andatevene tutti e due in camera vostra! Non m'interessa chi ha cominciato cosa."

Se considerate il conflitto come una cosa brutta, cercherete una panacea – una misura disciplinare superpotente – che bandisca per sempre i conflitti dalla vostra famiglia. Per ottenere che i vostri figli siano bravi potreste ricattarli, o implorarli, o negoziare con loro. Nei momenti di stress potreste mettervi a strillare per allentare la tensione, oppure ragionare con i piccoli cercando di essere comprensivi. A un certo punto, la maggior parte dei genitori toglie ai figli alcuni privilegi. Per evitare misure più drastiche, potreste anche arrivare a imporre a voi stessi un time-out.

Noi ci illudiamo di poter eliminare il conflitto, ma esso è parte della natura. Per la natura è fondamentale il conflitto. Un vermicello si trascina fuori dalla terra, per essere subito ghermito da un uccello. Per il verme è stata una brutta giornata, tuttavia, in una visione più ampia, ha svolto una funzione necessaria all'andamento dell'ecosistema.

Il conflitto ricopre un ruolo positivo anche nelle relazioni umane. Attraverso il conflitto impariamo a stabilire dei confini salutari tra noi stessi e gli altri. La sua funzione è così vitale che è necessario accoglierlo, invece di cercare in tutti i modi di eliminarlo.

Ogni conflitto offre un'opportunità di apprendimento.

Da questo momento in poi, cambiate la vostra visione del conflitto e il vostro rapporto con esso. Quando si presenta, respirate profondamente e dite: “Ecco un’opportunità per imparare e insegnare”. Poi avviate il processo d’insegnamento ai vostri figli. Se v’ignorano e il conflitto persiste, dite a voi stessi: “Ecco un’altra opportunità per insegnare” e provateci ancora. Se i vostri sforzi ancora non risolvono il conflitto, vi suggerisco di fare un passo indietro. Respirate profondamente, chinate il capo e dite: “Grazie per tutte le opportunità d’insegnamento che ho avuto oggi”. Dopo questo momento di riverenza, potete rientrare in scena con un nuovo senso di apprezzamento per le tante complessità della vita.

Ogni conflitto ci presenta una scelta. Possiamo scegliere di vederlo come un’opportunità di apprendimento, o come occasione per incolpare e punire. Se ci mettiamo in mente di punire il “cattivo”, distruggeremo la nostra autostima e quella dei nostri figli. Se invece approfittiamo dei momenti di conflitto considerandoli opportunità di apprendimento, accresceremo il rispetto di noi stessi e permetteremo ai nostri figli di mantenere il loro senso di valore personale. Inoltre, in occasione di nuovi conflitti, sarà più probabile che i nostri figli siano in grado di risolverli senza il nostro aiuto.

Allenate il potere dell’Intenzione con i seguenti passi

- Ogni volta che si presenta un conflitto, respirate profondamente e affermate: “Il conflitto è un’opportunità per insegnare e apprendere”.
- Chiedete a voi stessi: “Qual è il mio intento in questa situazione?”. Volete fare sentire in colpa vostro figlio, o aiutarlo a farcela? Intendete insegnare o punire?
- Concentratevi sulla necessità di rispondere al conflitto invece di impegnarvi a eliminarlo. Chiedetevi: “Sto cercando di individuare la colpa o le soluzioni?”. Chi cerca la colpa si sforza di prevenire futuri conflitti, chi si preoccupa delle soluzioni cerca di insegnare le risposte a futuri conflitti.

Il potere del Libero Arbitrio: l'unica persona che possiamo *far* cambiare siamo noi stessi

Trovo difficile riconoscere il libero arbitrio in me stessa e negli altri. Commetto sempre due errori. Primo, continuo a credere che gli altri possano farmi scegliere determinate cose nella mia vita. Lo si nota dal mio modo di parlare. A volte dico: "Devo fare ginnastica", oppure: "Dovrei chiamare Sara". Eppure non sono obbligata. Si tratta di scelte. Potrei semplicemente dire: "Ho intenzione di fare ginnastica", oppure: "Chiamerò Sara". Il mio secondo errore consiste nel credere di poter fare in modo che gli altri scelgano di agire come voglio io.

Questi errori sono due facce della stessa medaglia: se credo che le persone possano farmi agire in un certo modo, allora è ragionevole presumere che io possa far agire gli altri in un certo modo. Entrambe le convinzioni, però, sono false. Eppure sono largamente diffuse e causano gravi problemi nei rapporti interpersonali e nella gestione della disciplina.

La credenza che gli adulti possano *fare in modo che* i figli diano loro retta e siano in grado di *farli* cambiare è diffusa come l'aria. In effetti, la maggior parte delle persone considera responsabilità dei genitori *fare in modo che* i figli si comportino bene. Queste persone, inoltre, ritengono che i genitori siano venuti meno al loro dovere quando i figli si comportano male, e che siano quindi inadeguati. Tali credenze, false e dannose, si tramandano da generazioni, e nessuno sembra metterle in discussione.

Dobbiamo riconsiderarle. Possiamo costringere i nostri figli a darci retta o a comportarsi in un certo modo? Siamo in grado di obbligare qualsiasi persona, indipendentemente dalla sua età, a fare qualcosa che non vuole fare? È possibile fare in modo che un bambino che si rifiuta di fare i compiti finisca un tema? Sembrerebbe impossibile costringere gli altri a comportarsi in modo contrario ai loro desideri. In realtà, l'unico modo per riuscirci è usare la forza. Ricorrendo alle maniere forti insegniamo ai bambini che è legittimo servirsi della forza per influenzare gli altri. Attraverso la forza cerchiamo di rimuovere le scelte degli altri. Rimuovendo le loro scelte, rimuoviamo la loro autostima e capacità di impegnarsi.

Allenate il potere del Libero Arbitrio diventando consapevoli della frequenza con cui pensate che gli altri vi stiano facendo fare delle cose. È il neonato che, piangendo, vi fa svegliare di notte, o siete voi che avete scelto di metterlo al mondo? Notate quante volte pronunciate le parole "devo" e "dovrei". Allenatevi a cambiare questi "Dovrei" in "Potrei". Se vi accorgete di dire: "Dovrei comprare il latte", cambiate il vostro approccio e dite: "Potrei comprare il latte", e poi decidete se farlo o no. Cambiando i "Dovrei" in "Potrei", sarete più disponibili ad aiutare i vostri figli a compiere scelte accettabili per voi e per loro.

Allenate il potere del Libero Arbitrio
con i seguenti passi

- Se vi ritrovate a pensare: "Come posso fare in modo che mio figlio ____________?" modificate la domanda in: "Come posso aiutare mio figlio affinché scelga con più probabilità di ____________?".
- Cambiate i vostri "Dovrei" in "Potrei", poi fate una scelta.
- Allenatevi a lasciare che gli altri abbiano i propri pensieri e sentimenti. Resistete all'impulso di cercare di renderli felici o di convincerli che voi avete tutte le risposte.

Il potere dell'Unità: concentrarsi sulla connessione invece di cercare di essere speciali

Anni fa, Miami ha vissuto la terribile devastazione provocata dall'uragano Andrew. L'intera Florida ha fatto fronte comune per sostenere le persone in difficoltà. Durante il periodo di ripresa, il traffico si concentrava in zone diverse man mano che la popolazione si ridistribuiva nelle aree colpite. Tuttavia, in un certo senso, gli ingorghi erano piacevoli: gli automobilisti lasciavano cortesemente che le macchine cambiassero corsia. Tutti si preoccupavano per gli altri. Passata la crisi, i clacson hanno ricominciato a strombazzare, e immettersi in una corsia è divenuto di nuovo un'impresa. Tutti guidavano come al solito, pensando solamente a se stessi.

Quasi nello stesso periodo, la squadra di pallacanestro Orlando Magic è riuscita ad arrivare in finale ai campionati nazionali. A Orlando regnava una grande unità: tutti gli abitanti sostenevano il sogno della squadra di battere i Chicago Bulls. Gli adesivi del Magic tappezzavano edifici e veicoli, i commessi dei negozi erano gentili e la gente attaccava bottone, unita dal comune obiettivo. In entrambi i casi, lo stimolo di una minaccia comune (l'uragano a Miami e i Bulls contro i Magic) ha favorito l'unità. Se le minacce fossero l'unico agente unificatore efficace, le famiglie avrebbero costantemente bisogno di una crisi, o dell'onnipresente "pecora nera", per stare insieme. Ma le minacce, grazie al cielo, non sono le uniche forze unificatrici.

L'unità può nascere anche da un senso di sicurezza, cioè di libertà dalla minaccia. Può manifestarsi attraverso la fiducia totale e la vulnerabilità condivisa con un'altra persona. Può derivare dal rinunciare al bisogno di confrontarsi con gli altri, scegliendo invece di connettersi con loro grazie a un senso di uguaglianza. Tutti noi abbiamo bisogno di appartenenza, di sentirci parte di qualcosa di più grande di noi e di sapere che contribuiamo al benessere di quell'intero. Vogliamo essere valorizzati e connessi. Il potere dell'Unità riguarda questa percezione per cui siamo tutti legati tra noi e allo stesso tempo ognuno di noi ha un contributo unico da apportare. Quando ci connettiamo davvero con qualcosa o qualcuno diverso da noi, ci trasformiamo in individui premurosi, compassionevoli e autodisciplinati. Nell'unità non c'è nessuno da combattere. Questo potere è all'origine degli altri poteri e li comprende tutti.

Chiedetevi: "Voglio essere speciale (per esempio, pretendendo di avere ragione) o voglio connettermi?".

Come possiamo crescere i nostri figli in modo da favorire la connessione attraverso l'amore e l'unità, invece che attraverso la paura e l'identificazione di un nemico comune? Per accedere al potere dell'Unità, dobbiamo rinunciare al bisogno di essere speciali. Questo va contro i principi della cultura occidentale, che premia chi riesce a essere speciale. Per distinguersi bisogna indossare determinati abiti, avere un particolare peso, o raggiungere un certo successo economico. Basiamo la nostra sensazione di essere speciali sul confronto con gli altri, mediante il quale ci convinciamo che alcune persone mancano di qualcosa che noi invece abbiamo. Se per voi è molto importante essere speciali, vi giudicherete continuamente per vedere se siete migliori o peggiori degli altri. Questi giudizi impediscono di provare sentimenti di uguaglianza e unione vera. In ogni momento chiedetevi: "Voglio essere speciale o voglio connettermi?".

Se dovete sentirvi speciali per avere la sensazione di valere, spingerete i vostri figli a essere speciali, perché loro sono il vostro riflesso. Un modo in cui i genitori comunemente fanno pressioni sui figli perché sono speciali è attraverso le parole che scelgono per lodarli e incoraggiarli. Quando giudicate i vostri figli, invece di notare i loro sforzi e risultati, li spingete a distinguersi. Tuttavia, in questo modo alimentate in loro un senso di solitudine e inadeguatezza, perché non si sentono a proprio agio con gli altri. Tali sentimenti possono alimentare comportamenti di dipendenza e compulsivi: chi non riesce a connettersi realmente con gli esseri umani, rischia di legarsi troppo al lavoro, alla droga, all'alcol, alla ginnastica o agli animali.

Potremmo dire che i genitori portano sempre con sé un evidenziatore giallo. Con questo pennarello immaginario rilevano gli aspetti della vita che vogliono far notare ai figli. Poniamo che, guardando la pagella di vostro figlio, diciate: "Oh, tutti 10. Fantastico! Sei così intelligente e siamo davvero orgogliosi di te". Avete appena usato l'evidenziatore giallo per porre l'accento sull'importanza dei voti. E se invece voleste rimarcare il valore dell'apprendimento? Potreste dirgli: "Questi voti dimostrano che ti sei impegnato tanto nello studio. Quali sono le cose che ti sono piaciute di più tra quelle che hai imparato?". Entrambe le risposte celebrano i successi dei figli, ma lo fanno in modo diverso. La prima incoraggia l'aspetto della distinzione, la seconda sostiene la connessione. A voi la scelta.

ALLENATE IL POTERE DELL'UNITÀ CON I SEGUENTI PASSI

- Trascorrete cinque minuti o più, ogni giorno, in compagnia di ciascuno dei vostri figli. Per essere davvero presenti dovete dimenticare tutto ciò che avete in testa riguardo ai vostri impegni e rinunciare a ottenere qualsiasi risultato preconcetto. A questo punto, sarete davvero presenti con ognuno dei vostri figli. L'attività (leggere, coccolare, giocare) è secondaria alla vostra totale presenza.
- Nelle situazioni di stress, chiedetevi: "Voglio essere speciale, o voglio connettermi con questa persona?". Un altro modo di dirlo è: "Voglio avere ragione o voglio essere felice?".
- Celebrate i successi ottenuti cambiando comportamento. Decidete due cose che volete realizzare in una giornata (solo due).

Dopo averle realizzate, rendete merito a voi stessi dicendo: "Ce l'ho fatta". Poi descrivete (non giudicate) a voi stessi ciò che avete fatto.

Questi Sette poteri dell'autocontrollo vi rendono padroni di voi stessi. Imparando a sfruttarli cambierete la vostra vita e a poco a poco sarete in grado di aiutare anche i vostri figli a cambiare la vita in meglio. Il cambiamento inizia da voi e si estende ai vostri figli. Ricordate: la cosa su cui ci si concentra, è quella che si ottiene di più. Quando siete alterati, vi concentrate su ciò che non volete e opponete resistenza alla realtà del momento, così com'è. Negare il momento presente nega voi stessi e i vostri figli, poiché ciò che offrite agli altri lo rafforzate anche in voi stessi. Il cambiamento deriva dall'accettazione e non dalla resistenza. Siate disponibili ad accettare il momento presente dicendo: "Questo momento è così com'è". La disponibilità deriva dall'attribuire un intento positivo a noi stessi e agli altri. Infine, vedere il meglio negli altri crea unità. L'unità è autocontrollo in azione.

Da questi Sette poteri dell'autocontrollo scaturiscono le Sette competenze disciplinari fondamentali. Il prossimo capitolo introduce tali competenze. Una volta che le avrete acquisite, sarete pronti a rispondere a ogni conflitto che si presenterà con i vostri figlioli.

Capitolo 3

Le Sette competenze disciplinari fondamentali

Chris Chenoweth, pastore presso la Unity Village Chapel, nel Missouri, in uno dei suoi sermoni ha condiviso con i fedeli la storia di uno scontro disciplinare con i suoi due figli. Erano seduti sui sedili posteriori dell'automobile, appiccicati alle rispettive portiere, e nonostante lo spazio considerevole che rimaneva tra loro continuavano a strillare: "Lui mi ha toccato, è dalla mia parte". Chris ha raccontato di aver utilizzato l'unica competenza di cui era a conoscenza all'epoca. Si girò verso di loro e sbraitò: "Ehi! Ehi! EHI!".

Tutti cercano di fare del proprio meglio per crescere i figli, ma non tutti possiedono le competenze fondamentali necessarie.

Immaginate di giocare a pallacanestro senza sapere come si dribbla. Qualsiasi attività intraprendiamo comporta certe abilità fondamentali che sono vitali per ottenere successo. Questo capitolo presenta le competenze disciplinari fondamentali di cui avete bisogno per guidare il comportamento dei vostri figli.

Dovete accostarvi a esse come fareste con qualsiasi altro gruppo di competenze. Dovrete apprenderle una per una, capire quando e per quale motivo utilizzarle ed esercitarle regolarmente. Non usereste un cacciavite per piantare un chiodo, né un martello per spaccare la legna. Quando si tratta di disciplinare i propri figli, tuttavia, la maggior parte dei genitori utilizza sempre gli stessi strumenti, un paio in tutto, per gestire ogni genere di cattiva condotta.

Gli strumenti che la maggior parte dei genitori utilizza sono il time-out, la sospensione o la promessa di certi privilegi, e i ragionamenti. Alcuni genitori ricorrono anche alle sculacciate. Tutti questi strumenti (a parte i ragionamenti) in realtà comportano una sola tecnica: imporre delle conseguenze. Quando prospettate le punizioni o i premi elencati poc'anzi, condizionate vostro figlio a concentrarsi su ciò che potrebbe perdere o ottenere agendo in un certo modo. Tali conseguenze non aiutano i figli a concentrarsi su ciò che devono fare in modo diverso. Magari dite: "Hai picchiato tuo fratello. Adesso vai in camera tua".

È come se andaste al lavoro e il vostro capo vi ammonisse: "Hai sbagliato a compilare questo modulo. Adesso ritirati in sala d'attesa, siediti lì e pensa a ciò che hai sbagliato". Il giorno dopo, in ufficio, potreste ritrovarvi con lo stesso tipo di modulo, compilarlo di nuovo in modo sbagliato e quindi tornare in sala d'attesa. Ma come fate a compilarlo correttamente se nessuno ve lo insegna?

Quando i ragionamenti – strategia disciplinare più recente – si fondano sulla paura, diventano, più che altro, un interrogatorio, con l'intento di instillare un senso di colpa nel figlio. Non si tratta di un reale tentativo di problem solving. Il genitore di solito si concentra sul motivo per cui il figlio ha fatto qualcosa di brutto: "Perché hai picchiato tuo fratello? Sai che picchiando si fa male agli altri. È sbagliato. Tuo fratello non vorrà più giocare con te, se lo picchi. È questo che vuoi?".

È come se continuaste a compilare male il modulo nella società A, finché vi licenziano e trovate un altro lavoro nella società B. Nel nuovo ufficio compilate un modulo simile in modo errato e il vostro nuovo capo vi dice: "Perché l'hai compilato così? Non sai che adesso la produttività subirà una riduzione? Se questi moduli non sono gestiti bene, i nostri clienti non ottengono un servizio. Così smetteranno di rivolgersi a noi e tu perderai il lavoro. È questo che vuoi?". Immaginate di tornare alla vostra scrivania e di ritrovarvi davanti lo stesso identico modulo. Non sapete ancora come completarlo correttamente. I vostri colleghi non vi aiutano, pensando che, essendo adulti, dovreste ormai essere in grado di farlo da soli. A questo punto sarete colti da un senso di panico crescente, misto a rabbia verso il vostro capo e i vostri colleghi, e all'opprimente sensazione di essere troppo stupidi per quel lavoro.

L'esempio dell'ufficio è ovviamente uno scherzo, ma l'argomento è serio. Avete bisogno di sviluppare abilità disciplinari che vi aiuteranno a insegnare ai vostri figli come comportarsi correttamente. Solo dopo aver insegnato loro come comportarsi ha senso attribuire loro la responsabilità di distinguere tra ciò che è bene e ciò che è male. Le Sette competenze disciplinari fondamentali sono le abilità di cui avete bisogno.

Per conoscere a fondo nuove competenze disciplinari, dovete impararle, capirle ed esercitarle.

Le Sette competenze disciplinari fondamentali e i valori che insegnano

Per disciplinare i vostri figli in qualsiasi situazione, tutto ciò di cui avete bisogno sono queste sette competenze. Come ho avuto modo di osservare, ogni competenza si evolve da uno dei Sette poteri dell'autocontrollo descritti nel capitolo 2, e ognuna insegna un valore fondamentale. I poteri dell'autocontrollo sono stati presentati in un ordine che aiuta a interiorizzare le informazioni. Le *Sette competenze disciplinari fondamentali* sono elencate in un ordine diverso, che aiuta a utilizzare tali informazioni. Le competenze, i poteri da cui emergono e i valori che insegnano sono riportati nella tabella 3.1.

Tabella 3.1

Sette poteri dell'autocontrollo	Sette competenze disciplinari fondamentali	Sette valori per vivere
Potere della Percezione	Calma	Integrità
Potere dell'Attenzione	Assertività	Rispetto
Potere del Libero Arbitrio	Scelte	Impegno
Potere dell'Unità	Incoraggiamento	Interdipendenza
Potere dell'Amore	Intento Positivo	Collaborazione
Potere dell'Accettazione	Empatia	Compassione
Potere dell'Intenzione	Conseguenze	Responsabilità

Quando inizierete a impiegare queste competenze con i vostri figli, gliele imporrete. Alla fine, però, diventeranno un processo naturale che li guiderà dall'interno.

Ogni competenza disciplinare ha un motto che descrive i risultati che otterrete utilizzandola.

1. *La competenza della Calma*: vivere secondo i valori che si vorrebbero sviluppare nei figli. Insegna l'*integrità*.
2. *La competenza dell'Assertività*: dire di no ed essere ascoltati. Insegna il *rispetto*.
3. *La competenza delle Scelte*: costruire l'autostima e la forza di volontà. Insegna l'impegno.
4. *La competenza dell'Incoraggiamento*: rispettare i figli per avere il loro rispetto. Insegna l'interdipendenza.
5. *La competenza dell'attribuire un Intento Positivo*: trasformare la resistenza in collaborazione. Insegna la cooperazione.
6. *La competenza dell'Empatia*: gestire le scenate e i capricci. Insegna la compassione.
7. *La competenza delle Conseguenze*: aiutare i figli a imparare dai propri errori. Insegna la responsabilità.

Molti genitori hanno familiarità con le Sette competenze disciplinari fondamentali citate nella tabella 3.1. Queste si possono utilizzare sia partendo da un orientamento basato sulla paura, interessato al controllo, sia da un orientamento basato sull'amore e orientato all'insegnamento. L'atteggiamento mentale del genitore è il fattore determinante. Se utilizzate i Sette poteri dell'autocontrollo descritti nel capitolo 2, vi avvicinerete consapevolmente e *amorevolmente* al figlio che si comporta male, perciò sarete in grado di connettervi con lui e di aiutarlo. Senza autocontrollo, vi accosterete a vostro figlio con l'obiettivo inconsapevole di manipolarlo. Un genitore capace di autocontrollo gestisce le situazioni molto diversamente da uno fuori controllo che cerca di fare in modo che suo figlio si comporti bene. Gli esempi che seguono dimostrano come le Sette competenze fondamentali si possano utilizzare a partire dalla paura o dall'amore.

L'obiettivo ultimo è controllare noi stessi, e poi strutturare situazioni in cui i nostri figli possono riuscire.

La competenza della Calma: vivere secondo i valori che si vorrebbero sviluppare nei figli

La maggior parte di noi è cresciuta sentendosi ripetere la fatidica frase: "Fai quello che ti dico, non quello che faccio io". Ci sono vari motivi per evitare questo approccio con i nostri figli. Primo, i bambini imparano dai modelli e credere che possano imparare qualsiasi cosa senza un modello positivo concreto è una follia. Secondo, molti di noi hanno colto l'ipocrisia di quella frase e non vogliono comportarsi come hanno fatto i propri genitori. A volte, però, nonostante le nostre buone intenzioni, ricadiamo negli schemi di cui abbiamo avuto esperienza da piccoli.

La calma affonda le sue radici nel potere della Percezione. Questo potere afferma: "Nessuno può *farci* arrabbiare senza il nostro permesso". Se scegliete di riappropriarvi del vostro potere, sapendo che gli altri non possono farvi arrabbiare, siete in grado di essere proattivi piuttosto che reattivi con i vostri figli. Potrete quindi mantenere la calma quando loro la stanno perdendo.

Nel momento in cui reagite, accadono due cose a livello fisico. Innanzitutto, le ghiandole surrenali inviano un messaggio urgente del tipo "lotta o fuggi" a ogni cellula del corpo. A questo punto, potrete lottare con i figli che stanno bisticciando, oppure cedere alle loro richieste (una forma di fuga). Se scegliete di lottare, offrite un esempio di quel comportamento che volete eliminare. Se cedete, insegnate ai bambini che i comportamenti molesti sono efficaci. Non rimproveratevi, lo facciamo tutti. Si tratta di una reazione fisiologica.

La maggior parte di noi reagisce ai conflitti con impulsi "lotta o fuggi". Entrambi sono controproducenti.

Un secondo evento fisico che accade durante il conflitto è un mutamento nel vostro cervello. Il controllo si sposta dalla *corteccia*, la regione conscia e razionale del cervello, al *sistema limbico*, la regione che tratta le emozioni e i ricordi. Il sistema limbico ha conservato tutti i messaggi ricevuti dai genitori, impacchettati nelle emozioni insieme alle quali li avete ricevuti. Appena il cervello scala marcia, aprite la bocca e ne escono le parole di vostro padre o vostra madre. Quando ciò accade, state funzionando in automatico, utilizzando programmi installati dentro di voi anni fa. In poche parole, vi trasformate in vostro padre o vostra madre, ripetendo le loro parole, con la stessa intonazione che avevate giurato a voi stessi di non utilizzare mai.

Per sottrarvi all'influsso di quella vecchia programmazione reattiva dovete sganciarvi dal sistema limbico. Dovete ammettere la vostra inquietudine. Potete riuscirci respirando profondamente e scegliendo consapevolmente di vedere la situazione in modo diverso. Attingete al potere della Percezione per accedere alla competenza della Calma. Un genitore reattivo potrebbe dire: "Guardate che cosa mi avete fatto fare. Mi avete rovinato le vacanze. Siete contenti adesso?". Un genitore calmo ammette l'inquietudine che prova dicendo: "Tutto questo rumore in macchina mi confonde. Ho superato l'uscita giusta. Adesso mi fermo, respiro profondamente e mi calmo". Il genitore reattivo ha dato esempio del valore del biasimo. Il genitore pacifico, che riconosce la propria inquietudine, ha dato esempio del valore dell'integrità. A voi la scelta.

La competenza dell'Assertività: dire di no ed essere ascoltati

Immaginate la camera di vostro figlio di otto anni invasa dai vestiti sporchi. Se vi accostate a lui con l'obiettivo del controllo, vi concentrerete su ciò che va storto e gli chiederete: "Come mai ci sono tutti questi vestiti sporchi per terra?". Utilizzando il potere dell'Attenzione (la cosa su cui ci si concentra è quella che si ottiene di più), potrete evidenziare un aspetto positivo: "Metà dei tuoi vestiti è già nella lavatrice. Raccogli l'altra metà, così facciamo un bucato!". La paura si concentra su ciò che non vogliamo; l'amore si concentra su ciò che vogliamo.

Quando utilizzate il potere dell'Attenzione per concentrarvi su ciò che desiderate, la competenza dell'Assertività si manifesta spontaneamente. Senza quella concentrazione, correte il rischio che il sistema limbico prenda il sopravvento e pertanto di essere passivi (o aggressivi) nello stabilire dei limiti. Un genitore assertivo direbbe: "Se hai voglia di saltare, scendi dal divano e vai a farlo fuori". Se il bambino continua a saltare sul divano, il genitore assertivo dirà: "Adesso ti mostro che cosa voglio che tu faccia", mentre lo tira giù dal divano e lo conduce alla porta. Un genitore passivo potrebbe supplicare: "Tesoro, piantala di saltare, va bene? Adesso basta! Smetti di saltare!". E, mentre il bambino continua imperterrito, lui andrà avanti a supplicare. Un genitore aggressivo potrebbe urlare: “Smetti di saltare, altrimenti sono guai! Sono stato chiaro?”. Se siete passivi nello stabilire dei limiti (nella speranza di *far* contento vostro figlio, o di evitare conflitti), vi arrendete a vostro figlio, oppure stabilite dei limiti che si possono trasgredire facilmente. Permettendo a vostro figlio di infrangere i limiti che voi stabilite, gli insegnate a permettere agli altri di infrangere i suoi. Potreste addirittura plasmare una mentalità vittimistica, essendo troppo permissivi. Se siete aggressivi nello stabilire dei limiti (sperando di *fare in modo che* vostro figlio vi dia retta), gli insegnate a ferire coloro che lo importunano. Potreste farne un bullo. Invece, l’assertività insegna il valore del rispetto. Insegna ai bambini a stabilire dei limiti senza denigrare gli altri o se stessi.

La competenza delle Scelte: costruire l’autostima e la forza di volontà

Quando dite a vostro figlio: “Puoi finire i compiti adesso, o saltare la partita di calcio sabato” magari pensate di offrirgli una scelta. Questa, però, non è una vera scelta. Si tratta di una manipolazione subdola. State cercando di *far* fare i compiti a vostro figlio. Se controllate la sua volontà, crescendo accuserà la mancanza di una “forza di volontà” tutta sua. Inoltre, se è convinto di doversi sottomettere a voi, anziché scegliere liberamente, si sentirà usato. La paura controlla, l’amore struttura. Se utilizzate il potere del Libero Arbitrio (l’unica persona che possiamo *far* cambiare siamo noi stessi), riuscirete ad abbandonare l’idea secondo cui potete fare in modo che vostro figlio si comporti bene. Anziché chiedervi: “Come faccio a fargli finire i compiti?”, riformulate la domanda. Chiedetevi: “Che cosa aiuterebbe mio figlio a scegliere con maggiore probabilità di terminare i compiti?”. In questo quadro, potreste dire: “Preferisci finire i compiti in camera tua o in cucina? Dov’è che ti trovi meglio?”. In questo caso, avete predisposto la situazione in modo da aiutare vostro figlio. Entrambe le scelte sono accettabili e vostro figlio potrà tranquillamente esercitare la sua volontà. Aiutando vostro figlio a scegliere e a essere responsabile delle proprie scelte, gli inculcate il valore dell’impegno.

Solamente quando riconoscerete il libero arbitrio di vostro figlio, lui potrà esercitarlo a beneficio di tutti.

La competenza dell'Incoraggiamento: rispettare i figli per avere il loro rispetto

L'incoraggiamento amorevole deriva dal potere dell'Unità. Questo è il potere che afferma di "concentrarsi sulla connessione invece di cercare di essere speciali". Utilizzando il potere dell'Unità, potreste dire: "Guarda un po'! Hai fatto il letto senza che te lo ricordassi io! Se ognuno fa la sua parte è d'aiuto per tutta la famiglia". Incoraggiando vostro figlio in questo modo, avete prestato attenzione a ciò che ha realizzato, e l'avete aiutato a diventare consapevole del suo valore. Tale consapevolezza rafforza i lobi frontali del cervello, e quest'area del cervello, se rafforzata, permette di tenere a bada le crisi di nervi. Inoltre, avete comunicato a vostro figlio che il suo buon comportamento ha contribuito ad aiutare tutta la famiglia. Questo insegna il valore dell'interdipendenza. Senza il potere dell'Unità, avreste potuto dire: "Grazie per aver fatto il tuo letto. Sei proprio un bravo bambino. Eccoti la paghetta". Ringraziando un figlio per aver fatto un lavoretto in casa gli insegnate a svolgere un incarico per *farvi piacere*, e non perché è un membro della famiglia capace di rendersi utile e apportare il suo contributo. Una lode dettagliata è molto più efficace di una frase carica di giudizio, quale: "Bel lavoro", o di un premio materiale come i soldi. La paura giudica, l'amore nota. Inoltre, i premi materiali sono spesso controproducenti. I bambini imparano ad aspettarsi una ricompensa per essere stati bravi e ad andare in cerca di approvazione, invece che di saggezza.

Le ricompense materiali sono spesso controproducenti.

Quando una persona impegna le proprie energie per risultare speciale, lavora per ricevere attenzione personale, non per contribuire alla propria famiglia o al gruppo. Sentendosi connessi, i bambini sono liberi di dare e ricevere amore, senza la paura di "non essere abbastanza bravi".

La competenza dell'attribuire un Intento Positivo: trasformare la resistenza in collaborazione

Avete appena visto vostro figlio di sette anni spingere la sorellina. Se attribuite un intento negativo alla sua azione, potreste dire:

"Hai fatto una cosa carina? Ti piacerebbe se io ti spingessi?". Il messaggio nascosto che vostro figlio riceve è: "Sei scortese e cattivo". A questo punto, potrebbe reagire e mettersi sulla difensiva e, di conseguenza, il problema s'inasprirebbe. Tuttavia, se attribuite un intento positivo, potreste dire: "Volevi che tua sorella si spostasse. Non puoi spingere. Spingendola le fai male. Quando vuoi che lei si sposti, dille: 'Spostati, per favore'". Il messaggio che vostro figlio sentirebbe è: "Sei umano. Hai fatto un errore. Puoi imparare dal tuo errore". Utilizzando il potere dell'Amore ("Vedere il meglio negli altri"), si crea una situazione in cui è molto probabile che vostro figlio diventi collaborativo.

Il vostro approccio agli errori dei figli forgerà il loro approccio agli errori per il resto della vita. Rimproverando o accusando vostro figlio (attribuendo intenti negativi al suo comportamento scorretto) gli insegnate che se sbaglia significa che è cattivo. Potete invece insegnare a vostro figlio che gli errori sono solo errori. La competenza dell'Intento Positivo deriva dal potere dell'Amore, che ci ricorda di vedere il meglio negli altri. Inoltre, ci insegna che ciò che offriamo agli altri, lo rafforziamo in noi stessi. Di conseguenza, mentre insegnate ai vostri figli che: "Errare è umano, perdonare è divino", imparerete ad avere un atteggiamento più autorevole anche verso i vostri stessi errori. Attribuendo intenti positivi agli altri, costituite un esempio, per i vostri figli, del valore della collaborazione. Gli insegnate che la negatività genera resistenza e che l'ottimismo produce collaborazione.

La competenza dell'Empatia: gestire le scenate e i capricci

L'empatia è la competenza che si utilizza per aiutare i figli a sviluppare la maturità emozionale. Poniamo il caso che vostro figlio abbia un limite di un'ora al giorno davanti alla televisione. Trascorsa un'ora, se vi accorgete che è ancora seduto a guardare la tivù, gli direte di spegnerla. "Ma papà, è una puntata speciale! Per favore, posso vederla?" La vostra prima reazione potrebbe essere quella di attenervi alle regole, affermando: "No, è ora di andare a letto". Vostro figlio allora esprimerà la sua delusione nel miglior modo che conosce, per esempio dicendo: "Non mi lasci mai guardare *niente*. Non è giusto". Utilizzando l'empatia, potreste rispondere: "Mi sembri molto deluso per aver perso il programma. Stai tutto curvo". Anziché opporre resistenza, vostro figlio magari osserverà: "Era sulle balene, io adoro le balene". Allora potreste replicare: "So che non è facile rinunciare a cose che sono importanti per noi e ci piacciono. Ma siccome ti voglio tanto bene e voglio assicurarmi che ti riposi abbastanza, forza, vieni". Mentre vi avviate insieme alla sua cameretta, potreste aggiungere: "Non sapevo che ti piacessero le balene. Magari potremmo iscriverci a Greenpeace". L'empatia vi permette di ascoltare vostro figlio senza tentare di modificare i suoi sentimenti. Tuttavia, è fondamentale empatizzare nello spirito del potere dell'Accettazione, che vi ricorda che questo momento è così com'è. Vostro figlio deve andare a dormire, e probabilmente la cosa non gli piacerà.

Nell'esempio riportato, se aveste usato l'empatia per *manipolare* vostro figlio, avreste potuto dire: "L'ora della tivù è scaduta. So che ti dispiace, ma la prossima volta informati sui programmi televisivi e organizzati meglio". Questo messaggio, in realtà, arriva così: "Capisco che ti senti male, ma è colpa tua. Se non fossi stato così stupido, ora non proveresti tanta delusione". Se non accettate il momento presente, cercherete inconsciamente di rimediare cercando di bloccare i sentimenti di vostro figlio, o di renderlo nuovamente felice. Una vera risposta empatica sarebbe: "La delusione fa parte della vita. Ti aiuterò a superarla". Questo comportamento insegna il valore della compassione.

L'empatia dimostra l'accettazione dei sentimenti e insegna la compassione.

La competenza delle Conseguenze: aiutare i figli a imparare dai propri errori

Come tutte le competenze disciplinari fondamentali, le conseguenze possono essere utilizzate secondo l'ottica della paura o dell'amore. Se usate per incutere paura, puniscono. Se usate con spirito amorevole, insegnano.

Eccovi un esempio che mostra la differenza. Per far vergognare vostro figlio, potreste dirgli: "Sai bene che non devi picchiare tuo fratello. Non posso credere che tu l'abbia fatto. Stasera niente tivù". Se il vostro intento, invece, è insegnare con amore, potreste dire: "Scegli. Puoi picchiare tuo fratello per ottenere quello che vuoi, oppure puoi dire: 'Posso giocare anch'io?'. Se lo picchi ancora anziché chiedergli le cose, te ne andrai in camera tua, così sarete entrambi al sicuro. Capisci che cosa succederà se lo picchi ancora? Dimmelo".

Le conseguenze attingono al potere dell'Intenzione: il conflitto è un'opportunità di apprendimento. Il conflitto si può vedere come qualcosa di brutto, oppure come un'occasione per insegnare. Dall'intento che voi attribuite dipenderà se i vostri figli impareranno dai propri errori, o se si sentiranno solo in colpa per averli commessi. Se i nostri errori ci fanno maturare, diventiamo ancora più competenti nello scegliere risposte efficaci ai problemi che la vita ci riserva. Perciò le conseguenze inculcano il valore della responsabilità, la capacità di rispondere alle situazioni.

Creare un ciclo positivo

Ricordate: ciò che offrite agli altri lo rafforzate anche in voi stessi. Immaginate di essere in grado di rispettare sempre voi stessi e gli altri; di imparare dai vostri errori; di fare in modo che gli altri vi ascoltino; di resistere alla tentazione di essere negativi; di saper rielaborare le vostre emozioni e di gestire gli attacchi di nervi. Imparando a disciplinare voi stessi, imparerete a guidare i vostri figli. Guidando i vostri figli in modo più efficace, acquisirete maggiore autocontrollo. Avrete così messo in moto un meraviglioso ciclo di amore, che si perpetua da solo.

Nei capitoli che seguono (dal 4 al 9), esploreremo ciascuna competenza disciplinare in dettaglio, tranne quella della Calma. La Calma è la competenza che deriva dal potere della Percezione, la capacità di ammettere l'inquietudine. I Sette poteri dell'autocontrollo sono tutti collegati, in parte, al potere della Percezione. Perciò, per affinare la competenza della Calma, ripassate il capitolo 2 e lavorate sugli esercizi. Ricordate: ciascuna delle Sette competenze disciplinari fondamentali può essere utilizzata per controllare i vostri figli incutendo timore, o partendo da una guida amorevole. Ogni qualvolta sceglierete di passare dalla paura all'amore, inculcherete valori positivi nei vostri figli. Adesso vediamo quando utilizzare ciascuna competenza disciplinare.

Anatomia di un "momento disciplinare"

Un "momento disciplinare" può nascere in due modi. Può partire dalle esigenze di un genitore, oppure da quelle di un figlio. Di solito, l'esigenza del genitore è di ottenere ubbidienza a un certo comando, come per esempio: "Sali in macchina", o "Abbraccia la nonna", "Porta fuori il sacco della spazzatura". Il genitore vuole che il figlio faccia qualcosa di diverso da quello che sta facendo. Il momento disciplinare suscitato dal bambino può derivare dal fatto che non dispone d'informazioni su come comunicare in un modo socialmente accettabile, per esempio per far smettere qualcuno che lo sta prendendo in giro senza ricorrere agli insulti o alle mani. I bambini hanno bisogno di imparare a ottenere ciò che desiderano senza piagnucolare, a essere amici degli altri senza manipolarli, a chiedere aiuto senza fare i capricci e a gestire i propri sentimenti. Può capitarvi di cogliere frasi che indicano che i vostri figli hanno bisogno di aiuto, come: "È lui che mi ha spinto", "Voglio una caramella", "Ti odio" o "Nessuno mi vuole".

Spesso confondiamo i voleri dei bambini con i loro bisogni. Il bambino magari desidera una caramella, ma il suo bisogno potrebbe essere quello di imparare a rimandare la gratificazione e gestire le delusioni. I genitori devono rispondere ai bisogni dei figli, non ai loro voleri.

Di questi due tipi di momenti disciplinari, uno è una richiesta di ubbidienza, in cui siete *voi* ad avere un bisogno, l'altro è un incontro d'insegnamento in cui è *vostro figlio* quello che ha un bisogno. Entrambi i casi richiedono le Sette competenze disciplinari fondamentali, ma l'ordine in cui vanno utilizzate potrebbe cambiare a seconda della situazione.

L'ubbidienza: un bisogno del genitore

Le situazioni di richiesta di ubbidienza con i bambini di solito si sviluppano in quattro fasi fondamentali. Nella prima fase, volete che vostro figlio faccia qualcosa che non sta facendo, oppure volete riportare entro i limiti il suo comportamento. A questo punto potreste sentirvi notevolmente frustrati. Se siete alterati, utilizzate i Sette poteri dell'autocontrollo per riacquisire la calma, poi concentratevi sul potere dell'Attenzione – cioè su *ciò che volete che accada* – e accedete al potere del Libero Arbitrio. Abbandonate l'idea di poter *fare in modo che* vostro figlio si comporti bene e impegnatevi ad aiutarlo affinché sia più probabile che lui scelga di collaborare.

Nella seconda fase di un qualsiasi momento disciplinare, voi fissate un limite e vostro figlio reagisce. Voi specificate quali opzioni sono accettabili e quali no. Nel farlo utilizzate la competenza dell'Assertività o quella delle Scelte. La vostra decisione dipenderà da una serie di fattori che esploreremo nei prossimi capitoli. Per adesso rilassatevi e guardate la vita da una prospettiva più ampia possibile. Vostro figlio risponderà in uno di questi tre modi:

1. Vi *ubbidirà* facendo quello che gli avete chiesto di fare quando avete stabilito il limite.
2. *Resisterà* al vostro limite dicendo di no, a parole o tramite comunicazione non verbale. La sua resistenza potrà essere mascherata o palese. In ogni modo, si tratta sempre di un no.
3. *Farà i capricci* per esprimere la frustrazione causata dal vostro limite.

La terza fase è rappresentata dalla vostra reazione alla risposta di vostro figlio. Se la sua risposta immediata è quella di non ubbidire, le competenze che utilizzerete quando reagite gli insegneranno come rispondere qualora gli altri opponessero resistenza alle sue proposte.

La quarta, e ultima, fase di un incontro di ubbidienza si attua quando finalmente vostro figlio decide di ubbidire (se non l'ha fatto all'inizio). Spesso, utilizzando le competenze dell'Intento Positivo e dell'Empatia, si possono evitare le lotte di potere. A volte, però, i bambini non fanno ciò che viene loro richiesto. Nonostante le vostre intenzioni amorevoli, non sono motivati a ubbidire. In quel caso, sarà d'aiuto la competenza delle Conseguenze, attuata con intento amorevole.

Eccovi un riassunto delle quattro fasi di un incontro di ubbidienza e le competenze che vi serviranno per gestirle.

- *Fase 1: Il comportamento del bambino trasgredisce i limiti.* Volete che vostro figlio faccia qualcosa di diverso da ciò che sta facendo. La competenza che vi serve è la *Calma*. Allenatevi a utilizzare i Sette poteri dell'autocontrollo del capitolo 2 *in modo consapevole.*

- *Fase 2: Voi stabilite un limite e vostro figlio reagisce*. Voi stabilite un limite. Le competenze di cui avete bisogno sono *Assertività* e *Scelte*. Tali abilità sono descritte nei capitoli 4 e 5. Il bambino risponde al vostro limite in uno di questi tre modi: ubbidisce, dice di no, o fa i capricci.
- *Fase 3: Voi reagite*. Reagite alla risposta di vostro figlio. Se ubbidisce, utilizzate l'*Incoraggiamento*. Nel capitolo 6 imparerete a utilizzare l'incoraggiamento in modo efficace. Se dice di no, *attribuite un Intento Positivo*. Attribuire intenti positivi è la competenza di cui avete bisogno per aiutarlo a trasformare la resistenza in collaborazione. Di questa competenza si parla nel capitolo 7. Se fa una scenata isterica, dovrete utilizzare l'*Empatia*. Il capitolo 8 vi insegna tutto ciò che avete bisogno di sapere sull'empatia.
- *Fase 4: I risultati*. Il bambino alla fine ubbidisce alle vostre richieste, oppure no. Se ubbidisce, *incoraggiatelo*. Se continua a opporre resistenza, utilizzate la competenza delle *Conseguenze*. Le conseguenze motivano i bambini a utilizzare le abilità che già possiedono. Apprenderete tutto sulle conseguenze nel capitolo 9.

Naturalmente, l'ubbidienza non si ottiene necessariamente nel corso di queste quattro fasi. L'intero processo potrebbe degenerare, e vostro figlio potrebbe risultare ancora più fuori controllo. Qualora ciò succedesse, però, si realizzerebbe ancora una volta lo stesso processo a quattro fasi. Il vostro obiettivo è di indirizzare il conflitto verso un miglioramento, non certo verso un inasprimento. Se utilizzate costantemente i Sette poteri dell'autocontrollo, assisterete senz'altro a un miglioramento nel corso del tempo. Se perdete l'autocontrollo, l'inasprimento del conflitto è garantito.

Le situazioni disciplinari differiscono solamente nei dettagli. Condividono tutte un'anatomia comune.

I vostri figli proveranno tutti i tipi di comportamento, ed è vostro compito insegnargli a distinguere tra i comportamenti che considerate accettabili e quelli che reputate inaccettabili. Questo processo è simile a quello con cui i bambini imparano a parlare. Quando un bimbo nasce, è in grado di riprodurre qualsiasi suono faccia parte del linguaggio umano. Ascoltando i discorsi degli adulti, impara a sviluppare i suoni utilizzati nella lingua madre (per esempio, l'inglese) e pian piano ne dimentica alcuni usati in altre lingue (come il coreano).

Analogamente, vostro figlio nasce con un potenziale illimitato di comportamenti. Vorrebbe mettere in bocca *tutti* gli oggetti, toccare *ogni* articolo presente nei negozi, e tenta in tutti i modi possibili di influenzare gli altri affinché facciano ciò che vuole. Attraverso i comportamenti di cui date esempio, e le competenze disciplinari che utilizzate, voi stabilite dei limiti riguardo ai comportamenti che reputate sicuri e accettabili. Siete voi a stabilire i confini. I comportamenti esemplificati da voi stessi e quelli che incoraggiate sopravvivranno, mentre gli altri scompariranno.

Insegnare la risoluzione del conflitto: rispondere ai bisogni dei bambini

Anche l'insegnamento che nasce dal bisogno del bambino di risolvere un conflitto passa attraverso quattro fasi. Nella prima fase, vostro figlio desidera qualcosa che non ha, o vuole che gli altri si comportino diversamente, perché ciò che sta accadendo non è accettabile per lui. La sua insoddisfazione solitamente emerge sotto forma di lotta, lagne, lamentele o capricci in generale.

Nella seconda fase, il vostro compito consiste nel trasformare questa confusione in un momento d'insegnamento. Vi sforzerete di trasformare la resistenza e l'inquietudine in collaborazione. Potrete farlo nel modo migliore utilizzando le competenze dell'Empatia e dell'Intento Positivo. Grazie a queste due competenze, riuscirete a passare dalle richieste materiali di vostro figlio – ciò che vuole, nel momento in cui lo vuole – ai bisogni più spirituali di pazienza, gentilezza, fiducia e amore. Per cogliere il punto di vista di vostro figlio e offrirgli comprensione, dovrete utilizzare i Sette poteri dell'autocontrollo: vedendoli esemplificati nel vostro comportamento, finirà per interiorizzarli per tutta la vita.

I vostri tentativi di creare un clima di collaborazione e un momento d'insegnamento solitamente provocheranno una delle seguenti tre risposte in vostro figlio:

- Si mostrerà disponibile ad apprendere una nuova competenza o strategia di problem solving, per affrontare il conflitto in maniera socialmente accettabile.

- Resisterà ai vostri tentativi di creare un momento d'insegnamento e avrà bisogno di un po' di tempo per "darsi una calmata" prima di essere pronto a risolvere il problema.
- Fingerà di collaborare per farvi piacere, ma non metterà veramente in pratica i vostri insegnamenti.

La terza fase di un momento disciplinare è la vostra reazione alla risposta di vostro figlio. Se il bambino è disponibile ad accettare il vostro insegnamento, dovete mostrargli nel dettaglio come fare per soddisfare le proprie esigenze in maniera adeguata. Se, per esempio, volete che parli con il suo amico invece di picchiarlo, dovrete letteralmente insegnargli quali parole utilizzare. Per farlo ricorrete alle competenze dell'Assertività o delle Scelte. Quando il bambino deciderà di riferire quelle parole, incoraggiatelo nella sua scelta. Provare nuove abilità fa paura. I bambini hanno bisogno del nostro sostegno per cambiare.

Se il bambino oppone ancora resistenza, potrete aiutarlo concedendogli un po' di tempo per darsi una calmata. Dite: "Vedo che non sei pronto a risolvere il problema adesso. Fammi sapere quando sei pronto ad accettare il mio aiuto". Con i bambini piccoli, dovrete indicargli anche un luogo specifico dove tranquillizzarsi.

Se il bambino finge di collaborare, significa che non si fida. Teme di perdere la vostra approvazione, e allo stesso tempo ha paura del cambiamento. Il cambiamento avviene più facilmente quando l'amore è incondizionato. Trascorrete più tempo con vostro figlio. Controllate che in cima alla lista dei vostri impegni ci sia il nome di vostro figlio. Utilizzate il potere dell'Unità per costruire e rafforzare le relazioni nella vostra famiglia.

Nella quarta e ultima fase dell'insegnamento della risoluzione dei conflitti, vostro figlio magari avrà bisogno di allenarsi ulteriormente con le competenze che gli state insegnando; oppure inizierà a utilizzarle, o opporrà resistenza. Se dopo ripetuti insegnamenti non sembra ancora motivato a usare una certa abilità, la competenza delle Conseguenze può essere d'aiuto. Qualsiasi cosa accada, il processo comunque continua. Ci sono sempre nuove abilità da apprendere. Un bambino che impara a dire: "Posso giocare con la tua macchinina?" anziché strappare il giocattolo di mano all'amico, deve poi imparare quale competenza socialmente accettabile utilizzare se l'altro bambino dice di no. Ogni conflitto presenta una nuova opportunità di apprendimento. Ecco un riassunto delle quattro fasi del metodo d'insegnamento per risolvere un conflitto.

- *Fase 1: Vostro figlio desidera qualcosa che non ha, o vuole che gli altri si comportino diversamente.* Solitamente è arrabbiato o si comporta male. Utilizzate i Sette poteri dell'autocontrollo per mantenere la calma e dare così l'esempio a vostro figlio.
- *Fase 2: Voi create un momento d'insegnamento*, evidenziando il bisogno (non il volere) di vostro figlio grazie all'utilizzo delle competenze dell'*Empatia* e dell'*Intento Positivo*. Vostro figlio reagisce alla situazione di apprendimento in uno di questi tre modi: è disposto a imparare, oppone resistenza, finge di imparare.
- *Fase 3: Voi reagite alla risposta di vostro figlio*. Se vostro figlio è disponibile, insegnategli in modo assertivo che cosa fare, utilizzando la competenza dell'*Assertività* o delle *Scelte*. Se oppone ancora resistenza, insegnategli come (e dove) tranquillizzarsi. Se il bambino finge di ubbidire, ristabilite una connessione profonda.
- *Fase 4: Vostro figlio risponde al vostro insegnamento* imparando la nuova competenza, oppure "dimenticandosi" di utilizzarla. Se tende a "dimenticarsene", la competenza delle *Conseguenze* sarà d'aiuto, motivandolo a ricordarsi.

Come le Sette competenze disciplinari corrispondono all'anatomia di un momento disciplinare

Un giorno, quando insegnavo all'università, entrò nel mio ufficio una giovane madre, con il figlioletto nel passeggino, per pormi alcune domande. Poco dopo arrivò anche un'altra mamma, con un bambino di tre anni, che corse immediatamente incontro al neonato, dicendo: "Bimbo, bimbo". Sembrava volesse prendere in braccio il piccolino. Sua madre urlò: "Smettila, non fargli male!" (si era concentrata su ciò che non voleva). Più si agitava al pensiero di ciò che il figlio poteva fare, e più questo pareva attratto dal neonato. Entrambe le madri sembravano in ansia e io avvertii subito un sentimento di solidarietà. Mi avvicinai al bambino di tre anni e dissi: "Volevi salutare il piccolino?" (Gli attribuii un intento positivo). Lui sorrise. Continuai: "Per salutare i bambini piccoli si strofinano loro i piedini in questo modo" (mi concentrai su quello che poteva fare). Gli presi la sua manina e lo aiutai a sfregarla contro la pianta del piedino del neonato. Era chiaro che gli piaceva toccarlo. Sua madre, una volta finito di parlare con me, gli chiese: "Sei pronto per andare?" (aveva fissato un limite passivamente, affidando al bambino la responsabilità della situazione). Lui rispose deciso: "Bimbo", indicando che preferiva rimanere. Allora gli dissi: "Per salutare un bambino piccolo gli si tocca la punta dei piedini". Gli mostrai come fare e poi aggiunsi: "Dai l'altra manina alla mamma, così gli potrai fare ciao" (utilizzai la competenza dell'Assertività, derivata dal potere dell'Attenzione: la cosa su cui ci si concentra è quella che si ottiene di più). Sua madre rimase là immobile, sbalordita che sembrasse tutto così facile. Alla fine le dissi: "Gli dia la mano, le auguro una buona giornata".

Pensai tra me e me a quanto possa essere frustrante la vita, quando non si comprendono le competenze fondamentali della disciplina. Nella mia interazione con quel bambino ne avevo utilizzate due: l'Assertività e l'Intento Positivo. Inoltre, avevo fatto ricorso a tutti i poteri dell'autocontrollo: il potere dell'Attenzione, per mantenere costante la mia concentrazione su ciò che volevo che facesse il bimbo. Il potere dell'Accettazione, accogliendo il momento così come mi si presentava. Avevo utilizzato il potere dell'Intenzione, considerando quel momento di conflitto come un'opportunità d'insegnamento, piuttosto che un disturbo. Aiutando il piccolo a scegliere con maggiore probabilità di collaborare, avevo usato il potere del Libero Arbitrio, resistendo alla tentazione di ordinare a un bimbo di tre anni di stare fermo. Avevo utilizzato il potere dell'Unità quando mi ero connessa con il bambino. Il potere della Percezione mi aveva consentito di ammettere la mia inquietudine, senza proiettare sentimenti negativi come la "cattiveria" sulla madre. Infine, il potere dell'Amore aveva preso il sopravvento, quando avevo offerto competenze basate sull'amore al bimbo, rafforzando così l'amore per me stessa. Avevo utilizzato tutte queste competenze e poteri in modo consapevole. Vi auguro di riuscire a fare la stessa cosa.

"E se...?"

Questo libro vi guida in un viaggio che cambierà voi e i vostri figli. La maggior parte di noi teme il cambiamento e le paure emergono sotto forma di dubbi. "E se dico queste parole e non funziona?" "E se faccio tutto quello che suggerisci e i bambini continuano a bisticciare?"

Per colmo di ironia, questi timori riflettono la disciplina basata sulla paura che abbiamo sperimentato di persona, da piccoli. Molti temono di provare una nuova competenza, poiché hanno il terrore di commettere errori. Inconsciamente, e di certo con ottime intenzioni, per migliorare il nostro comportamento i nostri genitori ci hanno fatto sentire in colpa. Il messaggio che abbiamo ricevuto è che gli errori indicano una debolezza, una forma d'inadeguatezza che si sarebbe potuta evitare facendo un po' di attenzione. Per sfuggire a questi sentimenti, molti di noi continuano a resistere al cambiamento anziché accoglierlo. Per maturare e riuscire meglio come genitori, tuttavia, un cambiamento deve avvenire. Per accoglierlo, dobbiamo essere consapevoli del potere degli "E se...?" che ci paralizzano.

Immaginiamo che io debba descrivervi come cambiare una gomma bucata. Vi direi di accostare al ciglio della strada quando avete l'impressione che l'auto proceda a sobbalzi. "E se manca lo spazio?" potreste chiedermi. Potrei rispondervi: "Allora mettiti sull'erba". "Ma se c'è del fango? Potrei rimanere impantanato." Potrei consigliarvi di fermare un'automobile di passaggio per chiedere aiuto. "E se poi l'automobilista è uno stupratore?" potreste rispondermi. Questo dialogo potrebbe continuare fino alla nausea e l'obiettivo originale – imparare a cambiare una ruota bucata – verrebbe presto dimenticato. Le vostre paure vi trattengono dall'acquisire una competenza preziosa. Quando evitate il cambiamento per non commettere errori, evitate la vita, e questo meccanismo riflette il modo in cui siete stati educati da bambini. Per cambiare, dovete allontanare le vostre paure. Mentre leggete, se vi sorgono dei dubbi, seguite i consigli che vi propongo:

- *Fate un respiro profondo e rilassate il corpo*: in questo modo vi sottrarrete alla programmazione a cui è stato sottoposto il vostro cervello. Per intraprendere un viaggio di guarigione interiore, dovete zittire il messaggio: "Non sei abbastanza bravo". Il rilassamento fisico aiuta a realizzare questo obiettivo.

- *Siate consapevoli della vostra ansia.* Quando vi accorgete che state dicendo: "E se questo...", "E se quello...", cercate di percepire l'ansia. Dite a voi stessi: "Mi sento ansioso, ma sono al sicuro e padrone dei miei pensieri. Va tutto bene". Notate i pensieri che si affacciano subito dopo: vi mostrano come gestite l'ansia. Aggredite gli altri? ("Che cosa stupida. L'autore non capisce niente.") Ripensate ai problemi del passato? ("Ci ho provato la scorsa settimana.") Vi inventate problemi futuri? ("Se provo a fare così con mio figlio, scapperà via urlando come una iena.") Vi rimproverate con discorsi interiori negativi? ("Sono il genitore peggiore del mondo.") Ascoltate con calma i vostri pensieri. Acquisite familiarità con il vostro linguaggio d'ansia. Continuate a respirare profondamente.
- *Decidete se volete che l'ansia controlli la vostra vita e vi impedisca di apprendere, o se volete essere padroni di voi stessi.* Chiedetevi: "Sono disposto a superare qualche difficoltà per apprendere nuove competenze che porteranno più tranquillità e gioia nella mia vita?". Se la risposta è affermativa, continuate a leggere. Se la risposta è negativa, fermatevi e chiudete il libro.
- *Scrivete i vostri "E se...?" man mano che li incontrate sullo specchietto in fondo al libro.* Se, dopo averlo letto tutto, i vostri "E se..?" non hanno trovato delle risposte, scrivetemi. Se posso, vi aiuterò.

Disciplinate prima di tutto voi stessi, poi lavorate sui vostri figli

Prendiamo in considerazione questa storia sul Mahatma Gandhi, il leader nazionalista indiano. Una madre fece un lungo pellegrinaggio per incontrare Gandhi. Quando arrivò, gli raccontò della sua preoccupazione per il figlio: "Mangia solo dolci, nessun altro cibo. Ho tentato di tutto per convincerlo a nutrirsi in modo sano, ma si rifiuta. Per favore, aiutami". Gandhi le disse di andare a casa e di ritornare la settimana seguente insieme al figlio. La donna aveva sperato di ricevere un consiglio in quel viaggio, poiché le ci erano voluti tre giorni per arrivare fin lì, tuttavia si rimise in cammino verso casa. Dopo una settimana, affrontò nuovamente tre giorni di viaggio per vedere Gandhi, secondo le istruzioni ricevute.

Quando giunse a destinazione, Gandhi si ricordava di lei. Guardò il ragazzino e disse: "Smetti di mangiare dolci". La madre, scioccata dalla laconicità di quel comando, obiettò: "Ho camminato nove giorni e questo è tutto ciò che hai da dire? Non potevi dirglielo la scorsa settimana?". Gandhi rispose: "Non potevo dire al bambino di smettere di fare una cosa che io stesso stavo ancora facendo. Mi ci è voluta una settimana per smettere di mangiare dolci".

Gandhi non poteva dire a un bambino di smettere di fare una cosa che lui stesso faceva, e non potete nemmeno voi.

Questa storia dice che dovete fornire ai vostri figli immagini dirette di comportamenti corretti. I vostri figli vi sentono imprecare contro il traffico quando siete arrabbiati? Assistono alle scenate che fate a impiegati e camerieri che reputate troppo lenti? Vi sentono mentire agli amici al telefono o aggredire verbalmente le persone che amate? Se i vostri figli vi vedono dare in escandescenze quando la vita non va per il verso giusto, faranno lo stesso.

Il processo attraverso il quale potrete imparare a disciplinare i figli con amore è un viaggio. Impone di abbandonare vecchie abitudini ed essere disponibili ad adottare una visione della vita diversa. All'inizio di questo processo, dovete diventare consapevoli di ciò che avete fatto finora e valutare onestamente l'efficacia del vostro approccio. In seguito, dovrete esercitarvi diligentemente in queste nuove competenze, perdonarvi quando sbagliate e celebrare tutti i vostri successi. Questo viaggio migliorerà enormemente le vostre relazioni e la vostra vita. Vi sottrarrà al controllo degli altri e vi condurrà all'autocontrollo, e a insegnare invece di far vergognare. Dal perfezionismo passerete all'accettazione e dal risentimento al perdono. Il vostro percorso personale dalla paura all'amore vi cambierà la vita e, nel frattempo, cambierà i vostri figli.

Il viaggio incomincia con lo stabilire dei limiti. È ora che diveniate assertivi e iniziate a utilizzare il potere dell'Attenzione concentrandovi su ciò che desiderate che i vostri figli facciano.

Capitolo 4

L'Assertività

Dire di no ed essere ascoltati

Una volta, una mia collega – chiamatela Nancy – prestò ad altri professori alcuni dei miei libri, senza chiedermi il permesso. Mi lasciò semplicemente un bigliettino con la classica frase: "Spero non ti dispiaccia ma..." spiegando ciò che aveva fatto.

Ero furibonda. Mi sembrava una grave mancanza di rispetto. Nancy aveva veramente superato ogni limite.

Forse potete immedesimarvi nel mio comportamento seguente. Anziché dire a Nancy come mi ero sentita a causa del suo gesto, mi lamentai di lei con altre tre persone. Fu un po' come se, avendo il frigorifero rotto, avessi portato a riparare l'automobile.

Adesso viene il bello. Quando mi chiesi: "Becky, perché non hai parlato con Nancy?", risposi alla mia domanda con affermazioni di questo tipo: "A che servirebbe farlo, ormai?", "Non voglio ferire i suoi sentimenti" e "Non so che cosa dire". La prima risposta indicava che sentivo di non avere voce in capitolo. Nella seconda risposta mentivo a me stessa, giacché raccontare a persone che conosceva anche lei della sua maleducazione l'avrebbe ferita di sicuro. La terza risposta indicava che mi mancava una competenza comunicativa fondamentale.

Gli adulti raramente tollerano i bambini che si comportano come ho fatto io in quell'occasione. I bambini vengono continuamente da noi a lamentarsi: "Mi ha spinto", "Mi ha preso la bambola". Per tutta risposta, noi pretendiamo che se la vedano da soli con la persona con cui hanno un problema. Se non vengono a lamentarsi da noi, spesso litigano e si picchiano. Ai bambini capita di frequente di trasgredire i limiti degli altri, tanto che abbiamo l'impressione che non facciano altro che litigare. Gli adulti, a loro volta, si aspettano che i bambini sappiano come gestire questi conflitti. Addirittura, si aspettano che i bambini posseggano competenze che loro stessi devono ancora sviluppare. Tuttavia, come ho già osservato, non potete insegnare ai vostri figli competenze che non possedete.

I bambini si pongono in conflitto anche con gli adulti, e spesso. Le vostre reazioni ai conflitti con i figli fissano i modelli comunicativi che loro seguiranno. Se vi disubbidiscono e voi per tutta risposta alzate la voce, gli insegnate a essere sgarbati con le persone che non soddisfano le loro richieste. Se permettete ai vostri figli di ignorare i limiti che ponete loro, gli insegnate a trasgredire i limiti degli altri e a lasciare che gli altri trasgrediscano i loro. L'assertività è il cuore della disciplina: fissare limiti chiari riguardo al comportamento dei figli è la competenza disciplinare più importante da sviluppare. Il vostro stile nel fissare dei limiti insegna ai vostri figli come fissare e difendere i limiti in tutte le loro relazioni future.

In ogni nostro rapporto noi insegniamo agli altri come trattarci. Le persone che sembrano dubbiose o insicure invitano gli altri a comandarle a bacchetta o ad "aiutarle", persino quando non vogliono o non hanno bisogno di aiuto. L'uso che fate dell'assertività fa conoscere agli altri i vostri limiti. L'assertività vi permette di definire quali comportamenti reputate appropriati, non rischiosi e accettabili. L'assertività vi permette di dire di no ai vostri figli e insegna loro come dire di no agli altri. L'assertività vi permette anche di dire di sì ai rapporti nei quali vi riconoscete, e insegna ai vostri figli quando è giusto dire di sì. Riassumendo, l'assertività è il mezzo attraverso il quale potete insegnare ai figli il valore del rispetto: di sé e degli altri.

Avete il diritto e la responsabilità di dire di no.

Questo capitolo vi aiuterà a imparare a essere assertivi e, a vostra volta, a insegnarlo ai vostri figli. L'assertività deriva dal potere dell'Attenzione: la cosa su cui ci si concentra è quella che si ottiene di più. Se dite ai vostri figli che cosa *non* fare, avrete maggiori occasioni di dover ripetere le vostre istruzioni. Se dite ai vostri figli che cosa *fare* in termini comprensibili e in maniera assertiva, massimizzerete la probabilità che scelgano di ubbidirvi.

L'altalena passivo-aggressiva: un'epidemia nazionale

Il nostro obiettivo con i bambini piccoli è di insegnare loro che parlare è più efficace che picchiare o dare calci. Non possiamo, comunque, insegnare ai nostri figli il potere delle parole, finché non lo abbiamo imparato noi stessi. Tutti i genitori, specialmente le madri, devono trovare la propria voce assertiva e sentirsi a proprio agio nell'usarla. Molti genitori hanno l'abitudine di accostarsi ai figli da una posizione passiva. Dicono frasi tipo: "Dai, tesoro, sei pronto ad andare a trovare la nonna?". Questo genere di domanda viene spesso ignorato, oppure ottiene una risposta non verbale. I bambini magari continuano a giocare, intendendo senza dirlo a parole: "No, non sono pronto". I genitori, perciò, si trovano di fronte a un comportamento che percepiscono come una disubbidienza (sebbene non lo sia per nulla) e, sovente, passano a una posizione aggressiva. Quella madre, per esempio, potrebbe allora urlare: "Ascoltami bene, se più tardi vuoi guardare la televisione è meglio che ti dia una mossa adesso!". Dopo aver parlato con un tono così aggressivo, spesso il genitore si sente in colpa. Questo sentimento può portarlo a invertire di nuovo la rotta, passando dalla modalità aggressiva a quella passiva: "Se fai il bravo dalla nonna, mentre torniamo a casa ci fermiamo a comprare un gelato". Tutti i genitori, specialmente quelli che si cacciano da soli in situazioni del genere, hanno bisogno di imparare a essere assertivi.

I blocchi all'assertività

Per essere assertivi, dovete esprimere i vostri sentimenti, pensieri e desideri senza sminuire quelli delle altre persone. Questo *sembra* semplice, ma per affermare chiaramente i vostri pensieri e desideri dovete riconoscerli e appropriarvene, e sentirvi autorizzati ad averli. In breve, dovete stimare voi stessi. Dovete spostare la vostra attenzione da ciò che immaginate che gli altri stiano pensando e sentendo alla consapevolezza dei contenuti della vostra mente.

Si può imparare a essere assertivi. Non si tratta di una caratteristica della personalità che alcuni possiedono e altri no. Come la passività e l'aggressività, l'assertività è un comportamento appreso. Per impararlo, dovete compiere i seguenti passi:

- *Raggiungete l'autoconsapevolezza.* Tendete a interagire con i vostri figli in modo passivo, in modo aggressivo, o ricadete nell'altalena passivo-aggressiva? Oppure siete già assertivi?
- *Monitorate i vostri schemi di pensiero.* Come parlate a voi stessi? Utilizzate il potere dell'Attenzione? Vi concentrate su ciò che volete fare, o su ciò che non avete ancora fatto? Vi rivolgete a voi stessi passivamente, aggressivamente o assertivamente? Una volta che imparate a parlare a voi stessi in modo più assertivo, utilizzerete spontaneamente questa competenza con i vostri figli.
- *Insegnate e utilizzate l'assertività in tutti i vostri rapporti.* Diventando più assertivi con voi stessi e con gli altri adulti, costituirete un esempio di questa competenza per i vostri figli. Quando vostro figlio si lamenta con voi ("Emily mi ha spinto", "Nathan mi sta guardando"), sarete pronti a insegnargli che cosa dire per stabilire assertivamente i suoi limiti.

L'autoconsapevolezza: essere educati e rispettosi

Ben presto nella vita interiorizziamo le linee guida della condotta sociale: regole su ciò che è considerato un comportamento "buono, educato" e su ciò che è invece considerato un comportamento "maleducato, cattivo". Impariamo da giovani quali tipi di pensieri e sentimenti si possono condividere e quali vanno tenuti nascosti. Assorbiamo queste regole dai nostri genitori e da altri modelli.

Talvolta è difficile – ma ancora più importante – ricordarsi che queste regole non sono scolpite nella roccia. Possiamo cambiarle se decidiamo consapevolmente di farlo. Per aiutarvi a divenire consapevoli di certe credenze che possono bloccare i vostri tentativi di essere assertivi, fate l'esercizio che segue.

ESERCIZIO

Leggete la tabella che segue. Segnalate le affermazioni contenute nella colonna A che vi ricordano regole apprese da bambini e che continuano a influenzarvi. Il vostro investimento emozionale su queste idee riflette la frequenza con cui ricorrete a comportamenti passivo-aggressivi. Il vostro grado di identificazione con i comportamenti elencati nella colonna B mostra quanto siete assertivi.

Tabella 4.1

Colonna A Credenze passivo-aggressive	Colonna B Credenze assertive
Dovremmo avere una risposta appropriata per ogni situazione.	Abbiamo il diritto di commettere errori.
Gli errori sono vergognosi, specialmente se feriscono i sentimenti delle persone.	Gli errori, non la perfezione, sono parte della natura umana.
È da egoisti mettere al primo posto i propri bisogni.	Abbiamo il diritto di mettere noi stessi al primo posto, a volte; diamo un esempio di responsabilità.
Non dovremmo far perdere tempo agli altri con i nostri problemi. Anche loro hanno dei problemi.	Abbiamo il diritto di chiedere aiuto e sostegno emotivo. In questo modo diamo agli altri l'opportunità di richiedere aiuto e sostegno.
Quando qualcuno si trova in difficoltà, dovremmo sempre aiutarlo.	Abbiamo il diritto di non assumerci la responsabilità dei problemi degli altri. Sono persone forti.
Se non riusciamo a convincere gli altri che i nostri sentimenti e le nostre opinioni sono ragionevoli, probabilmente sono sbagliati.	Possiamo pensare e provare ciò che vogliamo, e accettare i nostri sentimenti e le nostre opinioni come legittimi, indipendentemente dalla reazione degli altri.
Dovremmo percepire intuitivamente i bisogni e i desideri altrui.	Le altre persone non possono aspettarsi da noi che siamo in grado di leggere loro nella mente o di capire i loro bisogni e desideri.
Bisogna sempre cercare di accontentare gli altri per piacergli.	Abbiamo il diritto di dire di no.
Dovremmo sempre essere logici e coerenti.	Abbiamo il diritto di cambiare idea.

Colonna A Credenze passivo-aggressive	Colonna B Credenze assertive
Sapere di aver fatto bene qualcosa è già di per sé un premio. Alla gente non piacciono gli esibizionisti.	Abbiamo il diritto di ricevere un riconoscimento per il nostro lavoro e le nostre conquiste.
Dovremmo sempre avere un buon motivo per quello che diciamo, sentiamo e facciamo.	Non dobbiamo giustificarci né rendere conto a nessuno di ciò che diciamo o facciamo.
Se ci criticano, vuol dire che "non siamo abbastanza bravi".	Abbiamo il diritto di sentire i commenti altrui filtrando quelli che reputiamo privi di valore.

Adattata, con autorizzazione, da McKay, Davis, Fanning, *Messages: The Communication Book*, New Harbinger Publication, Oakland, CA, 1983.

Adesso, dalla colonna A, scegliete due credenze che volete abbandonare. Dalla colonna B, invece, scegliete due nuove credenze che volete adottare. Tenetele a mente mentre leggete le pagine che seguono.

Siete passivi, aggressivi o assertivi?

Il primo passo verso l'assertività è imparare a discernere nel linguaggio o nelle azioni quelli che sono assertivi, aggressivi o passivi. Ricordate che la passività invita all'aggressività, che l'aggressività produce ostilità e che l'assertività disperde l'aggressività. Decidete di diventare consapevoli di come comunicate con voi stessi e con gli altri. Questa consapevolezza è il primo passo fondamentale verso il cambiamento.

La passività invita all'aggressività. L'aggressività produce ostilità. L'assertività disperde l'aggressività.

Passività

L'obiettivo dell'assertività è la chiarezza. Quando comunichiamo in modo passivo, il nostro obiettivo non è la chiarezza, ma compiacere gli altri. Il discorso di una persona passiva chiede continuamente: "Approvami, amami". Un genitore passivo manipola i figli affinché si comportino bene e può addirittura arrivare a implorarli. Comportandosi così, affida loro il suo potere. Il potere di un individuo è la capacità di produrre un effetto sul mondo. Le persone passive rinunciano a quest'abilità, lasciando agli altri le decisioni. "Dove dovremmo andare a mangiare?" è il messaggio passivo che una moglie potrebbe inviare al marito. Una madre che dice: "Lasciami finire la telefonata, tesoro, e poi la mamma parla con te" sta chiedendo alla figlia il permesso di rimanere al telefono. Affidando l'onere della decisione all'altro, la persona passiva evita qualsiasi responsabilità se qualcosa andasse storto.

Le persone passive desiderano ardentemente essere "perfette" per piacere a tutti. Raramente esprimono desideri direttamente, per timore che possano non essere quelli "giusti". Invece, fanno accenni vaghi: "Non sarebbe bello se mangiassimo tutti insieme?". A volte dicono quello che non vogliono: "Non voglio che diventiamo una delle solite famiglie che non parlano". A volte pongono domande, piuttosto che fare affermazioni: "Non pensate che sarebbe importante che mangiassimo tutti insieme?".

Consegnando il nostro potere ai figli, solitamente speriamo che assumano quel potere e facciano la scelta "giusta", comportandosi "bene". Se non si comportano bene, è probabile che ci sentiamo frustrati, e la frustrazione spesso genera aggressività: di qui l'altalena passivo-aggressiva citata poc'anzi.

Susan, madre di tre figli, annunciò loro che dovevano uscire per fare delle commissioni. "Ho bisogno che voi mi aiutiate. Potreste cercare di rendervi utili?" chiese. Il primogenito, Sean, iniziò a lamentarsi: "Non ho voglia di uscire. Non posso rimanere a casa da solo? Gli altri ragazzini della mia età lo fanno. Mi tratti come un poppante, non è giusto". E si mise a girare per la casa pestando i piedi, tutto arrabbiato. Susan rispose: "Non sei un poppante, sei il maggiore. Non potresti darmi un mano? Di stare a casa da solo ne parleremo un'altra volta, va bene?". Sean cominciò a supplicarla: "Ti prego, mamma". Alla fine Susan acconsentì: "Va bene, ma solo per questa volta".

Susan si rivolse poi alla figlia più piccola: "Sei pronta per uscire?". Notò che Amber si era appena tolta le scarpe e stava disegnando. Frustrata, Susan disse: "Perché ti sei tolta le scarpe? Non mi hai sentito quando ho detto che stiamo uscendo? Puoi rimetterti le scarpe? Non cominciamo, okay?". Ignorando la madre, Amber continuò a disegnare. Fumante di rabbia, Susan gridò: "Amber, smetti di disegnare! Non mi costringere a metterti in castigo!". Amber continuò a disegnare. Susan proseguì con le minacce vuote: "Ti avverto: questa non è una cosa carina. Perché ti comporti così?".

Susan ha messo in atto quasi tutti i comportamenti di un genitore passivo.

- *Chiedere ai propri figli di eseguire un compito vago e impreciso*. Susan, per esempio, ha chiesto: "Potreste cercare di rendervi utili?". Spesso i genitori passivi dicono: "Cercate di fare i bravi", "Cercate di rimettere in ordine".
- *Fare domande sul comportamento dei figli senza comunicare loro ciò che si desidera che facciano*. Susan ha implorato: "Perché ti sei tolta le scarpe?". Altri genitori potrebbero domandare: "Dove dovresti essere ora?", oppure: "Hai fatto una cosa carina?".
- *Non portare a termine le cose fino alle estreme conseguenze e adattare i propri impegni e gli avvenimenti per accontentare i figli*. Susan ha adattato i suoi programmi in risposta alle lamentele di Sean. Un'altra procedura passiva comune è dire: "La prossima volta che fai così, ti metto in castigo!" e pochi minuti dopo: "Ti avviso per l'ultima volta...".
- *Consegnare il proprio potere ai figli, mettendoli in una posizione di responsabilità*. Susan l'ha fatto chiedendo ad Amber: "Sei pronta per uscire?".
- *Incolpare i figli per la propria rabbia e le proprie azioni*. Potreste dire: "Non costringermi a metterti in punizione" o: "Mi stai facendo impazzire". Susan ha detto: "Non costringermi a metterti in castigo".
- *Dare ai propri figli scelte che non esistono*. Potreste dire: "Puoi saltare in macchina e allacciarti la cintura di sicurezza?". Susan ha utilizzato diverse frasi come questa, inclusa: "Puoi rimetterti le scarpe?".
- *Ignorare un conflitto nella speranza che si risolva magicamente da solo*.

Attraverso le sue parole e azioni, Susan ha insegnato ai propri figli come trattarla. Permettendo loro di controllarla, Susan ha mostrato di mancare di autocontrollo e, inconsciamente, è stata un esempio d'irresponsabilità. Avendo consegnato loro il suo potere, ha fatto fatica a recuperarlo. Ha anche tentato di soddisfare il suo bisogno di evitare i conflitti, a spese del bisogno dei bambini di ricevere informazioni utilizzabili.

Aggressività

La comunicazione aggressiva mira non a *chiarire* ma a *vincere* l'altro, dominandolo emotivamente. Vincere significa fare in modo che l'altra persona faccia ciò che vogliamo noi. Un padre è aggressivo se, per esempio, esprime i propri desideri parlando in seconda persona. Invece di spiegare chiaramente ai figli che cosa fare mentre è al telefono, un padre aggressivo potrebbe dire: "Tu m'interrompi sempre". Le affermazioni con il "tu" si concentrano sull'altra persona, non sul problema. Quando un genitore fa commenti sui figli anziché esprimere i suoi sentimenti o le sue opinioni, li sta attaccando. Se il genitore dice: "Mi hai ferito", il figlio si sente attaccato. Se il genitore dice: "Mi sento ferito", non comporta nessun attacco. Poiché le affermazioni con il "tu" si concentrano sulla persona e non sul problema, il destinatario di solito reagisce mettendosi sulla difensiva. Tra adulti, lo scambio che ne risulta è chiamato discussione. Quando si tratta di bambini, invece, diciamo che "rispondono".

Le affermazioni che iniziano con il "tu" danno ai bambini la sensazione di essere attaccati e invitano alla discussione.

Le persone aggressive parlano di frequente al posto degli altri e si comportano come se sapessero leggere nella mente di tutti. Descrivono (spesso in modo errato) il punto di vista altrui, ma raramente esprimono il proprio. Una madre potrebbe dire: "Pensi che io sia la tua serva?" oppure: "Credi di poter pretendere ogni giocattolo che vedi in tivù!".

Le persone aggressive, inoltre, utilizzano i termini "sempre" e "mai" come forme di attacco: "Non ti ricordi mai il pranzo", "Mandi sempre all'aria i progetti importanti". Affermazioni così estreme suggeriscono che vedete i vostri bambini come buoni o cattivi tout court. Generalizzando, insegnate loro a generalizzare su se stessi e sugli altri. I vostri figli potrebbero crescere facendo affermazioni categoriche tipo: "Non faccio mai bene niente", oppure: "Gli insegnanti sono tutti cattivi".

Qualsiasi affermazione su un'altra persona, a differenza delle affermazioni sui propri sentimenti o pensieri, tende ad avere un effetto aggressivo.

Osserviamo un genitore aggressivo in azione. Per Anne era stata una brutta giornata. Vedendo i suoi tre figli distesi sul divano in soggiorno, iniziò a urlare: "Che cosa ci fate in casa? Quante volte vi ho detto che dovete giocare in giardino? Non m'interessa se ci sono trenta gradi all'ombra, alzatevi da lì e andate fuori. Non mi ascoltate mai". Laura, la figlia maggiore, tentò di spiegare alla madre: "Tara ha portato da scuola questo video che volevamo guardare...". Anne la interruppe: "State solo usando quel video come scusa per guardare la televisione". "Ma, mamma..." piagnucolò Tara. "Non permetterti di rispondermi, signorina. Adesso andate fuori prima che faccia qualcosa di cui mi pentirò. Credete di poter fare tutto quello che volete, ma vi sbagliate. Ho bisogno di stare per un po' di tempo in pace, dopo aver lavorato tutto il giorno. Voi bambini siete tutti così egoisti". Mentre i figli uscivano dal soggiorno malvolentieri, Anne li minacciò: "Non provatevi nemmeno a fare il muso. Dovreste essere riconoscenti di poter stare all'aria aperta".

Anne ha dimostrato la maggior parte delle caratteristiche del genitore aggressivo.

- *Ha utilizzato affermazioni con il "tu" concentrate sugli altri, non sul problema* ("Voi bambini siete tutti così egoisti").
- *Ha parlato per gli altri, spesso descrivendo il loro punto di vista in modo errato*. Raramente ha espresso i propri pensieri e sentimenti ("State solo usando quel video come scusa per...").
- *Ha utilizzato le parole "sempre" e "mai"* ("Non mi ascoltate mai").
- *Ha pensato che gli altri la stessero attaccando* ("Non permetterti di rispondermi, signorina").
- *Ha utilizzato minacce vuote e molto punitive* ("Adesso andate fuori prima che faccia qualcosa di cui mi pentirò").

Oltre ai comportamenti esibiti da Anne, i genitori aggressivi spesso:

- *Impongono conseguenze esageratamente severe* ("Niente tivù per due settimane").
- *Reagiscono fisicamente ai figli per rabbia*, scuotendoli, afferrandoli per un braccio, strattonandoli, minacciandoli di picchiarli, o picchiandoli davvero.

Assertività

L'obiettivo dell'assertività è una comunicazione chiara. Quando comunichiamo assertivamente, facciamo delle affermazioni esplicite sui nostri sentimenti, pensieri e desideri. È assertivo dire: "Voglio andare a mangiare una pizza". Non è assertivo porre domande agli altri ("Dove potremmo andare a mangiare?"); pensare per loro ("Probabilmente volete andare al ristorante cinese, come sempre"); o cercare di controllarli ("A tutti piace la pizza. Perché a voi no?"). Non potete essere assertivi se pensate troppo a ciò che gli altri pensano di voi. Non potete nemmeno essere assertivi se vi preoccupate per quello che qualcuno farà o dirà in reazione a ciò che voi potreste fare o dire. Per essere assertivi dovete concentrarvi sulle vostre azioni anziché su quello che potrebbe pensarne qualcun altro. Concentrandovi su voi stessi, esercitate il potere dell'Attenzione.

L'assertività deriva dal potere dell'Attenzione: concentratevi su ciò che volete che accada.

Per essere genitori assertivi, dovete fare queste cose:

- *Affermate il vostro volere, i bisogni e le attese in modo chiaro e semplice* ("Dammi le forbici. Sono troppo appuntite, potresti tagliarti. Te ne do un paio di plastica.").
- *Fate corrispondere le vostre comunicazioni non verbali alle comunicazioni verbali*. Se i vostri segnali non verbali sono troppo casuali, vostro figlio facilmente sceglierà di non ubbidire. Se i vostri messaggi verbali sono troppo invadenti, vostro figlio opporrà resistenza, come reazione di autodifesa. Quando la vostra comunicazione verbale corrisponde a quella non verbale,

fate sapere a vostro figlio che siete davvero convinti di ciò che dite. Prima ancora di decidere se ubbidire a un ordine, vostro figlio leggerà l'espressione del vostro viso, il tono della voce e i gesti. Se apparite sicuri e controllati, parlate in tono deciso e usate i gesti per trasmettere le informazioni, sarà più probabile che vostro figlio ubbidisca.

- *Offrite ai vostri figli delle scelte solamente quando hanno realmente la possibilità di scegliere.* "Siete pronti per andare a dormire?" sottintende che i bambini possono scegliere di essere pronti oppure no. Se dite: "È l'ora della nanna, perciò filate a letto a riposare", non lasciate ai bambini nessuna scelta. Avete affermato chiaramente ciò che accadrà.
- *Date ordini che contengano informazioni utilizzabili ed efficaci*, evitando le domande retoriche. Ricordate: i concetti come bravura, cattiveria, buona educazione possono confondere i bambini. Quando spiegate: "Di' a Jason: 'Smettila di insultarmi. Non mi piace'" siete assertivi. Quando chiedete a un bambino: "Sei stato bravo?" non lo siete.
- *Appropriatevi dei vostri sentimenti ed esprimeteli ai figli.* Se dite: "Mi arrabbio quando m'interrompi" siete assertivi. Dire: "Guarda che pasticcio mi hai fatto fare!" non è assertivo.
- *Mostrate rispetto verso i vostri figli e fate loro rispettare le regole* senza prenderli in giro, metterli in imbarazzo o prevaricarli. Essere rispettosi significa concentrarsi sull'obiettivo di migliorare il suo comportamento invece che sul punirlo. Potreste dire: "Picchiando fai male; non devi picchiare. Quando qualcuno ti dà uno spintone, digli: 'Smettila! Non mi piace essere spintonato!'". Se volete essere assertivi, non chiedete: "Perché l'hai picchiato? È questo il modo di trattare le persone?".

Quando mi sono resa conto delle differenze esistenti tra i comportamenti assertivi, passivi e aggressivi, ho iniziato a notare come parlavano le persone. Nelle scuole elementari sentivo le insegnanti implorare, ricattare e urlare con gli alunni. Comprendevo il loro sfinimento. Una volta mi comportavo allo stesso modo, quando avevo a che fare con i bambini. L'unica differenza è che ho imparato a udire me stessa e a cambiare, e si è trattato di una conquista meravigliosa.

Per valutare lo stile della vostra comunicazione attuale completate la tabella che segue. Appuntatevi le percentuali su un calendario nelle prossime settimane. Calcolate la percentuale delle volte in cui parlate ai vostri figli in ciascuno stile comunicativo. Ricordate: per essere assertivi dovete utilizzare il potere dell'Attenzione e dire chiaramente ciò che volete ai vostri figli. Nel capitolo 12 compare la stessa tabella. Sarà divertente osservare i vostri progressi.

Settimana numero	Comunicazioni passive %	Comunicazioni aggressive %	Comunicazioni assertive %

Quando i bambini trasformano le situazioni paurose in un gioco: usare l'assertività

Immaginate che qualcuno vi tagli la strada mentre viaggiate in autostrada. Potreste imprecare furibondi, ma sotto la vostra rabbia si nasconderebbe la paura: paura di fare un incidente. Quando ci sentiamo arrabbiati con le persone che amiamo, siamo anche pieni di paura. Magari temiamo che se il comportamento scorretto continua, non sapremo come rispondere, oppure temiamo di scatenare problemi maggiori. La rabbia affonda le radici nella paura.

Quando vi arrabbiate, i vostri figli avvertono la vostra paura e di conseguenza si spaventano. Un bambino spaventato a volte trasforma una situazione paurosa in un gioco. Ricordate Jessica, quella bimba di due anni che era caduta in un pozzo in Texas? I soccorritori scavarono due giorni per raggiungerla. Quando la trovarono, stava canticchiando. Aveva trasformato in un gioco quella situazione tragica, per padroneggiarla. Anche a voi sarà capitato di vedere bambini piccoli fare la stessa cosa. La maggior parte dei bambini guarda i cartoni animati, che in media mostrano 25 atti di violenza l'ora. La violenza dei cartoni animati può spaventare i bambini piccoli. Come reagiscono? Spesso supplicano i genitori di comprare giocattoli basati sui programmi televisivi: manipolando i protagonisti dei cartoon nei loro giochi, riescono a padroneggiare le situazioni pericolose di cui sono stati testimoni.

Una voce aggressiva suona arrabbiata. Se il genitore è arrabbiato, i bambini sentono che ha anche paura. D'altro canto, parlando passivamente, scarichiamo la responsabilità sui nostri figli.

Anche sentirsi responsabili fa paura. I bambini sanno di non essere attrezzati per essere responsabili degli adulti. Quando avvertono un tono aggressivo o passivo, si sentono spaventati e trasformano tutto in gioco per ritrovare una sensazione di controllo. I bambini tra i dodici e i ventiquattro mesi lo fanno con grande eleganza.

Karen voleva che sua figlia Christina, due anni, si mettesse sul suo seggiolino in macchina per arrivare in tempo all'appuntamento con il dottore. "Christina, siediti sul seggiolino. Vieni qui, tesoro, è qui il seggiolino... Dai, sali." La figlia si fermò per un momento, come fanno i bambini di quell'età quando stanno rielaborando un'informazione, e Karen s'innervosì, vedendo che Christina stava perdendo tempo. Il suo nervosismo si tramutò ben presto in rabbia e sbottò bruscamente: "Non cominciamo. Vieni *subito* qui e siediti al tuo posto". Karen era arrabbiata poiché temeva di arrivare in ritardo se non fossero partite subito.

Christina riusciva quasi a sentire l'odore della paura di sua madre. Per tutta risposta, la bimba scappò via, guardandosi alle spalle per tenere d'occhio la mamma e ridendo come se stessero giocando a "ce l'hai!". Karen inseguì la figlia urlando minacce. Alla fine la prese, le diede uno schiaffo e la mise a sedere con la forza sul seggiolino.

Problemi del genere nascono anche quando i genitori usano un tono di voce aggressivo o passivo per mandare in time-out i figli più grandicelli. Questi possono rifiutarsi di andarci, o farlo con atteggiamento arrogante, o iniziare a giocare quando sono in camera da soli. Ancora una volta, stanno trasformando la situazione paurosa in gioco, per padroneggiarla. Per un genitore, naturalmente, comportamenti del genere appaiono come atti di sfida.

Per evitare problemi simili, utilizzate un tono di voce assertivo, e tenete le paure lontane dai vostri conflitti con i figli.

Usare ordini assertivi per trasmettere informazioni utilizzabili

Gli ordini assertivi dicono ai nostri figli ciò che ci aspettiamo da loro quando non possiamo offrire loro una scelta. Se state dicendo a vostro figlio di alzarsi, lavarsi e vestirsi, solitamente vi aspettate che queste cose siano fatte. Non gli state offrendo scelte sul fatto di ubbidire oppure no. Vi aspettate ubbidienza, e per ottenerla dovete impartire comandi assertivi. Potete, però, offrire a vostro figlio delle scelte su *come* portare a termine un compito necessario. Può decidere da che lato del letto scendere, quali vestiti indossare, e se farsi il bagno o la doccia. Tuttavia, eseguire o no il compito non è una scelta. Il segreto per trasmettere ordini assertivi è dire ai figli che cosa devono fare, offrendo informazioni utilizzabili su come farlo.

Esercizio

Maggie, una bimba di quattro anni, sta arrotolando i pantaloni della tuta a mo' di corda, anziché vestirsi. Quale delle seguenti affermazioni offre informazioni *utilizzabili*?

1. "Mamma farà tardi al lavoro se non ci vestiamo in fretta."
2. "Vuoi che ti spogli io?"
3. "Qual è il problema? Come mai non ti sei ancora vestita?"
4. "Vuoi uscire? Allora sbrigati".
5. "Maggie, liscia bene i pantaloni e infilaci dentro le gambe. Ti aiuto a distenderli."

La quinta affermazione offre a Maggie informazioni che lei può capire e utilizzare. Le altre quattro la confondono solamente e aumentano l'irritazione del genitore. Fornite ai vostri figli informazioni utilizzabili.

Come aiutare i vostri figli a prestarvi attenzione

Il primo passo per trasmettere comandi assertivi è attrarre l'attenzione dei bambini. Spesso si tratta di una sfida, ma alcuni trucchi possono aiutare. La vicinanza – avvicinarsi ai propri figli – è una di queste strategie. Eccovi un esempio in cui l'adulto ha utilizzato la vicinanza in modo efficace.

Megan era una bambina "assente", che spesso si perdeva nelle proprie fantasie. All'inizio la madre, Katherine, temeva che Megan avesse problemi di udito, ma i medici le dissero che la bambina ci sentiva perfettamente. Tuttavia, Katherine faceva sempre fatica a richiamare l'attenzione della figlia. Se le parlava o la chiamava dall'altra parte della stanza non otteneva alcun risultato, perciò si accovacciava vicino alla bimba e le diceva cose tipo: "Guardami, la mamma ha qualcosa da dirti. Megan, mi senti?". Talvolta batteva le mani nel tentativo di provocare una reazione da parte della figlia. Spesso finiva per urlare, in preda alla frustrazione: "Megan, sei sorda?".

La sorella di Katherine, Cindy, un giorno osservò divertita un'interazione simile. La sua risata fece arrabbiare Katherine, che le disse: "Se sai fare di meglio, prego, fai pure". Cindy si avvicinò a Megan, tutta assorta nel suo gioco, e si abbassò all'altezza dei suoi occhi. Con il viso a pochi centimetri di distanza dal suo, Cindy aspettò che la nipotina la notasse. Quando Megan alzò lo sguardo e stabilì un contatto visivo con lei, Cindy esclamò: "Eccoti!". Con un tono di voce fermo e tranquillo, pronunciò il nome della nipotina, le toccò dolcemente la spalla e aggiunse: "Raccogli i pezzi del puzzle e mettili nella scatola". Mentre parlava, Cindy indicava i pezzi e la scatola, enfatizzando con i gesti il comando verbale. Megan incominciò a raccogliere il puzzle.

Katherine, che per tutto il tempo era rimasta a guardare, sospirò e osservò: "È facile per te. Non sei sua madre". È vero. È più facile trattare con i figli degli altri. Ciononostante, un atteggiamento assertivo migliora le possibilità di essere ascoltati, anche per i genitori.

Qui di seguito trovate le caratteristiche chiave dei comandi assertivi, esemplificate da Cindy.

- *Inginocchiatevi all'altezza degli occhi del bambino e stabilite un contatto visivo.* Per stabilire un contatto visivo con i bambini piccoli, dovete modificare la distanza tra il vostro viso e il loro, finché non si accorgono di voi. Un punto di partenza nettamente migliore rispetto al gridare. Trattenetevi e aspettate che il bambino si accorga di voi prima di parlare.
- *Quando il bambino vi guarda, dite: "Eccoti"*, o chiamatelo per nome.
- *Toccate dolcemente il bambino sul braccio o sulla schiena.* Il vostro tocco lo aiuta a prepararsi ad accogliere le parole che state per pronunciare.
- *Dite al bambino quello che volete.*

- *Accompagnate le parole con gesti che le enfatizzino.* Indicate i vestiti sparsi per la stanza e poi usate le braccia e le mani per mostrare dove dovrebbero stare mentre dite: "Rimetti tutti i vestiti [indicateli] nel cesto [mostrate esattamente dove]". Muovete le braccia come un vigile urbano.
- *Lodate o incoraggiate i bambini per aver scelto di ubbidire ai vostri ordini* (si veda cap. 6).

Quando trasmettete comandi assertivi a vostro figlio, utilizzate quanti più sensi potete. Usate la vista (contatto visivo e gesti); l'udito (chiamatelo per nome ed esprimete le vostre richieste) e il tatto (quando gli toccate la spalla o la schiena). Insegnargli a soddisfare le vostre richieste non è diverso dall'insegnargli a leggere. Più sensi impiegherete mentre lo aiutate a leggere o a scrivere, più probabilità avrà di diventare un abile lettore.

Voi siete assertivi, ma loro disubbidiscono ugualmente

I bambini opporranno resistenza, si rifiuteranno di ubbidire e vi contrasteranno. Devono farlo: è parte integrante del loro sviluppo. Sono cinque i livelli di opposizione a cui potrete andare incontro. Il livello uno rappresenta la minor quantità di resistenza. I bambini possono ignorarvi, dicendo: "Non voglio", o chiedendo il perché. Al livello due, che è più intenso, dicono di no, verbalmente o non verbalmente. Al livello tre i bambini cercano di trascinarvi in una lotta di potere. Il loro comportamento sembra dire: "Prova a battermi!". Il livello quattro è la scenata isterica vera e propria, e il livello cinque è lo straniamento muto.

Ciascun livello di opposizione richiede una competenza leggermente diversa. Al livello uno i bambini solitamente rispondono bene se ripetete il comando o dite: "Ti mostro come fare". Dopo aver pronunciato questa frase, vincerete dolcemente la loro resistenza con una dimostrazione. I bambini con una resistenza al livello due di solito ubbidiscono se utilizzate la competenza delle Scelte (si veda cap. 5). Se vostro figlio sta cercando di trascinarvi in una lotta di potere (livello tre di opposizione), dovrete utilizzare i comandi assertivi, le Scelte e l'Empatia (si veda cap. 8). Ai livelli quattro e cinque i bambini v'indurranno a impiegare tutte le competenze insegnate in questo libro, oltre alla vostra perspicacia.

Ricordate: per quanto alleniate le competenze disciplinari, capiterà che i vostri figli si rifiutino di ubbidire. Diranno di no e voi vi arrabbierete. Dovete imparare a esprimere questa collera in modo assertivo.

Sfogarsi in modo assertivo

Come tutti i genitori, talvolta vi sentirete frustrati per il comportamento dei vostri figli, che troverete decisamente irritante. Potete esprimere questa frustrazione in modo passivo, aggressivo o assertivo. Gli approcci passivi e aggressivi sono modi indiretti, "laterali" di sfogare i vostri sentimenti. Leggete le affermazioni seguenti per vedere se tendete a utilizzare i metodi indiretti o quelli diretti per esprimere le vostre frustrazioni.

- Indiretto (tramite l'uso di etichette): "Sei maleducato a interrompere".
- Diretto: "Quando m'interrompi, mi arrabbio".
- Indiretto (tramite l'uso di ordini): "Smetti di correre, siediti e stai zitto".
- Diretto: "Quando corri per la casa mentre sto cercando di lavorare, mi distrai, non riesco a pensare".
- Indiretto (tramite l'uso di domande): "Che cos'hai fatto? Che cosa c'è che non va in te?".
- Diretto: "Sembra ci sia qualcosa che ti disturba. Sono preoccupata".
- Indiretto (tramite l'uso del sarcasmo): "Oh, finalmente hai deciso di unirti a noi per la cena. Che pensiero gentile!".
- Diretto: "Il momento della cena è importante per me. Quando ti chiamo e non vieni, non mi sento apprezzata".
- Indiretto (tramite l'uso di accuse): "Non te ne importa di nessuno, a parte di te stesso. Dovresti vergognarti".
- Diretto: "Quando continui a ignorarmi e non ascolti quello che ti sto dicendo di fare, divento furibonda".

Le espressioni indirette delle nostre emozioni costituiscono un attacco verso i figli; le espressioni dirette comunicano con loro.

Tendete a esprimere le vostre frustrazioni con comandi, domande, accuse o sarcasmo? Ascoltatevi attentamente per una settimana e sforzatevi di esprimere i vostri sentimenti in maniera diretta e assertiva. Per aiutarvi a farlo, vi fornisco una formula. Si chiama "messaggio-io", poiché vi aiuta a condividere i vostri sentimenti e le vostre attese. Utilizzatela per rispondere ai vostri figli quando frustrano le vostre richieste: "Quando tu ______________, io mi sento ______________".

Poi, facendo uso del potere dell'Attenzione, dite ai vostri figli ciò che volete che facciano.

Assicuratevi che la parola che segue "sento" sia un termine che descrive un'emozione (come per esempio irritata, infastidita, preoccupata o sconvolta). Non dite: "Mi sento come se non te ne importasse niente". Questo è un pensiero, non un sentimento. Quando confondete i pensieri con i sentimenti, attaccate inconsciamente e indirettamente i vostri figli, invece di comunicare con loro.

Quando un bambino diventa violento: usare un "messaggio-io"

I "messaggi-io" dicono a vostro figlio che ha oltrepassato un limite. Ricordate, i bambini non nascono conoscendo già la differenza tra rispetto e mancanza di rispetto. Gliela dovete insegnare. Spesso mi capita di vedere bambini che picchiano i genitori, o gli dicono di tacere. Ho visto genitori scansare i colpi, o vendicarsi ferendo intenzionalmente con le parole i figli. Raramente vedo assertività o insegnamento.

Nathan, quattro anni, e sua madre erano al ristorante. La mamma stava leggendo il menu mentre Nathan giocava con una brochure. Improvvisamente, prese la brochure e la lanciò addosso alla madre. Lei gli domandò: "Perché mi hai colpito? Perché l'hai fatto?". Il bimbo emise un suono animalesco e le diede un pugno sul braccio. Lei continuò: "La mamma ti picchia?". Lui rispose di no e cominciò a singhiozzare. Mentre piangeva, lei gli chiese: "Perché ti comporti in questo modo?".

Questa madre si è giocata un'opportunità d'insegnamento. Ha posto domande irrilevanti e non ha offerto alcuna informazione utilizzabile. Nathan èra stato sgarbato e la madre doveva fissare assertivamente un limite, dicendo qualcosa come: "Mi fai male quando mi picchi. Se vuoi la mia attenzione di': 'Mamma, devo dirti una cosa'". Se Nathan l'avesse ancora colpita di nuovo, lei avrebbe potuto stringergli il polso dicendo: "Non devi picchiare, né me né nessun'altra persona. Ti tengo fermo così saremo entrambi al sicuro". Se non riusciva a ricordare tutte queste cose, poteva semplicemente dire: "Non mi piace quando mi picchi. Smettila!".

Un altro bambino stava discutendo con la madre sull'allenamento di calcio. Lei affermò: "Giochi meglio quando non ti arrabbi tanto". Il figlio ribatté seccamente: "Stai zitta, mamma!" e lei rispose: "Sei così maleducato. Vuoi che ti metta in castigo?". Le sue parole gli hanno insegnato a sentirsi in colpa, non a esprimersi in maniera socialmente accettabile.

Immaginatevi in una situazione simile: state imparando le divisioni ma ancora non le avete capite bene. Commettete un errore e vi sentite dire: "Hai sbagliato, stupido. Vergognati. Se fai ancora un errore di calcolo ti metto in castigo". Questo tipo di risposta non vi aiuterebbe a padroneggiare le divisioni. Non vi rendereste conto dei vostri errori, non sapreste nemmeno come fare a correggerli, e i vostri sentimenti riguardo alla matematica sarebbero molto probabilmente negativi. Lo stesso vale per il comportamento. Quando i vostri figli vi mancano di rispetto, dovete rispondere in modo assertivo. Se reagite in modo aggressivo, mancate loro di rispetto, proprio mentre state cercando di insegnare loro il rispetto. La "mamma della partita di calcio" potrebbe rispondere, con tono di voce assertivo: "Non mi piace quando mi parli in quel modo. Se non sei d'accordo con me, devi dire: 'Mamma, non sono d'accordo'. Se lo dici adesso, ti ascolto. Se no, me ne vado. Non mi va di essere trattata senza rispetto".

Ricordate: imparare nuove competenze preziose non eliminerà i conflitti. Il conflitto fa semplicemente parte della vita. Accoglietelo. Un giovane padre, che aveva la tendenza a sbraitare al figlio, decise di allenarsi a stare calmo e a rivolgersi al figlio con "messaggi-io". Un giorno, il bambino, che aveva cinque anni, mentre piantava chiodi in garage con il padre, involontariamente si diede una martellata sul pollice ed esclamò: "Merda!". Il padre inspirò profondamente e disse: "Figliolo, non mi piace quando usi quella parola". Il bambino, con la massima innocenza, alzò lo sguardo e rispose: "Lo so, papi, ma, *dannazione*, fa male!".

"Mi ha picchiato!": insegnare l'assertività ai bambini

"Mi ha dato uno spintone." "L'ho preso prima io." "Mi ha detto che sono stupido." "Ha iniziato lui." Vi suonano familiari? I bambini combattono sistematicamente per fissare limiti con gli altri bambini. Se siete passivi o aggressivi con i vostri figli quando stabilite dei limiti, loro saranno passivi o aggressivi con gli altri. Dovete stabilire i limiti in modo assertivo e insegnare ai vostri figli a fare lo stesso.

Fare la spia: una magnifica opportunità d'insegnamento

Quando un bambino fa la spia, sta dicendo: "Non ho la più pallida idea di come gestire questa cosa. Aiutami". Si tratta di un'opportunità d'insegnamento meravigliosa che molti genitori non sanno cogliere. Prendiamo in considerazione questo litigio per un videogioco.

"Tocca a me giocare" proclama Erin. "Non è vero! Ho appena iniziato" ribatte Tiffany. "Invece sì, dammi il joystick" dichiara Erin mentre lo strappa di mano a Tiffany. Per difendere la sua proprietà, Tiffany dà un pugno a Erin, che grida immediatamente: "Lo dico alla mamma!" e corre a cercare i genitori, con i quali si lamenta: "Tiffany mi ha picchiato". Qui sotto trovate alcune tipiche risposte degli adulti.

- "Tiffany, come mai hai picchiato tua sorella? Sai bene che non si fa. Ti piacerebbe se lei ti picchiasse? Adesso tocca a lei."
- "È meglio che la smettiate di litigare voi due. Non voglio più sentire una parola. Se bisticciate ancora, il videogioco se ne va in vacanza."
- "Che cos'è successo?" Erin racconta la sua versione dei fatti, dopodiché il genitore risponde: "Bambine, giocate a turno. Non fatemelo più ripetere".

Nessuna delle suddette risposte insegna ai figli a gestire i conflitti assertivamente. L'unica cosa che le ragazzine potrebbero imparare è che non si può contare sui genitori quando si ha bisogno di aiuto (in seguito questa idea si estende alle autorità in generale). Tutte queste risposte promuovono una sensazione d'impotenza. Oppure le sorelle potrebbero imparare a non cercare aiuto per un problema che non sanno gestire, giacché rischierebbero di finire in guai ben peggiori. Al contrario, se imparano che gli adulti rimettono sempre tutto a posto, da questa lezione sviluppano un senso di dipendenza. Infine, potrebbero imparare ad arrendersi alla prepotenza degli altri per non affrontare i problemi. Quante volte vi è capitato di rinunciare a qualcosa cui tenevate molto, solo per evitare un conflitto? Volete che i vostri figli vivano così?

Come insegnare a chi fa la spia

Martin vi dice: "Logan mi ha dato uno spintone". Quando un figlio vi riferisce un problema che comporta un'intromissione percepita da parte di un altro, la prima domanda da porre è: "Ti è piaciuto?". Può sembrare strana, ma è cruciale per tre ragioni. Primo, vi aiuta a valutare quanta energia assertiva possiede chi ha fatto la spia. L'energia assertiva è il livello di fiducia che il bambino ripone nel potere delle proprie parole di influenzare gli altri. Secondo, dire di no comporta una grande quantità di energia assertiva, e rispondere alla vostra domanda rende istantaneamente disponibile a vostro figlio quest'energia. Terzo, avete aiutato vostro figlio a concentrarsi su se stesso e sui suoi sentimenti piuttosto che sull'altra persona. È su questo che si basa l'autocontrollo.

Quando vostro figlio risponde di no in qualche modo, prendetene nota. Era un cenno del capo; un no fermo pronunciato ad alta voce; un no aggressivo; o un no debole e passivo? Alcuni no (quelli assertivi) rivelano un alto livello di fiducia, mentre altri (detti con toni di voce passivi o aggressivi) rivelano un basso livello di fiducia.

Se il no rivela un alto livello di fiducia, rispondete così a vostro figlio: "Vai a dire a Logan: 'Smettila, non mi piace quando mi spingi'". Poi aiutatelo ad allenare il potere dell'Attenzione dicendo a Logan che cosa vuole da lui. Per esempio: "Devi chiedermi di spostarmi".

Se vostro figlio dimostra un basso livello di fiducia nel dire di no, dovete insegnargli le parole da proferire e il tono di voce da utilizzare. Un bambino dal temperamento passivo deve imparare a fare la "voce grossa". Se mandate vostro figlio da solo a parlare con il suo contendente con un tono di voce passivo, non appena voi ve ne andate quel povero bambino sarà sbranato per aver fatto la spia. È quasi garantito.

Potete variare il linguaggio che suggerite ai bambini in base al loro livello di sviluppo. Ai bimbi piccoli (sui due anni), a quelli con ritardi dello sviluppo, o a quelli con disturbi del linguaggio o della parola, potreste dire: "Vai a dire a Jeremy: 'Basta!'". Man mano che i bambini compiono progressi sia nelle abilità cognitive, sia in quelle linguistiche, anche le parole che fornite loro dovranno cambiare.

E i bambini molto piccoli?

Mentre facevo la spesa al supermercato, udii il pianto di un neonato. Mi voltai e scorsi una madre che spingeva un passeggino gemellare con una neonata davanti e un bambino sui quattro anni seduto dietro. Quest'ultimo stava picchiando in testa la sorellina come fosse un tamburo e, ovviamente, la piccola continuava a strillare. Per calmare il suo pianto, la madre (non si era accorta dei colpi sulla testa) spingeva il passeggino avanti e indietro. Quella povera donna pareva sfinita. Mi avvicinai, le feci i complimenti per i suoi bei bambini e chiesi se potevo osservarli più da vicino. Mi chinai e guardai il maschietto, aspettando che instaurasse un contatto visivo con me, poi gli dissi: "Guarda il viso della tua sorellina. Sta piangendo. Sta dicendo: 'Non mi piace quando mi colpisci. Smettila'". Il bimbo, per un attimo, mostrò un'espressione impacciata sul viso, come se stesse rielaborando le informazioni. Riuscivo quasi a sentire i suoi pensieri: "Allora è per *quello* che sta piangendo!".

Dovete insegnare ai fratelli maggiori a leggere il viso dei neonati. "Guarda il viso di Robin. Sta sorridendo. Ti sta dicendo: 'Mi piace quando mi parli e mi tocchi le manine'." Quando un fratello maggiore abbraccia un bambino piccolo troppo energicamente, insegnategli ad "ascoltare" il piccolo dicendo: "Osserva il suo viso. È rosso. Le labbra tremano. Il suo viso sta dicendo: 'Non riesco a respirare quando mi stringi forte il collo; abbracciami intorno alla vita'". Guidate le mani della bambina per enfatizzare le vostre parole. Come genitori, dovete parlare al posto dei neonati finché questi non impareranno a farlo da soli.

È il momento di cominciare!

Iniziate il vostro viaggio verso l'assertività allenandovi a fare queste cose.

- *Ascoltatevi mentre parlate ai bambini.* Siete passivi, aggressivi o assertivi?
- *Sforzatevi di offrire ai vostri figli informazioni utilizzabili.* Dite loro specificatamente che cosa fare. Utilizzate il potere dell'Attenzione per concentrarvi su ciò che volete che accada.
- *Catturate l'attenzione dei vostri figli prima di parlare.* Avvicinatevi, aspettate che vi guardino e dite: "Eccoti".
- *Se i bambini v'ignorano*, dite: "Adesso ti mostro che cosa voglio che tu faccia". Poi guidateli verso il risultato desiderato.
- *Quando vi sentite frustrati, esprimete i vostri sentimenti direttamente*, dicendo: "Non mi piace quando tu ________", oppure: "Quando tu ___________, mi sento ___________".
- *Insegnate ai vostri figli a gestire i soprusi da parte degli altri bambini.* Iniziate l'interazione con il bimbo che ne è vittima chiedendo: "Ti è piaciuto?".

L'Assertività è la *competenza principale* che si utilizza per stabilire dei limiti per i figli. Si tratta di una competenza molto potente, che vi consente di mettere dei paletti agli altri e vi aiuta a insegnare ai vostri figli a fissare dei limiti. Questi limiti esemplificano e insegnano il valore del rispetto. Per essere assertivi dovete utilizzare il potere dell'Attenzione, concentrandovi innanzitutto su quello che volete ed esprimendo i vostri desideri in maniera esplicita. In una famiglia, in una comunità, in una democrazia, ogni persona deve imparare a essere assertiva e a difendere i propri diritti senza calpestare quelli degli altri. La competenza disciplinare delle Scelte, che imparerete nel prossimo capitolo, vi aiuterà anch'essa a stabilire dei limiti.

Capitolo 5

Le Scelte

Costruire l'autostima e la forza di volontà

Jane aveva lavorato molto con la figlia Mara per insegnarle a vestirsi al mattino, affinché potessero uscire di casa serene e in orario. Dopo colazione, si recava nella cameretta di Mara, si chinava al suo livello e aspettava che la figlia instaurasse un contatto visivo con lei. Quindi le impartiva un comando assertivo, per esempio: "Metti i giocattoli nella cesta e poi vestiti". Jane indicava sia la cesta, sia i giocattoli, poiché i messaggi non verbali aiutavano Mara a prestare attenzione alle sue parole. Inoltre, aspettava che la bambina iniziasse a mettere via i giocattoli per poterla lodare per aver scelto di ubbidire. Un giorno che Mara sembrava concentrata sul proprio compito, Jane lasciò la stanza e andò a finire di prepararsi.

Cinque minuti dopo tornò a controllare. La bambina aveva svuotato la cesta dei giochi e se ne stava seduta là dentro, nuda. Facendo un respiro profondo, Jane ricordò a se stessa ciò che voleva che la figlia facesse e le offrì due scelte positive: "Mara, decidi. Puoi uscire dalla cesta e metterti la maglietta, oppure puoi uscire dalla cesta e metterti i pantaloni. Che cosa preferisci?". La bimba incominciò a riemergere dalla cesta e rispose: "Prima i pantaloni".

Con quella scelta, diede a se stessa il potere necessario per passare all'azione. Aveva incanalato la propria volontà e trattenuto l'impulso di continuare a giocare. Offrire due scelte positive è una competenza meravigliosa da conservare nel repertorio educativo. Questa competenza deriva dal potere del Libero Arbitrio, che ci ricorda di resistere alla tentazione di fare in modo che i bambini ci diano retta; ci chiede di riconoscere il libero arbitrio negli altri e di strutturare delle situazioni in cui i bimbi abbiano più probabilità di voler collaborare. Quando i bambini si sentono liberi di compiere una scelta, imparano il valore dell'impegno.

Il "gioco della colpa"

In ogni momento di ogni giorno prendiamo delle decisioni. Tuttavia, spesso incolpiamo gli altri di scelte che compiamo noi. "Me l'ha fatto fare lui" potrebbe piagnucolare vostro figlio. "Non costringermi a ripetertelo un'altra volta" potreste ammonire voi. "Adesso guarda che cosa mi hai fatto fare: ho imboccato l'uscita sbagliata!" potrebbe lamentarsi il coniuge alla guida. Questi esempi mostrano il tipo di parole che noi utilizziamo quando cerchiamo di sbarazzarci di una reazione o di un comportamento, attribuendoli a un'altra persona o a una situazione esterna. La maggior parte del tempo ci muoviamo con il pilota automatico, dimenticando che siamo noi responsabili delle nostre decisioni.

In realtà, ci dimentichiamo che stiamo compiendo delle scelte. Sembra che la vita ci "accada". Vi siete mai sfogati dicendo: "Ragazzi, che giornataccia"? Ma chi decide come vi andrà la giornata? È la giornata che sceglie i vostri pensieri? Vi siete mai lamentati sbottando: "Il traffico oggi è insopportabile"? È il traffico a essere insopportabile, o circolano semplicemente molte automobili per la strada? Il traffico non può essere di per sé insopportabile, ma noi possiamo scegliere di percepirlo come tale. Se scegliamo di vedere una situazione come terribile, automaticamente ci arrabbieremo.

Convincendovi che una persona o un evento sia la causa dei vostri sentimenti, rendete quella persona o quell'evento responsabile per voi.

Di recente ho soggiornato in un bell'albergo a Chicago, in una camera al trentaseiesimo piano. Un mattino scesi con una signora che era furibonda poiché l'ascensore continuava a fermarsi. Aveva deciso di dare in escandescenze perché l'ascensore si fermava per caricare le persone. Ma questo è proprio ciò che fanno gli ascensori! Perché quella donna voleva dare in escandescenze? Perché ciascuno di noi decide di dare in escandescenze? Perché consegniamo il nostro potere nelle mani degli ascensori, dei figli, dei coniugi o delle istituzioni? Che cosa c'è di così attraente nel vittimismo? Questi interrogativi mi hanno sempre affascinato.

Ogni qualvolta credete che qualcosa – un evento o una persona – vi stia facendo arrabbiare, voi state cedendo il vostro potere. Credete che l'evento o la persona vi abbiano *fatto sentire* furiosi, felici, tristi o in colpa. Affidando la responsabilità dei vostri sentimenti a una persona o a una cosa, avete permesso a quella persona o a quella cosa di diventare padrona di voi stessi. Perdete il potere del Libero Arbitrio tutte le volte che pensate che gli altri vi stiano inducendo a comportarvi in un certo modo, o ritenete di poter far sì che gli altri si comportino come voi desiderate.

Riappropriatevi delle vostre scelte e riotterrete il potere e l'autocontrollo. Di conseguenza, non potrete più biasimare gli altri per le vostre azioni. Se dite: "Non costringermi a toglierti quel righello", avete consegnato il vostro potere nelle mani di vostro figlio. Gli avete affidato la responsabilità, dicendogli che è lui che vi fa comportare in un certo modo. Potete riappropriarvi del vostro potere riconoscendo che il vostro stato d'animo e le vostre azioni derivano dal vostro libero arbitrio. Riappropriandovi del vostro potere, riacquisterete anche responsabilità e così sarete di esempio per i vostri figli. Allora potreste dire: "Se scegli di picchiare Jordan con quel righello, te lo tolgo. Puoi usarlo per misurare le cose o giocarci da solo. Che cosa scegli?". Usando queste parole, mantenete il controllo della situazione e comunicate a vostro figlio il messaggio che voi siete responsabili delle vostre scelte e lui delle sue. Avete messo in pratica il potere del Libero Arbitrio (l'unica persona che possiamo *far* cambiare siamo noi stessi) e dimostrato con l'esempio come dirigerlo e usarlo responsabilmente. Gli avete offerto informazioni utilizzabili.

Questo capitolo vi mostrerà in che modo impiegare le scelte come una competenza disciplinare, promuovendo, con ciò, lo sviluppo dell'autostima e della forza di volontà nei vostri figli. Aiutandoli a compiere delle scelte, insegnerete loro a dedicarsi a certe azioni o a certi risultati. Insegnerete loro il valore dell'impegno.

Riappropriarsi del potere genitoriale: fare le proprie scelte

I genitori solitamente consegnano il proprio potere ai primogeniti e i figli cercano di non approfittarne troppo. Quando dite: "Non farmelo più ripetere", i primogeniti si mettono in riga e tentano immediatamente di recuperare il vostro amore e la vostra approvazione. I secondogeniti, invece, rispondono spesso in modo diverso. Quando un genitore dice loro: "Mi stai facendo arrabbiare, perciò comportati bene", sembrano prendere questa informazione come un'occasione per mettervi alla prova. Quasi stessero pensando: "Se questo l'ha fatta arrabbiare, che cosa potrebbe farla piangere?". Quando affidate il vostro potere ai figli, non potete sapere quale reazione otterrete. Vi potreste ritrovare con un piccolo Stalin o una Madre Teresa.

Qui di seguito sono elencate alcune frasi utilizzate comunemente dai genitori che consegnano il proprio potere ai figli. Ciascuna invia un messaggio falso in cui è il bambino a controllare il genitore.

- "Non costringermi a ripetertelo un'altra volta."
- "Mi stai facendo uscire dai gangheri."
- "Guarda come hai fatto sentire tua madre [tua sorella, il tuo amico]."
- "Non costringermi a metterti in castigo."
- "Mi stai facendo andare la cena di traverso."
- "Non posso credere a ciò che mi sta facendo passare quel bambino."

La maggior parte di noi è cresciuta sentendo queste affermazioni e dopo anni di simili messaggi proviamo un opprimente senso d'inadeguatezza. Se eravamo noi a controllare i nostri genitori, come mai non riuscivamo a renderli felici? Come mai non riuscivamo a farli andare d'accordo? Perché non riuscivamo a essere migliori e a risolvere tutto? Naturalmente, il motivo era che non eravamo mai davvero i responsabili. Solo che i nostri genitori – in buona fede – ci avevano trasmesso un messaggio ingannevole.

Prima di offrire scelte che danno potere ai vostri figli, dovete innanzitutto imparare a compiere voi stessi delle scelte. Eccovi dei compiti che vi aiuteranno in tal senso.

1. *Per un giorno, rinunciate all'atteggiamento del "non lo so e non me ne importa"*. Questo vi permette di evitare di compiere una scelta; invece, per un giorno, comportatevi come se "lo sapeste". Se un'amica vi chiede dove vorreste andare per pranzo, dichiarate apertamente la vostra preferenza: "Mi piacerebbe mangiare cinese".

2. *Trasformate i vostri "dovrei" in "potrei" e poi scegliete*. Quando vi accorgete di pensare: "*Dovrei* passare in lavanderia", bloccatevi. Appropriatevi delle vostre scelte e dite invece: "*Po-*

trei passare in lavanderia". Dopodiché decidete se farlo o no. Non ci sono "dovrei" o "devo", ma solamente delle scelte. Iniziate a scegliere e a impegnarvi.

3. *Trasformate tutti i "mi fai..." in scelte.* Utilizzate il potere del Libero Arbitrio per ricordare a voi stessi che siete voi i padroni dei vostri pensieri, dei vostri sentimenti e delle vostre azioni. Anziché minacciare: "Non costringetemi a fermarmi", dite: "Adesso non mi muovo finché non avrete allacciato le cinture di sicurezza". Anziché lamentare: "Mi state facendo diventare matta", dite: "Sto impazzendo. Non ci capisco più niente". Poi dite assertivamente ai vostri figli che cosa fare. "Tu siediti qui e tu là, intanto io penso a che cosa fare."

La disciplina "win-win"[5]: offrire due scelte positive

I bambini piccoli, che stanno sviluppando il senso di autonomia personale, spesso hanno bisogno di imporsi quando si sentono comandare da un adulto, il che può portare a uno scontro diretto. Invece di dare un comando assertivo, potete offrire al bambino due scelte accettabili. Tali scelte gli permettono di assecondare i vostri desideri lasciandogli nello stesso tempo "l'ultima parola". Offrire ai figli due scelte positive può aiutarli a:

- eseguire il compito che ritenete importante;
- assecondare i vostri desideri;
- apprendere la competenza decisionale e il valore dell'impegno;
- sentire di avere potere, quindi ingaggiare meno lotte di potere con voi;
- modificare il comportamento e imparare a controllare i propri impulsi;
- stabilire e mantenere l'autocontrollo.

5 Espressione riferita a una situazione in cui tutti si sentono soddisfatti o vincenti. [*N.d.T.*]

Le scelte fasulle

Quando introduco l'argomento delle scelte con i genitori, spesso li vedo che alzano gli occhi al cielo come per dire: "Sì, sì, conosciamo le scelte. Passiamo a un altro argomento". Non si rendono conto che non le hanno mai utilizzate *positivamente.*

Molti di noi sono stati cresciuti con ciò che chiamo "scelte fasulle". "Puoi tagliare l'erba o andare in castigo." "Puoi andare a dormire subito o non starai più a dormire dal tuo amico." Le chiamo scelte fasulle perché il genitore presenta una scelta positiva (buona) e una scelta negativa (cattiva), con l'intento di imporsi sul figlio. Nell'esempio di Jane e Mara, la madre ha offerto alla figlia due scelte positive su come poteva uscire dalla cesta dei giochi. Entrambe attiravano l'attenzione di Mara sul compito necessario. Jane avrebbe potuto dire a Mara: "Vestiti o ti metto in punizione", ma la sua decisione di proporre due scelte positive ha soddisfatto sia lei sia la figlia.

Quando offrite una scelta fasulla, inducete il bambino a credere che quando pensa, sente o sceglie in modo diverso dal vostro è cattivo, ha torto, manca di rispetto, anziché avere semplicemente compiuto una scelta.

Un altro modo in cui un genitore può offrire al bambino una scelta fasulla è con parole che sembrano renderlo responsabile della situazione che in realtà non controlla. "Mettiti il pigiama, ok?", "Potresti vestirti, per favore?", "Lasciami finire di lavare i piatti e poi ti aiuto", "Andiamo a fare la spesa adesso?". I genitori non vogliono davvero che i loro figli possano decidere l'ora di andare a letto la sera, se vestirsi o no, oppure stabilire gli orari degli impegni della giornata. Le scelte fasulle danno un'illusione di controllo, dal momento che sembrano rendere una persona padrona di un'altra. Questo distrugge il libero arbitrio. L'illusione va in fumo quando vostro figlio si comporta in modo diverso da come pensavate si sarebbe comportato, o avrebbe dovuto comportarsi, così minacciate di punirlo. I genitori che offrono scelte fasulle hanno paura di dire ciò che vogliono realmente, o non sanno quello che vogliono. Tali genitori mancano di assertività (si veda cap. 4).

Offrire scelte appropriate all'età

Tutti i bambini possono trarre beneficio dal ricevere due scelte positive, ma queste devono essere appropriate. Sarebbe sciocco offrire a bimbi molto piccoli scelte illimitate. Se chiedete a vostro figlio di scegliere un giocattolo in un negozio, rischiate di ritrovarvi ancora dentro all'ora di chiusura. Inoltre, vostro figlio potrebbe scegliere un giocattolo da 70 euro, mentre voi avevate in programma di spenderne circa 5.

I genitori devono offrire ai figli scelte appropriate, perché prendere troppe decisioni risulta gravoso per i bambini. *Dovete* mantenere il controllo di voi stessi ed essere responsabili dei vostri figli. Quando offrite loro delle scelte, tenete conto dell'età, del carattere e della situazione specifica. Le seguenti linee guida vi aiuteranno a offrire ai bambini delle scelte appropriate.

1. *Offrite ai bambini sotto i cinque anni una scelta tra due eventi o oggetti predeterminati*. Funziona così.

   - *Abbigliamento*: "Scegli: puoi metterti la maglietta blu oppure quella rossa".
   - *Cibo*: "Puoi scegliere tra il succo di arancia e il latte".
   - *Attività*: "Scegli: puoi giocare con le costruzioni oppure disegnare".
   - *Ubbidienza*: "Scegli: puoi raccogliere i vestiti o i giocattoli. Che cosa preferisci?".

   Non offrite mai a un bambino piccolo una scelta sulla routine quotidiana ("Sei pronto per fare la nanna?"); sulle attività degli adulti ("Adesso la mamma può lasciarti con papà e andare a fare la spesa?"); sui rapporti ("Preferisci trascorrere il Natale con la mamma o con il papà?"); o sulle situazioni che mettono lui o altri in pericolo. L'esempio seguente illustra un genitore che offre una scelta inappropriata.

   La madre di Tasha aveva chiesto ripetutamente alla figlia di andarla a trovare così da poter trascorrere un po' di tempo con Hunter, il nipotino di sei anni. Al telefono faceva commenti colpevolizzanti, quali: "Considerate le volte che mi vieni a trovare, sembra che abitiamo a mille chilometri di distanza. Di questo passo vedrò Hunter il giorno in cui prenderà il diploma di maturità". Sentendosi in colpa, Tasha decise di recarsi dalla madre quel sabato. Lei e Hunter arrivarono al mattino, così da avere tanto tempo da trascorrere con la nonna. Hunter era eccitato all'idea che avrebbe rivisto la nonna e che sarebbero andati insieme al parco. Dopo qualche ora, Tasha chiese al figlio: "Adesso sei pronto per tornare a casa? La mamma deve fare la spesa".

Con quella domanda, Tasha ha affidato a Hunter la responsabilità dell'orario di partenza. E se il figlio non fosse stato pronto per andarsene? Aveva davvero una scelta? Gli adulti spesso usano i figli come pedine in situazioni in cui hanno paura di dire ciò che vogliono. Quest'abitudine crea enormi problemi. Tasha ha offerto a Hunter una scelta: rimanere con la nonna o andare via. L'ha fatto perché aveva paura di decidere da sola e non voleva rischiare di attirarsi nuovamente la disapprovazione della madre. Dovete offrire ai vostri figli delle scelte che promuovano il loro sviluppo, non che compensino la vostra mancanza di maturità.

2. *Alcuni bambini hanno bisogno di scelte più limitate e guidate per riuscire a rimanere concentrati e non divagare.* Mara, che aveva deciso di spogliarsi e infilarsi nella cesta dei giochi, aveva bisogno di essere maggiormente indirizzata rispetto ad altri bambini della sua età. Poiché richiedeva di essere più seguita, i suoi genitori potevano cadere facilmente nella trappola di darle troppi comandi, tipo: "Mara, esci dalla cesta"; "Mara, ascoltami"; "Mara, metti a posto i giochi"; "Mara, fai colazione". Avendo bisogno di una guida da parte degli adulti, Mara avrebbe potuto non sviluppare appieno la capacità decisionale che altri bambini acquisiscono più rapidamente. Anziché indirizzare continuamente la bambina, i genitori hanno saputo utilizzare le scelte per aiutarla a imparare a guidare se stessa. Le scelte le hanno fornito la struttura di cui lei aveva bisogno e, allo stesso tempo, le hanno permesso di allenare la sua capacità decisionale. In ultima analisi, le scelte l'hanno aiutata a costruire la propria autostima, mentre imparava a operare con successo all'interno di una struttura predefinita.

3. *Con i bambini sopra i cinque anni non dovete più guidare le loro scelte con due opzioni predeterminate.* Solitamente un bambino in età scolare sa gestire tante opzioni quanti sono

i comandi. Immaginiamo che diciate a vostro figlio di portare fuori la spazzatura, lavarsi le mani, chiamare suo fratello e preparare la tavola. Se è in grado di completare con successo questo comando in quattro parti, è pronto per scelte più articolate. Osservate i vostri figli per vedere di quanta guida hanno bisogno per farcela. Se vostro figlio non è in grado di gestire comandi multipli, continuate a fornire scelte più indirizzate e limitate.

4. *Man mano che vostro figlio cresce, può anche partecipare a una discussione sulle regole, la routine e gli orari quotidiani.* Tuttavia, è essenziale che vi rendiate conto che, alla fine, queste decisioni competono agli adulti.

5. *I bambini ansiosi o stressati rispondono meglio a comandi assertivi rispetto alle scelte.* Pensate a una situazione in cui vi siete sentiti stressati. L'ultima cosa che desideravate era prendere una decisione: persino scegliere tra un bombolone e una ciambella vi appariva troppo gravoso. Quando i bambini si sentono stressati, le scelte sono solo un problema ulteriore che sentono di non poter risolvere. In momenti del genere comandi chiari e assertivi sono rassicuranti. Se vi svegliaste una mattina sentendovi stressati, preferireste sentirvi dire: "Che cosa vuoi per colazione?" oppure: "Eccoti dei pancake. Mangiali e ti sentirai meglio"? Quando vostro figlio è agitato, tirate le redini, limitate le scelte e assumete il comando finché non si riprende.

Eccovi un'altra storia finita bene. Il figlio di Carol, un bimbo di quattro anni, era da un amichetto a giocare. Carol andò a prenderlo già in ansia all'idea di dovergli comunicare che era ora di tornare a casa. Avevano già ingaggiato parecchie lotte di potere riguardo al momento di concludere i pomeriggi in compagnia. In quest'occasione, però, Carol decise di tentare un nuovo approccio. Aveva fatto le prove, letteralmente, ripetendo ciò che avrebbe poi annunciato al figlio. Incominciò affermando assertivamente che era ora di andare. Poi, prima che iniziasse a fare i capricci, aggiunse con voce allegra: "Hai due possibilità. Puoi uscire dalla porta principale, oppure da quella sul retro". Il bambino rispose immediatamente: "Posso suonare il campanello se scelgo la porta principale?". Carol rispose di sì e se ne tornarono a casa di buon umore.

I passi da compiere per offrire due scelte positive

Per imparare a offrire due scelte positive ai vostri figli, dovete:

1. *Pensare in termini positivi a ciò che volete che vostro figlio faccia.* Attingete al potere dell'Attenzione: la cosa su cui ci si concentra è quella che si ottiene di più.
2. *Offrire a vostro figlio una scelta effettiva.* Utilizzate il potere del Libero Arbitrio, riconoscendo che le persone scelgono come comportarsi. Offrite due opzioni positive, che per voi siano entrambe accettabili.

I seguenti passi vi aiuteranno a raggiungere lo scopo.

- *Passo 1: Respirate profondamente.* Prendete una decisione consapevole su ciò che volete che vostro figlio faccia.
- *Passo 2: Dite a vostro figlio*: *"Scegli!"* in tono allegro. Il vostro atteggiamento positivo alleggerirà la situazione, specialmente se il bambino sembra risentito.
- *Passo 3: Illustrate le due scelte* che avete ideato per raggiungere il vostro obiettivo. Dite: "Puoi ____________ oppure puoi ____________".
- *Passo 4: Completate la procedura chiedendo a vostro figlio un impegno.* Potreste dire: "Che cosa scegli?". Se vostro figlio esita, potreste ripetergli le possibilità. Dite semplicemente: "Pantaloni o maglietta?". Se il bambino risponde: "Giocare ancora", ripetete nuovamente le due opzioni con calma e assertività: "Pantaloni o maglietta?".
- *Passo 5: Prendete atto della scelta di vostro figlio.* Se sceglie i pantaloni, allora commentate in tono incoraggiante: "Hai deciso di metterti i pantaloni!". Non dimenticate di terminare sempre con questo tipo di commento. È fondamentale, poiché gli procura la consapevolezza della sua scelta. La consapevolezza di sé rafforza i lobi frontali del cervello del bambino. Ancora una volta, i lobi frontali hanno la capacità di far superare le crisi di nervi e sono essenziali per raggiungere l'autocontrollo. Ricordate: la maggior parte delle persone compie scelte inconsciamente e finisce per sentirsi controllata dalla vita stessa.

Se crescete vostro figlio con la consapevolezza delle proprie scelte, non solo *si sentirà* meno controllato, ma svilupperà una maggiore padronanza di sé, sia dal punto di vista psicologico sia da quello fisiologico.
Ai bambini più grandicelli potreste dire: "Mi pare che tu abbia un paio di possibilità. Sentiti libero di __________ oppure di __________. Quale ti andrebbe di più?".

Allenatevi, allenatevi, allenatevi

Di seguito trovate una situazione in cui potete scegliere di utilizzare la competenza disciplinare delle due opzioni positive. Innanzitutto, attingete al potere dell'Attenzione per pensare a ciò che volete che *faccia* vostro figlio. Poi offritegli due scelte che gli permettano di raggiungere quell'obiettivo. Comunicategli queste possibilità allegramente.

Ricordate la formula fondamentale da utilizzare quando presentate le scelte a vostro figlio.

Bambini più piccoli	**Bambini più grandi**
1. "Scegli!"	1. "Mi pare che tu abbia un paio di possibilità."
2. "Puoi ____________ oppure puoi ______________."	2. "Sentiti libero di ____________ oppure di ____________."
3. "Che cosa scegli?"	3. "Quale ti andrebbe di più?"
4. "Hai deciso ____________!"	4. "A quanto pare hai deciso di ____________".

SITUAZIONE: giocare con il cibo. Nathan (tre anni) si sta divertendo a schiacciare le patate bollite con le dita. Respirate profondamente. Pensate a quello che volete che accada. Adesso decidete quali scelte gli offrirete. Direte: ____

____

____

"E se...?"

A questo punto avrete sicuramente un sacco di dubbi. "E se mio figlio non sceglie nessuna delle mie opzioni?" Questa, probabilmente, è la vostra ansia maggiore. State tranquilli, continuate a respirare profondamente e proseguite nella lettura.

Le scelte e l'autostima

La capacità di una persona di compiere una scelta e accettare la responsabilità di quella scelta è un metro di valutazione per l'autostima. Per effettuare realmente una scelta, bisogna prendere una decisione e accettarne le conseguenze. Questo è ciò che si definisce impegno. Pertanto è fondamentale aiutare i bambini che hanno difficoltà a prendere una decisione e/o ad accettare le conseguenze delle loro scelte. Potete aiutare i vostri figli solo se prima di tutto sceglięte di aiutare voi stessi. Leggete questo dialogo e dite se vi suona familiare.

"Dove vorresti pranzare?" chiede Pat. "Fa lo stesso, non importa" risponde Sheryl. "Non importa nemmeno a me, è uguale. Davvero, Sheryl, qualsiasi posto tu scelga, per me va bene" insiste Pat. "Stai guidando tu, decidi tu" risponde Sheryl.

Nella nostra società le donne crescono con l'obiettivo di compiacere gli altri. È impossibile, però, fare le proprie scelte e, contemporaneamente, condiscendere ai desideri degli altri. Come genitori, non potete stabilire un limite e, allo stesso tempo, preoccuparvi dei sentimenti di vostro figlio. Se tendete ad avere un atteggiamento passivo, prestate particolare attenzione a questo concetto. Copiatevi le parole seguenti su un post-it e attaccatelo in bella vista:

Non si può stabilire un limite e, allo stesso tempo, preoccuparsi dei sentimenti di un'altra persona.

Aiutare i bambini che hanno difficoltà a compiere delle scelte

I bambini che hanno difficoltà a compiere delle scelte si dividono in tre gruppi.

- Quelli che si rifiutano di prendere una decisione.
- Quelli che resistono alle strutture prestabilite. Data una scelta tra A e B, loro scelgono C.
- Quelli che cambiano idea. Data una scelta tra A e B, loro scelgono A, poi passano a B, quindi tornano ad A, e così via.

Prima di procedere con la lettura, pensate a voi stessi. Ci sono mai state delle volte in cui vi siete rifiutati di compiere una scelta, o avete cambiato idea mille volte, o avete esitato di fronte alle possibilità che la vita vi offriva? Riflettendo su voi stessi, capirete meglio i vostri figli. A vari livelli, specialmente quello emozionale, non siete poi così diversi da loro.

I bambini che si rifiutano di scegliere

A Lisa, sette anni, era stata offerta una scelta: mettere lo zainetto di scuola sul ripiano del suo armadietto o appenderlo a un gancio. Lisa rimase a fissare la maestra, poi scoppiò in lacrime. Per Lisa quella decisione era gravosa.

Probabilmente riuscite a immedesimarvi in Lisa. Vi siete mai sentiti così stressati da avere la sensazione di non essere in grado di gestire più niente? I bambini che hanno grande difficoltà a scegliere covano un'ansia tremenda. Tale difficoltà è il loro modo di dire: "Il mondo mi soffoca". Questi sentimenti possono derivare da preoccupazioni legate allo sviluppo. Immaginate il vostro braccio che si allunga di giorno in giorno, o il vostro vocabolario che si raddoppia nel giro di un mese: cambiamenti così rapidi sarebbero tremendamente gravosi. Un'ansia come quella di Lisa potrebbe affondare le radici in eventi molto stressanti della vita, come un trasloco o un lutto. Potrebbe anche avere origine da banali contrarietà che si verificano tutti i giorni, come deludere se stessi o i genitori, cambiare insegnante, litigare con gli amici, oppure essere presi in giro da un fratello. A seconda del carattere, alcuni bambini si angosciano facilmente. Altri invece sembrano scivolare lungo la vita come un surfista sulle onde. Non combattete il carattere dei vostri figli. Piuttosto, imparate a rispondervi nel migliore dei modi.

Come aiutare i bambini che hanno difficoltà a compiere delle scelte

- *Fate notare al bambino le varie scelte che compie abitualmente.* Per esempio, quando decide di colorare con i pastelli, dite: "Vedo che oggi hai scelto di disegnare". Ogni volta che è possibile, mostrate a vostro figlio come compia continuamente delle scelte. Il bambino potrebbe guardarvi con un'espressione incredula sul viso, come per dire: "Wow", è favoloso". Significa che è consapevole delle proprie azioni. Il lobo frontale del suo cervello si sta sviluppando.
- *Offrite a vostro figlio la possibilità di compiere piccole scelte che comportino una vicinanza con voi.* Per esempio, dite: "Marvin, dammi la mano per attraversare la strada. Puoi scegliere la destra o la sinistra. Quale vuoi? Hai scelto la destra! Mi piace tenerti per mano!". Fare delle scelte richiede autonomia e, alcuni bambini, in certi momenti, ne sono spaventati. Per aiutare vostro figlio a conseguire l'indipendenza, stategli vicino poi, man mano che impara a gestire le scelte all'interno del vostro rapporto, offritegliene altre. Dite: "Vuoi invitare Maya o Justin a giocare da noi oggi pomeriggio?".
- *Siate di esempio nell'accettare gli errori.* I bambini che si rifiutano di scegliere possono temere di deludere gli altri o di avere torto. Mostrate che tutti possono sbagliare. Vostro figlio ha bisogno di vedere che commettete un errore, vi perdonate e poi scegliete una strategia diversa (cioè imparate dal vostro errore).

Potete utilizzare la tecnica del "pensare ad alta voce" per mostrare con l'esempio questa competenza quando avete commesso un errore. Se pensate ad alta voce, esprimete i vostri pensieri più profondi, e ciò permette a vostro figlio di udire come rielaborate un errore.

Eccovi una situazione. Un padre domanda: "Dov'è il cacciavite, bambini? Prendete sempre i miei utensili da lavoro senza chiedermi il permesso. Chi è stato? Parlate! Non ne posso più: io non prendo le vostre cose. È importante rispettare le proprietà altrui. Adesso scordatevi quel film che volevate guardare".

"Ma papà..." azzarda la figlia. "Niente 'ma' con me, non ci provare: come ti permetti?" ribatte lui. Poi interviene il figlio: "Papà, hai portato il cacciavite a casa della nonna quando sei andato ad aggiustarle l'armadietto". Il padre comprende di aver commesso un grave errore. Non solo ha incolpato i figli, li ha pure aggrediti. Questo è il momento perfetto per utilizzare la tecnica del "pensare ad alta voce". Esprimendo i suoi pensieri ad alta voce, dice: "Be', ho commesso un grave errore. Ero arrabbiato perché non trovavo il cacciavite. In realtà, ero furioso perché oggi il capo mi ha urlato dietro. Ero talmente avvilito che me la sono presa con voi due. Vi ho accusato e ho cercato di farvi sentire come mi sentivo io. Vi devo le mie scuse. Ragazzi, mi dispiace per come mi sono comportato. La prossima volta che mi arrabbio faccio un respiro profondo e rifletto prima di parlare".

Pensando ad alta voce, questo padre ha mostrato con l'esempio come si gestisce un errore in modo costruttivo. Ha fatto vedere come s'impara da uno sbaglio e come ci s'impegna per cambiare il proprio comportamento.

Molti bambini apprendono che, indipendentemente da ciò che hanno fatto, chiedere scusa elimina il problema. I bambini devono imparare che è importante non solo esprimere pentimento, ma anche (e soprattutto) cambiare il proprio comportamento scorretto.

I bambini che oppongono resistenza alla struttura prestabilita: l'opposizione legata allo sviluppo e l'opposizione appresa

Alcuni bambini useranno le scelte guidate che offrite loro come occasioni per ingaggiare lotte di potere. Questi bimbi, quando ricevono due opzioni, ne trovano sempre una terza per tentare di mantenere il controllo della situazione. Se chiedete loro di scegliere tra A o B, loro optano per C. Potreste dire: "Tesoro, scegli. Al supermercato puoi camminare standomi vicino o dandomi la mano. Che cosa preferisci?". A questo punto, il vostro figliolo bastian contrario potrebbe semplicemente scappare. Oppure, quando gli offrite una scelta tra succo e latte, un bambino testardo potrebbe chiedere una bevanda gassata.

Prima di discutere su come gestire i bambini ostinati, dovete capire perché mantenere il controllo è così importante per loro. Quali eventi della loro vita possono spingerli a opporsi a qualsiasi struttura ideata dagli adulti? Esistono due spiegazioni per i bambini che *abitualmente* oppongono resistenza alla struttura: motivi legati allo sviluppo, e motivi legati all'apprendimento di tale comportamento.

L'opposizione legata allo sviluppo

Tutti i bambini attraversano un periodo che i ricercatori chiamano "processo di separazione-identificazione". Questo processo trasforma un neonato indifeso, dipendente, in una persona socialmente competente con un'identità separata. Il bambino intraprende questo viaggio verso l'individualità definendo se stesso come "quello che è non mamma e non papà". Perciò qualsiasi posizione assertiva da parte di un adulto induce il bimbo a reagire con il comportamento opposto. I bambini negli anni dell'opposizione mostrano spesso la propria resistenza ignorando le scelte guidate che gli adulti presentano loro. Questi bambini ci stanno provando, ma non per farvi arrabbiare o per vedere come possono passarla liscia. Ci stanno provando per capire chi sono (dove *loro* finiscono e *voi* iniziate) e per scoprire la loro unicità.

Come aiutare i bambini che si oppongono alle scelte guidate per motivi legati allo sviluppo

- *Rendetevi conto che se vi fate trascinare in una lotta di potere, lasciate che la vostra attenzione si sposti dall'amore alla paura.* Perciò opererete da una base negativa, tentando inutilmente di far fare qualcosa a vostro figlio. Per evitare una trappola simile, fate un respiro profondo, siate consapevoli dei vostri pensieri e decidete di passare dalla paura all'amore. Scegliete consciamente dei pensieri che pongano voi, e non vostro figlio, in una posizione di controllo. Utilizzate il potere della Percezione per ammettere la vostra inquietudine, o adoperate il potere dell'Accettazione per dire a voi stessi: "Questo momento è così com'è".
- *Una volta che avete riacquistato l'autocontrollo, accettate che vostro figlio possa scegliere di operare all'interno del vostro schema oppure no.* La costrizione – da parte vostra o di vostro figlio – è il problema, non la risposta. Scegliete consapevolmente di fare affidamento sul potere del Libero Arbitrio. Entrambi

avete una scelta su come comportarvi. Potete controllare le vostre azioni, ma non quelle di vostro figlio.

- *Utilizzate la tecnica del ripetere a pappagallo*. Si tratta di ripetere le possibilità che avete presentato a vostro figlio con un tono di voce calmo e assertivo.

Genitore: "Joseph, è ora di riordinare i giochi. Scegli: puoi cominciare a raccogliere i mattoncini piccoli oppure quelli grandi. Che cosa preferisci?"

Joseph: "No!" Il bambino inizia a lanciare i mattoncini.

Genitore: "Joseph, è ora di riordinare. Scegli: puoi cominciare a raccogliere i mattoncini piccoli oppure quelli grandi. Che cosa preferisci?"

Joseph: "Non puoi obbligarmi. Ti odio."

Genitore: "Joseph, è ora di riordinare. Scegli: puoi cominciare a raccogliere i mattoncini piccoli oppure quelli grandi. Che cosa preferisci?"

Mentre continuate a ripetere le scelte con calma, è probabile che accada una di queste tre cose. Joseph potrebbe mettersi a raccogliere i giocattoli. Magari lo fa malvolentieri, ma lo fa. Altrimenti, potrebbe inasprire la sua aggressione verbale nei vostri confronti e ricorrere a quella fisica (per esempio, picchiarvi). Terzo, potrebbe tentare di sfuggire alla situazione con uno scatto d'ira o scappando via.

Se vostro figlio sceglie di collaborare con voi, lodate la sua scelta. Riconoscete lo sforzo di volontà e l'energia che ha applicato per trasformare la sua risposta negativa in una positiva, e per impegnarsi a riordinare. "Hai scelto di mettere i mattoncini piccoli nella cesta!" Si tratta di un miracolo, o quasi, perciò lodatelo!

Che cosa c'è di miracoloso in vostro figlio che vi ubbidisce? Pensate a voi stessi: vi siete mai arrabbiati a tal punto che i vostri pensieri negativi su una persona o una situazione vi hanno spinto ben oltre l'indignazione? Di sicuro vi sarete sentiti trattati ingiustamente. Siete mai stati decisi a dimostrare a ogni costo che il vostro punto di vista era corretto? Pensate a quanta forza è necessaria per fermare una valanga di rimproveri, rabbia e prepotenza e ritornare a essere collaborativi. Il bambino che sceglie di ubbidire ha appena superato un processo difficile, al quale gli adulti si oppongono tenacemente. Dal profondo del cuore, lodate vostro figlio e apprezzate la vittoria dell'amore sulla paura. Le vostre parole saranno perfette se la vostra intenzione è di mostrare vera gratitudine per il suo regalo di aver preferito la collaborazione all'opposizione. Se vostro figlio sbuffa ancora, è segno che la sua carica di adrenalina dovuta al conflitto sta scemando.

Se Joseph intensifica la propria opposizione, avete bisogno della competenza dell'Empatia (si veda cap. 8) per aiutarlo a superare il suo scatto d'ira e ritornare a uno stato di cooperazione.

L'educazione permissiva fa sempre seguito ai sensi di colpa.
L'educazione permissiva genera lotte di potere.

L'opposizione appresa

Un bambino che si oppone alle scelte guidate può aver imparato che si tratta di un metodo efficace per soddisfare i propri bisogni. I bambini possono imparare questa lezione in tre modi principali: mediante un'educazione permissiva, mediante un'educazione che non riesce a soddisfare i loro bisogni, o da problemi familiari.

I genitori permissivi cedono al proprio figlio quando fa i capricci, oppure cercano di girare intorno a un argomento per evitare di turbarlo. Questi tipi di atteggiamento insegnano al bambino a opporsi ai limiti e a comportarsi male per averla vinta, e che gli adulti non pensano realmente ciò che dicono. L'aspetto triste è che quando un genitore permissivo guarda il figlio e gli dice: "Ti voglio bene", il bambino non riesce a credergli.

Il secondo modo in cui i bimbi imparano a opporsi alle scelte guidate comincia nell'infanzia e ha a che fare con la maniera in cui le esigenze del neonato sono state o meno soddisfatte. Quando un neonato ha un bisogno (fame, calore, conforto), entra in uno stato di eccitazione. Se l'adulto appaga le richieste del piccino, questo torna a calmarsi. Se il genitore risponde al bambino, ma non è in grado di consolarlo (in caso di coliche, parto prematuro, o altri problemi fisici), il piccolo rimarrà in uno stato di eccitazione eccessiva. Dal punto di vista del neonato, i suoi bisogni non sono stati soddisfatti. Il piccolo potrebbe credere che, per far fronte ai propri bisogni, deve tentare di governare il mondo. Man mano che cresce, il bambino diventerà dispotico e si opporrà alla struttura imposta. Consumerà un'enorme quantità di energia per cercare di guidare il mondo a modo suo, poiché è convinto che questa sia la sua unica possibilità per sopravvivere. Tali bambini non si oppongono alla struttura per testare i limiti del loro potere. Invece, cercano di controllare gli altri per sentirsi al sicuro. Hanno un basso livello di tolleranza alla frustrazione.

Un ultimo modo in cui il bambino impara a opporsi alle scelte guidate è attraverso l'esperienza di seri problemi familiari (come, per esempio, un divorzio, un lutto, o un genitore depresso, tossicodipendente o alcolizzato). Questi problemi sono fonte di forte stress per il bambino, che genera in lui un senso di impotenza impedendogli di fare delle scelte. È difficile per dei genitori ammettere che tali problemi abbiano ripercussioni sulla vita del proprio figlio, per il timore di essere giudicati un cattivo padre o una cattiva madre. Finché negano l'esistenza di questi problemi, comunque, essi non potranno essere risolti. Sebbene ci voglia coraggio, il genitore deve ammettere la presenza di situazioni che possono nuocere alla salute emotiva del bambino. Solo allora il genitore potrà essere responsabile e affrontare il problema.

Come aiutare i bambini che si oppongono alla struttura

Primo, tenete a mente che sebbene un bambino che si oppone metta a dura prova la vostra pazienza, *dovete* mantenere l'autocontrollo per aiutarlo. Attuate diligentemente tutte le tecniche della guida amorevole presentate nel libro. Se vostro figlio di solito è ostinato e dispotico, è probabile che non risponda al vecchio approccio disciplinare basato sulla paura, perciò è meglio per tutti passare a quello della guida amorevole. A prescindere dall'indirizzo disciplinare che utilizzate, comunque, le lotte di potere possono essere frequenti.

Dovrete seguire i passi elencati qui di seguito per guarire spiritualmente sia voi stessi sia vostro figlio, dopo una lotta di potere.

- *Perdonatevi.* Poiché tutte le lotte di potere finiscono con qualcuno che si fa male, una volta che le acque si sono calmate, probabilmente vi sentirete in colpa ed è proprio questo che conduce all'educazione permissiva, generando bambini esigenti, ostinati e oppositivi. Interrompete questo circolo vizioso perdonandovi sinceramente. Il perdono si attua in tre passi, che io chiamo le "tre R del perdono". Primo, *riconoscete* e accettate i vostri sentimenti. Dite a voi stessi: "Mi sento in collera e ansioso, e va bene". Secondo, *riformulate* l'esperienza. Dimenticate l'idea di stabilire chi è bravo e chi cattivo. Ammettete che, visti gli stati d'animo, sia voi sia vostro figlio avete fatto del vostro meglio. Terzo, *richiedete* aiuto. Con calma, chiedete a vostro figlio di lavorare con voi nel forgiare nuovi modelli di comportamento. Eccovi un esempio di ciò che potreste dire: "Ieri sera, prima che tu andassi a dormire, mi sono messa a urlare e ti ho dato una sculacciata. Ho agito così perché ho perso il controllo, non perché tu sei cattivo. A volte ho l'impressione che tu voglia comandarmi. Io sono tua madre e sono io la responsabile. Voglio diventare un genitore migliore. Ho intenzione di lavorare su me stessa per esprimere la mia rabbia in modo diverso: con parole pronunciate con fermezza".

Le "tre R del perdono" sono: riconoscere i propri sentimenti, riformulare l'esperienza e richiedere aiuto ai propri figli.

- *Coinvolgete vostro figlio nella risoluzione dei problemi.* Insieme, formulate un piano per il futuro che lo aiuti a ubbidirvi maggiormente. Potreste dire: "L'ora di andare a dormire è sempre un problema. Non mi piace alzare la voce con te. Che cosa potrebbe aiutarti ad andare a letto tranquillo alle nove?". Se il bambino vi dà suggerimenti ragionevoli, provateli (ma non cambiate l'orario). Per i bambini sotto i sei anni può essere utile mostrare le fasi che precedono il momento della nanna sotto forma di disegni. Mettete i disegni in ordine da sinistra a destra in un luogo visibile e fateli vedere spesso al bimbo. Le illustrazioni possono rappresentare il bagnetto, il pigiama, lo spazzolino, un libro, le parti del corpo a cui si dà la buonanotte, il bacino e le luci spente. Quando è ora di andare a dormire, spiegate al bambino che cosa sta facendo e che cosa farà subito dopo.
- *Aiutate vostro figlio a sentirsi sicuro di sé.* Fatelo dandogli la possibilità di partecipare spesso ad attività che ama svolgere e che gli riescono bene. Fategli notare quante decisioni prende ogni giorno.
- *Giocate regolarmente con vostro figlio.* Se vi abituate a giocare con i bambini piccoli almeno cinque minuti al giorno, potreste ridurre le lotte di potere fino al cinquanta per cento.

I bambini che cambiano idea

Il papà di Kaitlin le ha chiesto se preferiva il latte o il succo di frutta per merenda. Lei ha scelto il latte. Quando lui le ha portato il latte, la bimba l'ha spinto via, annunciando: "No, succo". Allora il papà le ha versato del succo, ma Kaitlin ha detto: "Voglio il latte". Comprensibilmente, il padre le avrebbe volentieri rovesciato entrambe le bevande sulla testa.

I bambini come Kaitlin potrebbero soffrire di problemi di autostima. Nelle situazioni in cui si mostrano così indecisi, magari si sentono depressi per una svariata serie di ragioni. La bambina potrebbe essere stanca, stressata a causa di un serio motivo familiare o, semplicemente, avere una giornata no. Attraverso l'indecisione, Kaitlin cerca di controllare il papà e il suo ambiente. I bambini che scelgono C dopo aver ricevuto una scelta tra A e B si lanciano in uno scontro diretto: potreste pertanto definirli aggressivi. I bimbi come Kaitlin, d'altro canto, si possono considerare passivo-aggressivi, utilizzano cioè mezzi passivi piuttosto che diretti per controllare gli altri.

L'aiuto a questi bambini inizia con una diagnosi. La prima domanda che il padre di Kaitlin potrebbe porsi è se si tratta di un problema dello sviluppo o di un comportamento appreso. Questa indecisione è una novità per la bambina? L'insicurezza è occasionale o cronica?

Quando l'incapacità di scegliere nasce dal nulla e accade saltuariamente, il bambino potrebbe sentirsi temporaneamente sopraffatto dallo stress. Nel corso dello sviluppo, quando i bambini sono stressati regrediscono (cioè, ritornano a comportamenti che ci si aspetterebbe da bimbi molto più piccoli). Se i bambini presentano una regressione, hanno bisogno di comandi assertivi, non di scelte. Il papà potrebbe dire: "Kaitlin, oggi hai difficoltà a scegliere da sola. Eccoti il latte. Bevilo, se ti va". I comandi insegnano ai bambini che cosa devono fare, mentre le scelte insegnano loro a prendere delle decisioni e a tenere fede ai propri impegni. Insegnare a prendere decisioni a un neonato di sei mesi sarebbe sciocco, e lo stesso vale per i bambini stressati che hanno una regressione momentanea.

Se invece è un problema cronico, è molto probabile che si tratti di un comportamento appreso. Il bambino riceve più attenzione quando cambia idea rispetto a quando è collaborativo. Se non fate che ripetere: "Fai in fretta, muoviti!", rallentate il passo, state con vostro figlio e gioite dei suoi successi. Utilizzate il vostro potere dell'Attenzione, che afferma: "La cosa su cui ci si concentra è quella che si ottiene di più".

Se giocate regolarmente con vostro figlio, le lotte di potere diminuiranno.

Allenare il potere del Libero Arbitrio

Diventare consapevoli delle nostre scelte e trasmettere questa consapevolezza ai nostri figli è un dono meraviglioso per loro. Potete scegliere di essere consapevoli delle vostre scelte e così *interagire* con i vostri figli, oppure di rimanere inconsapevoli delle vostre scelte e semplicemente *reagire* ai vostri figli. Quando accettate il fatto che fate di continuo delle scelte, potete assumere il comando di voi stessi e comprendere che il vostro potere è insito in voi, e non consiste nella vostra abilità di manipolare gli altri. Potete diventare delle persone che compiono scelte consapevolmente o potete rimanere, o essere, autoritari. Dipende da voi. Ricordate di utilizzare il potere del Libero Arbitrio accogliendo il concetto che l'unica persona che possiamo cambiare siamo noi stessi. Domandatevi: "Come posso aiutare mio figlio affinché scelga con più probabilità di collaborare?".

È il momento di cominciare!

Dopo aver chiuso il libro, oggi, offrite ai vostri figli due scelte positive. Utilizzate lo schema seguente come guida per i bambini sotto i cinque anni.

1. "Scegli!"
2. "Puoi ______________ oppure puoi ______________."
3. "Che cosa scegli?"
4. "Hai scelto ______________!"

Ai bambini più grandi, potete dire: "Sentiti libero di ______________ oppure di ______________. Quale ti andrebbe di più?"

Quando fissate un limite con un comando assertivo o con due scelte positive, sono possibili due risultati. Vostro figlio può scegliere di assecondarvi oppure può rifiutarsi di ubbidire (magari facendo una scenata isterica per la frustrazione). Entrambi gli esiti richiedono che voi utilizziate un'altra delle Sette competenze disciplinari fondamentali.

Se vostro figlio ubbidisce, usate la competenza dell'Incoraggiamento. Se si oppone e si agita, fate appello alla competenza dell'Empatia e dell'Intento Positivo. Il capitolo 6, che parla dell'incoraggiamento, vi mostrerà come apprezzare le scelte di vostro figlio in maniera sana. I capitoli 7 e 8 vi mostreranno come impiegare le competenze dell'Intento Positivo e dell'Empatia. Tali competenze vi aiuteranno a insegnare a vostro figlio come gestire e superare i sentimenti difficili.

Capitolo 6

L'Incoraggiamento

Rispettare i figli per avere il loro rispetto

Ogni anno tengo seminari in giro per il mondo e chiedo ai partecipanti di darmi una valutazione. Il novantanove per cento delle risposte è molto positivo, con parole di lode per il contenuto, lo stile e il relatore (la sottoscritta). A volte, però, ottengo un riscontro negativo e mi sorprende constatare quanto mi turbi. Di fronte a tale critica mi scopro a ignorare gli elogi che ho ricevuto, e la cosa mi fa pensare parecchio.

Come mai sono così ossessionata dalle opinioni negative? Quali aspetti della mia vita mi hanno portato a ingigantire le critiche e a minimizzare le lodi? Come mai, nonostante tutto l'incoraggiamento, mi deprimo ugualmente? So di non essere la sola; molti di noi rielaborano la vita in tale modo.

Questo capitolo esplora tale tendenza, comune e nociva. Illustra, inoltre, le differenze tra lodi efficaci e inutili ed esamina il valore dei premi. Vi mostrerò come incoraggiare i vostri figli, riconoscendo i loro sforzi e i loro risultati. Imparerete a lodarli dando al contempo sostegno ai loro sentimenti di autostima e sicurezza e rendendo più unita la vostra famiglia.

Quello che fate a voi stessi, lo fate agli altri

Utilizzate la competenza dell'Incoraggiamento per mostrare a vostro figlio che apprezzate la sua decisione di operare nell'ambito dei vostri limiti. Molti adulti incoraggiano i bambini ricorrendo alla lode. In realtà, tuttavia, la lode può incoraggiare o scoraggiare in base alla forma che assume. Il mio obiettivo è che non vi limitiate ad adoperare le lodi per far sì che i vostri figli si comportino bene o per rafforzare la loro autostima, ma che raggiungiate uno scopo ben superiore: creare un ambiente incoraggiante.

L'incoraggiamento deriva dal potere dell'Unità e può aiutarvi a connettervi con vostro figlio. Esso afferma: "Io rispetto, apprezzo e riconosco te e le tue scelte". Servendovi dell'incoraggiamento come indicato in questo capitolo, trasmetterete a vostro figlio il valore dell'interdipendenza. Solamente quando vostro figlio sarà in grado di apprezzare appieno se stesso potrà apprezzare anche gli altri. Mediante l'apprezzamento di sé e degli altri cresce il senso di appartenenza.

Ricordate che il modo in cui trattate voi stessi è il modo in cui tratterete i vostri figli. Un fine settimana mi recai da un'amica che ha un figlio adolescente e andai con lei a una festa. Appena arrivate, notai che la mia amica era tesa. Quando le domandai il motivo, mi rispose: "Non so perché ho scelto di mettermi questo vestito. Faccio schifo. Sono così stupida". Il giorno dopo, a casa, ordinò al figlio di sistemare la sua camera. Lui si mise subito al lavoro e terminò velocemente. Poi, mentre stava uscendo di casa con gli amici, sua madre lo richiamò e gli domandò: "Ti sembra davvero di aver riordinato?". Il ragazzo rimase in piedi in silenzio. "Gettare i vestiti nell'armadio non significa mettere in ordine. Così fa schifo. Sai fare di meglio, non sei certo stupido!" Le parole dette al figlio riecheggiavano quelle che aveva pronunciato riguardo a se stessa alla festa. In entrambi i casi, aveva avuto un atteggiamento particolarmente scoraggiante.

La mia amica è in buona compagnia. Il National Family Institute riferisce che un figlio americano medio trascorre 12,5 minuti al giorno comunicando con i propri genitori. Di quel tempo, 8,5 minuti sono passati a correggere, criticare o discutere. Uno studio dell'Università dello Iowa ha rivelato che, in media, un bambino sente 432 commenti negativi al giorno, rispetto ai 32 positivi (Hochschild, 1977). Quest'aspetto della vita familiare richiede chiaramente attenzione.

Creare ambienti incoraggianti

Tendete a incoraggiarvi o a scoraggiarvi? Il test che segue può aiutarvi a individuare la vostra propensione.

Test: tendete a incoraggiarvi o a scoraggiarvi?

1. Nel corso di una giornata, tendo a concentrarmi di più:
   a) sulle mie risorse e le mie forze
   b) sui miei difetti e le mie debolezze.
2. In genere:
   a) mi accetto come sono
   b) mi concentro su quello che non va e vorrei cambiare di me (mi sento troppo grasso, troppo magro, troppo qualcosa...).
3. Di solito mi parlo in un modo che:
   a) rafforza la fiducia in me stesso
   b) mi fa sentire confuso e inadeguato.
4. Nel corso della giornata, tendo a pensare a:
   a) quello che sto facendo
   b) quello che dovrei fare.
5. Noto:
   a) i miei sforzi e i miei progressi
   b) che non sono ancora arrivato dove ritengo che dovrei essere.
6. Man mano che la vita va avanti, tendo a:
   a) prendere nota degli eventi senza giudicare
   b) giudicare gli eventi come belli o brutti.

Se avete selezionato più risposte A che B, probabilmente siete bravi a incoraggiarvi. Se avete selezionato più risposte B, potreste avere la tendenza a scoraggiarvi. Se vi scoraggiate con facilità, inconsciamente farete altrettanto con i vostri figli. Poiché il cambiamento inizia dentro di voi e poi si estende ai vostri figli, decidete oggi stesso di essere più gentili e incoraggianti verso voi stessi.

Per iniziare subito il processo di cambiamento, pronunciate ad alta voce le seguenti affermazioni.

- Riconoscerò e renderò merito ai miei contributi personali per un mondo migliore.
- Mi concederò di sbagliare e mi perdonerò.
- M'incoraggerò per avere successo.

- Accetterò le lodi che gli altri mi riserveranno perché so che sono una persona che vale.
- Sospenderò i giudizi per un tempo abbastanza lungo da permettere al mio amore di risplendere intorno a me.

Se cambiate il modo in cui trattate voi stessi, cambierete automaticamente il modo in cui trattate i vostri figli.

La competenza dell'Incoraggiamento affonda le proprie radici nel potere dell'Unità che, a sua volta, comprende tutti gli altri poteri dell'autocontrollo. Ecco come funziona. Per adottare un atteggiamento incoraggiante, dovete:

- Accettare sia voi stessi sia la vostra situazione come sono, non come pensate che dovrebbero essere (il potere dell'Accettazione).
- Concentrarvi su quello che volete, piuttosto che su quello che non volete (il potere dell'Attenzione).
- Ammettete la vostra inquietudine (il potere della Percezione).
- Attribuire un intento positivo a voi stessi e agli altri (il potere dell'Amore).
- Riconoscere che l'unica persona che potete *far* cambiare siete voi stessi (il potere del Libero Arbitrio).
- Vedere i conflitti come opportunità per insegnare o apprendere (il potere dell'Intenzione).

Come potete notare, l'autocontrollo e l'incoraggiamento rappresentano due facce della stessa medaglia. L'incoraggiamento vi permette di connettervi profondamente con gli altri e di apprezzare appieno le loro qualità peculiari. Vi permette di abbandonare il vostro egocentrismo per aprirvi e concentrarvi sul dare piuttosto che sull'ottenere. L'incoraggiamento genera una profonda sensazione di appartenenza.

L'autocontrollo e l'incoraggiamento rappresentano due facce della stessa medaglia.

La ricompensa per il fatto di incoraggiare i bambini assume forme diverse. Una famiglia trae giovamento psicologicamente quando i suoi membri hanno un forte senso di appartenenza. Inoltre, un ambiente incoraggiante rafforza l'autostima dei figli e le giornate insieme a loro risulteranno più piacevoli, poiché ci sono più probabilità che collaborino.

Un'atmosfera incoraggiante, per di più, offre benefici neurologici: in effetti, plasma il cervello di vostro figlio in modo che sviluppi adattamenti positivi nel corso di tutta la vita. Le famiglie che scoraggiano, invece, formano cervelli portati a depressione, violenza, dipendenza e impulsività. Per promuovere un'atmosfera incoraggiante, *dovete* esercitare i Sette poteri dell'autocontrollo. Quando avrete padronanza di questi poteri, aumenterà la vostra capacità di offrire incoraggiamento.

Le lodi possono scoraggiare?

Sembra logico pensare che lodare i bambini promuova la loro autostima. Tuttavia, due decenni di ricerche hanno dimostrato che non è assolutamente vero. Alcuni tipi di elogio sono, in realtà, pericolosi: inibiscono l'autostima del bambino.

Tra poco vi dirò di più a proposito di questa ricerca. Prima, però, esaminiamo alcune forme di lode, comuni ma nocive. (Poi esploreremo quelle salutari e costruttive,)

- *Tessere troppe lodi generiche, onnicomprensive può opprimere vostro figlio, tanto che si sentirà spinto a essere all'altezza di standard irrealizzabili.* Magari siete cresciuti sentendovi dire: "Sei *sempre* così dolce e premuroso". Udire continuamente frasi del genere vi ha lasciato due opzioni. Potevate cercare di aderire all'immagine perfetta che l'adulto vi aveva assegnato, oppure potevate "sfogarvi", sperando che i vostri genitori vedessero i "veri voi". Molte famiglie che esagerano con le lodi finiscono per avere un figlio "perfetto" o un figlio "demonio". Quello perfetto eccelle a scuola e, da adulto, si sforzerà di essere l'impiegato perfetto, il coniuge modello e il genitore ideale. L'altro figlio sembra che voglia rovinare intenzionalmente tutto ciò che tocca. La sua vita è un eterno psicodramma e fornisce alla famiglia continui argomenti di discussione.

- *Tessere troppe lodi che fanno affidamento su giudizi di valore insegnano a vostro figlio che "bravo" significa "compiacere gli altri" e "cattivo" "deludere gli altri"*. Molti lodano i figli impartendo giudizi di *valore*: "Che bravo bimbo che sei!", o: "Che bel lavoretto!". I bambini piccoli pensano in modo semplicistico. Spesso insinuiamo che sono bravi se fanno quello che diciamo di fare, e loro ci credono. Di conseguenza, deducono anche che, quando non compiono un'azione richiesta dagli adulti, devono essere cattivi. I bambini che assimilano un simile messaggio possono crescere sentendosi in colpa quando prendono delle cantonate, cosa che capita a tutti gli esseri umani. Possono pure diventare adulti che giudicano facilmente e criticano le persone che si dimostrano inadeguate. Possono credere che quelli che deludono gli altri o commettono un errore siano cattivi. Avete mai notato quanto sono saccenti e arroganti alcuni adulti verso i commessi? "Come ha fatto a sbagliare a battermi lo scontrino? Mi ha rovinato la giornata."
La lode che si basa sul giudizio di valore ha un altro effetto collaterale. I bambini possono diventare degli "assetati di giudizio". Chiederanno ansiosamente: "Va bene? L'ho fatto nel modo giusto?". Ho insegnato a studenti universitari che diventavano estremamente ansiosi quando non davo loro istruzioni dettagliate su come svolgere un compito. Mi chiedevano: "Di quante pagine dev'essere?". Se rispondevo: "Quante ve ne servono per esprimere voi stessi", tornavano a chiedere: "Potrebbe guardarlo e dirmi se sto procedendo bene?". Se rispondevo: "Siete voi a doverlo decidere", si agitavano terribilmente.

- *Le lodi che si concentrano su ciò che voi pensate o sentite del comportamento del bambino gli insegnano a cercare approvazione*. Se lodate i vostri figli affinché si comportino bene, in realtà le vostre lodi saranno controproducenti, dal momento che sono utilizzate per ottenere e non per donare. Potreste dire cose tipo: "Mi piace come ti sei comportato al supermercato", oppure: "Sono orgoglioso di te, quando vai bene a scuola", con la speranza di un buon comportamento o di bei risultati futuri. Questo, però, dice a vostro figlio: "Mi piaci quando mi accontenti". E lui è facile che dedurrà di piacere solo quando compiace i genitori e di non piacere se si comporta male.

Molti di noi hanno interiorizzato la convinzione che se siamo in disaccordo con le altre persone o le rifiutiamo, non saremo amati. Ci sforziamo di compiacere gli altri, e viviamo nel modo in cui pensiamo che "loro" vogliano che noi viviamo, piuttosto che seguire i desideri del nostro cuore. Purtroppo, parecchi non sanno più nemmeno chi sono, né hanno la più pallida idea di che cosa il proprio cuore desideri.

- *Lodare i figli solamente se hanno fatto bene i compiti insegna loro che gli sforzi non hanno importanza; contano solo i risultati.* Tanti adulti elogiano i figli solo quando vengono soddisfatte le loro richieste. Se i giocattoli sono tornati tutti al loro posto, allora potrebbero dire: "Bravo, bel lavoro". Immaginate che noia sarebbe una partita di calcio se gli spettatori rimanessero seduti in silenzio finché la loro squadra non vincesse. I tifosi saltano e gridano per tutta la partita per incoraggiare i giocatori. Se trattassimo i nostri figli come trattiamo i nostri atleti preferiti, immagino che anche loro beneficerebbero del vantaggio di "giocare in casa". I bambini hanno bisogno di imparare che il modo di procedere conta tanto quanto il risultato finale. Per farlo, dovete concentrarvi sugli sforzi e i piccoli passi che compiono, non solo sul traguardo.

Se lodate solo i lavori conclusi e ben fatti, insegnate a vostro figlio a sottovalutare gli sforzi.

- *Lodare vostro figlio mettendolo a confronto con gli altri gli insegna che per valere bisogna essere speciali.* "Sono così orgoglioso di te. È la storia migliore che abbia mai sentito." "Hai preso tutti 10. Nessuno nella nostra famiglia è mai stato così bravo." Questi paragoni dicono: "Voglio solo il meglio".
Quando confrontate un bambino con un altro, promuovete lo spirito competitivo. Una madre andò a fare la spesa con il figlio che frequentava la scuola elementare e la figlia la scuola materna. Disse al maschietto: "Vedi come si sta comportando bene la tua sorellina? Fai come lei". Il bimbo cambiò immediatamente atteggiamento per accontentare la mamma. Poi lei affermò: "Mi piace come ti stai comportando adesso". La competizione e i paragoni generano conflitto e non collaborazione in seno alla famiglia. Questa madre ha risolto un problema immediato ma, inconsapevolmente, ha promosso una futura

rivalità fraterna. Esiste una differenza tra cercare di fare bene e cercare di battere gli altri. Un atteggiamento, essenzialmente, incoraggia; l'altro, invece, scoraggia. Quando paragonate un bambino a un altro favorite la competizione. La competizione divide le persone. Ricordate che l'incoraggiamento deriva dal potere dell'Unità, che ci chiede di utilizzare tutte le occasioni possibili per avvicinare le persone.

Sono sicura che molti di questi esempi di lode poco costruttiva e i suoi risultati vi siano familiari. Conoscerete di sicuro persone che cercano disperatamente l'approvazione degli altri o sono ossessionate dal vincere a ogni costo. Magari avete amici che vogliono essere perfetti e negano gli errori che compiono. Forse voi temete di essere chi siete veramente, per paura di perdere l'amore dei vostri cari.

Probabilmente vi farà specie che tutto questo sia il risultato di lodi ricevute da bambini, ma sono convinta che sia così. Moltissimi adulti sono stati lodati a casa o a scuola nei modi nocivi che ho appena descritto, e adesso ripetono gli stessi errori con i figli. Non voglio insinuare che siano cattivi o insensibili: stanno semplicemente utilizzando le forme di elogio con cui sono stati cresciuti. La questione, ora, è la vostra disponibilità al cambiamento. Se siete disponibili, potete imparare una strategia migliore.

Come offrire un sano incoraggiamento

A questo punto starete pensando: "Che altro posso dire?", oppure: "Ho rovinato i miei figli". Coraggio! Incanalate queste energie verso la disponibilità ad apprendere un approccio più costruttivo.

La consapevolezza è il primo passo verso il cambiamento.

La consapevolezza è la precondizione necessaria al cambiamento. Per imparare a incoraggiare in modo costruttivo, innanzitutto dovete comprendere come i modi in cui interagite abitualmente con i vostri figli siano scoraggianti. Per accogliere una nuova abitudine, prima dovete abbandonarne una vecchia. Il potere dell'Unità ci ricorda di connetterci piuttosto che di cercare di essere speciali. Per utilizzare un incoraggiamento che promuova un sano senso di appartenenza, sono necessari due ingredienti principali. Dovete:

1. Osservare i vostri figli invece di giudicarli.
2. Collegare le loro azioni al divertimento e alla soddisfazione, piuttosto che a ricompense tangibili.

Osservare, non giudicare

Quante volte vi è capitato di sentire un bambino dire: "Guardami!"? Un milione di volte? Se salta su una gamba sola, potreste udire: "Guarda, salto su una gamba sola!". Se si sta buttando in piscina, sentirete: "Papà, guarda che mi tuffo!". Non appena esce dall'acqua, udirete nuovamente: "Papà, guarda che mi tuffo ancora!". Tutto questo potrebbe andare avanti per *moltissimo* tempo!

I bambini vogliono essere visti e ne hanno bisogno. La vostra attenzione è profondamente incoraggiante *di per sé* e il vostro ruolo di genitori è alquanto chiaro. Potete rispondere soltanto con: "Sì, ti guardo" e vostro figlio sarà felice. Se volete promuovere lo sviluppo del suo linguaggio, potete soffermarvi sulle sue parole dicendo: "Wow! Riesci a stare in equilibrio su un piede solo!". Tutto ciò che dovete fare è descrivere al bambino gli sforzi o i risultati che vedete. In sostanza, diventate lo specchio di vostro figlio.

I bambini chiedono di essere visti, non giudicati. Gli adulti, però, tendono a giudicare piuttosto che vedere. Vostro figlio potrebbe dire: "Guarda, sono sull'altalena!". E voi anziché rispondere: "Come vai forte", potreste dire: "Bravo, tesoro". Invece di descrivere l'azione di vostro figlio, l'avete giudicato. Se sostituite troppo spesso il vedere con il giudicare, crescendo, il bimbo di quattro anni tutto eccitato che grida: "Guardami!" diventerà un ansioso bambino di otto anni che chiederà: "Sono stato bravo?".

Osservare i bambini è un modo eccellente per incoraggiarli. Descrivete a vostro figlio ciò che vedete e lasciatelo libero di fare una valutazione personale dei suoi sforzi o traguardi.

Ogni Natale, un camion dei pompieri passa nella mia città trasportando Babbo Natale. Le famiglie lo aspettano sull'uscio di casa, in attesa di udire la sirena che annuncia il suo arrivo, per poi salutarlo e prendere le caramelle che lancia. Caroline e Brittany, due bimbe di sei anni che abitano nella mia via, stavano attraversando una fase di esplorazione del concetto di "migliore amica". Vidi Caroline raccogliere varie caramelle e dividerle con cura tra lei e Brittany. Per incoraggiare questo comportamento, le dissi: "Hai regalato metà delle tue caramelle a Brittany!". Lei mi ha rivolto un enorme sorriso. Più tardi, ho sentito che diceva alla madre: "Io sono proprio amica di Brittany". Notando ciò che Caroline aveva fatto, ho portato quell'azione alla sua consapevolezza e ciò le ha permesso di giudicare se stessa.

I benefici neurologici dell'osservare

Per crescere un figlio pacifico, felice e creativo, che sa prendere decisioni sagge ed esserne responsabile, dovete stimolare lo sviluppo del suo lobo frontale. Il cervello, come un muscolo, è uno di quegli organi che "se non si usano si perdono". Ogni giorno gli adulti perdono più di diecimila cellule cerebrali a causa del deterioramento o della mancanza di utilizzo. Il lobo frontale (la mente "razionale") ha la capacità di regolare l'*amigdala* (la nostra mente "emotiva"). Consideriamo questo esempio. Avete ripetuto quattro volte a vostro figlio di prepararsi per andare a dormire. Vi ignora finché non scattate e iniziate a urlare. In quel momento, potete "fare inversione", facendo appello al lobo frontale per aiutarvi a ritrovare la calma. Se il lobo frontale è ben sviluppato, sarete in grado di regolare la mente emotiva e placarvi; viceversa, se è scarsamente sviluppato, mentre la componente emotiva del cervello è sovrasviluppata, continuerete a strillare e alzerete i toni dello scontro.

A dire il vero, i Sette poteri dell'autocontrollo per i genitori consistono tutti in esercizi per i lobi frontali. Comunque, anche nei bambini occorre incoraggiarne lo sviluppo. Lo potete fare aiutandoli a diventare consapevoli delle proprie azioni. Stimolate i loro lobi frontali quando, per esempio, notate le loro conquiste e la loro gentilezza. Stimolate i lobi frontali anche quando li lasciate giudicare da soli. Lo sviluppo dei lobi frontali dei vostri figli determinerà la loro forza di volontà, e quindi la loro capacità di gestire le emozioni e mantenere l'autocontrollo quando sono sotto stress.

Lo stress altera il paesaggio del cervello.

Imparare a osservare

Quando giudicate vostro figlio, gli comunicate come pensate che lui dovrebbe essere secondo voi. Le sue percezioni della vita si dividono in due categorie – bravo e cattivo – e così pure la percezione di sé. Giudicare sta alla base dell'*amore condizionato*, cioè un amore che avanza pretese. Incoraggiare, invece, significa accettare vostro figlio per come è. L'accettazione osserva e descrive ciò che esiste. Osservare crea un legame tra voi, vostro figlio e il momento presente. Unisce. Accettare sta alla base dell'*amore incondizionato,* che non avanza pretese. Eccovi alcuni esempi delle differenze tra i due.

Giudicare	**Osservare (descrivendo)**
"Bel lavoro, Erica."	"Erica, hai messo i giochi nella cesta e i vestiti nei cassetti. Hai riordinato la tua cameretta, così ora troverai più facilmente le tue cose quando le vuoi!"
"Sei un bimbo così bravo."	"Hai fatto vedere al tuo amico Cody come si spalma il burro sul pane senza sbriciolarlo. È stata una cosa utile."
"Che scivolata fantastica!"	"Ce l'hai fatta! Sei sceso dallo scivolo con i piedi in avanti e mi sei arrivato giusto tra le braccia."

Eccovi alcune linee guida per aiutarvi a osservare i bambini invece di giudicarli.

- *Iniziate la frase con il nome del bambino o con il "tu". Altrimenti, cominciate con: "Ce l'hai fatta!", "Guardati!", oppure: "Ho notato che ____________".* Si tratta di un passo importante per abbandonare l'abitudine di giudicare. I giudizi solitamente iniziano con: "Bravo", "Fantastico", e altri termini del genere. Lavorate sulle "vostre" espressioni, come per esempio: "Corey, sei salita in macchina e ti sei legata le cinture di sicurezza"; "Max, guarda che salto hai fatto"; "Ce l'hai fatta! Hai messo il vestitino alla tua bambola".
- *Quindi, descrivete esattamente ciò che vedete.* Fate finta di essere una videocamera. Prima di parlare, domandatevi: "Una

videocamera potrebbe filmare ciò che sto per dire?". Se la risposta è no, allora state ancora giudicando. Stavate forse per dire: "Grazie, Greeley, sei stata proprio gentile". Una videocamera questo non lo può filmare, perciò riformulate la vostra affermazione. Dite: "Hai trovato la coperta di Mia e gliel'hai data, sei stata d'aiuto". Questa descrizione non comporta giudizi, una videocamera potrebbe filmarla.
Lodi generiche quali: "Sei proprio bravo" non offrono ai bambini nessuna specifica su che cosa comporti "essere bravo". I bambini rielaborano le informazioni in immagini, perciò offrite immagini che le loro menti siano in grado di registrare. Per farlo, parlate in modo specifico: "Hai finito tutti i compiti e hai controllato le risposte con attenzione. Hai fatto un bel lavoro". Avete dato a vostro figlio la vostra definizione di bel lavoro. Questo lo aiuta a costruirsi la propria concezione, che poi utilizzerà per tutta la vita.

L'accettazione osserva e descrive ciò che esiste.
L'accettazione è il fondamento dell'amore incondizionato.

- *Terminate la vostra descrizione con un'"etichetta"*. Nell'esempio qui sopra: "Hai fatto un bel lavoro" è un'etichetta. Le etichette possono aiutarvi durante il processo in cui cercate di liberarvi dell'abitudine di giudicare per giungere all'accettazione. All'inizio potreste avere l'impressione che le vostre parole non siano complete senza un complimento del tipo: "Bel lavoro", o: "Bene!". Se è così, usate queste lodi come etichette. Per esempio: "Chris, hai vuotato la lavastoviglie, bene!". Fate attenzione, però, alle etichette che giudicano. Per contro, utilizzate quelle che descrivono attributi di vostro figlio o valori che apprezzate; alla fine, comunque, cercate di liberarvene completamente.
  - *Etichette che giudicano (utilizzatele sporadicamente)*:
    "Bene!"
    "Bel lavoro, tesoro!"
    "Sei fantastico?"
  - *Etichette che descrivono attributi (utilizzatele regolarmente)*:
    "Sei stato molto determinato."

"Sei stato coraggioso."

"Sei sicuramente ben organizzato."

- *Etichette che descrivono valori (utilizzatele abbondantemente)*:

  "Sei stato d'aiuto."

  "Sei stato premuroso."

  "Sei stato gentile [affettuoso, amorevole]."

Dove puntate la torcia

Ricordate il potere dell'Attenzione: la cosa su cui ci si concentra è quella che si ottiene di più e si rafforza dentro di voi e negli altri. Elogiare è come accendere una torcia in una stanza buia: dove puntate la torcia indica ciò a cui voi date valore. Se spronate i vostri figli a essere "bravi", insegnate loro a compiacere gli altri per sentirsi degni di valore. State insinuando che il vostro obiettivo è che loro si sentano "speciali", e a tal fine devono brillare più degli altri. Ciò crea in loro un orientamento del tipo "meglio di/meno di". Svalutando l'uguaglianza, inibiamo la capacità dei nostri figli di unirsi e connettersi profondamente con gli altri. Vi siete mai domandati perché un adolescente con i voti "migliori", o uno molto popolare a scuola, o una ragazza pompon "eccezionale", con una famiglia "perfetta" si sentano talmente isolati da arrivare al suicidio per cancellare il dolore della solitudine?

Se ponete l'accento sui punti di forza di vostro figlio, gli insegnate a concentrarsi sulle proprie capacità. Se lo incoraggiate a collaborare, imparerà quanto sia importante condividere i propri doni.

L'incoraggiamento che affonda le proprie radici nel potere dell'Unità ci ricorda di connetterci con gli altri e con le loro conquiste. Attraverso l'unione, il bambino impara che siamo tutti connessi. L'interdipendenza viene valorizzata.

Di seguito troverete quello che potete notare in vostro figlio, insieme ad alcuni esempi pratici. Mentre li leggete, fate caso a come iniziano le frasi, la specificità delle descrizioni e le etichette, se ce ne sono. (Ricordate che le etichette non sono obbligatorie.)

- *Notate le risorse e i punti di forza di vostro figlio. Portateli alla sua attenzione.*

"Ashley, hai pianificato i lavori necessari per realizzare quel modellino. Un compito del genere richiedeva competenze organizzative, e tu le possiedi."

"Guardati! Stai mangiando con il cucchiaio."

"All'incontro di calcio, ho notato che prestavi attenzione al gioco mentre dribblavi e passavi il pallone. Bella partita."

- *Notate gli sforzi, i progressi e i risultati di vostro figlio. Portateli alla sua attenzione.*

"È tutta la settimana che lavori al progetto di scienze. Ci stai dedicando un sacco di tempo e concentrazione."

"Ci sei riuscito! Hai fatto la cacca usando il riduttore. Bene."

"Hai appeso tutti i vestiti che erano sparsi sul pavimento. Scommetto che adesso hai più spazio nella cameretta."

- *Notate la disponibilità di vostro figlio verso gli altri. Ponete pubblicamente l'accento sul suo contributo.*

"Casey, hai tenuto la porta aperta alla nonna. Sei stato d'aiuto."

"Hai offerto un biscotto a Molly. È stato un gesto premuroso."

"Avete giocato in silenzio permettendo a mamma e papà di dormire un po' di più. Siete stati rispettosi."

Se volete bambini gentili e premurosi, notate i gesti servizievoli che compiono e dichiarate pubblicamente la loro disponibilità. Lo potete fare in vari modi. Eccovi alcuni suggerimenti, ma siate creativi e inventatene di vostri.

- A cena, condividete i momenti in cui ciascun membro della famiglia si è dimostrato servizievole nel corso della giornata.
- Tenete una lista sul frigo che dice: "Ho notato..." Ciascun membro della famiglia che assiste a un atto servizievole potrà annotarlo o farlo annotare da un altro. Prima di andare a dormire, tutta la famiglia leggerà qual è stato il contributo di ognuno.
- Una volta alla settimana (o al mese) organizzate una "festa della famiglia amorevole" e giocate "al mimo": i membri della famiglia mettono in scena gli atti servizievoli che hanno ricevuto e gli spettatori cercano di indovinare chi è la persona rappresentata nella scenetta.

Eccovi la formula base che potete utilizzare per cominciare a notare gli atti gentili e premurosi dei vostri figli: "Tu ____________ [descrivete le azioni del bambino]. Sei stato d'aiuto".
Se lo farete regolarmente, imparerete – sia voi sia i vostri figli – a vedere gli aspetti positivi del loro mondo. Proprio come quando un bambino piccolo sta imparando a parlare chiamate per nome gli oggetti ("Cucchiaio. La mamma ha un cucchiaio"), così dovete anche etichettare le azioni servizievoli. Quando vostro figlio ha imparato a dire cucchiaio, avete sorriso; quando vostro figlio diventerà una persona compassionevole, voi – e il mondo – vi sentirete fortunati.

- *Notate la disponibilità di vostro figlio a collaborare quando stabilite dei limiti.* Fissate i limiti tramite un comando assertivo oppure offrendo due scelte positive (avete imparato queste competenze nei capp. 4 e 5). Se vostro figlio decide di ubbidire, apprezzate la sua scelta mettendo in risalto le sue azioni. Eccovi alcuni esempi.

  – *Sparecchiare la tavola.* La mamma si avvicina a Casey, aspetta che lei la guardi e le dice: "Casey, raccogli i piatti dal tavolo e mettili nel lavandino". La bimba impila i piatti con ordine per portarli al lavello in una volta sola. La mamma lo nota e la incoraggia dicendo: "Guarda! Hai fatto una pila di piatti, così li hai potuti portare via tutti insieme. Questa si chiama efficienza!". (Se proprio dovete aggiungere qualche forma di giudizio, utilizzate un'etichetta tipo: "Bene!". Comunque, sarebbe meglio abbandonare tutte le etichette.)

  – *Andare a fare la spesa.* Emily sta giocando tranquilla con la sua Barbie. Il papà le s'inginocchia accanto per attirare la sua attenzione, ma lei continua a giocare. Quando il papà si avvicina di nuovo, Emily instaura un contatto visivo, e lui annuncia: "È ora di andare a fare la spesa. Scegli. Puoi portare la Barbie o lasciarla a casa. Che cosa preferisci?". Emily risponde: "La porto con me". Il papà commenta: "Hai deciso in fretta. Così farò il viaggio con *due* ragazze. Come sono fortunato!".

E il "per piacere" e il "grazie"?

Ogni qualvolta vostro figlio sceglie di ubbidirvi, lodatelo e incoraggiatelo per la sua collaborazione. Spesso ci capita di dire cose come: "Emily, per piacere smetti di giocare e sali in macchina. Dobbiamo andare a fare la spesa. Mi hai sentito?". Se Emily ci ignora, le ordiniamo: "Vieni subito qui e sali in macchina". Se lei borbotta, ma si dirige comunque verso l'auto di malavoglia, magari aggiungiamo: "Grazie".

Tanti genitori dicono grazie una volta che il figlio ha ubbidito a un comando (invece di lodarlo); per esempio, potrebbero dire: "Per piacere, porta fuori la spazzatura. Grazie". Si tratta però di un altro modo subdolo con cui un genitore insegna a un figlio che compiacere gli altri è una priorità. Questo non è un tipo di comunicazione incoraggiante.

"Per piacere" e "grazie" sono termini che si utilizzano per formulare una richiesta a un'altra persona, o quando qualcuno ci ha fatto un favore. "Per favore, mi passi il sale" è una richiesta. Se quella persona ce lo passa, rispondiamo: "Grazie". "Per piacere, porta questo bicchiere di succo a tuo padre" è una richiesta. Se vostro figlio decide di soddisfarla, ringraziatelo.

Esiste una grande differenza tra comandi e richieste. Le richieste implicano che il bambino abbia una scelta: "Per piacere, fallo per me". Se il bambino fa quello che gli abbiamo chiesto, diciamo: "Grazie". I comandi sono attese risolute che non lasciano al bambino alcuna scelta. Create confusione quando iniziate un comando con per piacere o lo terminate con grazie. Il vostro messaggio è: "Fallo *per me*". State dicendo subdolamente: "Riordina la tua cameretta *per me*"; "Usa il vasino *per me*". Quando i vostri figli saranno arrabbiati con voi o con il mondo, non vorranno fare delle cose *per voi*. Inoltre, quando insinuate che le conquiste dei vostri figli sono compiute per *voi*, li defraudate delle conquiste conseguite. E come si comporteranno quando *voi* non ci sarete e non potranno fare qualcosa *per voi*?

Eseguite i seguenti comandi. Poi cogliete le mie differenti reazioni nei vostri riguardi.

- *Comando*: "Smetti di leggere il libro e guarda fuori dalla finestra".

  Mia reazione: "Grazie".

- *Comando*: "Smetti di leggere il libro e guarda la porta, poi riguarda il libro".

  Mia reazione: "Ce l'hai fatta! Hai guardato la porta e poi il libro. Bene!".

Riuscite a cogliere la differenza? Una reazione dice: "Accontentami", mentre l'altra vi dimostra apprezzamento. Se voi foste un bambino, quale tipo di risposta preferireste?

Allenatevi, allenatevi, allenatevi

Iniziate immediatamente a osservare i vostri figli. Per farlo dovete essere presenti nel momento. Non si può descrivere quello che sta facendo un figlio mentre si pensa al lavoro o alla cena da preparare. Se non prestate attenzione, potete giudicare vostro figlio, o premiarlo con un giocattolo, senza connettervi *con* lui. Per osservarlo, dovete stare insieme a lui, essere attenti e generosi. Sono convinta che molti bambini abbiano difficoltà a occuparsi degli altri perché non ricevono abbastanza attenzione affettiva dai genitori, che sono incapaci di osservarli. Come possono essere in sintonia con voi, se non insegnate loro a farlo, mettendovi in sintonia con loro?

Incoraggiare i figli nei momenti difficili: avere fede

Nel suo programma televisivo, Oprah Winfrey una volta disse che la scrittrice Maya Angelou le aveva insegnato un'importante lezione di vita. Oprah le aveva telefonato, sconvolta da un avvenimento che giudicava terribilmente ingiusto. Maya le rispose: "Smetti subito di piangere e di' 'Grazie'". Oprah stava piangendo così forte che le ci vollero parecchi istanti prima di sentire la voce dell'amica. Le ci vollero invece parecchi anni per comprendere il messaggio di Maya. L'amica le aveva insegnato ad avere fede nella vita. La fede deriva dal sapere che esiste una prospettiva più ampia di quella che vediamo e che ogni cosa è bene. La nostra conoscenza è troppo limitata per poter giudicare, e gli eventi che ci paiono difficili, in realtà, possono rivelarsi punti di svolta.

Quando i vostri figli hanno difficoltà a ubbidirvi, hanno bisogno di sapere che avete fede in loro. Hanno bisogno di sentire che avete fiducia in loro prima di poter sviluppare fiducia in se stessi. Eccovi alcune frasi incoraggianti che potete utilizzare per trasmettere fede e fiducia a vostro figlio.

- "So che troverai un sistema migliore per affrontare questo problema."
- "Ti verrà in mente un modo per renderti utile. So che non ti piace essere sgarbato."
- "Tutti sbagliamo. Che cosa potresti fare adesso per essere d'aiuto?"
- "Ce la puoi fare."
- "Ce la farai. Hai un sacco di amore che potrà aiutarti lungo il cammino."

L'incoraggiamento è essenzialmente un'iniezione di speranza e le persone hanno bisogno di speranza per sentirsi sicure.

Quando si sostituisce l'incoraggiamento con le ricompense

Siamo cresciuti con genitori che ci lodavano facendoci dei regali; magari ci davano dei soldi per premiare i nostri bei voti. Ultimamente, tanti educatori hanno provato a sostituire le lodi e l'incoraggiamento con premi tangibili quali adesivi e caramelle. Gli insegnanti, anziché dire: "Hai prestato una matita al tuo compagno, così è riuscito a finire il compito; è stato un gesto premuroso", è più probabile che tirino fuori una caramella o un giocattolo dalla "scatola del tesoro" per l'alunno che si è comportato bene. Purtroppo, in parecchi casi, queste ricompense tangibili hanno sostituito l'affetto e l'incoraggiamento. Anche la pubblicità spinge in tale direzione. Pensate a tutti gli spot in cui i "prodotti" parlano e dicono: "Ti voglio bene". Nella realtà, però, gli orsetti di peluche non potranno mai sostituire la connessione con gli altri. Con il passare del tempo le ricompense materiali perdono significato oppure insegnano ai bambini che il loro valore personale dipende dai premi che ottengono. Quando gli adulti fanno affidamento sulle ricompense materiali, insegnano ai bambini a valorizzare le cose più delle relazioni. Questo insegnamento presenta notevoli effetti collaterali.

Gli effetti collaterali delle ricompense

Alfie Kohn, un ex insegnante divenuto autore e docente universitario, ha scritto un libro illuminante, intitolato *Amarli senza se e senza ma; dalla logica dei premi e delle punizioni a quella dell'amore e della ragione*, in cui afferma che le ricompense non possono produrre cambiamenti duraturi del comportamento, poiché non colpiscono le convinzioni o i legami emotivi di coloro che le ricevono. Kohn fa notare che le ricompense in realtà hanno effetti collaterali indesiderabili per i seguenti motivi.

1. *Le ricompense diminuiscono la qualità della prestazione di un bambino, sebbene possano aumentarne la quantità.* Nel corso degli ultimi anni molte scuole hanno offerto agli alunni degli incentivi alla lettura. Un programma famoso prevedeva che i bambini che leggevano tanti libri ricevessero in premio una pizza. Ricerche su questo tipo di programmi hanno evidenziato che la ricompensa aveva sì incoraggiato i bambini a leggere di più, ma aveva anche cambiato il genere di libri che sceglievano. I ragazzini optavano per testi brevi e illustrati, per arrivare più velocemente al numero di libri richiesto per ottenere il premio. L'attenzione non era concentrata sulla lettura, bensì sulla ricompensa.

I bambini hanno bisogno della vostra presenza, non dei vostri regali.

2. *Le ricompense danneggiano le relazioni.* Mentre le punizioni portano i bambini a temere gli adulti, le ricompense li abituano a compiacerli, perché mettono il potere nelle mani di una persona lasciando l'altra senza. Queste relazioni distorte creano bambini che aspirano eccessivamente all'approvazione. Abituare il bambino a compiacere gli altri può sembrare vantaggioso, ma quando diventa adolescente se continua ad accontentare gli altri occorre tenere conto che "gli altri" non saranno più i genitori.
3. *Le ricompense non incoraggiano i bambini a dare il meglio di sé.* Le ricerche evidenziano che chi lavora ai fini di una ricompensa, si limita a fare ciò che è necessario per ottenerla e nulla di più.

4. *Le ricompense cambiano la percezione delle persone riguardo a ciò che fanno.* Le ricompense esterne, materiali, indeboliscono la motivazione interna. L'attenzione si sposta da: "Guarda che cos'ho fatto" a: "Che cosa mi dai se lo faccio?". Quante volte sentite i bambini chiedere: "Che cosa mi dai?", oppure: "Se riordino la cameretta, mi porti al cinema?". Queste frasi indicano che avete fatto troppo affidamento sui premi e che è ora di passare a offrire incoraggiamento.
   L'utilizzo di ricompense influenza negativamente i valori di vostro figlio. Immaginiamo che adottiate una formula del tipo: "Quando tu _________ otterrai ________". Qualsiasi cosa mettiate al posto del primo spazio bianco perde di valore, e qualsiasi cosa mettiate al posto del secondo acquista valore. Dicendo a vostro figlio: "Se mangi i broccoli, avrai un gelato", i broccoli diventeranno un demone, mentre il gelato sarà la suprema delizia. Oppure potreste dire: "Se fai il bravo dalla nonna, ti compro un giocattolo nuovo". In questo caso, comportarsi bene è stato sottovalutato, e il materialismo sopravvalutato.

Esprimere apprezzamento, amore e orgoglio

Quando il vostro cuore di genitori trabocca di orgoglio e di amore, volete farlo sapere ai vostri figli. Le parole che usate per esprimere un ringraziamento sincero per la loro presenza o le loro azioni sono un dono inestimabile, e i vostri figli hanno bisogno di sentirle. Se esprimete loro la vostra soddisfazione, tuttavia, state attenti che l'obiettivo implicito non sia un altro. Se dite: "Apprezzo il tuo aiuto in cucina" con la speranza che vostro figlio faccia più lavoretti in casa, siete manipolativi e il vostro scopo è ottenere, non dare. Tuttavia, se guardate vostro figlio negli occhi e, dal profondo del cuore, gli dite: "Sono così orgoglioso di te", gli avete fatto un dono preziosissimo.

Mai dire "bel lavoro"?

Probabilmente vi starete chiedendo: "Potrò mai dire a mio figlio che ha fatto un bel lavoro?". Certo che potete, ma non utilizzate troppo spesso questo tipo di lode generica e giudicante. Commenti del genere sono come gli antibiotici: se ne abusiamo, potrebbero causare seri problemi in futuro.

Equilibrare il flusso del dare e del ricevere

All'inizio di questo capitolo ho confessato la mia personale difficoltà ad accogliere lodi e incoraggiamento. Sono felice di comunicarvi che sono cresciuta tantissimo a tale riguardo. Se sono giù di morale, trovo nelle amicizie l'aiuto per andare avanti. Un'amica in particolare mi dice sempre: "Rilassati, Becky. Dio sapeva che cosa faceva quando ti ha chiesto di assumerti quell'impegno". Sono felice di poter contare sul suo profondo affetto.

Ho scoperto che quando riesco a smettere di giudicare gli altri, smetto anche di giudicare me stessa. Quando non giudico, non scindo più il mondo in due categorie, "i buoni" e "i cattivi", e l'amore fluisce in entrambe le direzioni. Nell'unità del nostro mondo, le critiche non sembrano più determinanti Riesco tranquillamente a dare e ricevere elogi.

È il momento di cominciare!

Iniziate subito a utilizzare la capacità di osservare per incoraggiare voi stessi e i vostri figli. Avrete bisogno di esercizio e perseveranza per abbandonare l'abitudine di giudicare. Per avere successo, procedete secondo i seguenti passi.

- *Notate la vostra tendenza a giudicare vostro figlio.* Almeno tre volte al giorno, trattenetevi prima di emettere un giudizio. Invece, dite qualcosa che dimostri a vostro figlio che lo avete osservato.
- *Scegliete un modo per rendere pubblici gli atti servizievoli dei vostri familiari.*
- Osservate consapevolmente e incoraggiate vostro figlio almeno cinque volte al giorno. Utilizzate la formula seguente per cominciare.
  - Iniziate la vostra frase con una di queste proposte: il nome di vostro figlio, "Tu", "Guardati", "Ce l'hai fatta", oppure: "Ho notato che...".

- Descrivete esattamente quello che vedete.
- Aggiungete un'etichetta se lo desiderate. Usatene una di queste: "Sei stato d'aiuto", "Bel lavoro", oppure: "Bene!".

• *Dopo aver impartito un comando a vostro figlio, lodatelo se sceglie di ubbidirvi.* Iniziate la lode così: "Ce l'hai fatta!". Poi descrivete ciò che ha fatto. Lodatelo anche se avete dovuto ripetere il comando cinque volte. In ogni caso, ha deciso di collaborare. Gli ci è voluto solamente più tempo di quanto credevate avrebbe *dovuto* metterci. La collaborazione, indipendentemente da quanto ci voglia per ottenerla, merita sempre di essere apprezzata.

L'Incoraggiamento è la competenza che utilizzerete per aiutare vostro figlio a scegliere di collaborare entro i limiti che avete stabilito. Quando decide di ubbidirvi, apprezzate la sua scelta con lodi specifiche. Questo gli insegna a rispettarvi. L'Incoraggiamento è la competenza disciplinare che serve per porre in evidenza e insegnare comportamenti accettabili nei momenti di quiete. Come s'insegna ai bambini nei momenti di conflitto? Quando vostro figlio è agitato, come fate a cogliere quel momento come un'opportunità per insegnargli a comportarsi bene? Questa è la prossima competenza che imparerete: attribuire un Intento Positivo a *ciascuna* delle azioni di vostro figlio.

Capitolo 7

L'intento positivo

Trasformare la resistenza in collaborazione

Immaginate di essere Mark, un bambino di cinque anni che sta festeggiando il compleanno a casa, con altri quattro amichetti della sua età. Arriva la mamma e deposita sul tavolo di fronte a voi un vassoio con cinque tortini. *Lei* pensa di dare a ciascun bambino un tortino. *Voi* pensate che, essendo il vostro compleanno, siano tutti per voi (giacché adesso avete cinque anni, cinque tortini sono proprio il numero giusto). Così tirate il vassoio verso di voi e lo abbracciate. Lanciate occhiatacce agli altri bambini, sfidandoli a toccare i vostri tortini.

Improvvisamente, si verifica una serie di eventi senza senso, o quasi. L'amico seduto accanto a voi scoppia a piangere. Un altro chiama la mamma. Quello di fronte a voi incrocia le braccia sul petto, vi fissa e dice: "Non sei più mio amico". Gli invitati allora si alzano da tavola e vanno a giocare. Tutto questo putiferio per i *vostri* tortini è sconcertante.

La vostra mamma si avvicina e avvertite un'atmosfera di crescente paura. Stringete il vassoio più forte per proteggere i vostri tortini.

La mamma vi dice: "Mark, i tortini sono per tutti i bambini. Come ti sentiresti se qualcuno avesse tanti tortini e non te ne desse nemmeno uno? Non vuoi condividerli con i tuoi amici?". Se poteste parlare con voi stessi nella mente, probabilmente direste: No, li voglio tutti. Ti sembra che io voglia condividere? Tuttavia, poiché all'età di cinque anni i bambini non hanno ancora sviluppato il dialogo interiore e comunicano essenzialmente attraverso le azioni, voltate la schiena a vostra madre e stringete il vassoio più forte che mai.

Allora la mamma insiste, sempre più irritata: "Non hai bisogno di cinque tortini! Che cosa te ne fai? Si condivide in questa famiglia!

Non sei stato carino. Adesso dai un tortino a ciascuno dei tuoi amici". Voi vi chinate per proteggere i dolcetti, nel timore che lei possa afferrarveli. Per precauzione, mettete il vassoio sulle gambe.

Completamente frustrata, vostra madre grida: "Dammi quei tortini!". Voi la ignorate (è quello che fa lei con voi, quando vuole che la smettiate). Lei diventa ancora più furibonda e urla: "Vuoi che i tuoi amici se ne vadano tutti via? Vuoi essere spedito in camera tua proprio il giorno del tuo compleanno?". A voi non importa dove andare, purché i tortini vengano con voi, perciò vi alzate in piedi e vi allontanate con il vassoio. Vostra madre, imbarazzatissima davanti agli altri genitori, vi rincorre e tenta di strapparvelo di mano. Voi cercate di trattenerlo. Nella lotta, i tortini cadono a terra. Vedendo che i vostri tortini si sono rovinati, voi iniziate a piangere disperatamente per la frustrazione, la confusione e la delusione e colpite la mamma, che tenta di farvi comportare in maniera più accettabile proferendo altre minacce. Alla fine, vi porta in camera vostra, singhiozzanti e agitati.

In questa storiella, la madre inizia ogni tentativo di persuadere Mark a condividere insinuando inconsciamente che il suo intento fosse negativo. Quando attribuite un intento negativo agli altri, li attaccate in modo subdolo. Il vostro tentativo di farli sentire in colpa per le loro scelte è una forma di aggressione. Ogni volta che cercate di far sentire gli altri in colpa, in torto, o responsabili del vostro malessere, inculcate in loro una sensazione di pericolo e questa sensazione generalmente crea conflitto, perché la persona in questione si mette sulla difensiva e non collabora. Il conflitto si inasprisce se procedete con il vostro programma senza stimolare l'altro a collaborare. Imparando ad attribuire un intento positivo alle altre persone, acquisite una competenza importante. È la competenza di cui avete bisogno per trasformare l'opposizione in collaborazione.

Il conflitto s'inasprisce quando procediamo con il nostro programma prima di ottenere collaborazione.

Perché i bambini devono dire di no

I bambini vi si opporranno. Il loro sviluppo richiede che siano negativi in certi momenti e in certe situazioni (si veda cap. 10). Talvolta, i bambini hanno bisogno di dire di no per testare i loro limiti e le regole sociali prevalenti. In ogni fase della vita, fino all'età matura, gli individui hanno bisogno di resistere e di opporsi.

A due anni un bimbo inizia a definire se stesso come soggetto unico, separato dai suoi genitori. Lo fa differenziando il "me" dal "non me". Lo fa anche dicendo di no. I bambini di due anni dicono di no addirittura a cose che adorano. Dichiarano che tutte le cose sono "mie", per imparare che cosa è loro e che cosa non lo è. Dai tre ai cinque anni i bambini imparano a influenzare il comportamento altrui. Proveranno qualsiasi stratagemma per convincere gli altri a fare quello che vogliono loro.

Dai sei agli otto anni i bambini imparano a classificare. Questo li porta a vedere se stessi e gli altri mediante confronti. Il confronto può portarli all'introspezione, perciò a volte sono di umore mutevole, oppure perdono tempo senza combinare nulla. I bambini che stanno imparando a fare confronti, spesso si lamentano: "Non è giusto!". Questa frequente protesta d'ingiustizia risuona per tutta la casa come la pallina in un flipper. Sebbene i bambini più grandi siano meno ribelli di quelli più piccoli, capita comunque che si lamentino o siano un po' impertinenti quando ubbidiscono di malavoglia alle vostre richieste. Queste fasi si manifestano naturalmente man mano che i bambini crescono, ma mostriamo tutti qualche resistenza, in certi momenti. Io ho ancora delle resistenze a imparare a programmare il videoregistratore all'età di quarantacinque anni. Rendo merito alla mia ultima fase di resistenza assegnandole un nome: "crisi di mezza età".

Resistere e opporsi ai desideri degli adulti permette ai bambini di definire i limiti e testare le regole.

Vostro figlio, come tutti i bambini, si comporterà in modo negativo e oppositivo innumerevoli volte, nel corso delle normali fasi di sviluppo. La vostra risposta al suo comportamento negativo è cruciale. Molti genitori reagiscono in una maniera che in realtà insegna ai bambini a essere *più* oppositivi! Questi genitori letteralmente insegnano ai figli a lottare per ciò che vogliono. Se di solito pensate che l'intento di vostro figlio sia negativo, peggiorerete solo la situazione, senza rendervene conto. Attribuendogli un intento negativo, compite anche le seguenti azioni:

- Tentate di far sentire vostro figlio in colpa per le sue azioni.

- Focalizzate la sua attenzione su ciò che fa di sbagliato o non bene. Ricordate il potere dell'Attenzione: la cosa su cui ci si concentra è quella che si ottiene di più.
- Insinuate che vi sta rendendo la vita più difficile intenzionalmente.
- Evidenziate difetti caratteriali che lui, a sua volta, interiorizzerà nel suo concetto di sé.

Alla festa di compleanno, la madre di Mark, inconsciamente, gli ha insegnato a lottare invece di collaborare per soddisfare i propri bisogni. L'ha fatto *iniziando* lo scambio verbale a partire dal presupposto che l'intento di Mark fosse egoistico. Quando le azioni di vostro figlio non sono accettabili, il vostro primo compito è di convincerlo a collaborare. Solo allora potrete insegnargli che cosa fare per riportare il suo comportamento entro limiti accettabili.

Il modo in cui *iniziate* l'interazione quando si intravede un conflitto all'orizzonte è fondamentale. Vediamo come la madre di Mark, del tutto innocentemente, ha incoraggiato Mark a diventare irremovibile. Prestate particolare attenzione: si tratta di una sensazione molto sottile, poiché dovete "percepire l'*intento*" del messaggio.

Quando la mamma di Mark si rende conto di avere un problema, dice: "Mark, i tortini sono per tutti i bambini. Come ti sentiresti se qualcuno avesse tanti tortini e non te ne desse nemmeno uno? Non vuoi condividerli con i tuoi amici?" Queste affermazioni dicono a Mark che la sua visione della situazione è sbagliata. I tortini non sono suoi, come lui pensava. Sono per tutti i bambini. La mamma insinua che Mark sia egoista, perché un bambino gentile condividerebbe volentieri. Mark ha di fronte due scelte negative. Può cedere all'attacco della madre e rinunciare ai tortini, in tal modo ammettendo di essere in torto ed egoista, oppure può difendere il suo onore e resistere. La decisione di cedere o di resistere dipenderà dal suo temperamento, dalla sua età e dal suo umore. Avrebbe potuto arrendersi spingendo in malo modo il vassoio verso il centro della tavola e poi tenendo il broncio. Oppure lasciando andare il vassoio e rimanendo immobile con lo sguardo fisso a terra, mentre i tortini venivano distribuiti agli ospiti. In ogni caso, la gioia della sua festa di compleanno si sarebbe volatilizzata. Invece di cedere, però, Mark ha scelto di resistere all'attacco difendendo la propria percezione della situazione, avvinghiandosi ai tortini.

Anche se evitate l'attacco diretto con vostro figlio, le vostre insinuazioni e il tono di voce possono ferirlo profondamente.

Mark forse non ha udito il messaggio aggressivo di sua madre, ma l'ha percepito. Potreste pensare: "Non dovrebbe sapere che il suo comportamento è sbagliato?". Sì, certo. Tuttavia, il vostro obiettivo è comunicare questa informazione in un modo che il bambino la ascolti, e creare un ambiente in cui lui possa mantenere la sua dignità mentre sceglie di collaborare. Se Mark si sente dire continuamente che vuole solo tutto per sé e non gliene importa nulla degli altri, finirà per vedersi come un egoista e si comporterà in un modo che confermerà la sua immagine di sé. Si tratta della cosiddetta "profezia autoavverante". Ricordate che la cosa su cui ci si concentra è quella che si ottiene di più.

Quando il suo primo tentativo di influenzare Mark fallisce, la mamma intensifica il suo attacco inconsapevole. Dice: "Non hai bisogno di cinque tortini! Che cosa te ne fai? Si condivide in questa famiglia! Non sei stato carino. Adesso dai un tortino a ciascuno dei tuoi amici". Il suo messaggio offensivo è diventato più diretto. Insinua che le percezioni di Mark sono sbagliate, che lui è stupido perché non ha capito, e davvero meschino. Mark recepisce: "Ma che ti prende?" e si rende conto che la madre sta dicendo che se lui fosse intelligente, gentile e bravo, saprebbe che cosa fare. La mamma gli ha attribuito intenti negativi e il suo attacco inconsapevole lo pone nuovamente di fronte a due scelte: arrendersi o difendersi.

Se Mark si arrendesse, accetterebbe inconsciamente le etichette offensive ("sbagliato, cattivo, stupido") e le interiorizzerebbe nel suo concetto di sé. Molti di voi forse sono stati bravi bambini o bambine, sempre pronti a sottomettersi. Purtroppo, da adulti vi ritrovate ancora a dovervi difendere dall'idea di essere cattivi o stupidi. Molti di noi lo fanno sforzandosi di essere perfetti o attraverso altri comportamenti compulsivi, come le dipendenze. Mark, comunque, ha scelto di difendersi piuttosto di sottomettersi e la situazione si è inasprita.

La madre, frustrata e piena di vergogna, allora ha detto: "Vuoi che i tuoi amici se ne vadano tutti via? Vuoi essere spedito in camera tua proprio il giorno del tuo compleanno?". Il suo messaggio era: "Le tue azioni sono sbagliate. Sei colpevole e meriti una punizione". Ancora una volta, ha attribuito intenti negativi a Mark.

Voi potreste pensare: "Be', ma non aveva torto? Non meritava una punizione?". Direi di no: aveva solo cinque anni e stava ancora imparando a condividere. Stava cercando di influenzare gli altri e di far andare il mondo a suo modo. Stava imparando che il mondo non segue necessariamente le sue regole. Si tratta di una lezione difficile: io ho ancora qualche difficoltà ad accettarla.

Quando il processo di attacco/difesa prende il via, la comunicazione e la connessione vengono meno.

La parte più triste di tutto il processo di attacco/difesa è che, quando accade, perdiamo la capacità di raggiungere la persona che amiamo. È anche triste che questo processo ci conduca a credere che quando compiamo un errore dobbiamo punirci. Così cresciamo attribuendo intenti negativi a noi stessi non appena compiamo innocenti errori umani. La colpa che riversiamo su noi stessi mantiene bassa la nostra autostima e ci ruba la forza necessaria a effettuare cambiamenti durevoli nel nostro pensiero e nel nostro comportamento. Ci sentiamo spesso in colpa, ma sembriamo paralizzati quando si tratta di fare qualcosa per risolvere i nostri problemi. Se siete sovrappeso, potete mettervi a dieta o fare ginnastica, oppure sentirvi colpevoli per essere così pesanti. La fregatura è che non possiamo sentirci in colpa per la nostra situazione e, contemporaneamente, concentrarci su quello che dobbiamo fare per cambiarla. La scelta tra soffocare di rimorsi e migliorare la vita è vostra, ma l'essersi sentiti cattivi e colpevoli per un'intera vita è molto difficile da annullare.

Non possiamo sentirci in colpa per la nostra situazione e, contemporaneamente, concentrarci su quello che dobbiamo fare di diverso.

Assegnando la colpa si getta benzina sul fuoco

Quando attribuite intenti negativi a un'altra persona, il ciclo di attacco/difesa di solito s'intensifica, salvo che una persona diventi consapevole delle proprie azioni o si arrenda. Supponiamo che Mark decida di cedere alle richieste della madre. Così facendo ha sottomesso la sua volontà a quella della madre. Questa sottomissione riduce la forza di volontà di Mark, quella di cui avrà bisogno più avanti per resistere alla pericolosa pressione dei pari. La stessa forza di volontà che gli servirà quando sarà il momento di correre rischi sani; quella che manca a noi quando cerchiamo di migliorare le nostre abitudini (proponendoci di mangiare meglio o fare ginnastica) senza tuttavia riuscirci. È la forza di volontà che ci permette di superare gli ostacoli e ci sprona a realizzare i nostri sogni. Vi capita spesso di non riuscire a resistere di fronte alla cioccolata, allo shopping, o al caffè? Avete difficoltà a tenere fede agli impegni presi con voi stessi? Se la risposta è sì, probabilmente state ancora attribuendo intenti negativi alle vostre azioni. Come risultato, vi giudicate incapaci e inadeguati a portare a termine i compiti che la vita presenta. Questa scarsa opinione di voi stessi esaurisce la vostra forza di volontà, la cosa di cui avete più bisogno per farcela.

Esiste un modo costruttivo per gestire i bambini quando le loro azioni superano i limiti, un modo che permette loro di mantenere il proprio senso di valore personale e di forza, mentre fanno inversione di rotta. Per utilizzare quest'approccio, dovete imparare a essere consapevoli del vostro intento quando vi rivolgete ai vostri figli. Dovete fare affidamento sul potere dell'Amore. Quest'amore ci ricorda di vedere il meglio negli altri. Inoltre, afferma che ciò che vediamo negli altri, lo rafforziamo in noi stessi. Vedere il meglio nei nostri figli rende amabili sia loro, sia noi.

L'intento è reale, ed è un comunicatore efficace

La scienza ha confermato ciò che molte persone sentivano da anni. Non dobbiamo per forza essere consapevoli di una certa cosa perché questa ci influenzi. Abbiamo provato tutti la cosiddetta "sensazione istintiva". Gli scienziati che studiano il cervello calcolano che elaboriamo inconsciamente quasi un trilione di bit d'informazioni al secondo. Tuttavia, la nostra mente *conscia* riesce a elaborare soltanto circa cinquanta bit al secondo. Un'immensa quantità d'informazioni ci raggiunge a un livello inconscio, "di pancia". Le nostre risposte agli altri sono in parte influenzate dal fatto che "sentiamo" il loro intento.

Sia la psicologia, sia la fisica hanno dimostrato che l'immagine che abbiamo degli altri ha un enorme impatto su di loro. Gli psicologi parlano di "profezia autoavverante". Le etichette che attribuiamo agli altri alla fine diventano le etichette che loro applicano a se stessi. In molti degli esempi di questo libro, i genitori non se ne escono chiamando apertamente i propri figli stupidi, pigroni o arroganti, ma le loro parole e il loro tono lo insinuano, a un livello molto più subdolo.

Secondo la fisica moderna, l'universo è costituito da materia che fluisce in un vasto oceano di energia, con la quale è interconnessa e collegata. A livello energetico, siamo tutti connessi. Recenti ricerche su come interagiscono le piante e le persone rivelano che le piante d'appartamento possono "sentire" che cosa il loro padrone pensa di loro da una distanza di addirittura mille chilometri. Se uno scienziato utilizzasse uno strumento di misurazione nella mia casa in Florida, mentre io sono a Denver che penso: "Mia cara bella piantina, continua a crescere", questo indicherebbe che la pianta risponde immediatamente ai miei teneri pensieri. Ricerche sui pomodori hanno dimostrato che il campo di energia che li circonda cambia man mano che il coltello si avvicina per tagliarli. Questo campo energetico nel quale tutti operiamo è chiamato *campo morfogenetico* (Brennan, 1987).

Com'è ovvio, le nostre intenzioni sono trasmesse agli altri attraverso il campo morfogenetico e influenzano profondamente gli individui. Avete mai parlato con qualcuno percependo semplicemente che c'era qualcosa che non quadrava? La conversazione magari si svolgeva in modo del tutto cordiale, senza alludere a nessun problema, tuttavia non vi sentivate a vostro agio, o avvertivate disonestà o disapprovazione. In casi del genere, gli intenti dell'altra persona vi hanno raggiunto a livello inconscio. Utilizzando le stesse parole potete avere l'intento di essere aperti, oppure manipolativi. Con i vostri figli potete dire le stesse cose con l'intento di punirli o con l'obiettivo di insegnare loro qualcosa. Il vostro intento in realtà è più potente delle parole che utilizzate.

Lo inventiamo!

Esiste un modo migliore per aiutare noi stessi e i nostri figli a gestire i conflitti. Poiché i conflitti nascono quando agiamo prima di ottenere la collaborazione del bambino, all'inizio di un momento problematico dobbiamo fare qualcosa per confermargli che siamo suoi alleati. Questo qualcosa è semplice: dobbiamo presumere che i suoi intenti siano positivi. Impegnatevi a vedere il meglio in vostro figlio, anziché pensare che sia cattivo, o stia cercando di rendervi la vita difficile. Potete, invece, partire dal presupposto che stia semplicemente cercando di raggiungere un certo obiettivo, ma gli mancano le competenze adatte per farcela. Quando Mark si è appropriato dei tortini, qual era il suo intento secondo voi? Sceglietene uno:

- Voleva impedire agli altri bambini di divertirsi (intento negativo).
- Voleva irritare sua madre per attirare la sua attenzione, anche se era arrabbiata (intento negativo).
- Voleva umiliare sua madre di fronte agli altri genitori (intento negativo).
- Voleva assicurarsi di avere abbastanza tortini nel giorno del suo compleanno (intento positivo).

In realtà, non conosciamo l'intento di Mark, finché non glielo domandiamo e anche allora, probabilmente, risponderebbe: "Non lo so". Molti (sia adulti, sia bambini) non sono consapevoli del loro vero intento nei momenti cruciali. Nel frattempo lo inventano, perciò tanto vale presumere che sia positivo. Di recente mi è capitato di vedere in televisione Tiger Woods giocare a golf. Ha colpito la pallina come se avesse voluto trapassarla. Invece, quella si è fermata giusto a qualche centimetro dalla buca. Il cameraman ha inquadrato Tiger che mostrava un sorriso a trentadue denti, e il cronista ha commentato: "Sta pensando: 'Non mi merito questo'". Solo Woods sapeva che cosa stava pensando, ma tutti noi tendiamo a speculare su cosa pensano gli altri.

Staremmo meglio se attribuissimo intenti positivi agli altri. Quando lo facciamo, li definiamo positivamente, li teniamo in grande stima, e questo, a sua volta, ci porta gioia. Se impariamo ad attribuire un intento positivo, diventiamo esperti del potere dell'Amore. Questo potere ci ricorda che ciò che offriamo agli altri, lo rafforziamo in noi stessi. Perciò dobbiamo sforzarci di vedere il meglio in chi ci circonda.

Quando attribuite intenti positivi al comportamento di vostro figlio, mettete voi stessi nella posizione di insegnare e vostro figlio in quella di imparare. E mostrate con l'esempio il valore della collaborazione. Ancora una volta, immaginate di essere il piccolo Mark. Vi siete appena accaparrati tutti i tortini. La mamma vi si avvicina e sussurra: "Mark, volevi essere sicuro di avere abbastanza torta di compleanno. Anch'io voglio che tu ne abbia abbastanza. Voglio che questo compleanno sia il più bello che tu abbia mai avuto. E allora, prenditi un tortino e consegnane uno a ognuno degli ospiti, così poi possiamo accendere le candeline". Ora, non trovate che il suo approccio vi abbia aiutato a rilassarvi? Vi sentite pervadere da un desiderio di collaborazione?

Le due scene che seguono vi mostrano il contrasto tra etichettare un bambino con un intento negativo o con un intento positivo.

INTENTO NEGATIVO

MAMMA: "Adam, dai la mano a tuo fratello mentre attraversiamo la strada."
ADAM: "Non voglio."

Dylan tende la mano verso il fratello. Quando Adam ritrae la sua, Dylan gliela afferra. Per tutta risposta, Adam dà un pugno a Dylan.

ADAM: "Non ti voglio dare la mano."
MAMMA: "Adam, che cosa stai facendo? Ti sembra bello picchiare tuo fratello? Smetti di fare il cattivo. Datevi la mano e andiamo."

Adam afferra la mano di Dylan e la stringe fortissimo. Dylan strilla per il male.

MAMMA: "Adesso basta. Non ne posso più. Adam, quando arriviamo a casa non potrai né uscire, né guardare la tivù. Adesso datti una regolata o domani te ne resterai chiuso tutto il giorno in camera tua."

INTENTO POSITIVO

MAMMA: "Adam, dai la mano a tuo fratello mentre attraversiamo la strada."
ADAM: "Non voglio."

Dylan tende la mano verso il fratello. Quando Adam ritrae la sua, Dylan gliela afferra. Per tutta risposta, Adam dà un pugno a Dylan.

ADAM: "Non ti voglio dare la mano."

MAMMA: "Oh, Dylan, chissà che male. Adam ti ha dato un pugno mentre tu stavi facendo solo quello che ti avevo chiesto. Di' ad Adam: 'Non mi piace quando mi picchi. Smettila!'. [Questo insegna a Dylan a essere assertivo.] Adam, volevi attraversare la strada senza dare la mano e volevi che Dylan lo capisse. [Questo presume un intento positivo.] Lui non ti ha ascoltato, e allora ti sei arrabbiato e l'hai picchiato. Non puoi picchiare tuo fratello. Gli fai male. Se qualcuno non ascolta le tue parole, chiedi aiuto. [Questo offre informazioni utilizzabili.] Ti aiuterò a trovare una soluzione diversa dal picchiare. [Questo insegna ad Adam a chiedere aiuto.] Mentre attraversiamo la strada, dobbiamo tenerci per mano per non correre rischi. Nella nostra famiglia ci preoccupiamo gli uni degli altri. Dylan, stringimi la mano destra e tu, Adam, prendimi la sinistra."

Quando attribuiamo intenti negativi ai nostri figli, tendiamo ad alterarci. Poi, essendo arrabbiati e spesso fuori controllo, cercheremo di punirli con le parole, il tono o le azioni. Concentreremo la nostra attenzione su quello che non vogliamo e tenderemo a inasprire l'atteggiamento punitivo. In questo modo, invitiamo i nostri figli a fare altrettanto. Potrebbero sottrarsi al dolore che gli stiamo causando, o mettersi sulla difensiva per proteggere la loro autostima. Potrebbero criticarci per liberarsi dall'orribile sensazione d'impotenza, colpa e inadeguatezza. In ogni caso, stanno cercando un modo per superare il loro senso di impotenza. Quando attribuite un intento negativo a un bambino, trasmettete anche un messaggio che lo definisce agli occhi degli altri bambini coinvolti. Quando etichettate un bambino come cattivo o egoista, in realtà lo allontanate dai fratelli o dagli amici.

Quando attribuite un intento positivo a vostro figlio, rimanete calmi e lo aiutate a tranquillizzarsi, poiché gli inviate il messaggio che siete consapevoli che nel profondo lui è buono, sono solo le azioni che ha scelto a essere d'inciampo. Con questo tipo di situazione, il bambino è più disponibile ad apprendere una nuova competenza e ad ascoltare le indicazioni dell'adulto. Si sente capace di essere ragionevole e di scegliere una linea di condotta migliore.

Nel primo esempio, la ramanzina della madre insinua che Adam sia "cattivo". La reazione di Adam era prevedibile. Quando invece la mamma gli ha attribuito un intento positivo, è rimasta calma, aiutando così i figli a rimanere anch'essi calmi, e poi ha insegnato loro nuove competenze importanti. Dylan ha imparato a essere assertivo quando subisce un torto. Adam ha imparato a chiedere aiuto anziché picchiare quando si sente frustrato. La mamma ha imparato a essere aperta a soluzioni diverse dei problemi.

Il segreto dell'amore incondizionato

Quando si ha bisogno di più incoraggiamento? Per quanto mi riguarda, è quando mi sento insicura, ansiosa e inadeguata. Ho notato che in quei momenti compio scelte terribili. Spesso scelgo di essere irascibile e ipercritica sia con gli altri, sia con me stessa. Posso anche scegliere di esagerare con il cibo, oppure trovo altri modi per placare il mio senso di fallimento. In momenti del genere, ho bisogno d'incoraggiamento, non di ramanzine, che mi suscitano solo nuovi sensi di colpa. La stessa cosa vale anche per i bambini.

Probabilmente non avete nessuna difficoltà a incoraggiare i vostri figli quando fanno quello che volete che facciano: "Bravo, Alex; la tua camera è più bella. Ora finisci di mettere in ordine le costruzioni e sei a posto!". A scuola, le insegnanti si sentono a loro agio quando incoraggiano i bambini che stanno seduti bene, ascoltano le indicazioni e aiutano i compagni. La maggior parte degli adulti avalla la premessa che quando i bambini prendono decisioni che loro gradiscono, si meritano incoraggiamento. Il messaggio nascosto è: "Quando fai quello che voglio, ti guadagni il mio amore. Quando ignori quello che voglio che tu faccia, io ritiro il mio amore". La gran parte degli adulti ha interiorizzato questo tipo di ragionamento. Il che spiega come mai molti di noi cercano disperatamente approvazione e fanno di tutto per compiacere gli altri. Ci sforziamo di ottenere l'approvazione altrui non perché amiamo gli altri, ma poiché temiamo che non ci ameranno.

Come possiamo, allora, incoraggiare i bambini che hanno commesso un errore o che scelgono di essere sgarbati? Come possiamo fissare dei limiti e, allo stesso tempo, rimanere amorevoli? Come possiamo donare ai bambini un amore incondizionato senza essere troppo permissivi o dare l'impressione di giustificare la cattiva condotta? La risposta consiste nell'attribuire intenti positivi a *tutti* i comportamenti, alle azioni che giudichiamo buone *e* a quelle che riteniamo cattive. Cogliendo in vostro figlio un intento ammirevole, lo renderete orgoglioso di appropriarsi sia dell'intenzione, sia dell'azione. Questo vi definirà entrambi sotto una luce più luminosa che mai. Quando aiutate un bambino ad appropriarsi dei suoi intenti e delle sue azioni, è più probabile che scelga di cambiare comportamento e di accettare nuove strategie.

Il potere dell'intento positivo

Quando attribuite intenti positivi a voi stessi e agli altri, ottenete un numero incredibile di buoni risultati.

- *Sostenete un'immagine positiva di voi stessi e degli altri.* Così facendo, concentrate l'attenzione degli altri sulle loro qualità migliori. Nei bambini, concentrare l'attenzione sui loro lati migliori rafforza i tratti positivi e l'autostima.
- *Promuovete la collaborazione unendovi a qualcuno per risolvere un problema.* I vostri bambini vi vedranno come alleati.
- *Promuovete una sensazione di sicurezza.* È più probabile che i bambini che si sentono sicuri condividano con voi i loro sentimenti riguardo ai problemi che li disturbano. Non siamo mai turbati per i motivi che pensiamo noi. Quando ci sentiamo sicuri, riusciamo a esplorare le cause reali del malessere che nascondiamo con l'ostilità o la rabbia. Quando i bambini si sentono sicuri, riescono meglio a passare da uno stato interiore di disorganizzazione (caratterizzato da capricci e crisi) a uno di assennatezza (caratterizzato dall'organizzazione).
- *Promuovete la responsabilità.* Vostro figlio è disponibile ad appropriarsi dei suoi intenti e delle sue azioni poiché non significano che è cattivo. Quando è in grado di appropriarsi dei suoi intenti e delle sue azioni, è anche in grado di essere responsabile.
- *Preparate vostro figlio a un momento d'insegnamento.* Vostro figlio diventa consapevole delle proprie azioni presenti e della propria libertà di scegliere una condotta diversa. Potete aiutarlo a sentirsi al sicuro anche mentre lo aiutate a comprendere che le sue azioni sono sgarbate. È più probabile che sia pronto a imparare un modo di comportarsi diverso, mentre non lo sarebbe se si sentisse minacciato.

- *Trasmettete a vostro figlio reazioni sane che lo aiuteranno a gestire e accogliere la diversità.* Le persone possono mostrare visioni, pensieri e comportamenti diversi dai nostri e noi possiamo comunque accettarle per quello che sono.
- *Incoraggiate vostro figlio a sviluppare la sua volontà riconoscendo che non ha bisogno di ubbidirvi per conservare il vostro amore.* Gli permettete di scoprire il suo vero sé invece di portarlo a diventare una persona che si sforza continuamente di ottenere l'approvazione degli altri.
- *Siete un esempio di amore incondizionato.*

Attribuire intenti positivi alle azioni dei bambini piccoli

I bambini piccoli trasmettono i loro voleri e bisogni mediante le azioni. Picchiano e afferrano per ottenere ciò che vogliono. Dovete insegnare loro a comunicare con le parole. Potete riuscirci se attribuite intenti positivi al loro comportamento in questo modo.

- *Passo 1: Illustrate l'intento positivo del bambino.* Generalmente, si può fare completando questa frase: "Volevi ________________". Così promuovete la sicurezza e la collaborazione. Per esempio, se vostro figlio maggiore sta giocando con la sorellina neonata e le gira la testa in malo modo, potreste dire: "Volevi che Laurel ti guardasse".
- *Passo 2: Illustrate l'abilità che il bambino ha utilizzato per raggiungere il suo obiettivo.* Non esprimete giudizi, descrivete semplicemente le azioni di vostro figlio. Cercate di usare una frase tipo: "Perciò hai ____________". Così consolidate la consapevolezza. Nel suddetto esempio, direste: "Volevi che Laurel ti guardasse, così le hai girato la testa in questo modo". Ripetete il gesto con la vostra testa e le vostre mani. Questa descrizione aiuta il bambino a diventare consapevole delle proprie azioni. La consapevolezza rafforza i lobi frontali del cervello e aiuta a ragionare piuttosto che reagire.
- *Passo 3: Illustrate il limite e perché è necessario.* Così ponete al bambino un chiaro confine rispetto a ciò che non è accettabile. Fatelo completando la frase: "Non puoi __________.

__________ fai male". In questo caso, direste: "Non puoi girare la testa a Laurel. Girandogliela così le fai male".

- *Passo 4: Insegnate a vostro figlio che cosa volete che faccia o dica in quella situazione.* Poi chiedetegli di fare quella cosa, o di ripetere le vostre parole. In questo modo, il bambino può iniziare subito ad allenarsi a soddisfare i suoi bisogni in modo appropriato. Per insegnargli una nuova linea di condotta, utilizzate le seguenti parole: "Quando vuoi ________, di' [o fai] __________. Dillo [o fallo] adesso". Nell'esempio di prima, direste al figlio maggiore: "Quando vuoi che Laurel ti guardi, gira la testa in modo che i tuoi occhi trovino i suoi". Fategli vedere come e poi gli dite: "Provaci adesso".
- *Passo 5: Lodate e incoraggiate vostro figlio per essere stato disponibile a provare un approccio diverso.* Se possibile, sottolineate in che modo il nuovo approccio ha funzionato. Se avete difficoltà a lodare vostro figlio, ripassate il capitolo 6. Mentre il fratello maggiore testa la nuova abilità, incoraggiatelo. Potreste dire: "Ce l'hai fatta! Laurel ti sta guardando. Sta ridendo. Le piaci".

Gli esempi seguenti mostrano come funziona questo metodo in altre situazioni.

SITUAZIONE 1: Il bambino si avvicina e spinge via la sorella per allontanarla dal suo giocattolo preferito.

- Passi 1 & 2: Descrivete l'intento e l'azione di vostro figlio. "Volevi far sapere a tua sorella che non ti va che lei ti prenda il giocattolo, così l'hai spinta via."
- Passo 3: Illustrate il limite. "Non puoi spingere. Spingendo fai male."
- Passo 4: Insegnate. "Quando vuoi dire a tua sorella che un certo gioco è tuo, di': 'Questo gioco è mio, prendi il tuo' e indica un gioco con cui lei può giocare. Prova a dirlo adesso, e ricordati di indicare con le mani."
- Passo 5: Incoraggiate. "Hai detto chiaramente a tua sorella che cosa volevi e lei ti ha guardato e ti ha ascoltato. Mostrandole con che cosa poteva giocare le sei stato di grande aiuto."

SITUAZIONE 2: Vostro figlio, arrabbiato, allontana da sé il piatto con il cibo.

- Passi 1 & 2: Descrivete l'intento e l'azione di vostro figlio. "Volevi farmi sapere che hai mangiato abbastanza, così hai spinto via il piatto con il cibo."
- Passo 3: Illustrate il limite. "Non puoi allontanare il piatto in quel modo. Il cibo potrebbe cadere fuori."
- Passo 4: Insegnate. "Quando hai finito di mangiare, di': 'Sono sazio. Posso alzarmi, per favore?'. Prova a dirlo adesso."
- Passo 5: Incoraggiate: "Sì, vai pure." Abbracciate vostro figlio.

Allenatevi, allenatevi, allenatevi

Nella situazione che segue, attribuite intenti positivi al bambino e insegnategli un modo diverso per raggiungere il suo obiettivo. Scrivete le vostre risposte.

SITUAZIONE 1: Vostro figlio sta iniziando a vestirsi da solo. Vi pizzica il braccio quando lo avvicinate per aiutarlo a tirarsi su i pantaloni.

- Passi 1 & 2: Descrivete l'intento e l'azione di vostro figlio. "Volevi ____________, perciò hai ________________."
- Passo 3: Illustrate il limite. "Non puoi ______________. ______________ fai male."
- Passo 4: Insegnate. "Quando vuoi ______________, di' ______________."
- Passo 5: Incoraggiate. "____."

Com'è andata? È stato difficile pensare in questi termini? Esistono varie risposte adatte. Ecco che cosa avrei detto io.

LA MIA SITUAZIONE: *Il bambino mi pizzica il braccio mentre mi chino per aiutarlo a infilarsi i pantaloni.* Innanzitutto fisserei un limite chiaro sul comportamento (pizzicare), poiché il bambino ha invaso il mio spazio e mi ha fatto male. Direi assertivamente: "Ahi, che male. Non mi piace essere pizzicata". Così gli do un feedback immediato: il bambino mi ha fatto male e io glielo faccio sapere. Poi gli insegnerei un altro modo per raggiungere il suo obiettivo.

- Passi 1 & 2: "Volevi che io sapessi che sai farlo da solo, così mi hai pizzicato".
- Passo 3: "Non puoi pizzicare. Pizzicando fai male".
- Passo 4: "Quando vuoi fare qualcosa da solo, di': 'Voglio fare da solo!'. Prova a dirlo adesso".
- Passo 5: "Guardati, *ci riesci* da solo!".

Attribuire intenti positivi a quello che dicono i bambini

Man mano che imparano a utilizzare il linguaggio per esprimere i loro desideri, talvolta i bambini dicono cose che consideriamo inappropriate. Starà a noi insegnare loro forme più accettabili per esprimersi. Come per le azioni, possiamo farlo attribuendo un intento positivo al bambino e insegnandogli un modo diverso.

Il processo è esattamente lo stesso che avete imparato per gestire le azioni inaccettabili, ma questa volta è il linguaggio di vostro figlio a trasgredire i limiti. Eccovi un esempio.

SITUAZIONE: Eric afferma di odiare il suo insegnante. Dice: "Odio la scuola! Odio il mio maestro. Il signor Trumball è uno stupido idiota". Il papà replica: "Eric, volevi che sapessi quanto sei frustrato a scuola e che non sei in buoni rapporti con il tuo insegnante. Non puoi insultare il maestro, e nemmeno nessun altro. È un comportamento sgarbato. Quando sei arrabbiato o frustrato a causa del tuo insegnante, di': 'Sono frustrato, è difficile andare d'accordo con il signor Trumball'. Vieni qui e di': 'Sono arrabbiato per via del signor Trumball', poi parleremo della scuola". Il papà mette il braccio sulla spalla di Eric e aggiunge: "So che è brutto avere problemi con i propri insegnanti, ma puoi sempre parlarne con me, non c'è bisogno di mancare di rispetto".

Aggirare i conflitti mediante il reindirizzamento: ridurre l'impulsività

Noterete spesso che è possibile intervenire con i vostri figli prima che una situazione spiacevole raggiunga proporzioni preoccupanti. Il bambino magari è in procinto di arrampicarsi sul tavolo, cerca di afferrare un oggetto che il fratello ha in mano, o mostra frustrazione a causa delle azioni di un altro. Quando intravedete un conflitto all'orizzonte, avete un'ottima opportunità per reindirizzare le energie di vostro figlio in modo che anziché nuocere siano d'aiuto. Sfruttate al massimo questa occasione incoraggiando la collaborazione del bambino. Potete farlo rispecchiando al bambino i suoi sentimenti (si veda cap. 8) e attribuendogli intenti positivi.

Le competenze necessarie per il reindirizzamento sono simili a quelle descritte poc'anzi, ma le dovete utilizzare *prima* che il bambino infranga un limite. La cosa più bella del reindirizzare i bambini prima che si comportino male è che donate loro una splendida occasione per allenare il controllo degli impulsi.

Immaginate di essere a dieta. In un momento di debolezza, vi dirigete verso i dolcetti avanzati da Halloween. Vostro marito lo nota e dice: "Devi proprio aver tanta voglia di qualcosa di dolce. Però ricordati il tuo proposito di mangiare cibi salutari. Che ne dici di una banana?". Pensate alla forza di volontà e al controllo degli impulsi che dovete dimostrare per 1) non divorziare da vostro marito e 2) reindirizzare i vostri desideri dai dolcetti alla frutta. Se ci riuscite, avrete aumentato la vostra forza di volontà, tenuto a bada l'impulsività e rafforzato la vostra autostima, nonché l'atmosfera di amore nella vostra famiglia. Quando resistono agli impulsi nocivi, i bambini ne traggono beneficio nello stesso modo.

Kendra si sta arrampicando sulla sedia per raggiungere un pennarello dall'altro lato del tavolo. Prima che salga sul tavolo il papà se ne accorge e le dice: "Volevi prendere il pennarello". Kendra alza lo sguardo verso di lui. Il suo linguaggio corporeo indica che l'intuizione del padre è corretta. Per reindirizzarla, lui le dice con fermezza: "Non puoi arrampicarti sul tavolo. È pericoloso. Quando vuoi qualcosa che si trova dall'altra parte del tavolo, giraci intorno e vedi se ci arrivi". Poi le mostra che potrebbe raggiungere il pennarello camminando anziché arrampicandosi, mentre le spiega assertivamente che cosa fare: "Scendi dalla sedia e fai il giro del tavolo". Poiché la bimba decide di collaborare, il papà la incoraggia: "Ce l'hai fatta! Sei scesa dalla sedia e sei riuscita a prendere il pennarello. Bene!".

Più spesso riuscite a reindirizzare il comportamento di vostro figlio *prima* che si trovi in guai seri, e più lo aiuterete a imparare a controllare i suoi impulsi. Potete utilizzare ogni momento di conflitto (o persino di potenziale conflitto) come un'opportunità d'insegnamento e apprendimento. Oggi, a causa del ritmo frenetico della vita, i genitori sono sempre meno disponibili a reindirizzare i bambini. Di solito il problema si è già verificato prima che i genitori intervengano; questo fatto contribuisce a spiegare l'aumento dell'impulsività tipica dei bambini d'oggi.

Trovando intenti positivi si ricava il meglio dalle persone

Intorno a Natale, ho visto un programma televisivo dal titolo *Mrs. Claus*. Era la storia di una giovane immigrata che viveva con il padre, mentre la madre era rimasta con la sorellina nel loro paese. Il padre lavorava incessantemente per guadagnare abbastanza denaro per poter riunire la famiglia, mentre la figlia non faceva altro che mettersi in guai piuttosto seri.

Ecco il punto cruciale della storia: la ragazza aveva rubato delle uova e aveva intenzione di tirarle dalla finestra, prendendo di mira un poliziotto. La signora Claus la vide sedersi sul davanzale, pronta per lanciare le uova, e le disse dolcemente: "Vedo che hai trovato le uova che avevamo smarrito. Così potremo mangiare uova fresche a colazione. Che fortuna per noi che tu sia qui". La signora Claus aveva attribuito un intento positivo alle azioni della ragazza e tra loro si creò un legame. Questo legame tirò fuori il meglio della ragazza e le fornì la motivazione di cui aveva bisogno per modificare il suo modo di pensare e agire, da impudente a collaborativo. Quando attribuite intenti positivi a vostro figlio, vi sentite più vicini l'uno all'altro. Comportandovi così aprite la strada al pensiero positivo e a un buon esito.

Scoprendo motivazioni positive nelle parole o azioni di vostro figlio lo incoraggiate a vedere il meglio in se stesso. Fategli sapere che siete lì per insegnare e guidare, non per umiliare o punire. Se vi ponete in sintonia con lui, costruirete un'atmosfera di sicurezza in cui il bambino imparerà volentieri modi costruttivi per raggiungere i suoi obiettivi.

L'empatia: un compagno efficace dell'intento positivo

Talvolta attribuire un intento positivo non basta. Capita che i bambini si arrabbino così tanto, che non riescono più a "sentire" niente, nemmeno il vostro messaggio riguardante l'intento positivo. Quando vostro figlio è talmente alterato che ha perso del tutto l'autocontrollo, la competenza che dovete utilizzare è l'Empatia. L'empatia rappresenta la prossima tappa del nostro viaggio.

L'intento positivo e l'empatia costituiscono una combinazione potente. Se utilizzate queste due competenze insieme, mantenendo l'autocontrollo, potete trasformare quasi tutte le situazioni problematiche in occasioni di insegnamento e apprendimento.

È il momento di cominciare!

Iniziate subito ad attribuire intenti positivi a tutti, iniziando da voi stessi. Se siete pronti ad accogliere l'idea che gli errori siano opportunità per apprendere, e a trasmettere questa convinzione ai vostri figli, dovete iniziare con voi stessi.

- Attribuite un intento positivo agli automobilisti che vi tagliano la strada in mezzo al traffico, pensando: "Volevi arrivare in tempo e sei di fretta; è capitato anche a me".
- Attribuite un intento positivo ai commessi che vi sembrano sgarbati, pensando: "Vuoi che tutti sappiano che hai avuto una giornata pesante; è capitato anche a me".
- La prossima volta che commettete un errore, attribuite a voi stessi un intento positivo e riflettete su che cosa potreste fare in modo diverso la prossima volta. Se riuscite a farlo con gli altri e con voi stessi, imparerete a sfruttare il potere dell'Amore e le parole con cui rivolgervi ai vostri figli vi usciranno spontaneamente.
- Per aiutarvi a trasformare i momenti di conflitto in momenti di apprendimento, ricordatevi di iniziare le vostre interazioni con: "Volevi ________________".

La competenza di attribuire Intenti Positivi affonda le radici nel potere dell'Amore.

Capitolo 8

L'Empatia

Gestire le scenate e i capricci

Io adoro le Olimpiadi. Una sera, durante le Olimpiadi Invernali del 1998, la mia assistente e io stavamo tornando in Florida, dopo aver condotto un seminario fuori sede. Ero decisa a essere a casa alle otto per non perdermi un minuto delle Olimpiadi. Il traffico, però, mandò all'aria i miei piani. Ero così delusa che non la presi bene: mi rifiutai di accettare il fatto che mi stavo perdendo le Olimpiadi. Chiesi alla mia assistente di cercarle alla radio. Quando lei mi disse: "Non penso che le trasmettano alla radio", esplosi. Prima negai la situazione: "Devono per forza esserci alla radio". Poi attaccai: "Che razza di paese è questo? Riusciamo ad andare sulla luna, ma non siamo in grado di trasmettere per radio l'evento sportivo più grandioso del pianeta?". Ero furibonda perché il mondo non stava andando a modo mio.

Questo non è stato il primo capriccio da adulta. E non sarà nemmeno l'ultimo. Negli anni, mi sono resa conto di quanti attacchi di nervi abbiamo anche noi adulti. Secondo i miei calcoli, occupano più del cinquanta per cento del nostro tempo. I capricci degli adulti possono esprimersi in modo lieve (lamentarsi, lagnarsi), moderato (attaccare verbalmente mediante critiche, insulti e giudizi) o severo (picchiarsi).

"Scenate e capricci" è l'espressione generale che uso per descrivere l'alterazione emozionale che mostrano le persone quando il mondo non va secondo i loro desideri. Un bimbo ai primi passi che scarabocchia sui muri piange quando gli levate di mano il pastello. Un bambino di quattro anni che vuole i cracker, vi ignora se gli dite che non ne avete. Suo fratello di nove anni sbatte le porte quando gli negate il permesso di dormire a casa del suo amico perché il giorno dopo deve andare a scuola. Una madre trentenne vuole che i suoi figli si alzino, si vestano e facciano colazione e può avere un attacco di nervi quando uno di loro si rifiuta di indossare i pantaloni lunghi. Un nonno di cinquantadue anni può dare in escandescenze perché l'automobile davanti a lui tiene la freccia accesa senza motivo.

La delusione è difficile da mandar giù. Tutti abbiamo bisogno di imparare a gestire la frustrazione e non ci mancano certo le opportunità per farlo e insegnarlo ai nostri figli. Ogni volta che si lagnano, o pestano i piedi, o strillano, ci offrono quest'opportunità. Per insegnare ai bambini a gestire la delusione, abbiamo bisogno della competenza dell'Empatia.

Dovete insegnare ai vostri figli a gestire la delusione e la frustrazione.

Non sottolineerò mai abbastanza l'importanza dell'empatia. L'empatia non è permissivismo dovuto all'indecisione, né accettazione passiva di un comportamento scorretto. L'empatia aiuta vostro figlio a organizzarsi, rielaborando le delusioni e andando avanti. Quando empatizzate con un figlio alterato, lo aiutate a recuperare lo spirito collaborativo che gli permette di fare ciò che gli avevate chiesto.

Spesso i genitori mi domandano: "Come faccio a fare in modo che i miei figli si prestino volentieri a fare quello che voglio, quando glielo dico?". Di sicuro non possiedo la risposta. (Sto ancora cercando di superare la delusione di non aver potuto sentire le Olimpiadi alla radio!) Tuttavia, conosco alcuni approcci utili. Primo, utilizzate il potere dell'Accettazione: questo momento è così com'è. Solo quando accettate il momento presente potete offrire empatia agli altri, perché sarete abbastanza rilassati da considerare anche i loro punti di vista. Quando opponete resistenza alla realtà, siete talmente assorbiti dalla vostra prospettiva, che quella degli altri non conta. Secondo, abbandonate la speranza che vostro figlio si dimentichi di quello che voleva per seguire i vostri desideri, e sia comunque felice. Terzo, smettete di controllare i sentimenti di vostro figlio. Ha diritto a tutti i suoi sentimenti. Senza di loro sarebbe perso. I sentimenti rappresentano il centro di controllo che ci consente di discernere il bene e il male. Sono i nostri navigatori morali. Non dobbiamo smettere di averli. Dobbiamo piuttosto esprimerli in modo più appropriato.

La competenza dell'Empatia

Molti confondono l'empatia con il tentativo di "tirare su di morale" gli altri e di salvarli. Empatia significa comprendere che cosa prova un'altra persona, intuire i suoi pensieri e le sue azioni. Quando empatizzate con vostro figlio, lui si accorge che per voi le sue idee e i suoi sentimenti sono importanti. La vostra risposta empatica alle sue emozioni lo aiuta a sentirsi approvato e ad acquisire fiducia in se stesso. Per essere davvero empatici, dovete ascoltare i sentimenti e i pensieri di vostro figlio senza sentire il bisogno di cambiarli.

Quando empatizzate con vostro figlio, gli insegnate:

1. l'autoconsapevolezza;
2. l'autocontrollo;
3. a riconoscere e accettare le emozioni;
4. la consapevolezza che le emozioni si possono esprimere agli altri;
5. la capacità di etichettare i sentimenti con parole appropriate;
6. che i sentimenti influenzano il comportamento;
7. che le relazioni si basano sulla stima reciproca e sulla comunicazione.

La vostra empatia getta le fondamenta per il sano sviluppo emozionale di vostro figlio. Per costruire una famiglia sana e una vita felice e amorevole. Un ambiente empatico è il dono più grande che potete fare a voi stessi e alla vostra famiglia.

Vi rendete conto di quanto è vitale l'empatia se pensate alle persone che non l'hanno mai sviluppata. I criminali efferati – gli stupratori, i pedofili e i responsabili di violenze familiari – mancano di empatia. Solo quando l'empatia è assente, gli individui possono nuocere agli altri volontariamente.

Pensate a voi stessi. Quando la frustrazione e la paura vi assalgono, non siete più inclini ad alzare la voce con le persone che amate? In quei momenti non siete in grado di vedere o curarvi del punto di vista degli altri. Quando è vostro figlio a sentirsi frustrato o spaventato, indipendentemente da quanto siete sotto pressione, se volete stabilire una connessione con lui, dovete mettere da parte le vostre preoccupazioni e pensare al suo punto di vista.

Centinaia di studi hanno dimostrato che il modo in cui un genitore tratta il figlio – con ferrea disciplina o affettuosa comprensione – ha conseguenze profonde e durature sulla salute emozionale di quel bambino. Anche dati recenti hanno dimostrato che essere cresciuti da genitori emozionalmente competenti costituisce, di per sé, un grande vantaggio per i figli (Hendrick, 1992). Il modo in cui i genitori gestiscono i sentimenti tra loro e in cui si rapportano direttamente con il figlio insegnano una lezione fondamentale al bambino. Uno studio del 1994 ha dimostrato che i coniugi emozionalmente competenti aiutano con più efficacia i propri figli a gestire gli alti e bassi della vita. Questo studio, inoltre, ha confermato che i figli di genitori capaci (piuttosto che incapaci) di gestire i sentimenti hanno molti vantaggi a livello emozionale (Harris, 1989). Questi bambini:

- vanno d'accordo più facilmente con i loro genitori e sono più affettuosi;
- si calmano meglio da soli quando sono alterati e si agitano meno spesso;
- sono fisicamente più rilassati e hanno livelli più bassi di ormoni da stress.

A livello sociale, i figli di genitori emozionalmente competenti:

- sono più popolari;
- sono giudicati più socialmente competenti dagli insegnanti;
- hanno meno problemi comportamentali, quali l'aggressività.

A livello cognitivo:

- prestano più attenzione e imparano in modo più efficace;
- ottengono voti più alti degli altri in matematica e in lettura quando arrivano in terza elementare.

La morale della favola è il tema di questo libro. Dobbiamo prima disciplinare noi stessi e poi i nostri figli. Alcune persone sembrano empatizzare spontaneamente con gli altri, mentre altre trovano difficile acquisire questa competenza. Qualunque sia il vostro livello di empatia, potete sempre migliorare le vostre abilità emozionali.

Il modo in cui reagite all'inquietudine di vostro figlio gli insegna a reagire all'inquietudine delle altre persone.

Come rispondete all'inquietudine di vostro figlio?

Il modo in cui reagite all'agitazione di vostro figlio gli insegna a reagire all'inquietudine delle altre persone. Due fattori tendono a determinare il grado di empatia con il quale ogni genitore reagisce. Il primo fattore è il livello di inquietudine del genitore stesso: un genitore calmo reagisce molto più empaticamente di uno che è prossimo a esplodere. Il secondo fattore è la tendenza del genitore a equiparare il comportamento scorretto con la mancanza di rispetto. Se percepite il comportamento scorretto di vostro figlio come irrispettoso, la vostra capacità di offrire empatia crollerà. Se, invece, percepite i capricci di vostro figlio come un segnale del fatto che ha difficoltà nel gestire una delusione, siete in una posizione migliore per fare appello alla vostra abilità empatica.

Per riuscire a empatizzare, dovete prima cessare di mettere sullo stesso piano la disubbidienza con la mancanza di rispetto.

Esercizio

Scrivete come rispondereste alla situazione seguente. Trascrivete esattamente le parole che potreste dire.

Situazione: Chiamate vostro figlio e lo avvertite che tra dieci minuti è ora di andare a letto. Lui si butta a terra, urlando: "Non voglio dormire! Ti odio!".

La vostra probabile risposta: ______________________________
_________________.

Avete ignorato il capriccio, avete ceduto rimandando l'ora della nanna, l'avete punito o avete mostrato empatia? La vostra risposta indica il vostro stile educativo. Gli studiosi hanno identificato quattro stili. Eccovene una breve descrizione. In quale vi riconoscete?

Stile 1: Ignorare le emozioni

Alcuni adulti trattano la sofferenza del bambino come un fastidio. Non sfruttano i momenti emotivi per avvicinarsi al bambino o per insegnargli qualcosa sulle emozioni. Le emozioni del bambino rimangono ignorate.

Heather, 9 anni, era andata a trovare sua cugina che adorava. Suo padre le disse: "Heather, tra dieci minuti andiamo via". Poco dopo l'avvertì: "Ancora cinque minuti". Alla fine annunciò: "È ora di andare, Heather". La bambina si buttò subito a terra, gridando: "Io non ci vengo! Non puoi costringermi". Suo padre rispose: "Te l'ho detto dieci minuti fa che dovevamo andare. Non hai scuse". Heather continuò a dimenarsi sul pavimento finché il padre la tirò su, dicendo: "Adesso ce ne andiamo". Mentre la trascinava fuori dalla porta, aggiunse: "Avete visto anche voi che Heather è fuori di sé. Arrivederci". La depositò sul sedile posteriore come un pacco.

I genitori che adottano questo stile, semplicemente non riconoscono i sentimenti. Le emozioni che si celano sotto un comportamento scorretto sono considerate irrilevanti. Immagino che Heather abbia iniziato a esprimere la delusione attraverso i capricci intorno ai diciotto mesi. Poiché nessuno le ha mai insegnato un modo migliore per esprimersi, ha continuato a fare i capricci fino a nove anni. Riguardate la vostra risposta alla situazione riportata sopra. Avete ignorato i sentimenti di vostro figlio e vi siete concentrati esclusivamente sull'orario della nanna?

Stile 2: Lasciare che il bambino se la cavi da solo

Alcuni adulti si accorgono dei sentimenti del figlio, ma si aspettano che lui li gestisca da solo. Come quelli che ignorano i sentimenti, questi genitori raramente intervengono per aiutarlo a gestire le emozioni. Magari cercano di calmare, distrarre o ricattare i bambini per mettere fine al momento di inquietudine o rabbia. Prestano attenzione alle loro emozioni, solo allo scopo di bloccarle. Ecco le strategie più comuni:

1. "Come mai sei triste?" oppure: "Come mai sei arrabbiato?". Questo insegna ai bambini ad analizzare le emozioni, non a provarle. Dice "*pensa*", non "*senti*".

2. "Datti un contegno. Non è così grave." Questo insegna ai bambini a soffocare le emozioni. Imparano a negare non solo le proprie, ma anche quelle degli altri.
3. "Stai bene? Andrà tutto bene. Sssh. Sssh. Non c'è bisogno di piangere." Questo insegna ai bambini che le loro emozioni sono fonte di agitazione per gli altri. Imparano a preoccuparsi dei sentimenti altrui a spese dei propri. Questo promuove il "controllo degli altri", non l'autocontrollo.

Eccovi un esempio.

Michael voleva andare a trovare il suo amico Eric. La madre gli spiegò che non era possibile, perché erano stati invitati a un barbecue dalla zia. Michael liquidò la spiegazione della mamma rabbiosamente, minacciando di ignorare tutti al barbecue. La mamma allora lo spedì in camera sua a calmarsi. Il bambino vi rimase un poco, ma appena uscì prese ad attaccare verbalmente la madre con osservazioni offensive. Lei gli consigliò di ritornare di sopra a calmarsi prima che la situazione degenerasse. Alla fine Michael crollò e si mise a singhiozzare, nella sua camera. Dopo quindici minuti la madre salì da lui e gli disse: "Non è poi la fine del mondo. Potrai vedere Eric un altro giorno. Perché non porti il tuo nuovo videogioco da mostrare ai cuginetti?".

Questa mamma non ha aiutato Michael a sentire e accettare le sue emozioni, in modo da poter affrontare la delusione e superarla. L'ha mandato in camera sua per due volte, convinta che si calmasse "magicamente", per poi convincerlo a reprimere i suoi sentimenti usando il videogioco come distrazione.

Stile 3: Punire le emozioni

Alcuni adulti criticano le emozioni dei loro figli. Vietano qualsiasi dimostrazione di rabbia o puniscono l'irritabilità. Tali genitori trattano le emozioni del figlio, specialmente quelle negative, come fossero segno di mancanza di rispetto. La frase tipica che caratterizza questo stile è: "Ti do io qualcosa per cui piangere".

Un pomeriggio il padre di Jerod, Mark, disse al figlio che dovevano uscire a fare delle compere. Jerod odiava fare la spesa e chiese di rimanere a casa da solo. Il padre rispose: "No, non mi fido a lasciarti da solo. Tu verrai con me". Jerod gridò: "Non è giusto, che idiota!". Il padre lo afferrò per le spalle, lo scrollò con violenza e urlò: "Non ti permettere mai più di parlarmi in questo modo!".

Mark ha avuto uno scoppio di rabbia di fronte all'espressione offensiva del figlio e l'ha attaccato fisicamente. Entrambi hanno perso il controllo.

Stile 4: Offrire empatia e aiuto con le emozioni

Alcuni genitori capiscono che il comportamento scorretto rappresenta un sentimento intenso che non trova uno sfogo adeguato. Questi genitori comprendono che i momenti in cui il figlio è agitato sono opportunità per insegnare la saggezza emozionale.

Arthur desiderava ardentemente un paio di pattini a rotelle. La madre si era offerta di aiutarlo a trovare il modo di guadagnarsi i soldi necessari per comprarseli da solo, ma Arthur li voleva subito e diventò bellicoso. Un mattino, il ragazzino stava bighellonando per casa, come se volesse perdere il pulmino della scuola. Quando la madre gli disse di muoversi, lui rispose con sarcasmo: "Che cosa credi che stia facendo?". Alla madre venne una gran voglia di strangolarlo, ma fece un respiro profondo e, usando il potere dell'Accettazione, disse a se stessa: "Questo momento è così com'è. Rilassati". Poi provò a essere empatica: "Arthur, sembri turbato" osservò. Il ragazzo oppose resistenza alla dimostrazione di affetto della madre e rispose: "Che cosa te ne importa? Non sei tu quella che non ha i pattini". Alla fine la mamma comprese che questo comportamento così scostante era il modo in cui Arthur esprimeva la sua delusione.

Allora gli aprì il suo cuore: "È triste desiderare tanto una cosa e non poterla avere immediatamente". Arthur iniziò a rilassarsi, e gli vennero le lacrime agli occhi. "Mamma, tutti sono in giro con i pattini per strada, tranne me". La mamma riprese: "E pensi che se non ti unirai presto a loro, potresti perdere i tuoi amici". Arthur rispose, in lacrime: "Sì, non avrò più *nessun* amico". La mamma osservò: "Fa paura sentirsi esclusi. Non ti compro i pattini, ma posso aiutarti a trovare un sistema per guadagnare un po' di soldi, così presto potrai andare a pattinare con i tuoi amici. Inoltre, se chiedi a un paio di amici di venire da te a dormire, rimarrai in contatto con loro finché non avrai anche tu i pattini". Con l'aria imbronciata, Arthur si diresse alla porta.

Questa madre ha aiutato il figlio a rielaborare ed esprimere le sue emozioni in un modo socialmente accettabile. Rivelando al figlio i sentimenti nascosti dietro il suo comportamento, ha aperto i canali comunicativi tra loro. Il ragazzo si è accorto che lei non era "il cattivo della situazione", ma piuttosto un alleato. La madre ha ascoltato con il cuore, e così ha percepito la paura di Arthur di essere tagliato fuori dal gruppo e rimanere senza amici. Ha risposto a queste paure, pur rimanendo sempre coerente con il limite che aveva fissato. La comprensione del genitore non deve modificare i limiti al comportamento, ma aiuta i figli ad accettarli.

Tornate all'esercizio in cui avete scritto cosa rispondereste al figlio che fa i capricci poiché non vuole andare a dormire. Che stile avete scelto? Quale utilizzate normalmente?

Prima di tutto, sentite le vostre emozioni

Per comprendere le emozioni di un'altra persona dovete prima accettare e riconoscere le vostre. Il che non è facile, poiché a molti di noi hanno insegnato a negare i sentimenti. Dai nostri genitori abbiamo imparato che se ci sentiamo feriti, o non ci piace qualcosa, dobbiamo ignorare le nostre emozioni. Ci dicevano cose tipo: "Non è poi così brutto"; "Non preoccuparti"; "Non pensarci". È impossibile insegnare ai figli competenze che noi stessi non possediamo. Di conseguenza, dobbiamo imparare a *sentire* i nostri sentimenti e a *esprimerli* in modi accettabili. Entrambe queste cose richiedono una specifica competenza.

Finché non *sentirete* le vostre emozioni, non permetterete ai vostri figli di provare le loro. Pensare alle emozioni e sentirle sono due cose diverse. Molti adulti pensano alle loro emozioni e confondono pensieri e sentimenti. Se chiedete a un amico: "Come ti senti?" e lui risponde: "Mi sembra di non avere nessun problema", il vostro amico ha espresso un pensiero, ma non un sentimento. Ha *spiegato* com'è arrivato a sentirsi in un certo modo, ma non quali sono i suoi sentimenti. Per entrare in contatto con i vostri pensieri e sentire le vostre emozioni, dovete conoscere la differenza tra le due cose. Allenatevi a discernere se ciò su cui siete concentrati è un pensiero o un sentimento. La differenza conta enormemente.

Se pensate una cosa e ne sentite un'altra, sarete confusi. Nel momento in cui allineate i vostri pensieri con i sentimenti siete centrati. Da questa posizione, potete comunicare efficacemente con gli altri. Adesso, giusto per fare un po' di pratica, rispondete alla mia domanda: "Come vi sentite?". Avete risposto con una parola che descrive un'emozione? Se la vostra risposta non contiene un termine che descrive un sentimento, probabilmente si trattava di un pensiero.

Per empatizzare con i vostri figli, dovete prima offrire empatia e compassione a voi stessi. Dovete accettare i vostri sentimenti invece di dire a voi stessi: "Non dovrei sentirmi così". Ad alta voce, dite a voi stessi: "Sono frustrato e va bene così". Se non verbalizzate le vostre emozioni, vi sfogherete come fanno i bambini. Di tutti i linguaggi del mondo, il più difficile con cui comunicare è il linguaggio dei sentimenti. I sentimenti sono energia in movimento e possono essere difficili da etichettare, ma dovete fare del vostro meglio. Sentite l'energia emozionale dentro di voi, datele un nome ed esprimetela verbalmente. Altrimenti vi ritroverete irrequieti e capricciosi. A voi la scelta.

Roberta aveva appena ripreso a lavorare dopo essere rimasta a casa con i tre figli per diversi anni. Era spaventata e non era più sicura delle sue capacità. Di solito, sul lavoro riusciva a nascondere il proprio terrore, ma a casa era un altro paio di maniche. Si sentiva depressa, arrabbiata e ansiosa. Cercava di tenersi impegnata per evitare le preoccupazioni, ma proprio non riusciva a sfuggire a un profondo senso d'inadeguatezza.

Le paure di Roberta si manifestavano nel suo comportamento in casa. Tentava di mettere a tacere i suoi dubbi con un atteggiamento positivo e convincendo i figli che erano splendidi. Sforzandosi di sentirsi meglio, faceva commenti tipo: "Jamie, sei meravigliosa" e: "Mardell, sei una bimba così in gamba". Per soffocare la propria ansia, tentava di controllare e vietare i sentimenti espressi dai figli. Faceva commenti tipo: "Stai benone", "Non c'è motivo di arrabbiarsi", "Non tollero scenate". Roberta poteva continuare a usare i figli per sfogare i suoi problemi emotivi fino a raggiungere una certa tranquillità sul lavoro, oppure poteva diventare consapevole della sua battaglia con le emozioni. I genitori che usano i figli per rispecchiare il proprio stato interiore non riescono ad aiutarli a riconoscere i loro sentimenti. Come adulti potete scegliere consapevolmente se essere egocentrici o empatici. Qualunque cosa scegliate, la insegnerete a vostro figlio.

Di tutti i linguaggi del mondo, il più difficile con cui comunicare è il linguaggio dei sentimenti.

Oggi allenatevi a sentire i vostri sentimenti, riconoscendo che sono come il tempo atmosferico. A volte fa bello, altre è nuvoloso, altre ancora è piovoso. Il bel tempo semplicemente va e viene. Opporsi a una giornata piovosa è da matti. Utilizzate il potere dell'Accettazione – questo momento è così com'è – e rilassatevi. Sentite il vostro tempo interiore che va e viene. Non siete cattivi se oggi piove!

Più diventate esperti nel leggere i vostri sentimenti e quelli degli altri, e più diventerete premurosi. Per contro, meno sarete esperti nell'empatizzare con gli altri, e meno sarete premurosi. Nella cultura occidentale, le persone raramente verbalizzano le proprie emozioni. Bisogna capire i sentimenti degli altri da indizi non verbali, quali il tono della voce e l'espressione del viso. In effetti, il novanta per cento o più di un messaggio emozionale è non verbale. Allenatevi a leggere gli indizi non verbali di vostro figlio. Potreste dire: "Guarda che faccia hai. Sembri eccitato", oppure: "Sembri tutto teso, c'è qualcosa che ti preoccupa?".

Notate che questi commenti sono espressi sotto forma di domanda. Fate attenzione all'inflessione della voce. Non dovete *dire* all'altra persona come sentirsi. Quando provate a indovinare lo stato d'animo di vostro figlio, questo potrà confermare la vostra intuizione o correggervi. La conferma può essere verbale o non verbale. La conferma non verbale può esprimersi tramite un'esagerazione del sentimento descritto: il viso del bambino e il suo corpo diranno "sì mi sento triste", e appariranno ancora più tristi. A livello verbale, il bambino potrà confermare la vostra lettura spiegandovi ciò che lo preoccupa, oppure vi correggerà dicendo qualcosa tipo: "No, sono solamente stanco".

L'allenamento emotivo: vedere, sentire, ascoltare

Per aiutare i bambini che hanno perso il controllo o si sentono turbati, dovete offrire empatia. L'empatia ha due facce: una cognitiva e una emozionale. La faccia cognitiva consiste nel vedere dal punto di vista dell'altra persona. La faccia emozionale consiste nel comprendere i suoi sentimenti. Quando vostro figlio è turbato, il vostro compito è fare da specchio ai suoi sentimenti e alla sua esperienza. Rispecchiate ciò che secondo voi sta provando. Offritegli una descrizione chiara dei suoi sentimenti e delle sue percezioni. Le vostre osservazioni lo aiuteranno a vedere se stesso e a diventare consapevole della sua situazione. Una volta che raggiungerà la consapevolezza delle proprie emozioni, avrà fatto il primo passo verso la capacità di gestire tali emozioni. Sarà maggiormente in grado di tornare a essere organizzato.

Quando vostro figlio è turbato, il vostro compito è fargli da specchio.

Quando empatizzate, voi dite simbolicamente: ti vedo, ti ascolto con le orecchie e ti sento con il cuore. Non c'è posto per i giudizi in queste affermazioni.

Quando vostro figlio è turbato, utilizzate questi tre tipi di affermazioni per fargli sapere che lo capite:

- Rispecchiate quello che vedete;
- Rispecchiate quello che sentite con il cuore;
- Rispecchiate quello che udite.

L'empatia aiuta a organizzare il cervello

Il cervello lavora sempre come un tutto intero ma, per semplificare, potremmo immaginare che lavori su tre livelli. Il livello più basso gestisce principalmente i problemi di sopravvivenza, il livello di mezzo i sentimenti, il livello più alto si concentra sul pensiero e sul problem solving. Quando si arrabbiano, i bambini in genere operano al livello mediano del cervello. Lo si capisce dal piagnucolare ("Non è giusto"), dalle lamentele ("È una cosa stupida") o dagli insulti ("Sei un idiota"). Esprimono verbalmente i loro sentimenti in modo non appropriato. Per aiutare questi bambini, rispecchiate ciò che secondo voi provano. Questo li aiuta a passare a processi di organizzazione superiore. I bambini che mostrano i loro sentimenti soprattutto attraverso capricci o azioni (quali pestare i piedi, lanciare oggetti) operano al livello più basso del cervello, esprimendo i sentimenti in modo non appropriato. Per aiutare i bambini a ritrovare il controllo del proprio corpo, è molto importante rispecchiare ciò che vedete. Questo li aiuta a spostarsi dal livello della sopravvivenza a quello dei sentimenti. Perciò, se un bambino è fuori controllo e si sta dimenando, descrivete ciò che vedete: "Le tue braccia si spostano così, i tuoi piedi pestano a terra, la fronte è contratta" (Imitate il bambino). Molto probabilmente, il suo corpo si organizzerà e la sua bocca assumerà il comando ("Smettila. Ti odio!"). Adesso è passato a verbalizzare le sue emozioni in modo non appropriato. Allora potete rispecchiare ciò che pensate stia provando: "Sembri molto arrabbiato". Questo lo aiuterà a organizzare le sue emozioni per esprimere il problema. "Non mi lasci mai fare niente" potrebbe dire. Per aiutare il bambino a risolvere il problema, è importante rispecchiargli ciò che credete di avere udito. "Pensi che io non ti lasci fare ciò che desideri?" A questo punto, il bambino forse sarà in grado di condividere il vero problema con voi: "Volevo giocare con Carmen e tu hai detto che dovevo fare i compiti". Quando il problema è venuto a galla, potete riassumere ciò che è accaduto e insegnare al bambino un altro modo per esprimersi: "Sei rimasto deluso quando hai sentito che non potevi giocare con Carmen. È brutto non poter fare ciò che si vuole. Come posso aiutarti a iniziare i compiti, così poi potrai andare a trovare la tua amica?".

Non sempre è necessario utilizzare tutti e tre i tipi di affermazione (vedere, udire, sentire con il cuore) per realizzare l'empatia, ma la combinazione delle tre è efficace. A ogni rispecchiamento diventano un po' più astratte. Quando rispecchiate ciò che vedete, le vostre parole sono concrete; quando rispecchiate ciò che udite, dovete ascoltare attentamente e comprendere ciò che il bambino vuol dire; quando rispecchiate i sentimenti di vostro figlio, dovete fare affidamento sull'intuito. Se siete in torto, però, vostro figlio vi correggerà.

La nostra comprensione non modifica i limiti di un comportamento. Aiuta il bambino ad accettarli più facilmente.

Il vostro intento è fondamentale: la chiave è l'accettazione

Il vostro intento è fondamentale nell'utilizzo dell'empatia. Se volete *far* sì che vostro figlio smetta di comportarsi o di sentirsi in un certo modo e cercate di utilizzare l'empatia per manipolarlo, il tono della voce tradirà il vostro intento. Una volta mi è capitato di sentire un genitore frustrato dire: "Lo so, è brutto dover andare via. Adesso fila in macchina". Il suo tentativo di essere empatico era finalizzato a far salire il figlio sull'automobile, perciò, ovviamente, non l'ha aiutato ad alleggerire la situazione.

Se intendete aiutare vostro figlio a sentire – ed etichettare – le sue emozioni e volete fargli capire che lo comprendete, dovete parlare con il cuore. L'empatia non è una strategia di manipolazione. Deriva dal potere dell'Accettazione. Dovete accettare il comportamento di vostro figlio per facilitare la sua disponibilità a cambiare. L'accettazione è amore e compassione e gli insegna il proprio valore.

Rispecchiate quello che vedete

Jake entrò in casa sbattendo i piedi e posò lo zaino con tanta forza che fece cadere a terra una sedia. La mamma allungò una mano per toccargli la spalla e attirare la sua attenzione, ma lui la schivò. Con compassione e totale accettazione del figlio, lei gli disse: "Ti sei spostato così [mostrando il gesto] quando mi sono avvicinata per toccarti la spalla". Jake alzò lo sguardo e instaurò un contatto visivo con la madre per la prima volta da quando era arrivato. A quel punto lei continuò a rispecchiare ciò che vedeva: "Sei entrato sbattendo i piedi, con il viso tutto teso, e hai lanciato lo zaino talmente forte che ha fatto cadere la sedia. Dev'essere successo qualcosa di tremendo a scuola". Rispecchiando quello che aveva visto, la mamma aiutò Jake a ritrovare la calma necessaria per parlarle della sua esperienza sconvolgente.

Quando rispecchiate quello che vedete, concentratevi sul corpo del bambino. Prestate molta attenzione all'espressione del viso e alla postura. Se rispecchiate ciò che vedete senza usare il potere dell'Accettazione, il vostro tono sarà sarcastico, e tenterete di manipolare vostro figlio per "tirarlo su". Quando si rispecchia, è fondamentale essere consapevoli dei propri intenti. Siete lì per aiutare il bambino a ritrovare il controllo di sé. Perché ci riesca deve acquisire autoconsapevolezza. Jake stava *esprimendo fisicamente* i suoi sentimenti. Descrivere ciò che vediamo è il modo più efficace che abbiamo per aiutare i bambini a comprendere come i sentimenti guidano le loro azioni.

Rispecchiate quello che sentite con il cuore

I bambini non nascono già capaci di gestire le emozioni, perciò, spesso, fanno affidamento su strategie inefficienti. Tenteranno di farvi provare ciò che stanno provando: è il loro modo di comunicare il proprio stato d'animo. Se siete frustrati, è molto probabile che lo sia anche vostro figlio. Se non riuscite a comprendere che cosa sente, analizzate i vostri sentimenti. Per rispecchiare ciò che vostro figlio potrebbe provare, concentratevi sul linguaggio del suo corpo e non fate troppo affidamento sulle sue parole: potrebbero essere fuorvianti ("Sto benissimo"). Ascoltate i sentimenti che si celano sotto le parole e rispecchiateli a vostro figlio dicendo per esempio: "Sembri arrabbiato", "Sembri triste", oppure: "Sembri davvero entusiasta".

Errori da evitare quando rispecchiate le emozioni

- *Interrogare invece di rispecchiare.* Lo scopo delle domande è carpire informazioni. Lo scopo di rispecchiare è aumentare l'autoconsapevolezza di vostro figlio. Se fate domande *non* state rispecchiando sentimenti. Le domande chiedono ai bambini di pensare, non di sentire. Poi crescono come noi, incapaci di distinguere tra pensiero e sentimento. Evitate di porre domande quali:

  "Sei molto triste, vero?"

  "Perché sei arrabbiato?"

- *Dare l'impressione di sapere tutto.* I vostri rispecchiamenti devono essere dei tentativi, e come tali correggibili. Dovreste lasciare spazio alla risposta o alla possibile correzione da parte del bambino. Le affermazioni che danno l'impressione di sapere tutto *non* sono rispecchiamenti. Per esempio:

  "Devi sentirti triste."

  "So che sei arrabbiato."

  "Tu sei arrabbiato."

  Affermazioni vaghe come: "Sembri arrabbiato" sono di maggiore aiuto.

- *Notare le emozioni con l'intento di alterarle per potersi sentire meglio.* Talvolta i genitori riferiscono cose tipo: "Ho cercato di fargli da specchio. Ho detto: 'Sembri arrabbiato', ma non ha funzionato". Partono dal presupposto che i sentimenti rispecchiati svaniranno, e il bambino improvvisamente sarà di nuovo felice. L'empatia non è uno strumento per eliminare le emozioni del bambino. È un processo che aiuta il bambino a riconoscere e comprendere i suoi sentimenti e se stesso. I sentimenti non hanno bisogno di essere "aggiustati". Non sono sbagliati o pericolosi. Sono parte della nostra umanità e ci aiutano a crescere e a imparare. Senza di loro la vita è vuota.

Rispecchiate quello che udite

Per rispecchiare quello che udite, ascoltate attentamente vostro figlio e poi riassumete le sue affermazioni, parafrasando con le vostre parole ciò che pensate vi abbia comunicato. Gli offrirete così una prova tangibile del fatto che l'avete ascoltato con empatia e avete compreso il suo punto di vista. Se un bambino vi dice: "Non puoi obbligarmi a fare la doccia. Il corpo è mio", voi potreste rispecchiarlo rispondendogli: "Vuoi farmi sapere che per te è importante avere la responsabilità della cura del tuo corpo". Il bambino magari confermerà che è così. Allora potete iniziare a risolvere il problema con la competenza delle Conseguenze o con un'altra a vostra scelta. In questa situazione, potreste dire: "Per prendersi cura del proprio corpo, ci si deve fare la doccia ogni giorno. Oggi quando vuoi prenderti cura del tuo corpo?".

Con un bambino (piccolo) che si esprime in modo non verbale, dovete riassumere le espressioni del suo corpo. Se il viso sembra arrabbiato, dite: "La tua faccia mi sta dicendo che volevi farlo da solo". Se dà un calcio alla porta, potreste dire: "Il tuo piede mi sta dicendo: 'Andiamo'". Poi incoraggiate il bambino a dire: "Andare" o: "Ciao ciao".

La rabbia: l'emozione più difficile da rispecchiare

La tristezza si riconosce dalla postura (si sta rannicchiati come gamberetti al vapore). Può anche manifestarsi attraverso le lacrime, il muso lungo e l'isolamento. La felicità si annuncia con sorrisi, urla gioiose e abbracci. La paura si riconosce dalle unghie rosicchiate, dai movimenti continui e dagli occhi spalancati. Gli adulti in genere sopportano queste manifestazioni purché non siano eccessive. Tuttavia, la rabbia può esprimersi con calci, botte, sputi e parolacce, comportamenti che tendono a spaventare gli adulti. Di conseguenza, l'empatia nei confronti della rabbia è rara. Paradossalmente, però, è la miglior competenza che possiamo utilizzare per aiutare nostro figlio a riacquistare il controllo sulle emozioni e sui comportamenti dettati dalla rabbia. Considerata la pericolosa tendenza all'aggressività che molti bambini manifestano, imparare a rispecchiare la rabbia sarebbe di enorme aiuto sia per i bambini sia per la società.

Le ricerche sui neonati mostrano che è più facile che i genitori facciano da specchio a emozioni positive. Quando un neonato sorride, il papà risponde con un sorriso. Quando fa il broncio, il papà storce la bocca per rispecchiare la tristezza del bambino. Tuttavia, i genitori di solito rispondono alla rabbia con un'emozione diversa. Raramente vedrete un neonato arrabbiato ricevere in cambio una faccia imbronciata che dice: "Mi sembri arrabbiato". Questo trattamento speciale riservato alla rabbia diventa più distorto man mano che il bambino cresce. I genitori solitamente ignorano le bambine arrabbiate, mentre riservano ai maschietti arrabbiati molta attenzione negativa sotto forma di ricatti, minacce e sculacciate. Affinché i bambini possano diventare consapevoli dei loro sentimenti, inclusa la rabbia, e imparino a etichettare, esprimere e controllare le loro emozioni, i genitori devono iniziare a comportarsi in modo diverso.

Dal momento che la loro rabbia è stata ignorata, le bambine imparano che non hanno il diritto di sentirsi arrabbiate, e allora la soffocano. Nella vita adulta, tale rabbia riaffiora facendole diventare assillanti, ipercritiche o depresse. Inoltre, poiché è stata negata loro un'intera gamma di emozioni, queste bambine non riescono a sviluppare una piena autoconsapevolezza. Hanno difficoltà a definire con precisione ciò che vogliono e a esprimere i loro desideri.

I maschietti che ricevono un'attenzione inadeguata quando sono arrabbiati spesso diventano uomini violenti. Gli uomini commettono il novantadue per cento dei crimini: i ricatti conducono all'estorsione, le minacce allo stalking e le sculacciate al pestaggio.

Lavorate con impegno sui Sette poteri dell'autocontrollo e iniziate a rispecchiare la rabbia dei vostri figli. Hanno bisogno di imparare a gestirla. Spesso i bambini ricorrono a espressioni inappropriate che imparano dai genitori e dagli altri. Ascoltate l'emozione che si cela nelle parole del bambino riportate nella tabella 8.1 e notate come un genitore può rispecchiare quell'emozione.

Tabella 8.1

Parole del bambino	Riflessioni del genitore
"Sei stupido."	"Sembri frustrato a causa mia."
"Ti odio."	"Sembri arrabbiato con me."
"È un cretino."	"Sembri irritato con tuo fratello."

Tiriamo le somme: come gestire i capricci

Un capriccio, o una scenata, è uno scoppio di rabbia incontrollato, provocato solitamente dagli sforzi frustrati di un bambino (o di un adulto) per controllare una situazione. La scenata dice: "Ho cercato disperatamente di fare andare il mondo come volevo. Adesso sono così logorato che riesco a malapena a parlare. Mi sento terrorizzato, incapace e impotente".

I capricci li fanno sia gli adulti, sia i bambini. Pensate all'ultimo scoppio di rabbia che avete avuto, e quanto sia stato tremendo il solo pensiero che avreste potuto fare del male a qualcuno. Pensate alla sensazione di conforto che provereste sapendo che, se anche perdeste il controllo, qualcuno accanto a voi rimarrebbe calmo, per garantire la vostra sicurezza e quella dei vostri cari.

I genitori devono capire i capricci e aiutare i bambini a superare la rabbia senza farli sentire abbandonati. Il rifiuto, l'abbandono e la vergogna creano più rabbia e aumentano la probabilità di scenate future. La presenza di un adulto calmo infonde sicurezza ai bambini e insegna loro che la rabbia e l'ira sono inefficaci, riducendo così la probabilità di capricci futuri. Se riuscite ad aiutare vostro figlio a superare una scenata *attraversandola*, poi potete iniziare a insegnargli strategie migliori per modificare una situazione difficile, o per farvi fronte.

Nei bimbi tra i quindici mesi e i tre anni i capricci sono molto comuni. A quest'età la battaglia tra dipendenza e indipendenza è molto accanita. Si chiedono continuamente: "Lo faccio a modo mio o come dicono i miei genitori?". Il conflitto tra "il loro modo e il modo degli adulti" è intenso e impiega da uno a due anni per scomparire. Il problema riaffiora durante l'adolescenza e, a volte, dopo la quarantina. Sebbene in genere i genitori incolpino se stessi per le scenate del figlio, gli scoppi di rabbia riflettono la battaglia interiore del bambino. Le azioni dei genitori possono provocare la scenata, ma non ne sono la causa ultima. Di solito i bambini di uno-due anni fanno i capricci quotidianamente, mentre quelli in età prescolare li fanno almeno una volta alla settimana. Certi atteggiamenti degli adulti incoraggiano i capricci: l'incoerenza, le attese troppo elevate, la severità ingiustificata e l'eccessiva condiscendenza.

Ricordate: solamente mantenendo il controllo su voi stessi potrete aiutare i bambini che hanno perso il controllo (come dicono le hostess in aereo: "Indossate la maschera per l'ossigeno, prima di metterla ai vostri figli"). Anziché cercare di bloccare le scenate, concentratevi sull'aiutare il bambino a superarle, rispecchiandogli ciò che vedete, provate e udite. Leggete con attenzione il prossimo esempio e notate in particolare come la madre rispecchia ciò che vede, prova e sente.

Melissa, sei anni, odiava qualsiasi cosa le provocasse prurito, specialmente le etichette dei vestiti. Un mattino particolarmente concitato, Melissa e la madre, Bobbie Jo, ingaggiarono una lotta di potere dopo l'altra. Quando ormai stava per arrivare lo scuolabus, Bobbie Jo tirò fuori una maglietta nuova a maniche corte dicendo: "Mettiti questa, e fai in fretta". Melissa guardò l'indumento, ma appena vide l'etichetta attaccò la solita lagna. Nel tentativo di fare uscire di casa la figlia in tempo, Bobbie Jo afferrò un paio di forbici per rimuovere l'etichetta. Però Melissa disse: "Posso tagliarla da sola" e si precipitò in una vana ricerca delle sue forbicine. Intanto il tempo passava e lo scuolabus sarebbe arrivato a breve, così Bobbie Jo prese la maglietta e staccò l'etichetta. A quel punto, Melissa perse completamente il controllo. Si gettò a terra e cominciò a urlare e dimenarsi. Bobbie Jo guardò la figlia e pensò: "Non mi piace molto questa mattina". Resistette alla tentazione di sentirsi in colpa per quel pensiero e ricordò: "Disciplinate prima voi stessi e poi i figli". Respirò profondamente e si disse: "Questo momento è così com'è. Rilassati e risolvi il problema". Cominciò a descrivere ciò che vedeva. "Melissa, le tue braccia si muovono così" (la imitò). La bambina continuò a dimenarsi e a gridare. Bobbie Jo ignorò le urla e si concentrò sul suo corpo: "Hai la fronte aggrottata". Cercò di imitare l'espressione di Melissa. La bambina alzò lo sguardo e stabilì un contatto visivo con lei. Bobbie Jo continuò a respirare e sentì che stava raggiungendo la figlia. Riprese: "Tutto il tuo corpo mi sta dicendo che sei arrabbiata". Allora Melissa, imbronciata, spiegò: "Volevo tagliarla *io* l'etichetta". La mamma si accorse che aveva riacquistato quasi del tutto la razionalità e rispose: "Volevi tagliarla tu, ma l'ho tagliata io". Melissa incrociò le braccia e il suo corpo ricominciò a contrarsi. Bobbie Jo proseguì: "Eri rimasta così delusa e frustrata, che non sei riuscita a sopportarlo. È stata una mattinata difficile per entrambe". Melissa iniziò a singhiozzare e andò a sedersi in braccio alla mamma. Bobbie Jo la cullò dolcemente e rimasero così fino all'arrivo dello scuolabus.

In questa storia, Bobbie Jo si è mantenuta abbastanza calma da aiutare la figlia a superare la scenata. Quando rimanete calmi, siete di grande aiuto per i vostri figli. Se non ci riuscite, la cosa migliore da fare è allontanarsi dal bambino (o allontanare lui). Potreste dire: "Sono troppo agitato per aiutarti in questo momento. Me ne vado in camera mia a calmarmi". Oppure: "Siamo entrambi agitati. Tu vai in camera tua e io vado nella mia a calmarmi". Se vostro figlio cerca di colpirvi o darvi un calcio, trattenetelo e dite: "Non ti permetto di fare del male né a me né a nessun altro. Il mio compito è di tenerti al sicuro. Quando riterrò che siamo entrambi al sicuro, ti lascerò andare".

Ricerche condotte su ottocento famiglie hanno dimostrato che i genitori gestivano le scenate con i seguenti metodi: assecondando le richieste del figlio (74,6 per cento); ordinandogli di smetterla e criticandolo (53,6 per cento); trattenendolo fisicamente (48,2 per cento); isolandolo per un certo periodo (31,1 per cento); ragionando con il figlio (26,8 per cento); sculacciandolo (20,4 per cento). Quando i genitori reagiscono alle scenate isteriche arrendendosi, rifiutando, abbandonando o facendo vergognare i figli, aumentano le probabilità di altre scenate. Tuttavia questi sono i metodi più diffusi tra quelli adottati dai genitori.

Le ricerche hanno anche dimostrato che i bambini irritabili diventano adulti irritabili. I bambini ancora soggetti a scenate a dieci anni sono stati studiati nei trent'anni successivi della loro vita e si è scoperto che la tendenza agli attacchi di rabbia di quei bambini si è trascinata fino all'età adulta (Caspi, Bern, Elder, 1987).

Bisogna esercitarsi, ma ne vale la pena

Recentemente ho incontrato una madre a cui avevo insegnato a utilizzare le Sette competenze disciplinari fondamentali. Mi ha abbracciato e mi ha detto: "Grazie! Ha salvato la vita a mia figlia". Una delle migliori amiche della ragazza era morta in un incidente stradale e lei ne aveva sofferto moltissimo. La madre mi raccontò che, prima di incontrarmi, avrebbe tentato di "aggiustare" i sentimenti della figlia dicendo cose tipo: "So che è difficile, ma presto ti sentirai meglio. Ricorda i bei momenti passati insieme e cerca di distrarti". Questa madre era profondamente grata di aver imparato ad accettare il dolore della figlia man mano che si manifestava e ad aiutarla a sentire i propri sentimenti. I genitori di un'altra amica della ragazza deceduta avevano cercato, invece, di minimizzare il dolore della figlia nel tentativo di aiutarla. Ma purtroppo lei si tolse la vita. La madre che avevo seguito mi disse: "Mia figlia mi ha guardato e mi ha detto: 'Magari avesse avuto una mamma come te. Sarebbe ancora viva'". Il potere dell'empatia è fenomenale.

È il momento di cominciare!

Iniziate subito a utilizzare la competenza dell'Empatia. Usatela quando vostro figlio è arrabbiato, per aiutarlo a sentirsi compreso e quindi più incline a collaborare. L'Empatia, come tutte le Sette competenze disciplinari fondamentali, si usa in combinazione con un'altra competenza. Dopo aver offerto empatia a vostro figlio, potreste aver bisogno di stabilire un limite o una conseguenza. Allenatevi con i seguenti passi.

- *Sentite i vostri sentimenti.* Da dove nasce la rabbia nel vostro corpo? Che sensazione dà? Dove percepite la tristezza, la felicità o l'ansia? Come vi fanno sentire?
- *Accettate i vostri sentimenti ed esprimeteli* allenandovi a completare le seguenti affermazioni: "Mi sento ____________". Riempite lo spazio con una parola che descrive un sentimento.
- *Quando vi ritrovate a pensare*: "Non dovrei sentirmi ________________", sostituite la frase con: "Mi sento ________________ e va bene così".

- *Quando vostro figlio è arrabbiato, offritegli empatia* rispecchiando quello che vedete, quello che udite e quello che sentite che sta provando. Non giudicate. Descrivete.
- *Ascoltate i sentimenti e i pensieri di vostro figlio senza cercare di modificarli.* Vostro figlio sarà in grado di cambiare se gli rispecchiate un'immagine chiara.
- *Non mettete sullo stesso piano la mancanza di rispetto e la disubbidienza.* Per farlo, respirate profondamente un paio di volte, utilizzate il potere dell'Accettazione e dite a voi stessi: "Questo momento è così com'è". Poi rispondete con calma al figlio che ha perso il controllo.

CAPITOLO 9

Le Conseguenze

Aiutare i bambini a imparare dai propri errori

Di recente, notando che i miei jeans preferiti mi stavano un po' stretti, decisi di fare più movimento e seguire rigorosamente una dieta dimagrante. Rimasi fedele al mio programma per due settimane e poi, tutta orgogliosa, mi premiai con un paio di pantaloni nuovi. Poco tempo dopo, dovetti partire per alcuni viaggi di lavoro e interrompere le mie abitudini salutari, così i jeans (sia quelli vecchi, sia quelli nuovi) tornarono a starmi stretti.

Immediatamente iniziai a biasimarmi con monologhi interiori ipercritici. Mi dicevo: "Perché sono così stupida? Non riesco mai a portare a termine niente. Merito di essere brutta e grassa". Mi sentivo in colpa per essere ricaduta nell'errore e mi consideravo una fallita. In quelle poche settimane avevo riprodotto lo schema infantile delle ricompense e delle punizioni. Mi ero premiata per aver seguito il programma (pantaloni nuovi); mi ero castigata per aver fallito (monologhi ipercritici). Né la ricompensa né la punizione mi hanno però motivato a sufficienza da riprendere il mio percorso salutare. Dopo averci riflettuto sopra, ho capito che premi e castighi non mi hanno mai aiutato veramente a imparare o a crescere.

Le punizioni e le ricompense sono conseguenze che i genitori utilizzano per manipolare le azioni dei figli. Spesso gli adulti mettono sullo stesso piano punizioni e premi con la disciplina. Una madre che ho seguito in terapia aveva un figlio aggressivo. Le ho spiegato come *insegnare* a suo figlio a comunicare con le parole piuttosto che con i pugni. Alla fine mi ha detto: "Okay, posso farcela anch'io, ma quando dovrò punirlo?". Molti genitori sono convinti che il bambino non ottenga o impari nulla finché non riceve una punizione. Questi genitori utilizzano spesso ricompense e punizioni, escludendo tutte le altre strategie disciplinari.

Nessuna delle frasi che seguono vi suona familiare? "Fai i compiti appena torni da scuola altrimenti stasera non guardi la televisione." "Che bella pagella. Per ogni 10 ti meriti 2 euro. E per ogni 9, 1 euro." "Sai che non si picchia il fratellino. Vattene in camera tua e restaci per dieci minuti".

Una ricompensa o una punizione implicano che l'adulto giudichi un comportamento "buono" o "cattivo" e poi dia qualcosa di buono o cattivo per esprimere tale giudizio. Quando gli adulti fanno costante ricorso a premi e castighi, i bambini tendono a basarsi sul giudizio altrui per prendere le proprie decisioni morali. Le ricompense e le punizioni creano "il controllo altrui". I figli crescono concentrandosi su quello che viene richiesto loro e su quello che, in cambio, richiederanno loro agli altri. Molti genitori si stupiscono nell'apprendere che le conseguenze possono assumere forme diverse dai premi e dalle punizioni. In questo capitolo imparerete a passare dai castighi e dalle ricompense ad altri tipi di conseguenze.

Le conseguenze aiutano i bambini a pensare agli effetti delle proprie scelte e a trarre conclusioni sulla bontà di quelle scelte, rafforzando il loro senso di responsabilità, cioè la capacità di rispondere in modo appropriato alle situazioni. Le conseguenze possono essere: naturali, imposte o *problem solving*[6]. I bambini che sperimentano questi tipi di conseguenze sviluppano una propria bussola morale interiore.

L'assurdità del fare troppo affidamento su punizioni e premi

Domani voglio che io e *voi* ci incontriamo all'ospedale Johns Hopkins, dove mi sottoporrete e un'operazione chirurgica a cuore aperto. Per aiutarvi, utilizzerò punizioni e ricompense. Se eseguirete l'intervento ma io morirò, vi sarà sequestrata l'automobile (punizione); se sopravvivrò all'operazione e guarirò, riceverete un'automobile nuova (ricompensa).

Una punizione o una ricompensa possono aiutarvi a eseguire un intervento chirurgico? Ovviamente no. Sia che voi perdiate l'automobile, sia che ne vinciate una nuova, non riuscirete a effettuare

6 Locuzione inglese con la quale si indica l'insieme dei processi volti alla risoluzione di situazioni problematiche. [*N.d.T.*]

un intervento di cardiochirurgia, poiché siete impreparati e non ne avete le competenze (almeno la maggior parte di voi). Spesso esigiamo dai nostri figli un comportamento al quale non sono preparati. Se vi servite delle punizioni e dei premi come basi per ottenere la disciplina, non insegnerete ai bambini le *competenze* di cui hanno bisogno per comportarsi bene. Li ritenete responsabili di non aver utilizzato competenze comportamentali che prima di tutto non hanno imparato. Di conseguenza, è probabile che si sentiranno inadeguati, dal momento che non saranno in grado di soddisfare le vostre aspettative.

Le ricerche indicano che il cervello opera in modo diverso quando è sottoposto alla minaccia di ricevere una punizione o di perdere una ricompensa. In tale situazione, il cervello reagisce convogliando un flusso sanguigno più intenso verso i propri centri di sopravvivenza, e un flusso ridotto verso quelli del pensiero superiore. Quando entra in "modalità" sopravvivenza, è quindi meno capace di programmare, riconoscere un modello, ricevere informazioni, essere creativo, classificare le informazioni e risolvere i problemi. Molti di noi hanno sperimentato questo fenomeno al momento di sostenere degli esami, alle superiori o all'università. Il nostro cervello cercava freneticamente una risposta che sapevamo di conoscere, ma che in quel frangente non ci veniva in mente. Nell'istante in cui consegnavamo la prova d'esame e uscivamo, liberi dalla tensione, la risposta ci balenava all'improvviso. I bambini sotto minaccia compiono scelte guidate puramente da reazioni biologiche. Nel corso del tempo, quest'approccio crea bimbi impulsivi, che si oppongono al cambiamento e non sono in grado di risolvere i problemi in modo costruttivo. Una guida amorevole richiede che non si faccia affidamento sulle punizioni e le ricompense e ci si concentri invece sulle conseguenze, per aiutare i bambini a imparare dai propri errori.

Imparare dai propri errori

Quanti di voi hanno accettato sinceramente il concetto che gli errori rappresentino un'opportunità di apprendimento? Pensate all'ultimo errore che avete commesso. Magari era piccolo, ma nella vostra mente appariva enorme. Come l'avete affrontato? Vi siete detti: "Ho commesso uno sbaglio. Che cosa posso imparare da questo? Posso migliorare?". Oppure la vostra mente si è fissata sul tema della vostra inettitudine: "Come ho potuto fare una cosa del genere? Sono una persona orribile. È tutta colpa mia". O forse ancora la vostra mente si è appigliata alla cattiveria altrui: "Avrebbe dovuto dirmelo. Bell'amico che è! Io non tratterei mai così una persona".

Per contro, quando sentite di aver fatto qualcosa di giusto, vi reputate persone degne e amabili? Secondo voi come abbiamo appreso questi monologhi interiori, nei quali ci fustighiamo per i nostri errori o ci montiamo la testa per ciò che consideriamo un ottimo risultato? Potreste pensare che facciano parte della natura umana, ma non è così. Si tratta di un modello acquisito. Abbiamo interiorizzato un sistema di valori in cui ci disponiamo a sentirci bene se crediamo di essere nel giusto, e male se crediamo di essere in torto. Basandoci su questo tipo di sistema, ci ritroviamo regolarmente alle prese con lotte di potere nel disperato tentativo di avere sempre ragione. Avere torto è troppo doloroso. Ecco lo schema mentale: compiacere gli altri rende buoni, deludere gli altri rende cattivi. Noi trasmettiamo tale sistema ai nostri figli.

Non è nella natura umana sentirsi cattivi per i propri errori e buoni per i propri successi. Quest'attitudine mentale si apprende.

Le ricompense e le punizioni che gli adulti impongono ai bambini in realtà impediscono loro d'imparare dai propri errori. I genitori devono aiutare i figli a comportarsi come *scienziati che studiano il proprio comportamento*. Il bimbo ha raggiunto il risultato desiderato? Se non l'ha fatto, quali altre strategie potrebbe provare la prossima volta, in una situazione simile? I bambini devono imparare ad analizzare il proprio comportamento e a compiere cambiamenti al fine di raggiungere i loro veri obiettivi. In questo modo diventano consapevoli delle proprie azioni e, a loro volta, se ne sentono responsabili. Grazie alla consapevolezza sono più capaci di autocontrollo, sviluppano l'intelligenza emotiva e imparano dai propri sbagli. Le punizioni e le ricompense fanno affidamento sui giudizi; le conseguenze sulla riflessione.

I genitori devono aiutare i figli a comportarsi come scienziati che studiano il proprio comportamento.

L'intenzione: la chiave del successo

La competenza di utilizzare le Conseguenze con i bambini nasce dal potere dell'Intenzione. La vostra intenzione nell'imporre delle conseguenze ne determinerà l'efficacia. Il potere dell'Intenzione ci ricorda di servirci dei momenti di conflitto come opportunità per insegnare, non per punire.

Tutti noi abbiamo subito le conseguenze del nostro comportamento. A tutti è capitato di mangiare o bere troppo. Le conseguenze possono essere state spiacevoli, eppure molti hanno ripetuto l'errore. Altre volte, invece, abbiamo davvero imparato dall'esperienza, dicendo a noi stessi: "Non lo farò mai più" e tenendo fede all'impegno preso. Che cosa determina se cambiamo abitudini o ripetiamo gli errori? La risposta sta nelle intenzioni. Quando imponiamo conseguenze a noi stessi con un intento punitivo o permissivo, blocchiamo la nostra capacità di riflettere e imparare; anzi, tali intenzioni provocano un eccesso di biasimo, che può essere diretto a noi stessi o agli altri. Il biasimo a sua volta inibisce il cambiamento positivo, poiché fa concentrare l'attenzione sulla ricerca della colpa anziché delle soluzioni.

Intento punitivo: far sentire in colpa il bambino

Se imponete conseguenze con l'intento di far sentire in colpa vostro figlio, lo indurrete a concentrarsi sulla propria inadeguatezza. Allora potranno verificarsi due cose: 1) vostro figlio potrebbe autopunirsi e sentirsi a disagio con se stesso, oppure 2) potrebbe accusare gli altri di essere cattivi, in modo da difendersi dal senso di colpa. Nessuno di questi stati d'animo lo invoglierà a riflettere. I genitori spesso pensano che se un bambino si sente in colpa per qualche misfatto, non ripeterà quel comportamento. Non funziona così. Ecco un esempio.

Situazione: La madre di un bambino di nove anni gli aveva ripetuto svariate volte di togliere la bicicletta dal vialetto e di riporla in garage. Lui si dimenticava sempre e, alla fine, la bicicletta è stata distrutta da un'automobile.

- *Risposta punitiva (mirata a ispirare senso di colpa)*: "Non mi hai ascoltato e adesso guarda! Non venire a piangere da me. Non guarderai la televisione per una settimana, e andrai in giro senza bici. Sei così irresponsabile che non te la meriti."

In questo caso il genitore ha dettato al figlio come dovrebbe sentirsi riguardo alla bicicletta distrutta. "Dovresti sentirti malissimo" era il messaggio. Il rimprovero della madre, in realtà, ha impedito al bambino di provare un sentimento di perdita, di rendersi conto di aver deluso la mamma e di non aver seguito un buon consiglio. Inoltre, ha affermato chiaramente che se solo lui l'avesse ascoltata, queste cose "brutte" non sarebbero mai accadute. Per imparare a controllarsi, il bambino ha bisogno di sapere che cosa prova *lui*, non che cosa dovrebbe provare secondo gli *altri*. Deve anche imparare a fidarsi dei propri sentimenti, poiché lo guideranno per tutta la vita.

Una persona che non ha accesso ai propri sentimenti è come una barca senza timone.

Il biasimo impedisce che si verifichi un cambiamento in futuro, poiché concentra l'attenzione sulla ricerca della colpa, anziché indurre a riflettere sulle soluzioni.

Intento permissivo: soccorrere il bambino

I genitori impediscono ai figli di imparare dai propri errori anche prestando loro soccorso. Quando gli adulti negano o impongono conseguenze con l'obiettivo di proteggere un figlio dalla sofferenza che deriva naturalmente dalle sue scelte, il bambino perde un'occasione per imparare. Eccovi due esempi: uno illustra un soccorso che nega le conseguenze; l'altro illustra un soccorso che impone conseguenze.

SITUAZIONE: La stessa dell'esempio precedente. La bicicletta è stata lasciata fuori ed è stata distrutta da un'automobile.

- *Risposta che soccorre (negando le conseguenze)*: "Guarda la tua bici! Oh, tesoro, non piangere. Ho cercato di avvisarti, ma non preoccuparti, va tutto bene." Il bambino continua a piangere finché la madre dice: "Ne compreremo una nuova".

Situazione: È ora di cena e il menu prevede hamburger, piselli e riso. Tutta la famiglia sa che a Jacob piace solamente il cheeseburger, ma non c'è più formaggio in casa. Il programma per la serata è di mangiare e poi andare al parco per la festa di Halloween.

- *Risposta che soccorre (imponendo conseguenze)*: Jacob dice: "L'hamburger non lo mangio. A me piace il cheeseburger". La madre risponde: "Non ho formaggio. Mangia l'hamburger, così poi possiamo andare al parco per la festa". Jacob si rifiuta categoricamente. La madre è preoccupata che più tardi possa venirgli fame, quindi aggiunge: "Mangia, altrimenti non andiamo al parco". Jacob risponde: "Non me ne importa. Non lo mangio". La lotta di potere continua finché la madre dichiara: "Decidi tu: se mangi l'hamburger usciamo, se non lo mangi restiamo in casa". Le sorelle di Jacob, che vogliono andare al parco, protestano, perché la loro serata dipende dal piatto vuoto di Jacob. Alla fine, la famiglia rimane in casa.

Insegnare a distinguere il bene dal male

Quando le vostre intenzioni sono punitive o permissive, il vostro obiettivo finale è il controllo. State dettando i sentimenti che vostro figlio dovrebbe avere, o lo state proteggendo da sentimenti che potrebbe aver nutrito. Entrambe le posizioni lo escludono dai sentimenti che sarebbero sorti naturalmente dalle sue scelte. Sia il bambino che è stato fatto sentire in colpa per la bicicletta, sia quello protetto dal senso di perdita non hanno avuto l'opportunità di provare le emozioni derivanti dal proprio comportamento disattento. E allo stesso modo Jacob non ha provato cosa significhi sentirsi affamati fuori casa. In tutti e tre i casi, il genitore ha assunto il controllo di quello che il figlio poteva sentire.

Un figlio che viene isolato dai propri sentimenti manca degli strumenti emozionali essenziali per decidere se sta andando o meno nella direzione giusta. Senza questi strumenti, non può decidere di cambiare rotta e fa affidamento sugli altri per dirigere la propria vita.

Vostro figlio può maturare imparando a distinguere il bene dal male dagli altri, o può impararlo da solo, attraverso la consapevolezza delle proprie emozioni. A voi la scelta.

Se imponete conseguenze con l'intento di far sentire in colpa vostro figlio, non assisterete a un cambiamento duraturo nel suo comportamento.

Insegnare conseguenze efficaci

Quando state per imporre una conseguenza, chiedetevi: "Su che cosa sto concentrando la mia attenzione?". L'intenzione dipende dall'attenzione. Se siete concentrati su ciò che volete che vostro figlio senta o pensi (o non senta e non pensi), il vostro obiettivo è il controllo. Per insegnare, dovete concentrarvi su ciò che è realmente accaduto, sugli aspetti di vostro figlio che volete mettere in luce, sulle cose su cui volete farlo riflettere, e su quelle che volete che impari.

Essere consapevoli del proprio intento quando si impongono delle conseguenze è la chiave della loro efficacia.

Per tornare all'esempio della bicicletta, analizziamo insieme il processo di apprendimento passo per passo.

- *Che cos'è accaduto?* Il bambino ha lasciato la bicicletta nel vialetto e un'automobile l'ha distrutta.
- *Quali aspetti di vostro figlio volete mettere in evidenza?* Il messaggio potrebbe essere: "Sei in grado di affrontare questo problema e di imparare da esso. Puoi diventare più coscienzioso e fare scelte migliori".
- *Su che cosa volete che rifletta?* Sul senso di perdita e sul desiderio di essere più attento.
- *Che cosa volete che impari?* Che se non si prende cura delle sue cose, potrebbe non trovarle più. Che sostituire le cose materiali richiede soldi e fatica.
- *Che cosa potreste dire?* "Tesoro, mi sembri disperato. Hai lasciato fuori la bicicletta e adesso è distrutta. È un vero peccato che tu ce non l'abbia più."

Lasciate che sia vostro figlio a portare via la bicicletta a pezzi. Voi potreste guidare le sue azioni: "Mercoledì lascia la bici al cassonetto, dove gli operatori ecologici la ritireranno". Se vi chiede una bici nuova, potreste rispondere: "Hai lasciato fuori la bicicletta. Se ne vuoi un'altra, devi guadagnare e risparmiare soldi per ricomprarla". Se fa storie o ha un attacco d'ira, è normale (si veda cap. 8, per aiutare i bambini a gestire la frustrazione). Fissate un limite e attenetevi a questo. Magari aiutate vostro figlio a ideare un piano per mettere da parte dei soldi ("Potresti iniziare a guadagnare qualcosa facendo dei lavoretti in casa e in giardino").

Gestendo in questo modo la situazione, dalla sua perdita il bambino imparerà le seguenti lezioni: 1) le mie scelte possono avere risultati deludenti; 2) posso avere emozioni forti e dolorose; 3) i sentimenti di dolore non sono una scusa per evitare la responsabilità delle mie azioni; 4) l'autorità esiste per fissare dei limiti e aiutarmi a operare con successo al loro interno; 5) ottenere le cose che voglio richiede energia, fatica e attenzione; 6) per ottenere ciò che voglio a volte devo aspettare; 7) quando commetto un errore, posso rimediare e risolvere il problema che ho creato.

Confrontiamo l'esempio della bicicletta con il seguente. In palestra, ho sentito una signora che spiegava come mai quella mattina era arrivata in ritardo. La sera prima, verso le otto, il suo figlioletto di otto anni l'aveva informata che come compito per il giorno dopo doveva costruire una casetta di legno. Di solito il bambino andava a letto alle otto e mezzo. Per "aiutarlo", la madre era rimasta alzata a lavorare con lui fino alle undici. Rideva nel descrivere i muri tutti storti della casetta, ma era felice di aver finito il modellino in tempo. Dopo aver raccontato di come aveva salvato il figlio, si è lanciata in una lunga paternale sull'irresponsabilità dei bambini.

Questa madre ha insegnato al figlio molte lezioni: 1) le persone ti salveranno dalle tue scelte; 2) se permetti agli altri di salvarti, starai meglio di prima; 3) l'autorità esiste per piegare le regole alle tue esigenze, così puoi avere la sicurezza di farcela; 4) senza l'aiuto degli altri non ce la farai mai; 5) fare qualcosa da solo non andrà mai abbastanza bene; 6) aspettare l'ultimo momento ripaga; 7) non puoi fallire perché gli altri ti salvano sempre.

TEST: AVETE CAPITO?

Qui di seguito sono presentate cinque conseguenze che un adulto potrebbe imporre a un figlio. Leggete le situazioni descritte e segnate accanto a ciascuna una **P** se l'intento è Punitivo, una **S** se l'intento è di Soccorrere e una **I** se l'intento è di Insegnare.

SITUAZIONE: Mentre sta mangiando, Carl rutta e lancia in giro il cibo. Suo fratello vorrebbe unirsi al divertimento.

Possibili affermazioni del genitore:

1. "Carl, stai facendo dei versi e lanci il cibo. Il che significa che non hai più fame. Chiedi il permesso di alzarti e porta il tuo piatto nel lavandino." ____
2. "Carl, ti stai comportando da maleducato. Continua così e puoi scordarti la televisione per stasera." ____
3. "La cena è un momento per parlare e stare insieme. Il tuo comportamento mi dà fastidio. Puoi finire di mangiare da solo in cucina, o rimanere con noi." Se Carl continua a fare versi, viene spedito in cucina a mangiare da solo. ____
4. "Che problema c'è? Non ti piace quello che hai nel piatto? Vuoi qualcos'altro?" ____
5. "La tua maleducazione ci sta rovinando la cena. Lo sai che non si fa così. Datti una regolata, o non andrai alla gara di atletica." ____

RISPOSTE: L'intento di insegnare si trova nelle risposte 1 e 3. Le risposte 2 e 5 rappresentano un intento punitivo. La risposta 4 esprime l'intento di soccorrere.

Se utilizzate regolarmente le conseguenze con l'intento di punire o soccorrere vostro figlio, è probabile che lui eviterà di assumersi la responsabilità delle proprie azioni. Forse svilupperà schemi di pensiero come quelli che seguono, basati sulla colpa e la ritorsione.

- *Risentimento*. Vostro figlio confronterà il suo comportamento con quello degli altri. Si concentrerà sul perché lui sia stato colto in flagrante e gli altri no.

  Esempio: "Non è giusto"; "Te la prendi sempre con me"; "Sei proprio cattivo".

- *Vendetta*. Vostro figlio si concentrerà sul vendicarsi con la persona che l'ha punito, o con quella che lui ritiene responsabile del problema.

  Esempio: "Gli faccio vedere io"; "Mi faccio bocciare in quarta, così impara"; "Adesso di sicuro non metto in ordine la cameretta".

- *Ribellione*. Vostro figlio si concentrerà sul non essere colto in flagrante.

  Esempio: "Faccio quello che voglio, starò solo più attento a non farmi beccare la prossima volta".

- *Autostima ridotta*. Vostro figlio si concentrerà sul compiacere gli altri.

  Esempio: "Devo essere davvero cattivo e quindi merito una punizione"; "Fanno così per il mio bene"; "Devo sforzarmi di più di essere bravo".

- *Apatia*. Vostro figlio potrebbe fare di tutto per evitare gli altri.

  Esempio: "Mi arrendo. Non posso vincere, perché provarci? Voglio solo essere lasciato in pace".

Con quale frequenza voi adottate questi schemi di pensiero? Riuscite a vedere una relazione tra la disciplina che avete ricevuto da bambini e i vostri pensieri attuali?

Poco tempo fa mi recai a un seminario nello stato del Montana. In aereo ero seduta vicino a una madre e ai suoi due bambini. Dietro di me c'era un bimbo sui quattro anni, che aveva solo due robot con cui giocare, e il viaggio durava ben quattro ore. Alla fine, per divertirsi, iniziò a sbatacchiare il tavolino dietro lo schienale del mio sedile, facendolo vibrare.

Dal momento che sono un'esperta di disciplina, potreste immaginare che sia riuscita a gestire facilmente quella situazione. La mia prima decisione fu di rimanere in silenzio, nella speranza che il piccolo la smettesse. Intanto, ribollivo di rabbia e continuavo a biasimare la madre. Più ero critica nei suoi confronti, più mi irritavo. Stavo per reagire, quando mi chiesi: "Becky, vuoi che questo bambino la paghi per il disagio che ti sta causando, o vuoi insegnargli come comportarsi?". La risposta che mi diedi fu: "Deve pagarla!". Così mi girai di colpo e mi rivolsi a tutti in modo freddo e sgarbato. Il bambino smise di sbatacchiare il tavolino, ma l'intera famiglia si irritò. Il piccolo iniziò a fare i capricci. La madre diventò intollerante e gli diede uno schiaffo. Lui scoppiò a piangere.

In ogni situazione conflittuale dovete scegliere consapevolmente di mantenere l'autocontrollo e concentrarvi sull'insegnare.

Decisi di perdonarmi per la mia pessima gestione di quella situazione e di lavorare sulle competenze di cui avrei avuto bisogno la prossima volta che si fosse presentato un evento simile. Sapevo di non voler ripetere un comportamento del genere, perciò usai quel fatto spiacevole per accrescere la mia determinazione a cambiare i vecchi schemi. All'inizio avevo immaginato che, divenendo più consapevole di come stavo trattando i bambini, sarei stata per sempre una persona amorevole e al contempo risoluta. Ho scoperto che non è assolutamente così. Dobbiamo scegliere consapevolmente come comportarci in *ogni singola interazione*. Io avevo "scordato" di fare uso del potere dell'Intenzione, che ci ricorda di utilizzare il conflitto come un momento d'insegnamento, piuttosto che un'opportunità per attaccare.

Tipi di conseguenze

Talvolta le conseguenze si presentano in modo naturale. Camminate sotto la pioggia senza l'ombrello e vi bagnate. Un bambino tocca i fornelli e si brucia. Le conseguenze naturali accadono senza un intervento prestabilito da parte di un adulto. Se vostro figlio non si lega i lacci delle scarpe, potrebbe inciampare. Se un bambino tratta ripetutamente male i sui amici, potrebbe ritrovarsi senza amici. Queste conseguenze sono possibili – a volte probabili – risultati di scelte personali, ma ricordate che le vostre interazioni con l'ambiente generano una vasta gamma di risultati possibili. Un bambino con le scarpe slacciate potrebbe *non* cadere. Gli adulti tendono a esagerare con le loro previsioni di pericolo: "Se corri, *cadrai*"; "Se non mangi la verdura, ti *ammalerai*". Questi avvertimenti catastrofici trasmettono due messaggi:

1. Gli adulti sanno tutto e possono predire il futuro. Bisogna ascoltarli e dipendere da loro.
2. Non abbiamo alcun controllo sugli eventi della nostra vita.

I bambini che interiorizzano tali convinzioni diventano adulti che affidano ad altri il proprio potere, si sentono vittime della vita e, se possono, evitano le responsabilità. Fortunatamente, le conseguenze naturali offrono opportunità di apprendimento *molto efficaci*.

Talvolta le conseguenze si verificano a causa di strutture imposte. Se non pagate le tasse, ci saranno sanzioni. Se un bambino si rifiuta di mangiare, potrebbe sentire fame prima del prossimo pasto. Le conseguenze imposte nascono da codici di condotta prestabiliti. Derivano dai limiti che abbiamo fissato, come per esempio: "Puoi giocare fuori fino alle cinque"; dalle competenze che abbiamo insegnato, quali: "Quando vuoi che tuo fratello si sposti, devi dire: 'Spostati, per favore'"; e dalle nostre aspettative, per esempio: "Mangia con le posate". Quando a un bambino è stato insegnato come comportarsi in una certa situazione e lui sceglie di essere indisciplinato, bisognerebbe imporre una conseguenza: si potrebbe vietargli di giocare all'aperto dopo la scuola per alcuni giorni, o col fratello, o gli si potrebbe ordinare di alzarsi da tavola senza finire la cena.

Affinché le conseguenze delle loro scelte siano efficaci opportunità di apprendimento, dovete concedere ai bambini la possibilità di avvertirle. Questo, probabilmente, è uno dei compiti più difficili che un genitore si trovi ad affrontare, tuttavia è davvero importante. I bambini proveranno rabbia, delusione, imbarazzo, paura e altre emozioni dolorose. Il dolore è il segnale del nostro corpo che qualcosa non va. Dice: "Fai attenzione e compi scelte diverse". Le persone che ignorano il dolore corrono il rischio di incappare in esperienze disastrose. Un'estate, mentre ero in vacanza in Alaska, decisi di fare un'escursione fino in cima a una vetta con alcuni amici. A metà strada provai un forte dolore alle ginocchia. Non ci badai e continuai a camminare fino a 1500 metri di altitudine. Quella scelta infelice mi ha rovinato le ginocchia.

Il dolore psicologico lavora nello stesso modo. La delusione, l'imbarazzo, la tristezza, la frustrazione sono tutti segnali che dicono: "Fai attenzione e compi scelte diverse". Se ignoriamo i nostri sentimenti o li proiettiamo sugli altri ("Guarda come mi hai fatto sentire"), continueremo a compiere le stesse scelte sbagliate e a dare la colpa agli altri. Permettere ai nostri figli di sentire le emozioni associate alle loro scelte è una parte fondamentale della responsabilità dell'insegnamento.

Fermare il "gioco della colpa"

I bambini a cui è permesso sentire le proprie emozioni, anziché le prediche, le minacce e la nostra rabbia apprenderanno che cosa significa essere responsabili delle proprie azioni. Il "gioco della colpa" ("Ha iniziato lui"; "Non sono stato io"; "Me l'ha fatto fare lui") perderà di significato. I cinque passi seguenti vi aiuteranno a insegnare ai vostri figli a imparare dalle conseguenze dei loro errori. Insieme, formano l'acronimo GAMES (giochi).

G = offrire una Guida attraverso i limiti, i risultati possibili e le scelte.

A = Accordare al bambino la possibilità di trarre esperienza dalle conseguenze delle sue scelte.

M= essere Modelli di autocontrollo.

E = offrire Empatia al bambino.

S = aiutare il bambino a riflettere su nuove Strategie.

G (Passo 1) *Offrire una guida attraverso i limiti, i risultati possibili e le scelte.* I limiti si possono imporre dicendo ai bambini che cosa fare (usando il potere dell'Attenzione). Per esempio, potete dire a vostro figlio: "Cammina, non correre, intorno al bordo della piscina. Il pavimento è scivoloso". Poi potete descrivere i possibili risultati di alcuni comportamenti: "Se scegli di correre, potresti cadere e sbucciarti le ginocchia". Così trasmettete due messaggi importanti a vostro figlio: 1) è responsabile di ciò che può o non può capitargli in questa situazione e 2) mediante la consapevolezza può sviluppare una sua personale saggezza. Una volta che avrete detto al bambino che cosa fare, potete presentargli scelte e conseguenze imposte. Potreste dire: "Puoi giocare all'aperto fino alle cinque. Dopodiché hai due possibilità. Puoi entrare o continuare a giocare. Se scegli di rimanere ancora fuori, non potrai più uscire per due giorni".

A (Passo 2) *Accordare al bambino la possibilità di trarre esperienza dalle conseguenze delle sue scelte.* Non tentate di soccorrere vostro figlio con ammonimenti eccessivi: "Ricordati di camminare e non correre". Non tentate di farlo sentire in colpa: "Se tu fossi rientrato per le cinque, non avresti avuto questo problema". "Che cosa ti avevo detto?"

M (Passo 3) *Essere modelli di autocontrollo. Mantenetevi calmi e tranquilli.* Utilizzate la bocca solamente per respirare e rimanere in silenzio.

E (Passo 4) *Offrire empatia al bambino se compie una scelta sbagliata.* L'empatia aiuta vostro figlio a sentire le proprie emozioni e ad appropriarsi delle proprie scelte. Potreste dire: "Oh, guardati le ginocchia; ti faranno male. È stata proprio una brutta caduta". Oppure: "Che peccato! So quanto ti piace giocare fuori dopo la scuola. Sarà noioso rimanere chiuso in casa. Puoi giocare in camera tua o in soggiorno. Decidi tu". (Le scelte aggiunte all'empatia sono di grande aiuto.)

S (Passo 5) *Aiutare il bambino a riflettere su nuove strategie.* Potreste dire: "T'interessa imparare dei modi per ricordarti che intorno al bordo della piscina si cammina o che devi rientrare per le cinque?".

Qui sotto riporto tre esempi delle tecniche GAMES in azione. Le lettere, G A M E S, evidenziano quale passo è utilizzato.

Fare i compiti

Julie notò che il figlio Mark, dieci anni, era molto svogliato nel fare i compiti. Per aiutarlo gli si avvicinò, aspettò di stabilire un contatto visivo e disse: "Quando torni da scuola, prima di andare a giocare, fai i compiti. Se rimani seduto a sognare a occhi aperti o fai i compiti frettolosamente e senza impegno, potresti non prendere la sufficienza" (**G**).

Mark continuò a starsene seduto con lo sguardo perso nel vuoto e a impegnarsi poco nel suo lavoro. In pagella si ritrovò cinque insufficienze e due sufficienze (quando i voti precedenti erano stati tutti ottimo e distinto) (**A**). Julie sapeva che Mark era dispiaciuto e resistette alla tentazione di dirgli: "Te l'avevo detto" o di fargli una predica (**M**). Invece disse: "Mi sembri dispiaciuto per i voti" (**E**). Mark le confermò di essere preoccupato, iniziando a incolpare varie persone ed eventi. Lei replicò: "È triste non ricevere i voti che desideriamo. Immagino tu sia deluso" (**E**). Gli occhi di Mark si riempirono di lacrime e ammise: "Non ce l'ho messa tutta". Julie rispose mettendogli un braccio attorno alle spalle e chiedendo:

"Hai intenzione di fare i compiti in modo diverso in futuro? Ci hai pensato?" (S). Mark rispose di no. Ecco un'opportunità per Julie, che continuò: "Ti farebbe piacere se ti aiutassi a preparare un programmino?". Mark annuì.

Smettere di picchiarsi

Nathan e Ashley avevano pochi anni di differenza. I loro continui bisticci avevano veramente esaurito la pazienza della madre, Rebecca, che da qualche tempo cercava d'insegnare loro a parlarsi, piuttosto di picchiarsi, per ottenere ciò che volevano. Le sembrava di aver compiuto dei progressi... fino a quel lunedì mattina. Rebecca sentì Ashley urlare in camera e quando arrivò, trovò Nathan che la stava colpendo al braccio. Nel vedere la madre, il bimbo smise subito e iniziò a gridare: "Mi ha preso il libro". Rebecca respirò a fondo, poi disse: "Scegli. Puoi picchiare tua sorella per riavere il libro, oppure puoi chiederle di restituirtelo dicendo: 'Dammi il libro'. Se scegli di picchiare ancora tua sorella, anziché parlarle, giocherai in camera da solo per il resto della giornata" (G). Dopodiché lasciò la stanza (A). Cinque secondi dopo, Ashley ricominciò a strillare.

Rebecca avrebbe voluto strozzarli, ma si sforzò di calmarsi (M). Ritornò nella cameretta e, con calma, disse: "Nathan, mi sembri molto arrabbiato per quel libro. Dev'essere tremendamente importante per te. Mettiti pure a leggere o a fare i compiti, te ne starai qui tranquillo in camera tua per il resto della giornata" (E). Nathan cominciò a sbraitare: "Non è giusto. Stai sempre dalla sua parte e te la prendi con me". Rebecca rispose con empatia: "A volte sembra proprio così". (E) E proseguì: "A cena mi dirai se t'interessa imparare altri modi per ottenere le cose da tua sorella, anziché picchiarla" (S).

Rientrare quando ti chiamano

La situazione seguente è descritta in due modi diversi, basati sugli stili educativi dei genitori. Il primo genitore usa la tecnica GAMES fondata sul potere dell'Intenzione: il conflitto è un'opportunità di apprendimento. Il secondo genitore utilizza la punizione e la ramanzina. Mentre leggete le due situazioni, immedesimatevi in entrambi i genitori e immaginate come potrebbe andare il resto della serata.

Un genitore insegna come fare

A Jeffrey sono state insegnate le seguenti regole per quando gioca fuori casa (**G**).

1. Quando ti allontani, devi dire a un genitore dove vai (a casa di Sam, ecc.)
2. Se cambi posto, devi telefonare o tornare a casa e dire a uno dei genitori dove vai.
3. Devi rientrare immediatamente a casa quando ti chiamano.

Un giorno di primavera, Jeffrey, John e David (i primi due di otto anni, il terzo di nove) uscirono a giocare (**A**). Verso l'ora di cena, i genitori richiamarono i figli a casa, ma i ragazzini non risposero. Non riuscirono a trovarli da nessuna parte. Allora si accordarono tra di loro per telefono e iniziarono le ricerche nel vicinato. Alla fine, una mamma trovò i ragazzini che stavano attraversando un cortile.

Linda, la mamma di John, fu la prima a parlare a suo figlio. Era veramente sconvolta, ma fu in grado di ammettere il proprio stato d'animo e si rivolse al figlio con un "messaggio-io": "John, quando non riuscivo a trovarti ho avuto una paura tremenda che ti fosse successo qualcosa. Poi mi sono arrabbiata con te perché non mi avevi detto dove andavi" (**M**). Dopo aver espresso i suoi sentimenti, proseguì: "John, scegli. Puoi farmi sempre sapere dove sei in modo che possa raggiungerti, oppure puoi uscire a giocare senza dirmi niente. Se scegli di non dirmi niente ancora una volta, non potrai più giocare fuori dal nostro cortile per una settimana (**G**). Ti voglio bene e quando giochi in cortile sono tranquilla, perché so che non può succederti niente e che posso trovarti quando ho bisogno di te. Capisci che cos'accadrà se rifai quello che hai combinato stasera?". John rispose di sì, allora Linda lo esortò: "Dimmelo". Il bimbo disse: "Giocherò in cortile". Linda domandò: "Per quanto tempo?". "Una settimana" rispose il ragazzino. La madre terminò lo scambio con queste parole: "Adesso sali in macchina, andiamo a casa. Mi aiuterai a preparare la cena, visto che ho passato tutto il tempo a cercarti, anziché cucinare".

Il giorno dopo, a John fu permesso di giocare fuori casa (**A**). All'ora di cena era introvabile. Proprio mentre la madre si apprestava a prendere l'auto per andare di nuovo a cercarlo, il ragazzino riapparve. A questo punto Linda era furibonda, ma sapeva che la cosa migliore era non dire nulla. Così rimase in silenzio.

Il giorno seguente, quando John rientrò da scuola e fece per andare fuori, Linda disse: "Capisco che tu non veda l'ora di uscire. Non sarà facile per te rimanere a casa questa settimana e non vedere i tuoi amici. Puoi restare in camera tua e usare il telefono tra le quattro e le quattro e un quarto (**E**). Verso la fine della settimana, voglio che pensi a un piano che ti permetta di ricordarti di rientrare per le cinque. Se hai bisogno d'aiuto, fammi sapere" (**S**).

Un genitore punisce

Sally, la madre di David, quella sera trovò il figlio che passeggiava per strada. Perse il controllo e gli parlò con rabbia: "Vieni subito qui! Ero preoccupatissima per te, è da un pezzo che ti cerco per tutto il vicinato. Mi verrebbe voglia di sculacciarti qui, in mezzo alla strada. Non permetterti mai più di fare una cosa simile! Potevi essere stato rapito, per quanto ne sapevo. Impara a pensare anche agli altri, non solo a te stesso. Quando arriviamo a casa, fili in camera tua. Sei in punizione per una settimana: niente amici né videogiochi. Sono stata chiara? Non capisco che cos'hai in quella testa".

La differenza tra il fare affidamento sull'amore oppure sulla paura è che il primo fa sentire bene, o abbastanza bene, sia il figlio, sia il genitore, mentre la seconda lascia a ciascuno una sensazione di amarezza e inadeguatezza.

Mettetevi nei panni di John e David. Quale dei due ragazzini ha più probabilità di accettare la responsabilità del proprio comportamento e compiere dei cambiamenti? Quale dei due ha più probabilità di tenere il broncio e incolpare i genitori di essere cattivi? Una guida amorevole fornisce linee guida, spera che i figli facciano scelte sbagliate, offre empatia per quelle scelte sbagliate e chiede ai figli di pensare e scegliere nuovamente. Ma perché mai dovremmo *sperare* che nostro figlio compia una scelta sbagliata? Perché ci da l'opportunità di insegnargli a pensare e a riflettere in un momento in cui il prezzo dei suoi errori non è ancora troppo alto. Più cresce e più i suoi errori saranno pericolosi e gli costeranno cari.

Il problem solving come conseguenza

Le scelte sbagliate creano conflitti e problemi ai bambini. Molto spesso, le conseguenze di tali problemi richiedono un problem solving. Il logico esito dei litigi è imparare a risolvere un problema senza arrivare alle mani. Molti di noi sono così abituati a pensare in termini di punizione che si dimenticano di pensare in termini di soluzioni. Imponiamo di continuo conseguenze ai figli. Gli esempi precedenti dimostrano come si possono imporre conseguenze in modo più efficace utilizzando l'empatia anziché le prediche. Molto spesso, comunque, il problem solving è l'approccio migliore da adottare.

Quando i bambini s'impegnano attivamente a risolvere i loro problemi, famiglie serene e pacifiche diventano una realtà. I seguenti passi sono utili per aiutare i bambini a risolvere i loro problemi. L'acronimo per ricordare questi passi è la parola PEACE (pace).

P = riconoscere chi ha il Problema.

E = offrire Empatia al bambino che ha compiuto la scelta sbagliata.

A = Aiutare il bambino chiedendogli di riflettere: "Che cosa pensi di fare?".

C = offrire scelte e Consigli.

E = incoraggiare il bambino a Escogitare la propria soluzione.

P (Passo 1) *Riconoscere chi ha il problema.* Questo passo è fondamentale. Troppo spesso i genitori fanno proprio il problema del figlio e sprecano un'enorme quantità di energie e capacità di pensiero critico per cercare di risolverlo. Immaginate che un vostro amico fumi. Voi decidete, per qualche strano motivo, che si tratta di un vostro problema e trascorrete anni cercando una soluzione al suo problema del fumo. Sembra che niente funzioni, così, sentendovi frustrati, ve la prendete con lui. Questo, in pratica, è ciò che accade nelle famiglie con figli. Eccovi una lista di alcuni problemi comuni dei bambini:

- non mangiano;
- non vogliono vestirsi (o spogliarsi);
- non vogliono andare a dormire;
- non fanno i compiti o i lavori in casa;
- bisticciano con i fratelli.

Immagino che abbiate pensato, leggendoli, che si trattasse di *vostri* problemi. Non potete risolvere i problemi dei vostri figli, così come loro non possono risolvere i vostri. Per facilitare l'approccio del problem solving con i vostri figli, iniziate l'interazione informandoli che hanno un problema. Potreste dire: "Mi sembra che tu abbia un problema". Se vostro figlio ha difficoltà a vestirsi al mattino, il primo passo potrebbe essere questo: "Oh, Mike, mi sembra che tu abbia un problema questa mattina: non ti sei ancora vestito e lo scuolabus passa a prenderti tra cinque minuti".

E (Passo 2) *Offrire empatia al bambino che ha compiuto la scelta sbagliata.* Spesso, quando informiamo il bambino che ha un problema, la sua prima reazione è quella di incolpare gli altri e scaricare la responsabilità. Non si tratta di mancanza di rispetto: è una reazione normale a una potenziale minaccia. Quando percepiamo una minaccia, il nostro cervello passa in modalità difensiva. Allora cerchiamo di evitare la responsabilità di una scelta errata attribuendola a qualcosa che sta al di fuori di noi. Commenti quali: "Ha iniziato lui", o: "Se mi volessi bene, non mi faresti andare", sono affermazioni comuni di evitamento. I bambini molto piccoli, cui mancano le competenze verbali per incolpare gli altri, semplicemente gridano, corrono o fanno scenate. In ogni caso, l'Empatia è la competenza da utilizzare. L'empatia calma il cervello, allontana la minaccia, permette a una persona – persino un bambino molto piccolo – di assumersi la responsabilità del proprio comportamento.

Nella situazione descritta poc'anzi, Mike ignora la madre e il suo commento (un altro tipico modo di evitare la responsabilità). È ora di uscire di casa e lui è ancora in pigiama. La mamma, pronta per andare, dice: "Oh, Mike, che seccatura. È ora di muoversi e tu non ti sei ancora vestito". Mike alza lo sguardo e rimane sorpreso di vedere la madre con il cappotto e le chiavi in mano. Inizia a strillare: "Ti odio. Non ci vado a scuola! Voglio papà". La mamma fa un bel respiro profondo, utilizza il potere dell'Accettazione – questo momento è così com'è – per calmarsi e dice: "Mi sembri molto arrabbiato, ma non credo tu possa andare a scuola in pigiama". Pur offrendo empatia, la mamma continua a far sapere a Mike che si tratta di un suo problema. Se avesse perso l'autocontrollo, avrebbe fatto proprio il problema di Mark urlando, facendo scenate o lanciando minacce.

A (Passo 3) *Aiutare il bambino chiedendogli di riflettere: "Che cosa pensi di fare?"*. È importante chiedere ai bambini di risolvere i loro problemi. Questo si può fare ponendo loro domande che li inducano a riflettere. Gli educatori Jim Fay e David Funk (Fay e Funk, 1995) consigliano di dire: "Che cosa pensi di fare?", oppure: "Mi piacerebbe sentire che idee hai". Potreste anche chiedere: "Come potresti risolvere il tuo problema?", oppure: "Che cosa potresti fare di utile?".

Nella situazione descritta, la mamma dice a Mike: "Che cos'hai intenzione di fare?".

C (Passo 4) *Offrire scelte e consigli.* Spesso i bambini, specialmente se piccoli, non hanno ancora sviluppato un repertorio di soluzioni ai problemi. Quando chiedete loro di trovarne una, rispondono semplicemente: "Non lo so". Allora, potreste domandare: "È brutto non saperlo. T'interessa ascoltare qualche idea?". Oppure, come suggerisce Jim Fay (Fay e Cline, 1996), potreste proporre: "Ti piacerebbe ascoltare qualche idea sulle soluzioni che hanno provato altri bambini?". Queste domande iniziali fanno appello alla disponibilità del bambino. La disponibilità è fondamentale nel processo di cambiamento; richiedetela.

Offrite idee ai bambini, iniziando con alcune scelte sbagliate e passando pian piano a quelle più oculate. Dopo ogni consiglio che date, domandate ai bambini più grandi (dai sette anni in su): "Pensi che questo potrebbe funzionare?". Così li incoraggiate a riflettere su come le loro scelte possano influenzare la loro vita e quella degli altri. Ai bambini più piccoli potreste chiedere: "Pensi che sarebbe un gesto carino o sgarbato?", oppure proponete loro delle scelte.

Nella situazione sopra descritta, la mamma propone a Mike una scelta: "Puoi mettere i vestiti in una borsa da portare a scuola, oppure andarci in pigiama. Che cosa è meglio?". Mike inizia a urlare e strillare: "Ti odio" e a lanciare oggetti. La mamma offre empatia: "Sembri proprio sconvolto. Fa paura l'idea di andare a scuola in pigiama. Vuoi mettere i vestiti in una borsa da portare in macchina o preferisci andare a scuola in pigiama?".

E (Passo 5) *Incoraggiare il bambino a escogitare la propria soluzione.* Terminate l'interazione incoraggiando il bambino. Potreste dire: "So che troverai una soluzione al problema. Puoi farcela. Fammi sapere che cosa decidi e se hai bisogno d'aiuto".

Il problem solving chiede ai bambini di riflettere sulle proprie scelte. Esige che accettino la loro responsabilità. Purtroppo, molti di noi associano la responsabilità all'ammissione di una colpa o alla confessione di un crimine. Quante volte avete sentito dire: "Se sei onesto e ti assumi la tua responsabilità, sarà meglio per te"? La responsabilità non deriva dall'accettare una colpa o una punizione per le proprie azioni, ma dal resistere alla tentazione di incolpare gli altri, cercando invece soluzioni mediante il problem solving.

Andare oltre le punizioni: diventare persone pacifiche

La cosa più triste dell'abuso di ricompense e punizioni è il danno che ci hanno provocato. Abbiamo interiorizzato i genitori punitivi. Persino adesso che siamo adulti ci basta commettere un errore e subito si attiva il dialogo interiore punitivo.

Di recente avevo appuntamento a pranzo con alcuni dirigenti scolastici per discutere di un nuovo programma. Ero intenta a lavorare al computer quando squillò il telefono. Non appena sentii la voce della persona all'altro capo della linea, mi resi conto che mi ero persa l'incontro. Immediatamente la mia voce interiore iniziò a sbraitare: "Non si fa così. Hai penalizzato tutti quei bambini che avrebbero beneficiato del programma. Sei disorganizzata e maleducata". Con questa voce che mi martellava nella testa, iniziai a scusarmi con la signora al telefono con fiumi di parole. Dopo aver riagganciato, riuscii finalmente a zittire quella voce ossessionante empatizzando con me stessa. Pensai: "Ero talmente concentrata sul mio lavoro che ho perso la cognizione del tempo e ho saltato l'appuntamento. Ho deluso molte persone. In futuro, terrò l'agenda aperta sulla scrivania e mi metterò anche una sveglia. Ho commesso un errore, ma posso cambiare questo comportamento. Va tutto bene. Ora respiro profondamente e mi concentro sui modi per cambiare".

La mia decisione di passare da un intento punitivo all'intento di apprendimento mi ha permesso di imparare dai miei errori. Per inciso, sono riuscita a tenere fede al mio proposito di non mancare agli appuntamenti e non ho mai più ripetuto un simile errore. A volte arrivo in ritardo agli incontri, ma la mia vita è più semplice, che arrivi puntuale o in ritardo, perché sono più gentile con me stessa, ho ridotto il livello di stress, il mio sistema immunitario si è rafforzato, e io pure. Grazie a questa forza ed energia, mi concentro sulla mia attenzione a mantenere gli impegni presi. Ho notato che più adotto tali tecniche con me stessa, e più vengono spontanee quando le utilizzo con i bambini.

La responsabilità si raggiunge resistendo alla tentazione di incolpare gli altri, e cercando invece soluzioni.

Imparare attraverso la paura o l'amore

In ogni momento potete decidere se affrontare il mondo con uno spirito d'amore e apprendimento, o con uno spirito punitivo, basato sulla paura. A voi la scelta. Il modo in cui insegnate a vostro figlio a imparare dai propri errori dipende da come gestite le conseguenze. Se usate le punizioni e le ricompense tradizionali, scegliete di insegnare mediante la paura. Se utilizzate il potere dell'Intenzione, considerando il conflitto come un'opportunità di apprendimento, sarete in grado di impiegare efficacemente le conseguenze come strumento educativo. E si tratta di un ottimo strumento, poiché aiuta i bambini a comprendere che sono loro gli autori del copione della propria vita e devono quindi comportarsi responsabilmente.

È il momento di cominciare!

Iniziate subito a utilizzare le esperienze della vostra vita come opportunità per imparare. Allenatevi con i seguenti passi.

- *Iniziate con voi stessi.* La prossima volta che commettete un errore, sospendete il dialogo interiore punitivo. Invece, concentratevi su queste domande:
  - Quale scelta ho compiuto?
  - Qual è stato il risultato della mia scelta?
  - Come mi sono sentito riguardo alla mia scelta e al risultato?
  - La mia scelta mi ha permesso di ottenere quello che volevo?
  - Quali nuove strategie potrebbero essermi di maggiore aiuto?
- *Notate quante volte incolpate gli altri per le vostre azioni.* La prossima volta che vi sorprendete a fare il "gioco della colpa", fermatevi. Respirate profondamente e dite: "Ho un problema". Partendo da questa premessa, offrirete empatia a voi stessi anziché tormentarvi e sarete in grado di risolvere il problema.
- *Stabilite se avete fatto troppo affidamento sulle punizioni e sulle ricompense come mezzi disciplinari.* Se è così, siate disponibili a cambiare.
- *Quando si presenta un conflitto, domandatevi: "Qual è la mia intenzione in questa situazione?* Voglio far sentire in colpa mio figlio e fargliela pagare?", oppure: "Voglio insegnare a mio figlio a riflettere sulle sue scelte, a cambiarle e a sviluppare l'autocontrollo?".
- *La prossima volta che imponete delle conseguenze ai vostri figli, affidatevi all'empatia e all'autocontrollo* anziché a minacce, ramanzine e paternali. Utilizzate le tecniche GAMES illustrate a pagina 198 se avete bisogno d'aiuto.
- *Individuate un problema cronico che vi affligge da tempo.* Anziché imporre delle conseguenze, utilizzate il piano PEACE di problem solving di pagina 203.

Capitolo 10

Perché i bambini fanno quello che fanno

Lo sviluppo del comportamento scorretto

I genitori che vengono ad ascoltarmi ai seminari spesso mi dicono: "Ha appena descritto mio figlio alla perfezione. Potrei giurare che lei sia stata a casa nostra". Il motivo per cui sento questo commento così spesso è che i bambini sviluppano le loro capacità secondo un programma piuttosto ordinato. Inoltre, si comportano male in modi piuttosto prevedibili. In momenti diversi della loro vita, i bambini picchiano, insultano gli amici, sembrano sordi, sono un po' arroganti, raccontano bugie e non rispettano gli orari.

Il comportamento scorretto, benché fastidioso, fa parte del normale processo di sviluppo che seguono i bambini. Ancora una volta, la vostra risposta a questi comportamenti inevitabili ma necessari insegna ai vostri figli come vedere se stessi e il mondo e come impostare le relazioni.

I bambini si comportano male in modi piuttosto prevedibili.

Questo capitolo descrive i comportamenti tipici dei vari stadi dello sviluppo infantile che possono portare a certi tipi di conflitto. Tali comportamenti s'imperniano sul livello di opposizione che vostro figlio presenta alle richieste degli adulti; su come interagisce con i fratelli e le sorelle e gli altri bambini; sulla sua risposta alla frustrazione; sulla sua capacità di gestire le attività della vita quotidiana da solo (vestirsi, mangiare, lavarsi, fare i compiti, andare a dormire, e così via).

In breve, questo capitolo traccia lo sviluppo del comportamento scorretto.

Perché la conoscenza è potere

La descrizione di quello che ci si può aspettare dai bambini nelle varie età in genere aiuta i genitori a essere più sicuri. "Mi sento in qualche modo più rilassata" ha detto la madre di un ragazzino di dieci anni dopo aver sentito che molti bambini a quell'età hanno ancora bisogno di supervisione per portare a termine le routine quotidiane. Si era convinta che: "Ormai queste cose dovrebbe saperle" e assillava il figlio ricordandogli di fare i compiti, di lavarsi o di riordinare la sua camera. Le sue invettive non producevano alcun risultato, tranne quello di farlo sentire in colpa, e intrappolavano madre e figlio in un rapporto segnato da frequenti lotte di potere, giacché entrambi cercavano di difendersi dal senso d'inadeguatezza.

Alcuni genitori che leggono libri sullo sviluppo infantile si spaventano. "Oh, no, mia figlia non è così; forse in lei c'è qualcosa che non va" mi disse la madre di una bimba di sei anni che aveva letto che i bambini dell'età di sua figlia sono testardi. Sua figlia di solito era ubbidiente. Il problema delle informazioni generiche sullo sviluppo è che non offrono mai una visione completa. I bambini sono simili, ma anche diversi. Alcune informazioni che ricevete colgono in pieno la questione e altre non si adattano ai vostri figli. È normale. Utilizzate quelle che vi fanno comodo.

Una volta, a un laboratorio per genitori, ho incontrato una giovane madre, esasperata dalla figlia di tre anni. Mentre spiegavo alcune competenze disciplinari, lei continuava a dire: "Quello lo faccio, ma non funziona". Voleva una strategia magica che modificasse il naturale sviluppo del comportamento di sua figlia e ponesse fine all'atteggiamento oppositivo. Alla fine, quella madre ha capito che le azioni della figlia scatenavano in lei un senso d'inadeguatezza e frustrazione, e che era quello il problema principale. La sua inquietudine le impediva di aiutare la figlia a imparare a maturare. Harville Hendrix afferma: "Il conflitto è un indicatore di crescita che tenta di verificarsi". La vostra risposta al conflitto può portare effetti costruttivi che stimolano la crescita, o distruttivi che vi intrappolano in infinite lotte di potere con i figli.

I genitori devono accettare che i conflitti sorgeranno sempre e che hanno uno scopo. Con il potere dell'Accettazione sarete in grado di usare saggiamente le vostre energie. Anziché tentare freneticamente di prevenire i conflitti, potrete raccogliere le forze per offrire una risposta efficace.

Dietro il comportamento c'è lo sviluppo

Certe incomprensioni che suscitano la tenerezza di parecchi genitori riflettono molto più della dolce innocenza dei bambini. I loro errori rispecchiano anche il modo in cui vedono e comprendono il mondo. Per quanto possano essere adorabili in alcune circostanze, questi comportamenti rappresentano caratteristiche dello sviluppo che possono causare conflitto in altre situazioni.

Un bambino piccolo marcia per la casa cantando la sua versione di un jingle televisivo: "La parte migliore del risveglio sono i soldatini nella tua tazza"[7]. I bambini usano le loro esperienze di vita per dare significato alle esperienze nuove. Un bambino s'intende molto di più di soldatini che di caffè, perciò, quando sente quel jingle, si costruisce un significato personale. Anche gli adulti aggiungono un significato personale alle loro percezioni, ma hanno così tante esperienze dalle quali attingere, che il significato che aggiungono è verosimilmente quello che vi attribuirebbero altri adulti.

I bambini prendono anche le cose molto alla lettera. Una volta ho lavorato con un genitore il cui figlio, Bryan, si rifiutava categoricamente di andare a scuola e faceva scenate ogni mattina. Alla fine, si è scoperto che il primo giorno di scuola l'insegnante, non avendo abbastanza tavolini e sedie per tutti gli alunni, mentre li faceva sistemare ai loro posti, gli aveva detto: "Tu siediti qui, per adesso"[8]. Per più di una settimana il bambino aveva aspettato un regalo senza mai riceverlo, e così era rimasto profondamente deluso dalla maestra e dalla scuola.

Al supermercato, spesso sentiamo i genitori ripetere: "Non toccare quello!". Di lì a qualche minuto, sentiamo ancora: "Non toccare quello!". E poco dopo: "Che cosa ti avevo detto?" e altri commenti di totale frustrazione. Dal punto di vista del bambino, "quello" era solamente la lattina su cui aveva posato gli occhi la prima volta. Ci sono milioni di "quello" diversi sugli scaffali. Per un genitore "quello" significa qualsiasi articolo in vendita. I bambini piccoli, però, prendono le vostre parole alla lettera. Dovete

7 Il jingle, in realtà, diceva: "La parte migliore del risveglio è Folger's nella tua tazza", dove Folger's è il marchio di un caffè. In inglese soldatini (*soldiers*) fa rima con Folger's, di qui l'equivoco. [*N.d.T.*]

8 "*For the present*", in effetti, può significare "per adesso", oppure "per il regalo". [*N.d.T.*]

essere consapevoli di ciò che dite *e* di ciò che recepiscono loro. Se comprendete i vostri figli, li guiderete molto più facilmente.

Una madre stava accompagnando in auto un gruppo di bambini piccoli al cinema, quando una macchina le tagliò improvvisamente la strada, costringendola a sterzare per evitare un incidente. Per lo spavento, urlò: "Deficiente!". Una bambina, seduta dietro, le domandò: "Dove? Dove? La mia mamma ne ha visto uno ieri". Morale: il nostro cervello è in cerca di schemi. Le classificazioni sono molto utili: ci aiutano a comprendere il nostro mondo. Per esempio, distinguiamo il regno animale in categorie (mammiferi, rettili, insetti, ecc.) e poi suddividiamo ciascun gruppo in altre categorie più piccole.

I bambini piccoli vagliano ogni azione, verbale e non verbale, cercando qualsiasi possibile schema per creare delle categorie. La bimbetta nell'automobile stava cercando di trovare una categoria per "deficiente". I bambini non imparano del tutto a classificare fino ai nove o dieci anni. Prima di quell'età, sono impegnati a preparare un sistema di archiviazione. Tuttavia, gli adulti spesso pretendono che i bambini utilizzino quel sistema quando ancora non è completo. Li spronano a "essere carini" con gli ospiti, mentre invece ciò che dovrebbero fare è spiegare loro come si fa a essere carini: "Accogli gli amici all'ingresso"; "Mostra loro la tua cameretta"; "Chiedi a che cosa vorrebbero giocare".

Quando parlate ai bambini in termini che non riescono a comprendere, trasmettete loro ansia. L'incapacità di rispondere in modo appropriato suscita la sensazione di "non essere abbastanza bravi". Questi sentimenti d'inadeguatezza creano uno schema di relazioni del tipo "meno di/meglio di" e impediscono loro di sentirsi connessi con gli altri. Quando si sentono disconnessi, i bambini scelgono di mettersi sulla difensiva, anziché di collaborare. In questo modo si favorisce il comportamento scorretto. Per offrire ai bambini una guida amorevole, e non fornire loro motivi per disconnettersi e mettersi sulla difensiva, gli adulti devono comprendere lo sviluppo infantile.

Organizzazione e caos: il processo di sviluppo

Possiamo paragonare lo sviluppo di un bambino alla crescita di un'attività imprenditoriale. Qualsiasi impresa ha bisogno di certi sistemi di base: un sistema di computer, un sistema di contabilità e un sistema telefonico. Man mano che la vostra attività cresce, dovrete aggiornare questi sistemi, finché un giorno sarete costretti a sostituirli. Allora potrete esibire un cartello che dice: "Ci scusiamo del momentaneo disagio; stiamo aggiornando i nostri sistemi per garantirvi un servizio migliore". In questo periodo di transizione la disorganizzazione prevarrà, mentre tutti i membri dell'azienda impareranno a utilizzare i nuovi sistemi. Gli impiegati opporranno resistenza, l'apprendimento sarà difficile, il servizio clienti non sarà operativo e, probabilmente, i profitti diminuiranno. Tuttavia, quando alla fine i nuovi sistemi funzioneranno in modo regolare, la vostra attività riprenderà in modo più efficace e servirà meglio i clienti. Con il passare del tempo, il ciclo dovrà essere ripetuto, se la crescita non subirà arresti.

Un processo simile si verifica con i bambini man mano che crescono. Gli stadi di caos precedono gli stadi di organizzazione. Vostro figlio a un certo punto potrebbe fare passi da gigante (gli aggiornamenti) in alcune abilità e poi avere bisogno di un "nuovo sistema". Durante l'"installazione" di questo sistema, il caos potrebbe prevalere e il comportamento di vostro figlio rischierà di andare fuori controllo. Le competenze di cui sembrava avere padronanza improvvisamente non saranno più disponibili. Dovrete ignorare la voce interiore che vi dice: "Dovrebbe sapere che non si fa così". Lo stato di disorganizzazione sarà seguito da un periodo di comportamento relativamente calmo e organizzato, durante il quale il bambino dimostrerà competenze nuove o più avanzate.

I cicli di organizzazione-caos-riorganizzazione nei bambini si presentano ogni sei mesi circa, a partire dall'età di quindici mesi (quando compare la prima fase di caos). I bimbi di due anni sono adorabili rispetto a quelli di un anno e mezzo. Tuttavia, a due anni e mezzo mettono a dura prova i genitori. I bimbi di tre anni sono incantevoli e brillanti, poi arriva la terribile fase di totale opposizione dei tre anni e mezzo.

Riflettete sulla vostra vita e scorgerete gli stessi cicli. Non ci sono stati forse momenti in cui vi siete sentiti padroni di ciò che stavate facendo, di dove stavate andando e di ciò che volevate, intervallati da periodi in cui non ne avevate "la più pallida idea"? Tutti noi sperimentiamo momenti in cui la sicurezza e la sensazione di avere la vita sotto controllo vanno e vengono.

Anche se sappiamo che gli stadi di disorganizzazione devono avvenire prima che il bambino possa passare allo stadio successivo di organizzazione, nessuno può dire quando questi stadi si presenteranno in un bambino in particolare. Nessuno può prevedere fino a che punto un bimbo "andrà in crisi" durante gli stadi disorganizzati, o se vivrà tranquillamente i periodi di organizzazione. Alcuni bambini sembrano sempre sull'orlo del caos. Persino durante le fasi di calma sfidano continuamente se stessi e le persone che li circondano. Altri sembrano godersi la vita con tranquillità e di solito sono collaborativi. Nei periodi di caos appaiono solo un po' giù di corda. Queste variazioni riflettono il temperamento innato dei bambini. Una madre ha raccontato che quando nacque il suo terzo figlio e l'infermiera glielo pose in grembo, lui alzò la testa e le braccia, la guardò e cacciò un urlo. Il bimbo, crescendo, era sempre stato molto irruente ed esigente. Adesso che era un giovane adulto, i tratti del carattere si erano manifestati nella determinazione e nell'abilità a comandare.

In generale, i periodi di disorganizzazione rivelano che internamente sta accadendo qualcosa di molto importante. Il che è vero tanto per le imprese in fase di transizione, quanto per i bambini. Gli impiegati sono alle prese con concetti e informazioni nuovi, perciò cercano di imparare in fretta a usare i nuovi strumenti a proprio vantaggio. Nel bel mezzo di un momento di passaggio dello sviluppo, un bambino può sembrare cocciuto e a volte persino cattivo. Le sue lotte interne riducono la sua capacità di collaborare. Più lotta e meno collabora. Avrete probabilmente osservato lo stesso fenomeno in voi stessi. Più problemi avete, più è probabile che siate irritabili e scontrosi.

"Punti d'irritazione"

Definisco "punti d'irritazione" alcuni tipi di comportamento che riflettono il normale processo di sviluppo. Potreste anche chiamarli "punti sensibili" dei genitori. I genitori non nascono con questi punti sensibili; se li appiccicano addosso da soli, aggrappandosi a certe credenze. Quando pongono sullo stesso piano il comportamento scorretto e la mancanza di rispetto, si preparano a essere irritati dai problemi tipici dello sviluppo. Se credete che vostro figlio ormai "dovrebbe comportarsi diversamente", vi siete creati dei tasti dolenti che aspettano solo di essere schiacciati. Come fate a sapere se vengono premuti? Vi dimenticate completamente i Sette poteri dell'autocontrollo. Eccovi i segnali d'allarme.

- Vi comportate come matti. Urlate, minacciate, implorate, pregate, sculacciate, ricattate o piangete.
- Vi concentrate su ciò che è sbagliato, o su ciò che vostro figlio *non* sta facendo, perdendo il potere dell'Attenzione.
- Attribuite un intento negativo a vostro figlio: "Fa così perché ce l'ha con me, o per rivalersi". Quando gli attribuite questo tipo d'intento negativo, la vostra attenzione si sposta da lui e dal suo percorso di sviluppo a voi stessi e a come vostro figlio stia apparentemente cercando di farvi arrabbiare. Dimenticate il potere dell'Amore.
- Incolpate il bambino del vostro malessere e cercate di farlo sentire in colpa attraverso il biasimo, la paura e l'uso della forza. Rifiutate di ammettere la vostra inquietudine e di usare il potere della Percezione.
- Dimenticate il potere dell'Accettazione (questo momento è così com'è) e pensate cose tipo:

  "Ormai dovrebbe sapere che non si fa così."

  "Non dovrei ricordargli sempre tutto. Alla sua età dovrebbe alzarsi e vestirsi da solo."

  "Non dovrei essere costretto a ripeterglielo. Dovrebbe fare ciò che dico, quando glielo dico."
- Vi allarmate e vi domandate: "Che cos'è successo? Che cos'ho fatto di sbagliato per far sì che mio figlio si comporti in questo modo (dimenticando il potere del Libero Arbitrio)? Come può un bambino così delizioso diventare un mostro nel giro di un mese? Se è così cattivo adesso, come sarà da adolescente?". Proiettando la paura nel futuro, tentate di sentirvi "speciali" mediante la sofferenza, e perdete il potere dell'Unità, che connette tutti.

Lo sviluppo degli esseri umani avviene per fasi in cui il loro comportamento passa dall'essere organizzato all'essere caotico e poi torna nuovamente organizzato a un livello superiore. Questo processo è ciclico, non lineare.

Illustrerò i quattro stadi dello sviluppo infantile: prima infanzia, periodo compreso tra uno e due anni, periodo prescolare ed età scolare, offrendo qualche informazione di carattere generale per ogni stadio. Descriverò anche i punti d'irritazione che caratterizzano ogni stadio. Questa panoramica vi aiuterà a comprendere le situazioni in cui i bambini sviluppano un comportamento scorretto e perché questo contribuisce, in realtà, al processo di crescita.

Prima infanzia: il primo anno di vita

Il primo comportamento che turba i genitori è il pianto. Per assicurarsi la sopravvivenza, il neonato nasce programmato in modo da farsi notare per richiedere aiuto. Il compito dei genitori è cogliere il segnale e rispondere. Quando i genitori rispondono in modo affidabile al pianto dei neonati, pongono le fondamenta per il senso di responsabilità dei bambini. Purtroppo, i genitori spesso interpretano male il pianto. Alcuni gli attribuiscono un intento negativo: "Sta piangendo perché sa che mi lascio intenerire". Oppure: "Fa storie quando sono al telefono, perché vuole la mia attenzione esclusiva". Tutti sono più felici quando i genitori attribuiscono un intento positivo: "Sta cercando di dirmi qualcosa". I genitori si sentono meglio con se stessi e con i figli e possono adempiere al proprio compito educativo e mettere in atto le cure che i bambini richiedono.

I bimbi molto piccoli sono incapaci di complottare. Nei primi tre mesi di vita non hanno un comportamento intenzionale consapevole. I neonati possono solo reagire inconsciamente a sensazioni interne (come il dolore o la fame) ed esterne (cose che vedono, sentono, assaggiano o percepiscono con l'olfatto).

Fra i tre e dieci mesi iniziano a comunicare intenzionalmente. Come genitori, potete promuovere questo processo di sviluppo imparando a decifrare i loro segnali. Quando interpretate e rispondete ai segnali del piccolo, lui impara che le sue azioni e i suoi sentimenti provocano reazioni da parte del mondo. Questa esperienza fissa un modello di base per comprendere il fenomeno causa ed effetto. Più avanti nella vita, tale modello aiuterà vostro figlio a collegare le regole alle conseguenze o a mettere in relazione il picchiare e il fare del male.

I maggiori traguardi dello sviluppo del neonato sono: inviare segnali, accettare le cure, creare un legame con l'adulto, imparare che il mondo gli risponde e sviluppare un senso di fiducia. In breve, si lagnerà, piangerà, farà coccole, gorgheggerà, imiterà, guarderà e reagirà alle facce, specialmente agli occhi.

I punti d'irritazione dei neonati

- *Comunicazione non riuscita*. Un neonato invia segnali ai genitori attraverso le lacrime, le risate e i lamenti. Se i primi segnali non vengono percepiti, o sono fraintesi, il neonato di solito ne aumenta l'intensità. I lamenti e il pianto possono essere punti d'irritazione per i genitori, che sono stanchi, angosciati o incapaci di comprendere i segnali del bebè e calmarlo.
- *Esplorazione del viso*. Tra gli otto e i dieci mesi di vita, i neonati iniziano a esplorare attentamente il viso dei genitori. Per fare questo possono tirare i capelli, pizzicare, infilare le loro ditina nel vostro naso e afferrarvi gli orecchini o la barba. Per insegnare al vostro piccolo, potete dire: "Ahi!" (rendete chiaro che l'azione fa male) e: "Non mi piace quando mi pizzichi". Poi, attribuendo un intento positivo al bebè, potete insegnargli nuovi modi di comportarsi. Potreste dire: "Volevi toccare la mamma. Fai così [prendete la manina del bimbo e mostrategli come]". Se il piccolo continua a farvi male, allontanatelo, in modo che non possa più nuocervi.
- *Mordere o pizzicare*. Verso i dodici mesi di vita, vostro figlio potrebbe mordervi o pizzicarvi. Sta esplorando questa esperienza per vedere come reagite. Lasciate che il bimbo capisca che mordere fa male e allontanatelo. Quando lo riprendete in braccio, fategli capire che accettate un abbraccio ma non un morso. Se il piccolo continua a mordere, separatelo con decisione da voi, dicendogli assertivamente: "Guarda il mio viso [espressione di dolore]. I morsi fanno male. Puoi farmi una carezzina". Prendete la mano del bambino e mostrategli esattamente che cosa deve fare. Utilizzate il potere dell'Attenzione e la competenza dell'Assertività.

I bambini ai primi passi: il secondo anno di vita

I bambini ai primi passi sono una forza con cui fare i conti. Nel secondo anno di vita, la maggior parte dei bimbi dice "no" prima di dire "sì"; lancia oggetti prima di essere in grado di raccoglierli, e scappa via prima che voi possiate chiamarli. Lasciandosi la primissima infanzia alle spalle, i bambini tra i dodici e i ventiquattro mesi compiono un salto cognitivo enorme nella capacità di ricordare le cose e compiere elaborazioni mentali rudimentali. Hanno varie funzioni dello sviluppo da adempiere. Migliorano la capacità di pensiero causa-effetto mediante l'esplorazione di attività del tipo: "Che cosa accade se...". Di conseguenza, amano gli interruttori, le ante degli armadietti, i pulsanti del telecomando e tutti gli oggetti che possono toccare. La loro infinita curiosità e la voglia irrefrenabile di esplorare mette a dura prova la pazienza di qualsiasi genitore. Inoltre, i bimbi ai primi passi devono investigare, testare la realtà, spingersi oltre i limiti fissati da altre persone e imparare modi per esprimere la rabbia e altri sentimenti. Iniziano a seguire semplici comandi ma, mentre cominciano anche a separarsi dai loro genitori e a sviluppare un senso di autonomia, dicono spesso di no. In breve, i piccoli di questa età armeggiano con qualsiasi cosa, si sentono spesso frustrati e fanno i capricci.

Gli adulti tendono a irritarsi quando i bambini ai primi passi sono arrabbiati, il che è controproducente e di solito porta a lotte di potere. Ogni momento di frustrazione per un bimbo di quest'età è un'opportunità d'insegnamento per l'adulto. Come genitori, potete etichettare la rabbia: "Mi sembri davvero arrabbiato", e poi incanalarla con scelte positive: "Puoi giocare con le costruzioni o con le bambole. Che cosa preferisci?".

I punti d'irritazione dei bambini ai primi passi

- *Rabbia e frustrazione.* I bambini ai primi passi stanno passando dalla totale dipendenza della prima infanzia a uno stato di parziale indipendenza, intraprendendo un viaggio ricco di situazioni frustranti e di rabbia. I bimbi tra i dodici e i ventiquattro mesi possono arrabbiarsi quando:
  - Si impedisce loro di compiere movimenti indipendenti, giocare o esplorare.

- Non li si lascia etichettare tutto come “mio”.
- Sono frustrati a causa dei loro limiti fisici o cognitivi, mentre cercano di fare qualcosa di nuovo.
- Ricevono ripetutamente “No” e comandi del tipo: “Smettila”.
- Richiedono attenzione, ma sono ignorati o incompresi.

- *Capricci.* Se rimanete calmi durante il capriccio di un bimbo ai primi passi, avrete metà del problema risolto: il *vostro*.
- *Comportamento oppositivo negativo.* Verso i quindici mesi di vita, i bambini entrano in una fase di negativismo totale. Devono averla vinta a qualsiasi costo. La frustrazione di un bimbo che non ottiene ciò che vuole spesso scatena un capriccio. I capricci rispondono all’empatia. Ricordate di rispecchiare ciò che vedete (“Le tue braccia sono messe così”); ciò che sentite con il cuore (“Sembri davvero arrabbiato”) e ciò che udite (“Il tuo corpo mi dice che desideri giocare ancora”).
- *Comportamenti impulsivi.* I bambini ai primi passi devono essere protetti dai loro stessi impulsi. Per esempio, si gettano in mezzo alla strada o lanciano oggetti dagli scaffali, incuranti dei vostri ammonimenti. Una supervisione attenta, una casa “a prova di bambino” e il reindirizzamento sono misure di sicurezza vitali. Per un bambino, le tentazioni visive che lo spronano all’azione (vedere un oggetto desiderato) di solito superano gli stimoli del sistema uditivo (sentire il vostro no). Tale situazione permane fino all’età di quattro anni.
- *Possessività.* “Mio”, “Mio papà”, “Io voglio”, “Faccio io” sono le espressioni preferite dei bambini ai primi passi. Il bimbo che continua a esplorare il significato di “me” e “mio” contrapposto a “non me” e “non mio” può dare l’impressione che per lui gli oggetti siano più importanti delle persone. Quando vostro figlio dice: “Mio”, potreste aiutarlo a capire che cosa significa questa parola spiegando: “Hai preso la pattumiera, è di tutta la famiglia, ognuno di noi la porta fuori a turno”. Se il bimbo afferra il vostro cappotto e dice: “Mio”, potete rispondere: “Questo è il cappotto di papà, il tuo è vicino alla porta”. Vostro figlio magari continuerà a dire: “Mio”, ma voi gli avrete offerto informazioni che potrà poi utilizzare per integrare il suo concetto di “mio” e “non mio”.

- *Comportamenti aggressivi.* I bambini ai primi passi manifestano spesso il bisogno di appropriarsi di tutti i giochi che vedono. Questa tendenza contrasta con i vostri tentativi di favorire la collaborazione e la condivisione. Certi atti aggressivi del bambino sembrano del tutto ingiustificati. Un bimbo magari spinge un compagno senza motivo, poi si gira verso l'adulto come per chiedere: "Ho fatto bene?". Quando il genitore dichiara che questo comportamento è inaccettabile, il bambino potrebbe allora tentare di colpirne un altro con un legnetto, come se domandasse: "Così va bene?". Ricordate che in queste situazioni voi insegnate a entrambe le parti nuove competenze. Prima recatevi dalla vittima, chiedendo: "Ti è piaciuto quando ti ha picchiato? Devi dirgli: 'Smettila'". Poi insegnate all'aggressore come comportarsi, utilizzando il potere dell'Amore e la competenza dell'Intento Positivo. Ditegli: "Volevi che lui giocasse con te, così l'hai spinto. Non puoi spingere. Gli fai male. Quando vuoi giocare con un compagno, dagli un giocattolo. Provaci adesso. Dagli la macchinina. Ecco, così. Ci sei riuscito!".

- *Non va bene nulla.* La mamma sta leggendo una fiaba al figlioletto, e lui dichiara: "Papà, storia". Dopo aver chiesto di leggergli *Buonanotte Luna*, il bimbo lancia il libro a terra e vuole invece *Il cagnolino Spot*. Se vede che il fratello sta leggendo una rivista, cercherà di afferrarla. Appena ottiene ciò che voleva, non gli interessa più. Ricordate: quando vostro figlio è arrabbiato, usate in primo luogo la competenza dell'Empatia. Poi potete offrire una scelta, dicendo: "Decidi tu. La mamma ti può leggere un libro, o lo puoi leggere da solo".

- *Rituali infiniti e amore per la ripetizione.* "Ancora." Tutti i conflitti che i bambini creano nel mondo esterno riflettono i loro conflitti interiori, generati dal fatto che oscillano tra dipendenza e indipendenza. I bambini tra i dodici e i ventiquattro mesi fanno affidamento sulle abitudini e sui rituali per sentire che in qualche modo possono controllare un mondo che percepiscono invece fuori controllo. Tentano in questo modo di imporre ordine nel loro mondo. I rituali dei bambini possono diventare estenuanti: so di un bimbo, per esempio, che ogni sera, dava la buonanotte a ventuno pupazzi di peluche diversi. Con i piccoli di questa età stabilite un tempo da dedicare ai rituali: vi risparmierà un numero infinito di lotte di potere.

Che cosa significa tutto questo per i genitori? Significa che, anche se possedete e padroneggiate al meglio ogni competenza, potete ritenervi fortunati se riuscirete ad aiutare il vostro bimbo a scegliere di essere collaborativo il cinquanta per cento delle volte.

I bambini in età prescolare: dai tre ai cinque anni

Un compito di sviluppo essenziale, affrontato da tutti i bambini in età prescolare, è quello di acquisire potere e un'identità. I bimbi fra i tre e i cinque anni stanno ancora sviluppando il loro senso di separazione dagli altri. Imparano a conoscere il mondo, se stessi, il loro corpo e il loro sesso. Riguardo al fenomeno causa ed effetto, iniziano a comprendere che il loro comportamento ha delle conseguenze. Definiscono la loro posizione all'interno di un gruppo e si esercitano ad adottare un comportamento socialmente appropriato. Imparano a distinguere la fantasia dalla realtà e a capire in quali situazioni riescono a esercitare un potere e in quali no.

Secondo voi come fa vostro figlio a imparare così tanti concetti complessi? Avete indovinato? Mediante tentativi ed errori ripetuti. I bambini in età prescolare agiscono in modo ripetitivo per influenzare gli altri e poi osservano le conseguenze. Devono eseguire questi esperimenti comportamentali svariate volte, per elaborare le informazioni che ne ricavano e interiorizzare la conoscenza.

Nel tentativo di capire qualcosa sul potere e il controllo, questi bimbi adottano qualsiasi tipo di tattica. Gli insegnanti si sentono dire: "La mia mamma dice che posso", oppure: "Il mio papà mi lascia sempre fare quello che voglio". Invece, i genitori si sentono dire: "La mia maestra non mi obbliga mai a fare la nanna". Queste, tuttavia, non sono bugie intenzionali, quanto piuttosto illusioni "travestite". Mentre sono alle prese con problemi legati al potere (che cos'è, com'è utilizzato, chi lo detiene), spesso i bambini ricorrono al "potere superiore", con frasi come: "La mia mamma dice". Sentite come Cassandra e Maggie cercano di capire in che modo influenzarsi l'una con l'altra.

Cassandra, più grande e dominatrice, e Maggie, di solito timida e sensibile, giocano insieme tutti i giorni. Oggi, però, Maggie non è troppo in vena di prendere ordini.

"Tu eri la bambina piccola" Cassandra annuncia a Maggie. "Io ero la mamma che ti preparava per la scuola. Mettiti a letto, ti dico io quando alzarti." Maggie si stiracchia e finge di dormire. Cassandra, poco dopo, le comunica in modo autoritario: "Svegliati, è ora di andare a scuola. Vieni a sederti qui sulla sedia e fai colazione". Maggie si alza, va al tavolo e urla: "Portami la pappa! Voglio la pappa!". Cassandra si arrabbia e ribatte: "Non sai parlare, sei una bambina piccola". Maggie obietta: "Non voglio essere una bambina piccola, voglio essere grande". "Tu devi fare la bambina piccola" insiste Cassandra "così sarò tua amica."

Maggie la ignora e inizia a giocherellare con un elastico. "Il mio papà ha detto che tu devi fare la bambina piccola, mettiti sulla sedia" ordina Cassandra, con le mani sui fianchi. Maggie sembra intimidita, ma replica: "Non è vero". Cassandra allora attacca: "Non sei più mia amica e non t'invito al mio compleanno". Maggie, che ormai è in lacrime, ribatte: "Non fa niente, io ho una Barbie nuova". Cassandra, a questo punto, picchia Maggie, poi corre dalla madre a raccontare: "Maggie non vuole giocare con me". Maggie la segue e protesta: "Lei mi ha picchiato".

Si tratta di un episodio tipico tra bambini di quattro-cinque anni. Le bimbe stavano cercando di esercitare il loro potere e di influenzarsi l'un l'altra. A differenza dei bambini di uno-due anni, tuttavia, non sono immediatamente passate alle mani, non hanno afferrato, strappato di mano oggetti o fatto capricci, perché volevano davvero giocare insieme. Ciononostante, le competenze che possedevano per influenzarsi a vicenda erano ancora rudimentali. Sono gli adulti che devono insegnare loro come comportarsi.

I punti d'irritazione dei bambini in età prescolare

- *L'evento o la routine più semplice possono provocare una ribellione totale.* Il bambino sembra determinato a controllare l'adulto e farà qualsiasi cosa per ottenere ciò che vuole. Questa estrema ostinazione si nota specialmente nei bambini di tre anni e mezzo e verrà meno man mano che crescono. Respirate profondamente. Utilizzate il potere della Percezione per ammettere la vostra inquietudine. Ricordate che nessuno può *farci* arrabbiare senza il nostro permesso. Dopodiché rispondete con calma a vostro figlio.
- *Sono timidi in un dato momento e prepotenti all'inverosimile un attimo dopo.* Questo atteggiamento può spiazzarvi. Te-

stando il proprio potere, il bambino può tentare di dominarvi con ordini del tipo: "Non ridere" o: "Smettila di parlare". Poi, spaventato dall'effetto ottenuto, potrebbe regredire a comportamenti infantili, come succhiarsi il dito o toccarsi in mezzo alle gambe.

- *Piagnucolano.* Quando il bambino figlio si mette a piagnucolare, significa che desidera la sicurezza della prima infanzia, quando ancora la sua lotta tra dipendenza e indipendenza non aveva preso piede. Se vostro figlio è lagnoso, giocate con lui prima che vada a dormire. C'è un gioco, che chiamo "Quando eri piccolo" (Bailey, 1997), in cui si raccontano storie di quando era piccolino. Mostrategli i giochi che amava, parlategli come gli parlavate allora. Ciò soddisferà il bisogno che lui esprime mediante il piagnucolio e lo aiuterà ad affrontare questo difficile periodo dello sviluppo. Il gioco non è ideato tanto per bloccare il pianto, quanto per rispondere al messaggio che esso trasmette. Se le lagne vi irritano, persisteranno. Ciò a cui opponete resistenza, persisterà.

Ciò a cui opponete resistenza, persisterà.

- *Ricorrono spesso a insulti e parolacce* ("testa di pupù", "cervello di cacca", ecc.). Di solito cominciano verso i quattro anni.
- *Tendono a esagerare e a vantarsi.* "Ho venti miliardi di giocattoli."
- *Sono aggressivi con amici e fratelli.* È probabile che facciano smorfie e linguacce persino a voi. La vostra risposta a questi atteggiamenti è il momento dell'insegnamento: se v'infastidiscono, il bambino impara a esercitare potere provocando la reazione degli altri. Potete invece scegliere di rimanere calmi e dire: "Non mi piace quando fai le smorfie. Volevi che ti notassi. Se vuoi che io ti guardi, basta che mi dici: 'Guarda, papà'". Questo insegna a vostro figlio che il potere si acquisisce mediante la comunicazione.
- *Odiano quando la mamma parla al telefono.* Per comunicarlo si comportano male. Le strategie preferite includono la lotta, le urla, le scenate, rincorrersi, impegnarsi in attività che sono proibite (come saltare sul letto della mamma),

oppure interrompervi ("Posso guardare Nickelodeon?", "Mi accendi la tivù?"). Il bambino odia vedere che tutta la vostra attenzione è dedicata a un'altra persona. La vostra conversazione però lo affascina, lo incuriosisce. Vi ascolta esclamare: "Okay, fantastico!" e si domanda cosa stia succedendo, vuole essere coinvolto. Se possibile, e davvero non volete essere interrotti, parlate al telefono dopo che vostro figlio è andato a dormire.

- *Si rifiutano di fare ciò che gli si dice di fare.* I bambini in età prescolare riescono a concentrarsi solo su un'esperienza alla volta e lo fanno con tutto se stessi. Immaginate di ammirare un meraviglioso tramonto: siete talmente assorti, che quasi vi fondete con l'esperienza che state vivendo. La maggior parte delle volte, noi adulti siamo in grado di affrontare diversi obiettivi contemporaneamente, e nella nostra testa si affollano varie liste di cose da fare. Per i bambini in età prescolare questo non è possibile. I colori, i suoni e i movimenti che percepiscono in una dato momento assorbono completamente la loro attenzione. I bimbi hanno bisogno del vostro aiuto per occuparsi delle questioni che voi ritenete importanti. Dovete ripetere più volte le vostre istruzioni, rimanendo sempre calmi. (Per farlo, utilizzate il potere dell'Attenzione: la cosa su cui ci si concentra è quella che si ottiene; e il potere del Libero Arbitrio: l'unica persona che possiamo far cambiare siamo noi stessi.) Poi date un comando assertivo, mettendovi dove si trova vostro figlio. Avvicinatevi il più possibile, finché non otterrete un contatto visivo, e dite: "Eccoti!" con un tono di voce rilassato. Continuate con: "È ora di pranzo. Puoi giocare ancora quando hai finito di mangiare". Alla fine, offrite due possibilità positive: "Scegli: puoi aiutarmi a tagliare il panino a metà seduto sulla sedia o stando in piedi accanto al tavolo. Che cosa preferisci? Stare seduto o in piedi?".

- *Sapendo che un'azione è sbagliata, la compiono ugualmente.* I bambini di quest'età imitano le vostre espressioni prima ancora di essere in grado di assimilare i vostri insegnamenti. Sebbene sappiano dire una parola in modo corretto, non sono necessariamente pronti a utilizzare i concetti che quella parola implica per controllarsi. Vi guarderanno dritto negli occhi dicendo: "Non è bello spingere" e poi daranno uno spintone a un bimbo piccolo. I bambini sotto i sette anni non hanno il dialogo interiore, non parlano da soli nella mente. Solo quando raggiungono l'età di otto o nove anni sono in grado di usare i concetti espressi dalla lingua per superare i propri impulsi.

Gli adulti ricorrono al dialogo interiore per pianificare, organizzare e rivedere le conseguenze di possibili azioni. In altre parole, noi adulti riusciamo a pensare prima di agire. I bambini in età prescolare, invece, prima agiscono e poi si mettono a contrattare: "La prossima volta farò il bravo". Il dialogo interiore, inoltre, permette agli adulti di rielaborare velocemente le informazioni. Come forse avrete notato, la maggior parte di ciò che diciamo ai bambini entra da un orecchio ed esce dall'altro; questo semplicemente perché non sono in grado di assimilare le nostre parole così in fretta, mentre noi le pronunciamo. Per stabilire se vostro figlio ha sviluppato o no il dialogo interiore, eseguite i seguenti passi. 1) Domandategli: "Ti senti parlare nella testa?". Se vi guarda in modo strano, come per dire: "No, e tu?", non c'è ancora arrivato. 2) Chiedetegli di cantare una canzone senza produrre alcun suono. Per farlo, deve essere in grado di udire nella mente le parole e poi muovere le labbra per formare quelle parole.

- *Sono adorabilmente buffi e amano il ridicolo... ma fanno un sacco di domande.* Mi trovavo in una toilette all'aeroporto. Nella cabina accanto alla mia c'erano una madre e la figlia. Sentii chiedere: "Mamma, perché viene una luce quando tiro l'acqua?", "Perché la valigia sta dentro con noi?", "Che cosa c'è in questa scatoletta?", "Perché il rotolo della carta igienica è così grande?". La madre rispose a due delle innumerevoli domande. Improvvisamente, la bambola della bambina arrivò nella mia cabina. Gliela spinsi indietro mentre la donna si scusava per l'accaduto. Le dissi: "È dura avere quattro anni". Lei mi chiese: "Ma come fa a sapere che mia figlia ha quattro anni, se non l'ha mai vista?". Io le risposi: "I bambini di quattro anni pongono circa quattrocento domande al giorno. Sua figlia gliene ha appena fatte una decina in due minuti". "Quattrocento?" sospirò la donna. "Sono già sfinita!"

I bambini in età scolare: dai sei agli undici anni

Tra i sei e gli undici anni, il bambino è in grado di classificare oggetti ed eventi. Sarà anche capace di utilizzare il linguaggio per esprimere tali classificazioni, permettendogli di diventare più consapevole di sé in relazione agli altri. Significato: i bambini in età scolare confrontano e competono. Si concentrano sui loro pari e instaurano relazioni che si basano sulla somiglianza: i maschietti in genere giocano con i maschietti e le femminucce con le femminucce. I maschi emulano i padri e le bambine le madri. I bambini rinsaldano la propria identità sessuale e si sforzano di rispondere a norme culturali: i maschietti imparano a reprimere la paura e le femminucce a soffocare l'aggressività. I bimbi in età scolare cominciano a comprendere che hanno più cose in comune tra loro che con gli adulti, e il valore dell'amicizia cresce di conseguenza.

I bambini di quest'età diventano via via più logici. Il viaggio inizia lentamente. Un bimbo di prima elementare ha raccontato al suo parroco che, a Pasqua, Gesù esce per cercare la sua ombra. I bimbi di sette-otto anni spesso si lamentano dicendo: "Non è giusto!". Avendo più padronanza di linguaggio e competenze cognitive, sono maggiormente capaci di discutere, analizzare le regole e valutare le situazioni come ingiuste. Facendo dei confronti, chiedono: "Perché Sara può rimanere sveglia fino alle dieci, mentre io devo andare a dormire alle nove?". Ragionano e protestano fino all'esaurimento. I genitori esasperati terminano le discussioni con: "Perché lo dico io".

Mentre migliorano nel valutare le proprie prestazioni (intorno ai sette anni), i bambini sono anche più desiderosi di padroneggiare nuove competenze. Tuttavia possono diventare molto autocritici: i continui fallimenti possono creare seri problemi di autostima, inducendo i bimbi a non correre rischi. Se un bimbo di quattro anni farà qualsiasi cosa e continuerà a provarci, quello in età scolare spesso rifugge da possibili fallimenti e dirà cose del tipo: "Non me ne importa degli sport, sono stupidi", per escludere un potenziale ambito di insuccesso.

I bambini in età scolare sono più consapevoli di se stessi e degli altri. Studiano le persone e accumulano informazioni su di loro. Sono ricettivi ai modelli e si fissano sugli atleti e i cantanti che ammirano ed emulano. Sarebbero in grado di fare imitazioni meravigliose dei parenti.

Un bambino in età scolare ha una lunga lista di compiti dello sviluppo da portare a termine. Il più grande è imparare le competenze che sente gli serviranno nell'età adulta. Per alcuni bambini tali competenze sono leggere, scrivere e contare; per altri sono imparare a manipolare, a imbrogliare gli altri, a rubare o a lottare. Un bambino in età scolare deve apprendere dai propri errori e decidere da solo se può farcela; deve imparare ad ascoltare per raccogliere le informazioni e pensare con logica, e deve conoscere le regole e le conseguenze che derivano dall'infrangerle. Deve testare le proprie idee e i propri valori e rendersi conto che può non condividere i pensieri altrui, ma essere comunque amato. I bambini in età scolare sviluppano la loro capacità di collaborare negli stessi anni in cui confrontano le proprie abilità con quelle degli altri. Si scontrano con il concetto di responsabilità e rafforzano i meccanismi di controllo interno.

Ciascuno di questi compiti richiede una serie di tentativi ed errori. Rileggete il paragrafo precedente e tenetelo bene a mente. La verità è che per imparare ad ascoltare, i bambini devono imparare le conseguenze del non ascoltare. Per imparare dagli errori, devono commetterli. Per sviluppare la collaborazione, devono talvolta opporsi. Queste competenze si affinano sempre di più tra i sei e i dodici anni. Alcuni bambini raggiungono l'età adulta mentre sono ancora alle prese con questi compiti. Io sono tra quelli!

I punti d'irritazione dei bambini in età scolare

- *Si oppongono alle vostre direttive.* I bambini di sei anni potrebbero scegliere sistematicamente di non essere collaborativi. Potrebbero fare i capricci come i bimbi più piccoli, oppure essere impertinenti. Vi potrebbe capitare di sentire commenti del tipo: "Perché devo?" o: "Chi me lo fa fare". A sette anni, l'energia dei bambini è solitamente rivolta all'interno, perciò potrebbero diventare lunatici e chiusi, o tenere il broncio. Quando dite loro di fare qualcosa, spesso si oppongono con frasi come: "Perché io?" o: "Non è giusto". Tuttavia, se ricordate loro con fermezza che devono fare quella cosa, la eseguiranno. Progressi sulla strada dell'ubbidienza di solito compaiono a otto anni. Vostro figlio vi ubbidirà, e poi se ne andrà borbottando frasi che non riuscirete a decifrare. I bambini di nove e dieci anni tendono a preoccuparsi, a lamentarsi e a inventarsi delle scuse.

Queste scuse, alcune delle quali risultano abbastanza plausibili, riguardano spesso l'ambito fisico ("Non posso fare esercizio al pianoforte perché ho mal di testa"). Il nostro compito è mantenere l'autocontrollo. Respirate profondamente; utilizzate il potere dell'Accettazione (questo momento è così com'è); quindi ricorrete al potere dell'Attenzione e ricordate ripetutamente al bambino che cosa fare.

- *Litigano con i fratelli o gli amici.* A sei anni, i bambini iniziano a esplorare la profondità e la solidità delle loro amicizie e tendono a criticare gli amichetti. Dicono: "Sei un bugiardo", "Non sono più tuo amico" e ricorrono regolarmente agli insulti e ai litigi. A sette anni, invece, i bambini tendono a rinchiudersi nella loro cameretta e a ritirarsi dalla lotta, anziché "risolverla a pugni" come farebbero i più giovani. I bambini di sette anni si preoccupano per se stessi e di come gli altri li trattano, perciò hanno bisogno di un incoraggiamento extra da parte dei genitori. Quando i fratelli sono vicini per età, i bisogni di attenzione aumentano, come pure gli atti di gelosia fraterna. Se i bisticci tra fratelli s'intensificano, leggetelo come un segnale che vi invita a dedicare più tempo a ciascun figlio individualmente. Fino all'età di otto anni, i bambini sono in grado di mantenere buone relazioni reciproche; ecco che nascono i veri e propri "amici del cuore". Con ciò, però, aumentano le richieste e i litigi. A casa, i bambini raccontano meno cose perché a questa età ci tengono alle loro amicizie e a non fare quindi la spia. Dai nove anni in su, gli amici diventano più importanti dei fratelli e delle sorelle. Il nono anno è più tranquillo, più riflessivo dell'ottavo. A dieci anni circa, i bambini adorano i loro amici e la mamma. Potreste pensare che la pace regni anche con i fratelli, ma non è così, di solito. In genere, più un bambino è "innamorato" dei suoi genitori, e più è in competizione con i fratelli. Inoltre, nelle famiglie allargate tutti questi problemi si acuiscono, finché i fratellastri non stabiliscono relazioni salde e sane tra loro. Tale processo può richiedere almeno due o tre anni.
- *Hanno bisogno di essere richiamati in continuazione.* Man mano che i bambini crescono, i genitori spesso danno per scontato che i figli dovrebbero sapere come gestirsi da soli. Sicuramente lo "sanno", ma la loro energia di solito si concentra su altri aspetti, che non sono certo prioritari per i genitori. Siete

mai stati così occupati da dimenticarvi di mangiare o lavarvi i denti? Siete mai stati così presi dal lavoro che avevate difficoltà a concentrarvi sulle esigenze dei vostri figli? Rileggete l'elenco dei compiti dello sviluppo affrontati dai bambini in età scolare e capirete quanto hanno da fare. Imparare a leggere, a scrivere, a instaurare amicizie richiede talmente tante energie che lavarsi i denti può sembrare del tutto insignificante. Un bambino di sette anni semplicemente si perde nel suo mondo e dimentica la routine della vita quotidiana. Se non gli ricordate di lavarsi la faccia, probabilmente non lo farà. Se non gli ricordate di dire: "Scusami" o "Grazie", quelle parole forse non saranno pronunciate. Un bambino di sette anni, di solito, è disposto a ubbidire ai vostri richiami. Fortunatamente, ormai, sono spariti i rifiuti categorici e le scenate degli anni precedenti.
I bambini di otto anni in genere sono pieni d'iniziativa e hanno bisogno di un po' di libertà per portare a termine i loro incarichi. Si stancano facilmente perché fanno i compiti, giocano e mangiano in fretta. Necessitano del vostro incoraggiamento, dei richiami e di aiuto per finire ciò che hanno iniziato e sistemare i pasticci che combinano. A nove anni queste competenze si rafforzano, sebbene i bambini tendano ancora a compiere il proprio dovere con i loro tempi (che voi forse non troverete adeguati). Quando vostro figlio compie dieci anni, pensate: "Di sicuro ora è abbastanza grande da svolgere i suoi compiti autonomamente", invece lui ha ancora bisogno che gli ricordiate di andare a dormire e di lavarsi. A dieci anni, comunque, vi basterà dire una parola ("Bagno") affinché vostro figlio ubbidisca (sebbene con atteggiamento negativo).

- *Si sentono trattati ingiustamente.* "La maestra se la prende sempre con me", "Dai più retta a lui che a me": queste sono tipiche lamentele espresse dai bambini in età scolare. È inutile che cerchiate di convincere vostro figlio che le sue lagnanze sono ingiustificate. Lui si sta paragonando agli altri, sta cercando di definirsi come membro di un gruppo e di capire il più possibile le differenze. Il migliore aiuto che possiate offrire è l'empatia. E questo si fa usando il potere dell'Accettazione. Se vostro figlio dice: "Ti piace di più lui di me", leggete con attenzione il messaggio sottostante e rispecchiategli ciò che vedete, ciò che pensate stia provando e ciò di cui ritenete abbia bisogno. Potreste rispondergli: "Tieni le spalle curve. Sembri demoralizzato. Ho l'impressione che io e te dobbiamo passare un po' di tempo insieme".

- *Sono ipersensibili.* I bambini in età scolare si prefiggono degli standard elevati. Stanno iniziando a interiorizzare davvero tutto ciò che hanno imparato e lottano per essere all'altezza delle aspettative che si sono posti. Autocritici, sono tuttavia piuttosto sensibili alle critiche altrui. Per la prima volta, riconoscono pienamente le loro debolezze, i loro difetti ed errori. Di conseguenza, si tengono spesso in disparte, assumono comportamenti strani per ridurre la tensione, oppure evitano certe situazioni. Vostro figlio potrebbe dire: "Non faccio mai niente di giusto". Anziché affrettarvi a correggerlo, usate le migliori competenze di ascolto che avete per offrire una risposta del tipo: "Non è andata come speravi?". Vostro figlio potrebbe gestire la tensione facendosi schioccare le dita, togliendosi le pellicine, mordendosi le unghie o con altri tic nervosi. In questo caso, reindirizzatelo verso comportamenti che possano ridurre l'ansia più accettabili, per esempio portatelo fuori, a correre, a giocare. Alcuni bambini possono cercare di evitare gli errori adottando un atteggiamento del tipo: "Non me ne importa" su praticamente tutto. Quando arrivano al punto di dire: "Non me ne importa", in realtà stanno comunicando: "Non sento di essere importante per nessuno". Utilizzate il vostro potere dell'Unità per incoraggiarli e connettervi con loro. I bambini che sono troppo rigidi con se stessi avranno bisogno di tante lodi e attenzioni da parte vostra. Trovate il tempo per osservarli e unirvi a loro in attività di svago, come andare al cinema o in bicicletta. Scegliete libri un po' difficili per loro, così potrete continuare a leggerglieli voi, come facevate quando erano piccoli. Apprezzerete entrambi questi momenti.
- *Chiedono: "Perché?".* Prima ancora di aver finito di dare una direttiva a vostro figlio, lui ribatte: "Perché?". Vorreste urlare, ma c'è un motivo per cui lui si comporta così. I bambini più grandi stanno iniziando a sviluppare il dialogo interiore, perciò adesso si trovano ad affrontare dialoghi "dentro e fuori dalla loro testa". Se il loro dialogo interiore è relativamente "giovane", fanno fatica ad ascoltare entrambe le conversazioni contemporaneamente. Con calma, ripetete le vostre affermazioni e ricordatevi di non mettere sullo stesso piano la disubbidienza con la mancanza di rispetto.

- *Distorcono la verità*. Vostro figlio potrebbe guardarvi negli occhi e negare di aver fatto qualcosa che sapete bene che ha fatto. Brittany ha scritto il proprio nome col pennarello sul bracciolo del sedile dell'auto. La mamma dice: "Brittany, hai scritto il tuo nome sul bracciolo". La figlia replica: "No, è stato Jimmy". "Jimmy ha due anni, non sa nemmeno scrivere" risponde la madre. La bimba ribatte con calma: "Gliel'ho insegnato io". A differenza dei bambini in età prescolare, che esplorano la differenza tra realtà e fantasia attraverso il gioco, quelli più grandi, intenti a sviluppare le capacità di ragionamento, hanno bisogno di testare la differenza tra realtà e finzione nella vita reale. Lo fanno inventandosi storie meravigliose. Per destreggiarvi in queste sfide dello sviluppo, utilizzate le competenze descritte. La mamma di Brittany ha iniziato l'interazione concentrandosi sul comportamento che non voleva, innescando così una polemica. Ricorrendo alla guida amorevole, avrebbe potuto dire: "Brittany, guarda il tuo nome sul bracciolo della macchina. Scegli: puoi pulirlo con un panno o con una spugnetta. Che cosa preferisci?". Una volta che Brittany avesse scelto e iniziato a pulire, la mamma avrebbe dovuto incoraggiarla, dicendo: "Ce l'hai fatta! Hai pulito il bracciolo". Infine, avrebbe potuto utilizzare il potere dell'Unità per connettersi con Brittany e osservarla scrivere il proprio nome su un foglio di carta, a casa.

La vostra risposta ai punti d'irritazione è fondamentale

Il concetto principale che dovete ricordare è che molti punti d'irritazione sono utili per raggiungere un obiettivo importante. Anche se possono risultare fastidiosi, sono fondamentali per lo sviluppo di vostro figlio. Per distinguere tra ciò che è un problema e ciò che è normale occorre comprendere gli stadi di sviluppo dei bambini. Prendiamo in considerazione i capricci: essi sono tipici dei bimbi di uno o due anni, ma possono essere il segnale d'allarme di problemi reali da affrontare, se fatti da bambini di sette anni. Come genitori, dovete valutare se il comportamento di vostro figlio è normale per la sua fascia di età, oppure no.

Una madre preoccupata mi ha raccontato che il figlio di sette anni perdeva sempre tempo ed era spesso distratto: "Gli dico che è ora di andare a dormire e sembra che nemmeno mi senta. Alla fine va in camera, ma poi si distrae con un giornaletto e inizia a sfogliarlo. Mi sento così noiosa a ripetergli ogni giorno le stesse cose. Tergiversa su tutto ciò che riguarda l'ora di andare a letto: lavarsi i denti, le preghiere... Suo padre pensa che sia il caso di fargli fare una visita di controllo per l'udito". Come saprete dopo aver letto questo capitolo, i comportamenti che preoccupano questi genitori sono semplicemente tipici di un bambino di sette anni.

Un'altra madre mi ha raccontato di sua figlia di otto anni che si rifiutava di ubbidire a qualsiasi ordine. La loro casa era teatro d'innumerevoli lotte di potere, poiché la bambina sfidava la madre a "farla andare a letto e farle fare i compiti". I bimbi piccoli comunicano cercando di farvi sentire come si sentono loro. Un bambino più grandicello che lo fa ancora lancia una forte richiesta di aiuto. È in gioco qualcosa di più dello sviluppo. Se vi sentite impotenti con vostro figlio, probabilmente anche lui si sente così. Dimenticate le forme disciplinari che avete imparato e utilizzate le alternative della guida amorevole descritte nel libro. Se ancora non riuscite a entrare in contatto con vostro figlio, cercate l'aiuto di uno specialista.

Non ci sono trucchi magici per cambiare il corso dello sviluppo infantile. Utilizzate il potere dell'Accettazione: questo momento è così com'è. Finirete per arrabbiarvi e basta se vi appigliate alla convinzione che, con un uso migliore della disciplina, vostro figlio vi ubbidirà sempre. Al contrario, approfondire la conoscenza dello sviluppo infantile non significa che dovete ignorare il comportamento scorretto o smettere di educare vostro figlio alla disciplina. Dovrete reagire al comportamento scorretto per insegnargli modi socialmente accettabili di esprimersi.

Il comportamento scorretto è comunicazione.

I bambini ai primi passi fanno i capricci. Quelli in età prescolare urlano: "Ti odio". Quelli in età scolare rispondono, borbottano e camminano pestando i piedi. La maniera in cui reagite a ognuno di questi comportamenti problematici insegnerà a vostro figlio dei modi accettabili per comunicare la rabbia. Un giorno sentirete vostro figlio dire: "Non mi piace quando mi prendi le cose. Devi prima chiedermelo". Quel giorno non arriverà per una fortuna insperata. Gli avrete insegnato a esprimersi così, e il vostro insegnamento si chiama disciplina.

Capitolo 11

La guida amorevole in azione

Risolvere i principali problemi disciplinari

Molti miei amici hanno figli tra i quindici e i venticinque anni. Per condurre la mia ricerca per questo capitolo, ho consultato parecchi di loro per sapere ciò che si ricordavano a proposito dei problemi disciplinari che hanno dovuto affrontare. I miei amici rammentavano vagamente i problemi legati alla condivisione o al fare la spia, ma non avevano in mente alcun dettaglio. È stato però interessante notare come invece riuscissero a ricordare la propria infanzia e a fornire descrizioni dettagliate degli eventi vissuti con i loro genitori. Quando poi ho chiamato i figli dei miei amici, questi ricordavano ogni dettaglio degli episodi disciplinari del passato. Le affermazioni dei loro genitori e il loro comportamento avevano lasciato tracce durature. Come genitori, le vostre parole e azioni sono determinanti ed è questa la ragione per cui il mio libro si incentra sulla necessità di diventare consapevoli di ciò che diciamo a noi stessi e ai nostri figli.

Questo capitolo presenta situazioni di vita reale che mostrano l'utilizzo dei Sette poteri dell'autocontrollo e delle Sette competenze disciplinari fondamentali. In ogni situazione, gli adulti si servono delle competenze di una guida amorevole. I genitori dimostrano anche di comprendere perché i bambini si comportano male, come illustrato nel capitolo 10. Spiego i Sette poteri dell'autocontrollo "trasmettendo" il dialogo interiore dei genitori (ciò che dicono e fanno a se stessi). Illustro le Sette competenze disciplinari fondamentali descrivendo in che modo i genitori gestiscono i propri figli. Il mio obiettivo nel condividere queste situazioni è offrirvi modelli concreti di ciò che potete dire e fare con i vostri figli in situazioni disciplinari specifiche. Gli atleti visualizzano il successo. Noi faremo lo stesso. Insieme, creeremo nuove immagini educative. Perciò, leggete, rilassatevi, aprite la mente a queste nuove possibilità. Questo capitolo vi prepara al dodicesimo, che presenta un programma di sette settimane che vi aiuterà a cambiare le vostre risposte abituali ai conflitti. Cambiare abitudini è difficile, ma fattibile. Quando sbagliate, rileggetevi queste pagine. Rinfrescatevi la memoria, fatevi degli appunti, rinnovatevi. Poi condividete questo stato d'animo con i vostri figli.

Queste situazioni ovviamente non possono descrivere con esattezza gli approcci che potreste avere, ma ognuna illustra un approccio ragionevole che dimostra le competenze che insegno. Mentre leggete gli esempi, ricordate:

- *Il vostro compito è aiutare vostro figlio a scegliere con maggiori probabilità di soddisfare i vostri desideri.* Il vostro compito è anche quello di concentrarvi principalmente sulla sicurezza. Sicurezza è un termine relativo. Qualche volta la scelta migliore è togliere dalla scena il bambino o voi stessi, piuttosto che urlare. Potreste dire: "Sono preoccupato per te e per questa situazione. Adesso mi calmo, poi discutiamo del problema". A volte siete abbastanza tranquilli da creare un momento di apprendimento e insegnamento, altre no.
- *Il compito di vostro figlio è mettere alla prova i limiti in base al livello del suo sviluppo attuale.* I bambini imparano dai loro tentativi, dalle vostre risposte e dal loro sviluppo naturale. Mentre imparano, formulano e testano nuove ipotesi. I loro test non finiscono mai. Il cambiamento avviene costantemente e il conflitto vi gioca una parte fondamentale.

Il "two-step disciplinare"

La disciplina mi ricorda il *two-step* del country-western. Questo ballo prevede due ritmi diversi: adagio-adagio, poi veloce-veloce. Anche la disciplina comporta due passi: adagio-adagio e veloce-veloce.

La parte adagio-adagio implica la formazione di rapporti sani. I genitori devono costruire relazioni sane con se stessi, con gli altri e con i propri figli. La relazione amorevole che avete costruito nel tempo con i vostri figli serve da forza motivante per un buon comportamento. Se in vostra compagnia i vostri figli si sentono amati, valorizzati e capaci, è molto probabile che scelgano di collaborare anziché opporsi.

Riflettete un attimo sulla vostra vita. Quando il rapporto con il vostro partner va bene e siete in sintonia, prevale lo spirito di disponibilità. Immaginatevi seduti sul divano. Se lui si alza e voi gli chiedete: "Mi prenderesti una bibita dal frigo?", la sua risposta potrebbe essere: "Certo, tesoro". Se invece il vostro rapporto fosse teso, la comunicazione e l'intimità ne soffrirebbero. Alla stessa domanda potreste ricevere una risposta diversa, del tipo: "Pigliatela tu!". L'amarezza uccide lo spirito di collaborazione sia negli adulti sia nei bambini. Se vostro figlio continua a opporre resistenza piuttosto che offrire collaborazione nonostante la vostra guida paziente e amorevole, allora la vostra relazione ha bisogno di aiuto.

Sarah cresceva il figlio praticamente da sola. Suo marito, Bob, portava lo stipendio a casa e a volte giocava con Michael, ma nulla di più. Sarah lavorava come estetista e aveva la completa responsabilità della casa, del bambino, delle faccende, dei pasti.

Temendo che Bob potesse lasciarla, Sarah cercava anche di tenere Michael lontano dal padre, mentre riposava. Sarah era esaurita e la sua vita era una continua corsa contro il tempo. Spesso si arrendeva alle richieste di Michael solo per fare più in fretta. Il bimbo, a sua volta, era molto ostinato e difficile, ben più di quanto ci si aspettasse per il suo livello di sviluppo. "Vai a riordinare la cameretta" gli urlava Sarah. "No, non ci vado!" "Molto bene, allora oggi non guardi la tivù." Michael, senza mostrare alcuna emozione, rispondeva: "E che me ne importa?".

Sarah e Michael non erano "sintonizzati" tra loro. La vita stressante di Sarah non le lasciava spazio per connettersi completamente con il figlio. Lui si sentiva trascurato e comunicava la propria tristezza con l'apatia e un atteggiamento di opposizione. In effetti, diceva: "Non m'importa della mia vita, perché sembra che a te non importi nulla di me". Se vostro figlio vi pare ostinato e apatico, vi sta implorando di trovare il tempo di connettervi con lui. Fate regolarmente delle cose divertenti insieme e riscoprite la gioia reciproca. I bambini che hanno bisogno di attenzione spesso la ottengono adottando un comportamento scorretto. Non permettete che le loro marachelle vi distraggano dall'importante messaggio che nascondono. Assumete il comando non punendo, ma programmando del tempo per stare vicino a vostro figlio. I minuti adagio-adagio e le ore che passate insieme adesso – leggendo, giocando, parlando – creano la motivazione per un comportamento futuro corretto.

La vicinanza, però, non insegna al bambino come comportarsi. Quello fa parte della disciplina veloce-veloce, che riguarda la vostra condotta nel corso dei conflitto. Che cosa potete dire o fare per convincere vostro figlio a riordinare la cameretta? Come potete aiutarlo a riflettere sulle sue scelte? Che cosa potete fare per risolvere i problemi immediati? Le competenze che voi utilizzate nella parte della disciplina veloce-veloce possono costruire o distruggere la relazione con vostro figlio. Le situazioni seguenti illustrano le strategie veloce-veloce che avete imparato in questo libro, ma non dimenticate mai l'importanza dell'adagio-adagio. Una relazione amorevole è la base del vostro successo.

Provocazioni del genitore e del figlio

Come ho menzionato nel capitolo 3, ci sono due tipi di provocazioni per un momento disciplinare: uno consiste nel volere che il figlio faccia qualcosa che non sta facendo; l'altro, invece, è quando vostro figlio vuole che accada qualcosa che non sta accadendo. In sostanza, un tipo di provocazione siete voi che cercate di fare il vostro lavoro; l'altro è vostro figlio che cerca di fare il suo. Le situazioni seguenti sono divise di conseguenza.

Genitori che fanno il loro lavoro

"Rimanete in cortile a giocare"

"Bailey, rimani in cortile a giocare con Michelle. Lì siete al sicuro dalle auto." La madre di Bailey, Doreen, ha stabilito assertivamente un limite, ma le bambine sono eccitate e non l'ascoltano. Per accertarsi che il limite sia chiaro, la mamma di Bailey dice: "Al mio tre, voglio che corriate intorno al cortile. Tracciate il contorno di tutto il cortile come se fosse un rettangolo. Uno, due, tre, via!". Le bimbe partono lanciando urletti. Al loro ritorno, Doreen dichiara: "Ce l'avete fatta, avete corso intorno al cortile. Bailey, le tue mani si muovevano così [mostra la posizione delle braccia], e Michelle, le tue gambe si alzavano così [mostra la posizione delle gambe]. Bene, adesso conoscete i limiti. Giocate all'interno della linea che avete tracciato". Mentre rientra in casa, grida: "Divertitevi!".

Quando Doreen controlla le bambine dieci minuti dopo, sono nel cortile dei vicini a raccogliere le pigne. Le raggiunge e dice loro: "Vedo che avete fatto di testa vostra e vi siete dimenticate di rimanere in cortile". Entrambe le bimbe alzano lo sguardo, l'espressione del viso s'incupisce e le vocine rispondono in coro: "Ci siamo dimenticate". Dopo averci pensato un po', Doreen decide che aveva mostrato in modo adeguato alle bambine i limiti del cortile non solo quel giorno, ma anche gli altri giorni. Decide che le conseguenze possono tornare utili. "Bambine, vi ho mostrato i confini sicuri. Potete scegliere se ricordarli o dimenticarli. È importante che prestiate attenzione per restare al sicuro. Se vi dimenticate e lasciate ancora il cortile, rientrerete tutte e due e poi Michelle andrà a casa sua. Capite che cosa succederà se uscite dal cortile?" Entrambe annuiscono. "Ditemelo" invita Doreen. Le bambine ripetono le conseguenze che hanno sentito.

"Siediti sul seggiolino"

Marta era di fretta. Era in ritardo di dieci minuti sulla tabella di marcia e il suo bambino di tre anni, Gary, era tutta la mattina che non faceva altro che dire di no. Ultimamente il seggiolino era diventato un problema e Marta era preoccupata.

Ad alta voce, con calma, disse: "È ora di andare". Gary la ignorò. Marta continuò: "Scegli. Vuoi che ti sollevi, così puoi aprire tu la portiera, o te la apro io?". Gary corse verso la macchina urlando: "Fare io!". Quando Marta raggiunse l'auto, fece per alzarlo per aprire la portiera. Lui le spinse via il braccio e si gettò a terra con il broncio e le braccia conserte. Marta pensò: "Oh, no! Ci siamo di nuovo", ma si bloccò subito e disse a se stessa: "So cosa fare, gli rispecchio ciò che vedo". Disse: "Gary, hai le braccia conserte e il labbro tremolante [mostra la posizione]. Il tuo corpo mi sta dicendo: 'Volevo farlo da solo'". Gary instaurò un contatto visivo con lei e sembrò rilassarsi. Marta disse a se stessa: "Non arrenderti adesso. Rimani calma". Aggiunse: "Quando eri piccolo, ti prendevo in braccio così [glielo mostra] e ti mettevo in macchina nel tuo seggiolino [apre la portiera per mostrarglielo]. Adesso puoi farlo da solo. Sali e chiudi. Io ti guardo". Gary si alzò lentamente, ancora un po' teso.

Marta disse a se stessa: “Abbi fiducia e rimani calma”. Gary montò in auto, prese la cintura e si allacciò. Marta esclamò: “Ce l’hai fatta! Sei salito in macchina e ti sei allacciato la cintura da solo”. Marta saltò in auto e partì subito, in ritardo ma abbastanza calma, mentre Gary iniziava a canticchiare.

“Riordina la cameretta”

Nelson era un bambino meticoloso, l’organizzazione era il suo forte. Suo fratello Carlson era l’esatto opposto. Si sentiva a proprio agio nel caos e la sua ostinazione a non riordinare la cameretta era un problema cronico.

Poiché i problemi cronici richiedono problem solving e non conseguenze, fecero una riunione di famiglia per stabilire un piano d’azione. La domanda che i genitori posero a Carlson e agli altri fratelli fu: “Come possiamo aiutarti [Carlson] a imparare a tenere in ordine la tua camera?”. I primi commenti non furono produttivi. (Carlson suggerì di assumere una cameriera.) Tuttavia, per incoraggiare il figlio ad affrontare davvero il problema, i genitori presero in considerazione queste risposte senza agitarsi. Alla fine concordarono di stabilire un momento durante la settimana in cui tutta la famiglia avrebbe pulito le rispettive camere. Periodicamente ognuno sarebbe andato nella stanza degli altri per incoraggiarli. I ragazzi si esercitavano a esprimere frasi di sostegno del tipo: “Ce l’hai fatta! Hai quasi finito. Continua così”. Dopo aver riordinato, avrebbero fatto le foto di ogni camera e la famiglia avrebbe trascorso un po’ di tempo insieme. Ognuno poteva chiedere aiuto. I ragazzi si esercitavano dicendo: “Non ci riesco, mi puoi dare una mano?”. I genitori ricordavano loro di dire “Grazie” per l’incoraggiamento o il sostegno. La famiglia decise di provare a farlo per due settimane e vedere se funzionava.

Quando la mamma controllò Carlson durante il primo turno di pulizia settimanale, lo aiutò a rimanere concentrato, notando i suoi miglioramenti. Osservò: “Carlson, hai messo tutte le figurine del baseball nella scatola”. Lo indirizzava anche nelle scelte, quando sembrava non farcela: “Potresti mettere da lavare i vestiti sporchi o sistemare questa pila di roba sulla sedia. Che cosa preferisci?”. Quando prendeva una decisione, lei lo incoraggiava dicendo: “Hai deciso di iniziare dalla sedia. Ce la puoi fare”.

"Finisci i compiti"

Per aiutare Chelsea a fare i compiti, suo papà aveva scelto un momento e un posto precisi. Chelsea andò a comprare ciò che le poteva servire e organizzò la scrivania in modo ordinato. Un giovedì sera il papà le disse dolcemente: "Chelsea, ricordati di studiare le parole per lo spelling". La bimba mise il broncio e iniziò a borbottare. Il padre ignorò il brontolio e continuò a incoraggiarla a svolgere il suo compito: "Vuoi che ti dica io le parole, o che te le registri?". Poiché l'idea di fare un'audiocassetta era una novità, Chelsea scelse quella possibilità. Appena premette il tasto del registratore per ascoltare la prima parola, sentì la voce del padre: "Brilla brilla stellina, che tu sei la mia bellissima bambina". Chelsea strillò: "Come sei melenso, papà" e poi iniziò a studiare la lista dello spelling.

"Smetti di picchiare tuo fratello, fai il bravo"

Chad stava picchiando il fratellino più piccolo, Danny, quando sua madre Nancy si avvicinò. "Smettila!" urlò mentre li divideva. Danny cominciò a piangere e disse: "Chad mi ha dato un pugno, lo odio".

Nancy gli rispecchiò la frase: "Chad ti stava picchiando e tu sei arrabbiato perché non la smetteva?". Chad la interruppe: "Quello stupido era in camera mia. Quando gli ho detto di andarsene, mi ha fatto la linguaccia". Nancy, che stava per perdere la pazienza, fece un respiro profondo. Si ricordò che se li avesse ascoltati e avesse insegnato loro come risolvere i conflitti anziché punirli, un giorno i suoi sforzi sarebbero stati ripagati. Mantenne la mente concentrata sull'intento positivo dei bambini. Sapeva che era questa la chiave per l'insegnamento. Cominciò a ripetersi nella testa: "Intento positivo, intento positivo". "Volevi che Danny uscisse da camera tua, così gliel'hai chiesto, ma lui non l'ha fatto" (Nancy riassunse l'intento positivo di Chad). "Esatto" rispose Chad. "Perciò gli hai dato un pugno? Non puoi picchiare tuo fratello" affermò Nancy. "Quando gli chiedi di lasciare la camera e lui non ti ascolta, vieni da me. Ti aiuterò a risolvere il problema senza alzare le mani."

"Volevo giocare con Chad e vedere il suo aeroplano" disse Danny. Nancy, esasperata, si domandava quante volte avessero dovuto affrontare l'argomento. "Rilassati" ripeté a se stessa "puoi farcela. Concentrati sull'intento positivo." Con rinnovato spirito, dichiarò: "Così tu volevi giocare con Chad e vedere l'aeroplano, perciò sei entrato in camera sua e sei rimasto là?". Danny rispose con un "Sì" sommesso. Nancy allora continuò: "Danny, quando vuoi guardare l'aeroplano, di': 'Chad, posso vedere il tuo aeroplano?', prova a farlo adesso". Con riluttanza, Danny disse: "Chad posso vedere il tuo aeroplano?". Chad rispose: "No, stupido".

A questo punto, Nancy esaurì la pazienza. Sentì la voce interiore dire: "Ho di meglio da fare che sprecare tempo con questi due, ne ho già perso abbastanza per insegnare loro come comportarsi, non posso perderne altro". Prima di riuscire a trattenersi, sbottò: "Ho cercato di insegnarvi come comportarvi in modo corretto, ma mi arrendo: dimenticatevi di quello stupido giocattolo". Detto questo, afferrò l'aeroplano e, con passo deciso, si avviò verso la cucina.

Pochi minuti dopo iniziò a sentirsi in colpa. Sapeva che questo poteva sfociare in un'educazione troppo permissiva, a meno che l'adulto non ritrovasse il proprio equilibrio. Pensò al potere del Libero Arbitrio, ricordando a se stessa che l'unica persona che poteva *far* cambiare era se stessa. Fu poi in grado di attingere al potere dell'Attenzione per ottenere ciò che voleva. Tornò dai figli e disse: "Ragazzi, vi voglio bene e il modo in cui vi comportate mi sta molto a cuore. Il mio compito è amarvi e insegnarvi ad amarvi l'un l'altro. Chad, insultando ferisci gli altri. Del resto, anch'io vi ho ferito perdendo il controllo. Sono dispiaciuta per ciò che ho detto. A cena stabiliremo una procedura corretta per entrare nelle camere altrui. Voi intanto pensate a come risolvere insieme questo problema".

"È ora di andare a nanna"

Jeffrey, due anni, stava guardando la televisione quando la mamma, Eileen, annunciò: "Appena finisce il programma si fa il bagnetto e poi si va a nanna". Quando la trasmissione terminò, Eileen si diresse verso il televisore per spegnerlo. "No nanna!" urlò Jeffrey. Eileen sentì immediatamente il corpo in tensione e una voce interiore che diceva: "No, no di nuovo. Non ce la posso fare anche stasera". Decise di fare un respiro profondo e rilassarsi. Eileen continuò a tenere sotto controllo la propria irritazione con il dialogo interiore per aiutare Jeffrey a gestire la sua arrabbiatura. Ricordò a se stessa: "Ha solo due anni, mi sta mettendo alla prova. Questo è il suo compito. Il mio è rimanere calma, mantenere i limiti e offrire compassione. Ce la posso fare. Se diventa irremovibile, io la prendo con serenità".

Concentrò la sua attenzione sulle braccia e sul faccino del figlio e disse con compassione: "Le tue mani fanno i pugni [glielo mostrò], il tuo faccino è teso [altra dimostrazione]. Il tuo corpo dice: 'Mi sento arrabbiato. Voglio ancora tivù'". Jeffrey si rilassò un pochino. Lei velocemente gli offrì una scelta, annunciando allegramente: "Jeffrey, scegli!". Il viso del bambino si rilassò ancora un po'. "Nella vasca puoi giocare con i delfini o con le rane, che cosa preferisci? Ieri sera i delfini nuotavano come matti." Eileen alzò la mano e la mosse come fosse un delfino che nuotava. Jeffrey immediatamente esclamò: "Delfini!".

Eileen apprezzò la sua capacità di decidere: "Hai scelto i delfini. Puoi nuotare con loro nella vasca". Jeffrey corse a prendere i delfini ed entrò nella vasca tutto felice. Dopo un po', Eileen gli disse: "Tra poco sarà ora del pigiamino e di lavare i dentini". Jeffrey ribatté immediatamente: "No, ancora giocare. Ancora delfini". Eileen sentì il cuore perdere un colpo e il corpo irrigidirsi e disse a se stessa: "Non dev'essere per forza così difficile, non sono obbligata a sopportare tutto questo. Ero paziente, ma adesso basta. Sono stanca".

Stava per perdere la pazienza, quando fece un'inversione di rotta usando il potere dell'Attenzione. Disse a se stessa: "La cosa su cui ti concentri è quella che ottieni. Se sono agitata, mi sto concentrando su qualcosa che non voglio, e di sicuro sono agitata. È questo il comportamento che voglio? No! Okay, che cosa voglio? Voglio che esca dalla vasca e si asciughi. Ci proverò passo dopo passo". Eileen fece un respiro profondo ricordando a se stessa: "Questo momento è così com'è. Rilassati". Decise di essere giocosa e di divertirsi un po'. "Oh, no! Hai sentito?" chiese a Jeffrey. Lui parve interessato e lei continuò: "È il richiamo di aiuto del delfino. Il povero delfino è malato! Presto, fallo uscire dall'acqua e avvolgilo subito nell'asciugamano". Eileen iniziò a parlare dolcemente al delfino. Jeffrey si alzò per ascoltare. La mamma disse: "Ho bisogno del tuo aiuto. Vieni ad asciugarti, potrebbe essere un'emergenza". Lui si asciugò in fretta e si sedette in braccio a Eileen per visitare il delfino. La mamma chiese: "Che cos'avrà?". Il bimbo iniziò a raccontare una storia su cosa pensava che avesse. Lei ascoltò la storia e gli mise il pigiama. Jeffrey era ancora preoccupato per il delfino e la mamma si sentiva pronta a passare la palla educativa al marito. Disse: "Non so esattamente che cos'abbia fatto ammalare il delfino, ma tuo padre lo saprà. Mettiti a letto che ti mando su papà, così ti racconta tutta la storia". Incrociando il marito nel corridoio, Eileen disse con stanchezza: "L'ho messo a letto. Adesso tocca a te. Raccontagli una storia su come si è ammalato il delfino". Il papà assunse un'espressione stralunata, ma Eileen usò la poca energia rimastale per augurargli: "Buona fortuna". Il padre si sedette sul letto del bimbo e chiese: "Hai un delfino malato?". Jeffrey lanciò il pupazzo di gomma sul pavimento ed esclamò: "No delfino malato, succo!". Il papà urlò a Eileen: "Che faccio adesso?". Lei rispose: "Del tuo meglio, caro".

Il papà si sentì come un pesce fuor d'acqua. Pensava che suo figlio *dovesse* semplicemente fare ciò che gli era stato detto. Jeffrey sapeva che era ora di dormire. Quando il papà udì la parola "dovesse" risuonare nel cervello, iniziò subito a respirare profondamente e si disse: "Questo momento è così com'è, rilassati". Non appena lui si rilassò, lo fece anche il figlioletto. Il papà ne approfittò per dire buonanotte alla testolina di Jeffrey, alle spalle, alle dita, alle gambe e ai piedini. Questo rituale li unì e la richiesta del succo scomparve tanto rapidamente quanto si era manifestata.

"Non fatemi fermare la macchina"

Linda stava facendo un viaggio in auto abbastanza lungo (tre ore) con John, suo figlio di dieci anni, e il suo amico Michael, nove anni. I ragazzini chiacchierarono e scherzarono finché non iniziarono ad annoiarsi. Allora diventarono un po' rumorosi e iniziarono a spingersi. Linda sperava che si sarebbero calmati, ma non fu così. Non appena il volume delle loro voci superò il limite, lei iniziò a innervosirsi. Senza pensare, urlò: "Non fatemi fermare la macchina!". Non appena le parole le uscirono di bocca, si pentì, e allora si disse: "Non voglio consegnare il mio potere a questi bambini. Non possono *farmi* fermare l'auto, sono io che comando. Decido io se fermarmi o no. Linda, riprendi il controllo della situazione". Quindi disse ai ragazzi: "Sto andando a cento chilometri all'ora e voi mi state distraendo con tutto questo trambusto. Non posso guidare con attenzione se fate tanto rumore, perciò adesso fermo la macchina".

Accostò l'automobile e scese. Poi andò ad aprire la portiera posteriore per parlare faccia a faccia coi ragazzini. Disse: "È un viaggio lungo e abbiamo ancora un'ora di strada. Che cosa potreste fare che sia divertente e non pericoloso?". Le prime tre idee che proposero erano divertenti per loro, ma non per lei. Linda non era in vena di sciocchezze, però proseguì con calma: "Dai, aiutatemi a pensare a qualcosa da fare". Decisero di disegnare e giocare a una versione modificata di Pictionary. Linda salì in auto e ripartì. Mentre iniziavano a organizzarsi per il gioco, li incoraggiò: "Ragazzi, avete trovato tutto ciò di cui avevate bisogno per giocare e avete scritto le regole su un tovagliolino, e la cosa ha richiesto un sacco di creatività e ragionamento".

Bambini che fanno il loro lavoro

"Ce l'avevo prima io"

La piccola Emily stava girando per la casa quando vide il fratellino più grande, Landon, che stava disegnando sul tavolo della cucina, e decise di farlo anche lei. Completamente presa da quel desiderio, afferrò il pennarello di Landon. Lui, sbalordito, alzò lo sguardo, riprese il pennarello, la picchiò e strillò: "Ce l'avevo prima io!". Emily, sconvolta dallo scatto, gridò: "Ma ce l'ho bisogno!". Sentendo tutte queste urla entrò in scena il padre.

In situazioni simili, il papà ha varie opzioni. Può vedere i bambini come "cattivi" e ritirare tutti i pennarelli finché non imparano a condividere. Può vedere i bambini come "avari" e metterli in punizione finché non diventano "bravi". Può vederli come "indifesi" e risolvere il problema dicendo: "Landon, tu usi il pennarello per cinque minuti, poi toccherà a Emily". Può considerare un bambino "bravo" (Landon) e l'altro "cattivo" (Emily) e dire qualcosa del tipo: "Chi ce l'aveva? Emily, lo sai che non si strappano le cose di mano. Perché non pensi prima di agire?". In alternativa, il papà potrebbe vedere questo conflitto come un'opportunità d'insegnamento. Il padre in questione scelse di insegnare come comportarsi.

"Basta! Che cos'è successo?" chiese. Entrambi i bambini iniziarono a urlare in coro. Il papà disse con calma: "Landon, raccontami prima tu". Mentre il ragazzino parlava, il padre stava di fianco a Emily con un braccio appoggiato sulle sue spalle, assicurandole – verbalmente e non verbalmente – che anche lei avrebbe avuto l'opportunità di raccontare la sua versione della storia.

Landon disse: "Stavo disegnando ed Emily mi ha rubato il pennarello. Ora il disegno è rovinato". Emily lo interruppe dicendo: "Ma lui mi ha picchiato!". Il papà chiese: "Landon, ti è piaciuto quando ti ha rubato il pennarello?". "No!" replicò il figlio. Il padre sapeva che se voleva usare con successo il momento di conflitto come opportunità d'insegnamento doveva concentrarsi sull'intento positivo di ciascun bambino.

"Volevi fermare tua sorella e perciò l'hai picchiata? Picchiare fa male, non puoi farlo" aggiunse. "Quando vuoi che lei la pianti, devi dire: 'Smettila, questo è il mio pennarello, prendine un altro'". "Ma io ce l'avevo bisogno" piagnucolò Emily. Il papà spiegò: "Tu volevi subito un pennarello e l'hai strappato di mano a Landon. Non puoi prendere le cose di mano alle persone. Devi chiedere: 'Landon, dove sono i pennarelli?'. Dillo adesso". Emily pose la domanda e il fratello rispose. Il papà si allontanò e notò che stava attribuendo l'intento positivo a se stesso e, mentre ascoltava la sua voce interiore, sentì: "Volevi che i bambini risolvessero il problema, così sei rimasto calmo e hai insegnato loro come fare. Bravo". E con ciò sorrise.

"Glielo dico!"

Seduti a un tavolo in giardino, Tracy e McKensie stavano giocando a fare il papà e la mamma. Mentre preparavano per la cena, Albert, il fratello maggiore di Tracy, s'intromise nel gioco annunciando che lui era un Power Ranger. McKensie abbandonò il suo ruolo di papà e si unì ad Albert nel gioco dei Power Rangers. Albert stabilì che Tracy era il "cattivo" e si misero a rincorrerla. La bambina, rifiutando il suo nuovo ruolo, disse di voler fare la principessa. Alzò la testa e, a passo di marcia, tornò in casa. Ignorando il suo ruolo regale, Albert e McKensie continuarono a inseguirla.

Alla fine, Tracy perse il suo atteggiamento da principessa e annunciò: "Adesso glielo dico!". Iniziò a chiamare la mamma urlando. Allora McKensie le fece la linguaccia chiamandola poppante. La madre arrivò subito. Si avvicinò a Tracy, fece un respiro profondo per rilassare il corpo e disse a se stessa: "Rimani calma. Tu puoi gestire questa cosa. Concentrati sull'insegnamento".

La mamma quindi parlò a Tracy: "Mi sembri agitata, che cos'è successo?". La bambina rispose: "Mi stavano rincorrendo". La madre continuò: "Tracy, devi dirgli: 'Non mi piace quando mi rincorrete, smettetela'". Prima che la bimba potesse farlo, McKensie urlò: "Noi stavamo solo giocando!". La mamma ripeté a Tracy: "Di' loro: 'Smettetela, non mi piace quando mi rincorrete'". La bambina lo affermò con convinzione.

Quindi la mamma riprese da ciò che McKensie le aveva comunicato, dicendo: "McKensie, tu volevi giocare con Tracy, così l'hai inseguita?". Il ragazzino annuì. La mamma continuò: "Non hai notato che lei non si stava divertendo a essere rincorsa mentre tu pensavi che fosse divertente?". Lui si prese la testa tra le mani. La mamma sapeva che McKensie si sentiva in colpa per non aver considerato il punto di vista di Tracy, così gli disse: "McKensie, quando vuoi che qualcuno giochi con te, devi prima chiedere: 'Vuoi giocare?'; se risponde di sì, potete giocare, altrimenti dovrai trovare qualcun altro". Con fermezza e compassione, la mamma proseguì: "Chiedilo adesso a Tracy, dille: 'Vuoi giocare con me?'". McKensie pose la domanda e Tracy rispose: "No, mi hai chiamato poppante". McKensie disse: "Scusa". "Okay, allora gioco con voi, ma io sono una principessa, non un Power Ranger." Albert osservò silenziosamente la scena e non disse nulla, ma imparò tantissimo.

"Guardatemi, guardatemi, guardatemi!"

Reggie e la sua sorella maggiore, Casey, di solito andavano abbastanza d'accordo. Quel giorno Casey compiva sette anni e faceva la festa di compleanno a casa. Reggie voleva invitare un amico per avere qualcuno con cui giocare.

Giusto poco prima che iniziasse la festa, il fratellino cominciò ad attirare l'attenzione, gridando: "Guardate come mi arrampico. Guardate come ballo. Guardatemi. Ho su i pantaloni al contrario". Casey si lamentò con il padre: "È uno stupido, rovinerà tutto".

Il papà decise di riavvicinare i bambini. Disse: "Nella nostra famiglia ci amiamo e ci aiutiamo l'un l'altro. Oggi per Casey è un giorno speciale, ed è difficile capire come comportarsi. Reggie, tu pensi di non ricevere abbastanza amore, ma non è così. Noi vi amiamo entrambi". Li prese in braccio e li avvicinò il più possibile. I bambini scoppiarono a ridere. Il papà aveva utilizzato con successo il potere dell'Unità. Allora rimise giù i figli e continuò: "Oggi è il compleanno di Casey, perciò dobbiamo fare tutti la nostra parte perché sia una giornata felice. Reggie, il tuo compito sarà quello di aprire la porta e dire: 'Ciao, avanti!'. Se l'ospite porta un regalo di': 'Per favore, mettilo là sul ripiano'. Poi puoi fare una pausa per giocare con i tuoi amici. Inoltre, avremo bisogno che tu faccia le foto. Esercitiamoci. Casey, esci e suona il campanello, così Reggie può fare le prove". Mentre Reggie si esercitava, il papà lo osservava e lo incoraggiava dicendo cose del tipo: "Ce l'hai fatta, hai aperto la porta e hai detto: 'Ciao! Entra pure!'. Prova ancora, questa volta puoi dire: 'Per favore, metti il regalo sul ripiano' e indicalo". Il papà abbracciò entrambi i figli e disse: "Siamo una gran bella squadra".

"Non sono stato io"

Ellen andò a fare la spesa con il figlio Matthew, di otto anni. Quando ritornarono a casa, il bambino l'aiutò a portare i sacchetti e poi salì in camera sua. Era molto tranquillo. Dopo aver riposto le provviste, Ellen decise di andare a controllarlo. Lo trovò seduto sul letto con una barretta di cioccolato. Domandandosi dove l'avesse trovata, glielo chiese e lui rispose: "Ce l'avevo". Ellen, allora, capì che l'aveva sottratta mentre facevano la spesa e chiese: "L'hai presa al supermercato?". Ancora una volta, lui rispose: "Ce l'avevo".

Ellen si rese conto che suo figlio aveva rubato la barretta. Subito pensò: "Come faccio a farglielo ammettere?". Respirando profondamente, capì che costringerlo a essere sincero non era la soluzione. Così riformulò la domanda mentalmente e si chiese: "Come posso aiutarlo a scegliere di dirmi la verità? Devo creare un'atmosfera sicura, in cui possa ammettere il suo errore". Con questi pensieri in mente, parlò: "Matthew, credo che mentre facevamo la spesa tu abbia visto la barretta. Sapevi che non te l'avrei comprata, ma la desideravi talmente che non hai potuto fare a meno di prenderla". Matthew abbassò lo sguardo e rispose: "La volevo tanto".

Ellen continuò: "La volevi, così l'hai rubata. Come ti senti adesso pensando a quello che hai fatto?". "Male" rispose il bambino "La barretta non è tua" spiegò Ellen. "Bisogna restituirla. Mettiti la giacca, prendi la barretta e sali in macchina. Torniamo al supermercato." Rimasero in silenzio per tutto il tragitto.

Al supermercato, Ellen gli diede istruzioni: "Trova il responsabile, chiedendo a un commesso: 'Posso parlare con il direttore?'. Poi digli che cos'hai fatto e pure qualcos'altro se vuoi". Gli occhi di Matthew si gonfiarono di lacrime, ma trovò il responsabile e gli spiegò che cos'era accaduto. Quindi restituì la barretta.

Sulla via di casa, Ellen iniziò a fargli una paternale sul rubare, ma poi si bloccò. Pensò: "Voglio che lui sappia distinguere il bene dal male senza che sia io a dirglielo e voglio aiutarlo a riflettere su questa esperienza". Decise di dirgli: "Hai scelto di rubare la barretta. Poi ti sei comportato responsabilmente restituendola al direttore. Adesso come ti senti pensando a quello che hai fatto?". Matthew rispose: "Sono contento di averla restituita. Ora mi sento meglio". La madre aggiunse: "Hai commesso un errore e ti è servito per imparare. Possiamo capire se una cosa è giusta o sbagliata da come ci fa sentire. Rubare ci fa sentire in colpa e rimediare a uno sbaglio ci fa sentire bene".

"Ti odio"

In un negozio sportivo, Jeremy, cinque anni, stava giocando a pallacanestro mentre il padre faceva i suoi acquisti. Era così preso dal gioco che quando il papà gli disse: "Andiamo, ho finito", il bambino si chinò e prese a calci alcuni articoli, che caddero dagli scaffali, e rispose: "Non vengo. Ti odio".

Il padre sentì il cuore battergli all'impazzata nel petto e un forte desiderio di urlare, invece respirò profondamente diverse volte e si disse nella mente: "Greg, non vederla come una mancanza di rispetto. Ricorda, è piccolo. Mettiti nei suoi panni. Stava giocando quando all'improvviso gli hai detto che era ora di andare. Devi rifare tutto da capo". Ad alta voce, Greg esordì: "Jeremy, sembri arrabbiato. Ti stavi divertendo e io ti ho detto: 'Smettila' senza darti nessun preavviso". Il figlio lo ignorò, fingendo di non sentire. Greg si avvicinò a lui, attese un contatto visivo e continuò: "Lancia la palla altre cinque volte. Poi andiamo. Voglio vederti tirare".

Jeremy era riluttante ad abbandonare la rabbia. Il padre prese la palla, gliela passò e disse: "Pensa veloce!". Mentre Jeremy faceva canestro, Greg lo osservava e lo incoraggiava. Esclamava: "Hai lanciato usando sia le braccia sia le gambe per fare più forza. Bel tiro, campione". Greg contava anche ad alta voce il numero dei lanci. Dopo il quinto, afferrò la palla per aiutare il figlio a smettere. Jeremy incominciò a brontolare: "Ancora uno, papà". Greg commentò: "Cinque significa cinque. È dura smettere quando ci si sta divertendo, ma è ora di andare. Puoi uscire dandomi la mano o stando seduto sul carrello. Che cosa scegli?".

Jeremy non proferì parola. Aggrottò le sopracciglia e incrociò le braccia. Il papà lesse il linguaggio non verbale di resistenza e disse: "Vedo dal tuo comportamento che hai scelto che io ti prenda per mano". Allora gli prese la mano e iniziò a camminare. Jeremy però si tirò indietro, rifiutandosi di muoversi. Greg ne aveva abbastanza. Trascinò il figlio per alcuni metri. Cercò di respirare profondamente e rilassarsi, ma non ce la faceva a calmarsi del tutto. Si disse: "Esci dal negozio il più in fretta possibile". Decise che la cosa migliore fosse prendere in braccio Jeremy, portarlo fuori e rimanere in silenzio. Disse solamente: "Adesso ti sollevo, così non ti farò male al braccio visto che stai tirando dalla parte opposta".

"Perché non posso? Lo fanno tutti"

"Perché non posso nuotare nel lago? Ricky lo fa" disse Leah arrabbiata. Un altro sabato mattina, ed era sempre la stessa storia, pensò sua madre, Donna, che voleva urlarle: "Tu non sei Ricky!". Invece, rispose con tono pacato: "Non puoi nuotare nel lago per un motivo importante. Ti voglio bene e desidero che tu non corra pericoli. Ci sono alligatori e l'acqua è sporca. Non voglio che tu possa farti del male o ammalarti". Insistendo ancora, Leah ribatté: "Ricky nuota nel lago ed è vivo e vegeto. Non è mai stato mangiato da nessuno e non si è mai ammalato".

Donna, sebbene disperata, s'impegnò a rimanere calma e a risolvere il problema. Decise di attingere al potere della Percezione per ammettere la propria irritazione e al potere del Libero Arbitrio, comprendendo che l'unica persona che poteva cambiare era se stessa. Dichiarò: "Non ti permetterò di nuotare nel lago. So che non ti piace questa decisione, ma non cambierò idea. Puoi arrabbiarti con me e possiamo litigare ancora, oppure possiamo cercare una soluzione insieme. Dimmi che cosa ci trovi di così speciale nel nuotare nel lago".

Leah rimase seduta in silenzio per quella che sembrò un'eternità, però Donna attese pazientemente la sua risposta. Alla fine Leah disse: "Lo fanno tutti, tranne me".

Ascoltando attentamente, con empatia, Donna dichiarò: "Allora ti senti esclusa". La figlia annuì e riprese: "Carmen può andare a nuotare con Ricky". Allora Donna replicò: "Se tu potessi nuotare nel lago, ti sentiresti più vicina a Ricky. Perciò il vero problema è che tu vuoi giocare con Ricky per diventare ancora più amici". Leah non rispose, ma la madre sentì che la sua intuizione era giusta e continuò: "Non puoi nuotare nel lago, ma puoi invitare Ricky a venire con noi al mare o in piscina". Leah decise che la spiaggia sarebbe stata più divertente. (Più tardi, quell'anno, Leah coltivò i batteri presenti nel lago per un progetto scolastico di scienze.)

"Sydney non mangia i piselli"

A cena, Madeline spifferò: "Sydney non mangia i piselli". Il padre, Daniel, guardò la figlia e le domandò: "Me lo stai raccontando per essere d'aiuto, o per fare del male?". Madeline ci pensò un attimo e poi rispose: "D'aiuto".

Daniel ne fu sorpreso. Evitò di fare un'osservazione sarcastica e ricordò a se stesso di essere consapevole del proprio intento. Perciò resistette alla tentazione di attribuire un intento negativo e sarcastico alla risposta e le domandò: "Come può essere d'aiuto raccontarmi di Sydney?". Madeline rispose: "Ha bisogno di farsi i muscoli". Daniel sorrise (sebbene avesse voglia di ridere) e continuò: "Allora vuoi che Sydney mangi la verdura, così le farà bene?". Anche Madeline sorrise. Daniel affermò: "Madeline, devi dire a Sydney: 'Ti voglio bene. Voglio che tu sia sana. Penso che mangiare i piselli ti aiuterà'". Madeline fissò negli occhi il padre come se fosse impazzito. Lui fece l'occhiolino alle bambine e disse a Sydney: "Penso che tu piaccia a tua sorella". Attribuire un intento positivo a Madeline e utilizzare il potere dell'Unità rafforzò il legame familiare.

"Non ho tempo..." "E se...?" "Sulla carta sembra tutto bello, ma..."

Spero che ormai abbiate messo in pratica alcune delle competenze descritte in questo libro e abbiate goduto dei momenti di successo. Quei momenti saranno sempre più frequenti man mano che il vostro livello di competenza, la vostra fiducia e la vostra autodisciplina aumenteranno. Leggendo le situazioni presentate in questo capitolo, forse vi sorgerannno dubbi e preoccupazioni sul metodo educativo di una guida amorevole. Rilassatevi. Ascoltate attentamente la vostra voce interiore e imparate il vostro linguaggio della resistenza. Attribuite a voi stessi un intento positivo, empatizzate con le vostre difficoltà. Trattandovi con dolcezza, riuscirete a trasformare la vostra resistenza in voglia di collaborare con il programma.

Per l'ultima volta, voglio ricordarvi che il modo in cui trattate voi stessi è il modo in cui tratterete i vostri figli e in cui loro tratteranno gli altri. Nell'ultimo capitolo è illustrato un programma di allenamento di sette settimane per aiutarvi a integrare questi principi nella vita quotidiana. Fatelo per voi stessi, per i vostri figli, per la vostra comunità e per noi tutti. Ogni volta che guardate il telegiornale e pensate: "Che cosa posso fare?", riprendete in mano questo libro e allenate la capacità di guida amorevole. Fatelo anche quando magari sentite di episodi di violenza giovanile, di ragazzini che uccidono gli insegnanti o i genitori, o si uccidono tra loro. La vostra scelta di fare affidamento sull'amore anziché sulla paura può fare – e fa – la differenza. Tutto sta nella vostra disponibilità ad apprendere, crescere, perdonare e cambiare.

Capitolo 12

Il programma della guida amorevole

Cambiate la vostra vita in sette settimane

I tanti programmi che ci vengono proposti – per perdere peso, per imparare a rilassarci o per sviluppare il pensiero positivo – funzionerebbero, probabilmente, se li seguissimo dalla A alla Z. Per me, seguire programmi del genere è sempre stato un problema: trovavo mille scuse per non cambiare ("Sono troppo stanca", "Ci sono altre cose che mi sottraggono energia"). Alla fine, ho confessato a me stessa che quando non faccio qualcosa è perché, in realtà, non lo voglio. Spesso, ciò che voglio fare è venirne fuori in qualche modo, lamentandomi o facendo occasionalmente una bella scenata. Mi sembra più semplice che disciplinarmi per cambiare.

Questo capitolo concretizza le informazioni che avete già letto, riassumendole in un programma conciso, di sette settimane. Ogni settimana vi concentrerete su uno dei Sette poteri dell'autocontrollo e sulla competenza disciplinare che deriva da tale potere, sviluppando atteggiamenti che vi aiuteranno ad allenare la mente e a mantenere la concentrazione e vi forniranno strategie da utilizzare con i vostri figli. Per parecchi genitori, questo libro richiede un cambiamento di filosofia che la maggioranza delle persone ritiene ragionevole. Tuttavia, per integrare i principi di una guida amorevole nella propria vita ci vogliono allenamento e impegno. Io stessa ho dovuto lavorare a lungo su questi atteggiamenti e competenze: ci sono voluti cinque anni perché mi venissero naturali. Nel corso degli ultimi quindici anni, migliaia di adulti e bambini si sono sentiti più uniti e felici grazie alla pratica costante di queste sensate abitudini. Se il vostro principio guida è l'autocontrollo, vale la pena di raggiungere la padronanza di una guida amorevole. Starete molto meglio con voi stessi e con la vostra famiglia, e insieme proverete molta più pace e gioia. Ve l'assicuro.

E se questo libro fosse un manuale d'istruzioni per il golf? Dopo averlo letto sareste in grado di metterlo da parte e giocare a golf come il campione Tiger Woods? No. Avreste bisogno di allenarvi, commettere errori, perdonarvi e riprovarci. Non è realistico aspettarsi di diventare automaticamente genitori migliori perché si è letto un libro. Se vi create delle attese così esageratamente alte, imporrete degli standard irraggiungibili anche ai vostri figli e poi finirete per sentirvi tutti inadeguati, avendo sempre l'impressione di non essere "abbastanza bravi".

Ecco alcuni suggerimenti per aiutarvi a rimanere calmi e concentrati, in modo da riuscire a completare con successo questo programma di sette settimane.

- *Incominciate riconoscendo il grado di resistenza che la vostra mente oppone al cambiamento.* Spesso vi troverete a non allenare queste tecniche, o a dimenticarle. Anziché dire: "Mi sono dimenticato" o: "Sono stato troppo occupato", chiedetevi: "Come mai non voglio ricordare? Di che cosa ho paura?". Ascoltate attentamente la vostra risposta, senza giudicare. Non siete cattivi. Avete semplicemente paura di qualcosa. Di che cosa si tratta?

- *Prima o poi opporrete resistenza al programma.* Quando diventerete consapevoli di questa resistenza, dite a voi stessi: "La resistenza è mia amica". La resistenza fa da freno nella vita. Se non ci fosse, il cambiamento potrebbe avvenire troppo velocemente. A volte abbiamo bisogno di rallentare, ed è saggio concederci di farlo. Notate come i vostri figli vi oppongono più resistenza nelle fasi in cui il loro sviluppo naturale comporta dei cambiamenti repentini (si veda cap. 10). Devono "frenare", e lo stesso dovrete fare voi.

- *Perdonatevi quando sentite di aver sbagliato.* Abbandonate la consuetudine di dovervi sentire in colpa per cambiare. Il senso di colpa in realtà imprime vecchie abitudini e ostacola il cambiamento, poiché ci si fissa sui propri difetti. Utilizzate i poteri dell'autocontrollo per riacquistare autostima e autodisciplina.

- *Siate pazienti con voi stessi.* Potreste aver bisogno di fare gli esercizi della prima settimana per due mesi e poi riposare per tre mesi prima di iniziare quelli della seconda settimana. Questo libro è vostro. Usatelo con il vostro ritmo, traendone ciò che vi è d'aiuto e lasciando perdere il resto.

- *Divertitevi, ridete di voi stessi e godetevi il processo di cambiamento.* Cercate di non prendervi troppo sul serio. Non può esserci una conclusione felice al termine di un viaggio infelice.
- *Apprezzate i vostri successi.* Ricordate che, anche se non siete in grado di bloccare i conflitti, potete affrontarli con integrità. Se ci riuscirete, avrete già ottenuto il successo. Utilizzate consapevolmente il potere dell'Attenzione per concentrarvi su ogni piccolo successo che raggiungerete.
- *Quando tutto va male, prendetevi un po' di tempo per essere grati per qualcosa.* C'è sempre qualcosa per cui essere riconoscenti. La gratitudine dà la carica all'anima e vi fornirà l'energia necessaria a far ripartire i vostri tentativi. Essa attinge al potere dell'Unità, la madre dei Sette poteri dell'autocontrollo.

Settimana 1

Cambio di atteggiamento: Utilizzare il potere della Percezione
Motivo: Ammettere la propria inquietudine
Competenza disciplinare: Calma
Valore: Integrità

- Notate come il modo di pensare crea i sentimenti. Quando vi sentite arrabbiati, sopraffatti, o ansiosi, scoprite a che cosa stavate pensando. Dov'era diretta la vostra mente?
- Ascoltatevi quando incolpate gli altri. Prestate attenzione al linguaggio quando compare un "mi fai". Notate quante volte dite: "Non farmi _____", oppure: "Mi hai fatto _________". Sostituite: "Non farmi _________" con: "Ho intenzione di ___________".
- Quando siete arrabbiati, dite: "Mi sento arrabbiato, e va bene". Accettate i vostri sentimenti. Sono dei segnali. La rabbia è segno che avete bisogno di un cambiamento. Respirate profondamente e dite: "Voglio vedere questa cosa in modo diverso".
- Ricordate a voi stessi: "Chiunque è padrone dei miei sentimenti, è padrone di me". Riprendetevi il potere ammettendo la vo-

stra inquietudine. Per farlo, dite a voi stessi: "Ogni giorno, ogni ora, ogni momento, scelgo i suoni che voglio udire, il panorama che voglio vedere e le azioni su cui voglio concentrarmi".

- Quando siete inquieti, significa che avete un problema. L'inquietudine è un segnale. Avete bisogno di utilizzare uno dei Sette poteri dell'autocontrollo prima di fare qualsiasi altra cosa.

Calma: *Vivere secondo i valori che volete sviluppare nei vostri figli*

- Respirate profondamente e decidete di eseguire gli esercizi con rigore. Mantenere la calma è una possibilità che avrete sempre a disposizione. Anche quando la perdete, potete ritrovarla subito dopo. Magari vi sentite sul punto di esplodere, ma se respirate profondamente e scegliete di restare calmi, vedrete la situazione diversamente. Se comunque esplodete, potrete ancora riguadagnare lo stato di calma, non tutto è perduto. L'autocontrollo è una decisione da prendere passo a passo. Quando siete turbati, dite a voi stessi: "Voglio vedere questa cosa in modo diverso". Utilizzate uno dei Sette poteri dell'autocontrollo su di voi, prima di esercitare una delle Sette competenze disciplinari con i vostri figli. Ricordate di disciplinare prima voi stessi e poi i vostri figli. Questi esercizi vi condurranno a vivere secondo i valori che volete sviluppare nei vostri figli. Permetteranno sia a voi sia a loro di vivere con *integrità*.

Settimana 2

Cambio di atteggiamento: Utilizzare il potere dell'Attenzione
Motivo: La cosa su cui ci si concentra è quella che si ottiene di più
Competenza disciplinare: Assertività
Valore: Rispetto

- Almeno cinque volte al giorno, dite a voi stessi: "Più mi concentro su una cosa, e più la ottengo". Fatelo appena vi svegliate, al momento dei pasti e prima di andare a dormire.
- Siate consapevoli delle cose su cui focalizzate la vostra attenzione. Siete concentrati su ciò che volete, o su ciò che non volete?

- Quando siete arrabbiati, fate un'inversione di rotta. Dite a voi stessi: "Okay, sono arrabbiato, quindi mi sto concentrando su quello che non voglio. È questo che desidero dalla vita?". Se la risposta è negativa, respirate profondamente. Concentratevi su ciò che volete che vostro figlio faccia meglio. Poi, con calma, ditegli che cosa deve fare e perché.
- Dite a vostro figlio che cosa farete. "Sarò felice di parlarti quando ti sarai calmato", oppure: "Adesso fermo l'automobile e mi assicuro che voi bambini abbiate tutti la cintura allacciata".

ASSERTIVITÀ: *Dire di no ed essere ascoltati*

- Ascoltatevi mentre parlate ai vostri figli. Siete passivi, aggressivi o assertivi? Trasformate le affermazioni passive e aggressive in comandi assertivi. Utilizzate un tono di voce calmo e deciso.
- Completate la tabella seguente. Verificate quanto siete già cambiati, confrontandola con il punteggio ottenuto nella tabella a pagina 85.

Settimana numero	**Comunicazioni passive %**	**Comunicazioni aggressive %**	**Comunicazioni assertive %**

- Quando volete ottenere ubbidienza, assegnate comandi assertivi ai vostri figli. Seguite questi passi:

1. Attirate l'attenzione del bambino. Avvicinatevi a lui finché non vi guarda. Dite: "Eccoti" e sorridete.
2. Ditegli che cosa deve fare utilizzando termini comprensibili.
3. Gesticolate come un vigile urbano per fornire ulteriori informazioni.
4. Se il bambino sceglie di ubbidirvi, lodatelo con frasi specifiche. Iniziate con: "Ce l'hai fatta", poi descrivete ciò che ha fatto per raggiungere un esito positivo. Evitate lodi generiche, quali: "Bel lavoro!".

- Se vostro figlio v'ignora, dite: "Ti mostro ciò che voglio che tu faccia". Poi guidatelo verso il risultato desiderato. Se resiste ancora, offritegli due scelte positive. Altrimenti, cercate di utilizzare l'empatia, chiedendogli: "Che cosa potrebbe aiutarti a ______ in questo momento?".
- Quando vi sentite frustrati a causa di vostro figlio, esprimete i vostri pensieri o sentimenti direttamente: "Non mi piace quando tu _______", oppure: "Quando tu _______, mi sento _______". Poi ditegli assertivamente che cosa volete che faccia.
- Insegnate a vostro figlio a gestire i soprusi degli altri bambini nel modo seguente.
    1. Chiedete al bambino che è vittima di un sopruso: "Ti è piaciuto?".
    2. Ascoltate il no che ricevete per capire se il livello di energia e di sicurezza del bambino è alto o basso. Se la sicurezza e l'energia sono basse, accompagnatelo quando va a parlare con l'altro bambino.
    3. Spiegategli nel dettaglio cosa deve dire: "Vai da ______ e digli: 'Non mi piace quando tu ________'".
- Insegnate a vostro figlio come ottenere quello che vuole rispettando i diritti degli altri bambini. Spiegategli che cosa deve dire all'aggressore:
    1. "Volevi _______." (Attribuite un intento positivo.)
    2. "Non puoi _______. _______ fa male [oppure è pericoloso]."
    3. "Quando vuoi _______, devi dire [o fare] ______."
    4. "Fallo adesso! Allenati."

Settimana 3

Cambio di atteggiamento: Utilizzare il potere del Libero Arbitrio
Motivo: L'unica persona che possiamo *far* cambiare siamo noi stessi
Competenza disciplinare: Scelte
Valore: Impegno

- Quando vi ritrovate a pensare: "Come posso fare in modo che mio figlio ______ ?", trasformate la domanda in: "Come posso aiutare mio figlio affinché scelga con più probabilità di _______?".
- Cambiate i vostri "Dovrei" in "Potrei". Poi fate una scelta e siate coerenti con essa.
- Permettete agli altri di avere i propri pensieri e sentimenti. Prestate attenzione a che cosa provate quando gli altri non sono d'accordo con voi. (La maggior parte delle persone si sente minacciata.)
- Resistete all'impulso di rendere felici gli altri o di convincerli che avete tutte le risposte. Tre volte al giorno, ricordate a voi stessi: "L'unica persona che posso far cambiare sono io stesso". Poi scegliete di essere amabili e di condividere con gli altri.

SCELTE: *Costruire l'autostima e la forza di volontà*

- Rendetevi conto del grado di influenza che il bambino esercita in una data situazione. Può scegliere di rimanere sveglio fino a tardi o deve andare a dormire? Può scegliere che cosa mettersi o deve indossare una divisa particolare?
- Prestate attenzione alle scelte che offrite a vostro figlio: sono troppe o troppo poche?
- Non offrite scelte riguardo a cose su cui non vi sentite di prendere una decisione. Il capo siete voi.
- Per stabilire i limiti, offrite ai bambini due scelte positive. Per iniziare, utilizzate la formula seguente:

  1. "Puoi ______ oppure _________."
  2. "Che cosa scegli?"
  3. "Hai scelto ___________!"

- Con i bambini più grandicelli, potreste utilizzare frasi del tipo: "Sentiti libero di ________ o _________". Oppure: "Quali di queste opzioni preferisci? __________ o _________?".
- Cercate di distinguere quando è meglio impartire un comando assertivo e quando è preferibile offrire due scelte positive. Per i bambini confusi o ansiosi, in genere i comandi sono la soluzio-

ne migliore. Le scelte sono di maggiore aiuto quando i bambini ci tengono a ricevere potere. Funzionano meravigliosamente con l'empatia. Quando assistono al buon esito generato dalle loro decisioni, i bambini imparano il valore dell'*impegno*.

Settimana 4

Cambio di atteggiamento: Utilizzare il potere dell'Unità
Motivo: Concentrarsi sulla connessione invece di cercare di essere speciali
Competenza disciplinare: Incoraggiamento
Valore: Interdipendenza

- Prendetevi almeno cinque minuti tutti i giorni da trascorrere con ciascuno dei vostri figli. Mettete da parte i vostri impegni e semplicemente godetevi la compagnia reciproca.
- In ogni situazione chiedetevi: "Voglio essere speciale o voglio entrare in connessione?", oppure: "Voglio avere ragione o essere felice?".
- Celebrate i successi ottenuti modificando il vostro comportamento. Decidete due cose che volete realizzare in una giornata (solamente due). Dopo averle realizzate, rendete merito a voi stessi dicendo: "Ce l'ho fatta". Poi descrivete che cos'avete fatto.
- Allenatevi a trasformare le vostre affermazioni controproducenti in frasi incoraggianti. Almeno tre volte al giorno, dite a voi stessi: "Posso farcela. Sono abbastanza bravo".
- Notate quante volte scegliete di giudicare le persone o le situazioni utilizzando uno schema di riferimento del tipo "meno di/meglio di". Smettete di giudicare, iniziate a notare.

Incoraggiamento: *Rispettate i figli, per avere il loro rispetto*

- Ogni volta che vostro figlio sceglie di ubbidirvi, apprezzate la sua scelta tramite l'incoraggiamento. Seguite questi passi:
  1. Iniziate chiamando per nome vostro figlio o con esclamazioni come: "Guardati!", oppure: "Ce l'hai fatta!".

2. Descrivete esattamente quello che vedete (o notate).
3. Aggiungete alla descrizione un'etichetta, se lo desiderate: "Sei stato proprio d'aiuto"; "Bel lavoro"; "Buon per te".

- Incoraggiate vostro figlio ogni volta che si comporta in uno dei seguenti modi: è gentile, premuroso, rispetta i turni, condivide, collabora, è sincero, si concentra su un'attività, o fa qualcosa a cui voi attribuite valore. Incoraggiatelo descrivendo il suo comportamento, senza giudicarlo. Per esempio: "Hai tenuto aperta la porta alla mamma. Mi sei stato d'aiuto", oppure: "Hai lavorato al tuo progetto per due ore. Ci è voluta molta determinazione".
- I problemi comportamentali cronici indicano che è stato danneggiato un rapporto significativo. In caso di problemi cronici, trascorrete più tempo con vostro figlio per rafforzare il legame tra voi. La collaborazione si svilupperà naturalmente. L'interdipendenza viene promossa quando i bambini capiscono che possono contribuire al benessere altrui e contare sugli altri per ricevere aiuto e cure. Imparano che è meglio dare che ricevere.

Settimana 5

Cambio di atteggiamento: Utilizzare il potere dell'Amore
Motivo: Vedere il meglio negli altri
Competenza disciplinare: Intento Positivo
Valore: Collaborazione

- Augurate ogni bene alle persone. Fatelo in silenzio, dal profondo del cuore, mentre siete in coda, alla guida o camminate per la strada. Fate questo dono a chiunque incontriate. Notate come vi sentite dopo averlo fatto.
- Incominciate ogni giornata ringraziando per almeno tre cose. Prima di andare a dormire, comunicate a ogni membro della famiglia quanto siete felici perché fa parte della vostra vita. Notate come questo gesto modifica il vostro livello di energia.
- Cinque volte al giorno, ripetetevi: "Ciò che offro agli altri, lo dono a me stesso". Fatelo mentre camminate, al momento dei pasti e prima di coricarvi.
- Siate consapevoli di quante volte giudicate o criticate gli altri.

ATTRIBUIRE UN INTENTO POSITIVO: *Trasformare la resistenza in collaborazione*

- Quando vostro figlio commette un errore o si comporta male, evidenziate i suoi aspetti migliori attribuendogli un intento positivo. Poi concentratevi sul compito di insegnargli un altro modo di procedere. Seguite questi passi:
  1. "Volevi ________." (Attribuite un intento positivo.)
  2. "... perciò hai ________." (Descrivete l'azione di vostro figlio: deridere, picchiare.)
  3. "Non puoi ________. ________ fa male [o è pericoloso]."
  4. "Quando vuoi ________, devi dire ______. Dillo adesso, per allenarti."
  5. "Ce l'hai fatta." (Incoraggiatelo.)
- Voi sapete di amare vostro figlio, ma lui lo sa? Scrivete un lungo elenco di modi in cui potete dimostrargli il vostro amore, poi appendetelo al frigorifero e aggiungete man mano altre idee. Fate due di quelle cose ogni giorno. Siate generosi nelle manifestazioni d'affetto, sia con i bambini piccoli, sia con quelli più grandicelli, che vanno a scuola. I maschietti hanno bisogno di abbracci e baci tanto quanto le femminucce.
- Quando commettete un errore, sospendete subito il dialogo interiore punitivo e attribuitevi un intento positivo: "Temevi che Sara fosse in pericolo, così hai cacciato un urlo quando ti è sfuggita di mano ed è corsa in mezzo alla strada".
- Attribuite un intento positivo agli impiegati, ai politici, ai camerieri e chiunque altro. Fatelo ad alta voce, per mostrare ai vostri figli – con l'esempio – il potere dell'Amore. Fatelo soprattutto quando queste persone commettono "errori", per dare prova del vostro spirito collaborativo.

Settimana 6

Cambio di atteggiamento: Utilizzare il potere dell'Accettazione
Motivo: Questo momento è così com'è
Competenza disciplinare: Empatia
Valore: Compassione

- Allenatevi a vivere il momento presente osservando le cose e descrivendo ciò che vedete, senza giudicare. Fate caso al tempo, agli alberi, alle ombre, agli odori e ai suoni.
- Aggiungete un rituale alla routine della nanna di vostro figlio, dando la buonanotte a ogni parte del corpo. Per esempio: "Ora dico buonanotte alle tue orecchie [toccate le orecchie], al tuo mento, ai tuoi gomiti...".
- Se vi ritrovate ad arrabbiarvi quando le cose non vanno nel verso giusto, fate un bel respiro profondo. Ricordate a voi stessi: "Questo momento è così com'è, e io posso rilassarmi".

EMPATIA: *Gestire le scenate e i capricci*

- Allenatevi a sentire i vostri sentimenti. Osservate come la rabbia, l'irritazione, l'ansia e la contentezza si manifestano nel vostro corpo.
- Allenatevi ad accettare e a esprimere direttamente i vostri sentimenti. Utilizzate l'affermazione: "Mi sento _____". Completate la frase con una parola che descrive un sentimento.
- Quando vi ritrovate a pensare: "Non dovrei sentirmi ______", sostituite questa frase con: "Mi sento _______ e va bene così".
- Offrite empatia al vostro bambino arrabbiato, rispecchiandogli:
  - quello che vedete;
  - quello che udite;
  - quello che secondo voi sta provando.
- Ascoltate i sentimenti e i pensieri di vostro figlio senza tentare di modificarli. Se li rispecchiate in modo chiaro, lui sarà capace di operare il cambiamento.
- Non confondete la disubbidienza con la mancanza di rispetto. Fate un paio di respiri profondi e ricordate a voi stessi:

"Questo momento è così com'è". Poi rispondete con calma al bambino agitato. Così insegnate la *compassione*.

- Offrite empatia a vostro figlio quando fa i capricci. Anziché tentare di bloccare una scenata già iniziata, aiutatelo a superarla "attraversandola".

Settimana 7

Cambio di atteggiamento: Utilizzare il potere dell'Intenzione
Motivo: Il conflitto è un'opportunità di apprendimento
Competenza disciplinare: Conseguenze
Valore: Responsabilità

- Ogni qualvolta sorge un conflitto, respirate profondamente e ricordate a voi stessi: "Il conflitto è un'opportunità di apprendimento".
- Concentratevi sul rispondere al conflitto piuttosto che sul tentare di eliminarlo.
- Quando sorge un conflitto, chiedete a voi stessi: "Qual è il mio intento in questa situazione? Voglio far sentire in colpa mio figlio e fargliela pagare?", oppure: "Voglio che mio figlio impari a riflettere sulle sue scelte e a modificarle, e che sviluppi l'autocontrollo?".

Conseguenze: *Aiutare i figli a imparare dai propri errori*

- Iniziate da voi stessi. Studiate il vostro comportamento come foste degli scienziati. La prossima volta che commettete un errore, sospendete il dialogo interiore punitivo. Invece, concentratevi su queste domande:
  - Quale scelta ho compiuto?
  - Qual è stato il risultato della mia scelta?
  - Come mi sono sentito riguardo alla mia scelta e al risultato?
  - La mia scelta mi ha permesso di ottenere quello che volevo?
  - Quali nuove strategie potrebbero essermi di maggiore aiuto?

- Permettete a voi stessi di sperimentare le conseguenze delle vostre scelte. Se mangiate troppo, rinunciate ai digestivi. Se bevete troppo, rinunciate all'aspirina. Questo vi sarà d'aiuto nelle scelte future.

- Notate quante volte incolpate gli altri per le vostre azioni. La prossima volta che vi sorprendete a fare il "gioco della colpa", fermatevi. Respirate profondamente e dite: "Ho un problema". Partendo da questa premessa, offrirete empatia a voi stessi anziché tormentarvi, e sarete in grado di risolvere il problema.

- Stabilite se avete fatto troppo affidamento sulle punizioni e sulle ricompense come mezzi disciplinari. Se è così, siate disponibili a cambiare.

- La prossima volta che imponete delle conseguenze ai vostri figli, affidatevi all'empatia e all'autocontrollo anziché a minacce, ramanzine e paternali. Utilizzate le tecniche GAMES (per maggiori informazioni, si veda pag. 198).

  G = offrire una Guida attraverso i limiti, i risultati possibili e le scelte.

  A = Accordare al bambino la possibilità di trarre esperienza dalle conseguenze delle sue scelte.

  M= essere Modelli di autocontrollo.

  E = offrire Empatia al bambino.

  S = aiutare il bambino a riflettere su nuove Strategie.

- Individuate un problema cronico che vi affligge da tempo. Anziché imporre delle conseguenze, utilizzate il piano PEACE di problem solving (per maggiori informazioni, si veda pag. 203).

  P = riconoscere chi ha il Problema.

  E = offrire Empatia al bambino che ha compiuto la scelta sbagliata.

  A = Aiutare il bambino chiedendogli di riflettere: "Che cosa pensi di fare?".

  C = offrire scelte e Consigli.

  E = incoraggiare il bambino a Escogitare la propria soluzione.

Congratulazioni! Concedetevi un momento per rendere merito ai vostri successi. Poi, quando siete pronti, ricominciate da capo, e poi di nuovo... La volta successiva sarà ancora più divertente! La disciplina non è una tecnica da utilizzare sui bambini. È uno stile di vita da portare a modello per i bambini. La vita è un viaggio e vi ringrazio per averne condiviso una parte con me. Ve ne sono profondamente grata.

Epilogo

La felicità deriva dall'imparare a donare, non dal cercare di ricevere. Ricordatevi di...

- Offrire ai bambini le competenze comunicative di cui hanno bisogno per risolvere i problemi, invece di fare in modo che si comportino bene o siano "bravi".
- Offrire ai bambini incoraggiamento, attribuendo intenti positivi a tutti i loro gesti, invece di farli sentire in colpa affinché si comportino meglio.
- Offrire ai bambini le competenze di cui avranno bisogno nella vita per dare il loro contributo alla società, invece di preoccuparvi che si comportino bene per una bella figura con gli altri.
- Offrire ai bambini uno stile di vita felice, amorevole, responsabile, invece di obbligarli a "comportarsi come si deve".

Individuate un elemento intangibile di cui avvertite la mancanza nella vostra vita (speranza, entusiasmo, coraggio). Donatelo agli altri e lo ritroverete anche dentro di voi. Dare e ricevere sono la stessa cosa. Il primo passo per risolvere un problema è regalare la vostra soluzione.

Buon viaggio!
Con affetto,

Becky

La pagina degli "E se...?"

Questa pagina è per voi. Scriveteci i vostri dubbi man mano che sorgono, insieme al numero di pagina in cui si trova l'argomento che li ha sollecitati. Terminato il libro, rileggeteli per vedere se avete ottenuto una risposta. Scoprite se l'ansia legata al cambiamento si è dissolta. Se la sentite ancora, mandatemi un messaggio sul mio sito web www.beckybailey.com con le vostre domande e, se posso, vi aiuterò.

1. E se ....? Pag. ....
   ....
2. E se ....? Pag. ....
   ....
3. E se ....? Pag. ....
   ....
4. E se ....? Pag. ....
   ....
5. E se ....? Pag. ....
   ....
6. E se ....? Pag. ....
   ....
7. E se ....? Pag. ....
   ....
8. E se ....? Pag. ....
   ....
9. E se ....? Pag. ....
   ....

Riferimenti bibliografici

Capitolo 1: Da ostinati a disponibili

B.A. Bailey, *I Love You Rituals: Activities to Build Bonds and Strengthen Relationships with Children,* Loving Guidance, Inc., Oviedo, FL, 1997.

B. Coloroso, *Kids Are Worth It! Giving Your Child the Gift of Inner Discipline*, William Morrow and Company, New York, 1994.

H. Hendrix, H. Hunt, *Giving the Love that Heals: A Guide for Parents*, Pocket Books, New York, 1997.

R. Kotulak, *Inside the Brain: Revelational Discoveries of How the Mind Works*, Andrews McMeel Publishing, Kansas City, 1997.

J. Nelson, L. Loot, S. Glenn, *Positive Discipline A to Z: 1001 Solutions to Every-day Parenting Problems*, Prima Publishing, Rocklin, CA, 1993.

Capitolo 2: I Sette poteri dell'autocontrollo

A Course in Miracles, Foundation for Inner Peace, Tiburon, CA, 1985.

W. Dyer, *Your Sacred Self: Making the Decision to Be Free*, HarperCollins Publishers, New York, 1996.

C. Myss, *Anatomy of the Spirit – The Seven Stages of Power and Healing,* Harmony Books, New York, 1996; trad. it., *Anatomia dello spirito: i sette livelli del potere personale,* Mondadori, Milano, 1999.

R. Schuller, *Power Thoughts: Achieve Your True Potential through Power Thinking*, HarperCollins Publishers, New York, 1993.

M. Williamson, *A Return to Love – Reflections on the Principles of a Course in Miracles*, HarperCollins Publishers, New York, 1996; trad. it., *Ritorno all'amore*, TEA, Milano, 1996.

Capitolo 3: Le Sette competenze disciplinari fondamentali

B.A. Bailey, *There's Gotta Be a Better Way: Discipline that Works!*, Loving Guidance, Inc., Oviedo, FL, 1997.

Watchtower Bible and Tract Society of New York, "War Reaps a Young Harvest", in *Awake*, ottobre 1997, pp. 12-18.

Capitolo 4: L'Assertività

L. Canter, M. Canter, *Assertive Discipline: A Take Charge Approach for Today's Educator,* Lee Canter & Associates, Los Angeles, 1976.

T. Gordon, *Teacher Effectiveness Training*, Peter H. Wyden Publisher, New York, 1974; trad. it., *Insegnanti efficaci. Il metodo Gordon: pratiche educative per insegnanti, genitori e studenti*, Giunti e Lisciani, Teramo, 1993.

G.B., Lundberg, J. Saunders, *I Don't Have to Make Everything All Better*, Riverpark Publishing Company, Las Vegas, 1995.

M. McKay, M. Davis, P. Fanning, *Messages: The Communication Book,* New Harbinger Publications, Inc., Oakland, CA, 1983; trad. it., *Messaggi. Tutte le abilità della comunicazione*, Calderini, Bologna, 1998.

C.H. Wolfgang, M.E. Wolfgang, *The Three Faces of Discipline for Early Childhood: Empowering Teachers and Students*, Allyn & Bacon, Boston, 1995.

Capitolo 5: Le Scelte

N. Branden, *The Six Pillars of Self-Esteem*, Bantam Books, New York, 1994; trad. it., *I sei pilastri dell'autostima*, TEA, Milano, 2006.

D. Millman, *The Life You Were Born to Live: A Guide to Finding Your Life Purpose*, H.J. Kramer, Inc., Tiburon, CA, 1993.

Capitolo 6: L'Incoraggiamento

D. Dinkmeyer, G.D. McKay, *STEP: The Parent's Handbook*, American Guidance Service, Circle Pines, MN, 1989.

A.R. Hochschild, *The Time Bind: When Work Becomes Home and Home Becomes Work*, Henry Holt and Company, New York, 1997.

E. Jensen, *Amazing Brain Facts*, Turning Point, Del Mar, CA, 1997.

A. Kohn, *No Contest: The Case against Competition*, Houghton Mifflin Company, New York, 1992; trad. it., *La fine della competizione*, Baldini & Castoldi, Milano, 1999.

A. Khon, *Punished by Rewards: The Trouble with Gold Stars, Incentive Plans, A's, Praise, and Other Bribes*, Houghton Mifflin Company, Boston, 1993.

M.J. Kostelnik, L.C. Stein, A.P. Whiren, A.K. Soderman, *Guiding Children's Social Development*, 2ª ed., Delmar Publishers, Albany, NY, 1993.

K.J. Kvols, *Redirecting Children's Behavior: Discipline that Builds Self-Esteem,* INCAF, Gainesville, FL, 1993.

Capitolo 7: L'Intento Positivo

D. Bohm, *Wholeness and the Implicate Order*, Routledge & Kegan Paul, London, 1981; trad. it., *Universo, mente e materia*, Red, Como, 1996.

B.A. Brennan, *Hands of Light: A Guide to Healing through the Human Energy Field*, Bantam Books, New York, 1987.

G.L. Landreth, *Play Therapy: The Art of the Relationship*, Accelerated Development, Muncie, IN, 1991.

Capitolo 8: L'Empatia

T.B. Brazelton, *Touchpoints: Your Child's Emotional and Behavioral Development*, Addison-Wesley Publishing Company, New York, 1992.

A. Caspi, D. Bern, G.H. Elder, "Moving Against the World: Life-Course Patterns of Explosive Children", in *Developmental Psychology*, 23(2), pp. 308-313.

D. Goleman, *Emotional Intelligence*, Bantam Books, New York, 1995; trad. it., *Intelligenza emotiva: che cos'è, perché può renderci felici*, BUR, Milano, 1996.

P.L. Harris, *Children and Emotion: The Development of Psychological Understanding*, Basil Blackwell, New York, 1989; trad. it., *Il bambino e le emozioni*, Raffaello Cortina Editore, Milano, 1991.

J. Hendrick, *The Whole Child*, Charles Merrill, Columbus, OH, 1992.

J. LeDoux, *The Emotional Brain: The Mysterious Underpinnings of Emotional Life*, Simon & Schuster, New York, 1996; trad. it., *Il cervello emotivo: alle radici delle emozioni*, Baldini & Castoldi, Milano, 1998.

K. O'Conner, *The Play Therapy Primer: An Integration of Theories and Techniques*, John Wiley and Sons, New York, 1991.

K.T. Truman, *Feelings Buried Alive Never Die...*, Olympus Distributing, Las Vegas, 1991.

Capitolo 9: Le Conseguenze

M. Bennett, *The Development of Social Cognition: The Child as Psychologist*, The Guilford Press, New York, 1993.

J. Fay, F. Cline, *The Life Saver Kit*, The Love and Logic Institute, Inc., Golden CO, 1996. Audiocassette.

J. Fay, D. Funk, *Teaching with Love & Logic: Taking Control in the Classroom*, The Love and Logic Press Inc., Golden, CO, 1995.

H.S. Glenn, J. Nelsen, *Raising Self-Reliant Children in a Self-Indulgent World: Seven Building Blocks for Developing Capable Young People*, Prima Publishing & Communications, Rocklin, CA, 1988.

L. Hart, *Human Brain and Human Learning*, Longman Publishing, White Plains, NY, 1983.

E. Jensen, *Brain-based Learning*, Turning Point Publishing, Del Mar, CA, 1996.

E. Jensen, *Completing the Puzzle: The Brain-Compatible Approach to Learning*, The Brain Store, Inc., Del Mar, CA, 1997.

A. Kohn, *Punished by Rewards: The Trouble with Gold Stars, Incentives, Plans, A's, Praise, and Other Bribes*, Houghton Mifflin Company, Boston, 1993.

G. Lozanov, "On Some Problems of the Anatomy, Physiology and Biochemistry of Cerebral Activities in the Global-Artistic Approach in Modern Suggestopedagogic Training", in *The Journal of the Society for Accelerative Learning and Teaching*, 16(2), pp. 101-16.

J. Piaget, *The Psychology of Intelligence*, Little-Adams, Patterson, NY, 1963; trad. it., *Psicologia Dell'intelligenza*, Editrice Universitaria, Firenze, 1967.

E. Turiel, *The Development of Social Knowledge, Morality and Convention*, Cambridge University Press, Cambridge, 1983.

Capitolo 10: Perché i bambini fanno quello che fanno

L.B. Ames, C.C. Haber, *Your Eight-Year-Old: Lively and Outgoing*, Dell Publishing, New York, 1989.

L.B. Ames, F.L. Ilg, C. Haber, *Your One-Year-Old: Fun-Loving and Fussy*, Dell Publishing, New York, 1982

K.S. Berger, *The Developing Person through the Life Span*, 2ª ed., Worth Publishers, Inc., New York, 1988; trad. it., *Lo sviluppo della persona: periodo prenatale, infanzia, adolescenza, maturità, vecchiaia*, Zanichelli, Bologna, 1996.

T.B. Brazelton, *Touchpoints*: *Your Child's Emotional and Behavioral Development*, Addison-Wesley Publishing Company, New York, 1992.

J.L. Clarke, C. Dawson, *Growing Up Again*: *Parenting Ourselves, Parenting Our Children*, HarperCollins Publishers, New York, 1989.

C. Hannaford, *Smart Moves: Why Learning Is Not All in Your Head*, Great Ocean Publishers, Arlington, VA, 1995.

H. Hendrix, *Getting the Love You Want: A Guide for Couples,* Henry Holt & Co., New York, 1998.

A. Miller, *For Your Own Good. Hidden Cruelty in Child Rearing and the Roots of Violence,* Farrar, Straus, and Giroux, New York, 1990.

P. Williamson, *Good Kids, Bad Behavior: Helping Children Learn Self-Discipline*, Simon & Schuster, New York, 1990.

Ringraziamenti

Mi ritengo una persona fortunata: sono inondata di amore e di sostegno per il mio lavoro. Le seguenti persone mi hanno insegnato il potere del donare e hanno contribuito alla stesura di questo libro, o meglio, mi hanno aiutato a fare mio il suo contenuto.

Sono grata a:

Mia madre e mio padre, Frances e Talmadge Bailey, per l'educazione che mi hanno dato e per l'incoraggiamento costante che mi offrono. Alla dottoressa Mary Thelma Brainard per avermi spronato a scrivere e avermi guidato a disciplinare me stessa. A Linda Harris Dragnich, che ha condiviso volentieri con me il suo viaggio educativo. A Mildred Leinweber Dawson, che ha preso le mie parole e con chiarezza e stile le ha rimesse in ordine e me le ha restituite. La sua revisione, la sua capacità di scrittura e la sua saggezza di genitore sono state preziose per me e sono onorata di aver lavorato con lei alla stesura di questo libro. A Lorrie Cabral, che ha fatto da spola tra Milly e me, assicurandosi che venissero attuate le modifiche e che il libro fosse portato a termine. A Kate O'Neil, che è riuscita a gestire la mia attività e a contenere la mia ansia, offrendomi il suo amore e le sue intuizioni. A Casey Doran, che mi ha motivato, compiendo cambiamenti nella sua vita. A Charlene Bell, che ha scritto la proposta originale del libro che ha poi dato il via al progetto. A Gareth Esersky, il mio agente letterario, che ha creduto nel materiale che gli ho sottoposto. A William Morrow e Toni Sciarra, per avermi aiutato a realizzare un sogno. All'Università della Florida Centrale, per avermi concesso il congedo necessario a portare a termine il progetto. A Sarah Sprinkle, che ha donato parte del suo prezioso tempo per offrire suggerimenti al manoscritto originale. A tutti i bambini e alle famiglie che mi hanno insegnato ad approfondire la conoscenza di me stessa; attraverso questo processo sono stata in grado di aiutare altre persone. Alla forza creatrice dell'universo, che tiene uniti tutti noi nell'amore e nell'accettazione. Sono onorata di portare avanti il messaggio di amore e di pace.

DEA
PARTNERS

A gripping British murder mystery

CHRISTINE GREEN

Kate Kinsella Mysteries Book 4

JOFFE
Ostara
CLASSICS

Revised edition 2023
Joffe Books, London
www.joffebooks.com

First published by Macmillan in Great Britain in 1996

This paperback edition was first published in Great Britain in 2023

We love to hear from our readers! Please email any feedback you have to: feedback@joffebooks.com

Cover art by Dee Dee Book Covers

ISBN: 978-1-83526-276-4

For David,
Thanks for the memories!

CHAPTER ONE

The voice wavered away on the answer machine. Not that I minded: the elderly woman was offering me a job.

'Hubert!' I called out as I heard his footstep on one of the creaky floorboards. When his sombre face finally appeared around my office door I announced, 'Someone's making me an offer I can't refuse.'

'What sort of offer?' he asked suspiciously.

'A few weeks by the sea offer.'

He raised an eyebrow. 'Bermuda?'

I shook my head.

'Mauritius?'

Again I shook my head.

He smiled. 'Tenerife.'

'The Isle of Wight.'

Hubert smirked in a horribly satisfied way. 'The Isle of Wight,' he repeated, as if I were about to spend time in a Siberian salt mine. 'It won't be much fun on your own in December. I hope you'll be back by Christmas.'

'Hubert,' I began, as I stood to my full five-foot-four, 'in my frail financial, social and emotional condition, fun is not something that I'm looking for. And yes, of course I'll be back for Christmas.'

Hubert raised an eyebrow then stared down at my feet as I swung round on my swivelling office chair. 'You won't find much fun anywhere in a pair of moccasins,' he said in his dourest voice.

I sighed. Hubert Humberstone, funeral director, divorced, tall, thin, pasty-faced, fiftyish, foot fetishist, now in love with employee and transsexual Danielle, was my landlord, my best friend and often irritated me. But I knew I couldn't run my Medical and Nursing Investigation Agency without him.

'Not everyone finds shoes exciting, Hubert,' I said with conviction. 'In fact, some odd people just find shoes . . . well . . . utilitarian.'

Hubert's eyes narrowed slightly and he looked puzzled. 'What's church got to do with shoes?'

It took me several seconds to comprehend. 'That's *Unitarian*,' I said. Hubert was grinning now. He loved me to fall into his little traps.

'Tell me about the case, then,' he said. 'What do you have to do to earn your few weeks out of season by the sea? Be a companion to some old biddy?'

'It's a PI job, not a nursing job.'

'Yes?' said Hubert impatiently.

By now I was beginning to feel just a tiny bit tetchy with Hubert. I did have to do occasional nursing jobs to pay his rent and be able to eat, but my enthusiasm was always fired by thoughts of a new investigation and I wanted him to be just a little impressed.

'It's a missing person case,' I announced. 'A Mrs Elizabeth Forrester wants me to find her nephew, Nigel Carter.'

'Did he miss his annual visit?' asked Hubert.

'No,' I said swiftly. 'Auntie hasn't heard from him in three months and he previously rang her once a week at least.'

'Perhaps she's a bit of a pain and he's just . . . well, opted out for a while.'

'Lizzie thinks he's been most definitely opted out — like in dead, deceased, passed away, respirationally embarrassed — killed, even, as in . . . murdered.'

Hubert did have the grace to look impressed then. 'What makes her think he's been murdered?'

I was a bit stumped on this point. After all, it had been a fairly brief message and I had been more interested in the chance of a breath of sea air and a generous daily rate plus expenses; so mere details seemed to have passed me by. 'Mrs Forrester's writing to me; I should get the letter soon. She's making my hotel reservation and sending me money.'

'Don't count your chickens before they hatch, Kate.' Hubert was a real master of the corny homily.

* * *

Three days later I felt my chicken eggs had definitely been sat on. There was no letter or money or even another phone call from Mrs Forrester. It was as if that message had been a figment of my deluded imagination. The message was still on the tape, but by now all thoughts of a holiday on the Isle of Wight had receded from my mind. Much more urgent and pressing was how to pay the rent.

On Saturday morning, when grey clouds and driving rain gave Longborough High Street that 'End of the world' aura and a waitressing job in Spain seemed the pinnacle of ambition, the phone rang. I recognized the wavery voice immediately.

'I'm so sorry, Miss Kinsella,' she said. 'I've been too poorly to phone before, but I've organized everything. I've reserved you a room with a sea view. I'm sure you'll be very comfortable, and I've sent you two weeks' money in advance . . .' She paused, obviously breathless.

'Would you like me to call round and see you before I go?'

'No, no,' she said quickly. 'I'm not well enough for visitors.'

'What about your address and phone number?' I asked.

'I'll keep in contact with you, Miss Kinsella. But please do your utmost to find him. I think I'm dying and I would so like to see him before I die, or at least . . . know the truth.'

‘I’ll do my best,’ I murmured. ‘The police do know about your nephew Nigel being missing . . . don’t they?’

There was a slight gasp from Mrs Forrester. ‘Of course they know,’ she said. ‘I haven’t been remiss in my efforts to find him.’

I mumbled an apology.

‘I’m sorry too,’ she said. ‘I didn’t mean to jump down your throat. It’s just that the police aren’t interested in adults who go missing unless there are real grounds for suspicion.’

‘And they couldn’t find any?’

‘It seems not,’ she said. ‘But I know one thing, Miss Kinsella. Nigel would have phoned if he were able to. Deep down I suppose I know I’ll never see him again but one has to try, and, if he has been murdered, as I suspect, then I want his killer brought to justice.’

‘Fair enough,’ I muttered, thinking with a sinking heart how bringing a killer to justice sounded an awesome responsibility — was I up to it?

There was a throaty pause for a few seconds which gave me a chance to formulate vital questions such as where exactly on the Isle of Wight was I meant to be staying, where had Nigel worked and where was he last seen?

The answer to the first two questions was swift: ‘Uplands Lodge Hotel, Ryde.’ There was another pause. ‘Of course I didn’t *see* much of Nigel; he didn’t leave the Isle of Wight very often.’

‘How long was he there?’ I asked.

‘Ten years. He’s thirty-six now. He was drifting before but I gave him some money and together with a friend of his, Stewart Michaelson, they bought Uplands Lodge and I believe it’s quite successful now.’

‘When was he last seen, Mrs Forrester?’

‘I’m really not sure. Stewart will be able to give you all the details . . .’ Her voice tailed off. ‘I get *so* tired now.’

When she spoke again the voice sounded even more feeble. ‘I’ll ring you at the hotel for progress reports. I don’t

mind how long it takes you, Miss Kinsella . . . within reason. I'll try to keep going until he's found.'

'I'll do my best, Mrs Forrester.'

'I should hope so,' came the sharp reply and for a moment I experienced the same emotions as I'd had when receiving one of those 'pull up your socks' pep talks at school. Did any pupil ever take a whit of notice? But this was really serious stuff: 'doing my best' this time meant finding Nigel, dead or alive.

I sat for a few minutes after the phone call and made a list of jobs to do and things to pack. I didn't go away very often and I couldn't afford to forget anything vital. Then I went downstairs to find Hubert. He was standing with grieving relatives in the hallway just outside the Chapel of Rest, so I decided to go home and begin packing.

'Home' is a small terraced cottage in a row of four in the village of Farley Wood. It overlooks the church and of course the graveyard. When I write to my mother, who is in Australia happily doing various forms of menial work, she is horrified by my proximity to death, but I try to explain that familiarity with death and its bits and pieces makes you appreciate life more, and, strangely, less worried about dying. She isn't convinced.

Once home I didn't find my list particularly useful since I'd left it in my office, but I tried to remember the main points — 'check knickers' was first on the list. Is it just me, I wondered, or does everyone get paranoid about knickers and underwear when they plan to stay in a hotel? Perhaps it's the packing itself, I thought, as I laid out bras, slips and pants and noticed how nothing matched except one greying slip with one equally greying bra. I discarded both: the slip had a disgusting habit of riding up with every step and I thought then how the demise of what Hubert called the 'frock' could be attributed to the ever-creeping-upwards petticoat. As for the so-called 'half slip' — half of *what*? I've always wondered, since most of them hang at least an inch below a skirt and have to be hitched up at frequent intervals.

The packing didn't take as long as I thought it would, partly because I needed new everything, from flannels to toothpaste, and partly because the phone rang. It was Hubert offering me Sunday lunch at the Swan and a lift to the coast.

* * *

On the journey down, Hubert gave me more dire warnings than a TV weather man on the eve of an earthquake.

'Hubert, it's the Isle of Wight I'm going to, not Marrakesh.'

'Where's Marrakesh?'

I didn't tell him.

He stared ahead at the road but mumbled, 'A young woman on her own . . . Some men think are . . . You know, Kate.'

'You mean an easy lay, Hubert.'

Hubert coughed, obviously embarrassed. I couldn't resist going on. 'I should be so lucky. I mean, this is no eighteen-to-thirty holiday, is it? If some young stud appears at Uplands Lodge Hotel and makes a play for me, why not combine work and pleasure?'

'I hope you don't mean that, Kate,' said Hubert glumly. 'I worry about you.'

I shrugged. Hubert was saying in effect that he was going to miss me. I looked forward to the change.

CHAPTER TWO

As the ferry left Portsmouth harbour I saw Hubert standing by the quayside waving rather dramatically, I thought, as if I was on the last voyage of the *Titanic* instead of a thirty-minute ferry across the Solent.

I reasoned that on such a short trip I could do without a drink. A brisk walk on deck would be far more beneficial. I was trying to ignore the gale force winds and enjoy the sea spray on my face when I heard the sort of anguished babble that either starts a riot or means someone is in trouble. At first I couldn't quite see what was happening but then a little crowd moved away and I saw a young man, tall and gangly, sagging at the knees, fighting for his breath and obviously distressed. I moved closer. Although his eyes were panic-stricken, his colour was good — too pink, even — his breathing was deep and ragged but not wheezy like an asthmatic. No one rushed forward saying they were a doctor, or even better someone with a recent first aid certificate, so I edged nearer. A youngish woman grabbed me. 'He can't breathe!' she screamed. 'He can't breathe!'

'I'm a nurse,' I mumbled. 'What's his name?'

'Adam — he's my son — he's only fourteen. Please help him . . . *Please!*'

Adam had by now actually given way at the knees and I was swaying to one side as the boat dipped and dived, taking my stomach with it.

'Adam — you'll be fine,' I said firmly. 'I want you to breathe very, very slowly.'

In a quick aside to his mother I asked her to get a brown paper bag. She looked at me for a second in disbelief. 'Do it!' I yelled.

While the boat rolled from side to side I encouraged Adam to stay calm and prayed the bag would actually work when it did arrive. The seemingly long wait ended when Adam's mother returned clutching a brown paper bag and after a brief protest Adam began taking a few breaths of his own carbon-dioxide. Within a minute or so his breathing grew less panicked, more normal. I'd never used the paper bag technique for hyperventilation before, but I was impressed with the results because after a few minutes Adam was able to walk below looking more chipper than either his mother or me.

By this time the Isle of Wight had come into view, windy and capped by grey-black clouds. It *is* December, I told myself, but I was still irrationally disappointed in the weather and began to view my stay as the private investigator's equivalent of being offered a case on a tropical island only to find your stay corresponded with monsoon month.

Just as I left the ferry Adam's mother rushed up to me. Adam hung back, tall and awkward, looking far older than fourteen and desperately uncomfortable about it.

'I don't even know your name,' she said, as though we'd just had a one-night stand. Now that I could observe her properly I guessed she was, like me, in her early thirties and there the similarity ended. She had blonde hair that wasn't natural but looked as near as dammit, bright turquoise eyes and a figure that appeared neat and 36/24/36-ish even under a padded blue jacket. I mumbled my name.

'You saved my son's life. I'm really grateful.'

'He wasn't in too much danger,' I said. 'It's the paper bag that should get the praise.'

'No, you saved him. Where are you staying on the island?'

'Uplands Lodge Hotel.'

She nodded. 'We're . . . on holiday, so I've rented a bungalow. You must come for a meal one evening.'

'I'd like that.'

'Good,' she answered. 'I'll give you a ring at your hotel. My name's Caroline, by the way . . . Must dash — a friend's waiting in the car. Bye.'

I stood clutching my suitcase for a few moments and then saw a lone taxi. The driver didn't say a word during the journey, which was mercifully short. When we did arrive he managed to grunt, 'You get good nosh here.' That was something to be grateful for and the hotel was more attractive than I'd imagined. Ivy crept up over the walls and the white-painted balconies on the second floor somehow gave the hotel an aura of a vast cricket pavilion, minus sun, of course.

At the entrance were two white plastic chairs above which, hanging precariously and swinging with every gust of wind, was a basket of winter pansies. Quite unnecessarily I ducked my head and walked into reception.

Inside, it was warm and welcoming; large ceramic lamps with tasselled cream lampshades seemed to shimmer in the soft glow from a deep-pile cerise carpet. There was no sign of a receptionist so I stood by the desk staring at the elephant-shaped hand bell that was just asking to be rung, when the door opened and I recognized a familiar sound — the click of walking sticks and Zimmer frames. In those few moments warm and welcoming Uplands Lodge became Costa Geriatrica and although I was ashamed of myself I couldn't help feeling a vague sense of disappointment as greyish faces hove into view.

Three elderly people walked towards me, two women and a man. The leader of the trio, on the Zimmer frame and easily the tallest, was female, thin with a bent neck, a rolling gait and a very tight bluish perm. I hardly managed a proper look at the other two because she stopped in front of me, slowly raised her head an inch or two so that she could look

me in the eye and said, 'Bar's open, dear, and we've got our own vodka so you'd better stick with us.'

Maybe she's a bit dotty and thinks I'm a relative, I wondered, so I tried to demur, but she smiled at me disarmingly and said, 'You look as if you could do with a drink.' I couldn't argue with that so I followed their slow-slow, click-click-slow to the bar.

A young woman with a badge that said 'Amanda Giles — Receptionist' was already there, not drinking but chatting to the young barman. She smiled at me and informed me that my room number was 23. I said I would like to unpack and reluctantly she left the bar. Once I'd signed the register, collected my key and found my room on the second floor I felt more at ease, more legitimate, somehow. The single room was spacious, a little too pastel for my taste but I had no complaints — I could see the sea, a little distance away but there it was, a wide vista all grey and whipping up fiercely under a glowering sky.

Unpacking took no time at all, which is odd, I thought, considering what a chore the actual packing had seemed. I stared at those empty virgin drawers and placed my underwear there as carefully as if performing a religious ritual. Perhaps I just wasn't used to hotels, but I did find something disconcerting about spreading belongings around a strange room. I felt exposed. As if all the staff would be regaled with stories of my underwear. Would anyone really have any interest in my underwear? How could I be that paranoid? Was I normal? Hubert would probably say not, but who was he to judge?

I checked that the TV worked, that I could get direct dial on the phone, and that I had a Gideon Bible, because I'm superstitious about that. I once stayed in a hotel where there wasn't a Bible in my room and I was convinced it was an ill omen. The fire alarm went off two nights in a row and then water seeped through my bathroom ceiling. I patted the Bible in my bedside cabinet, felt comforted and went downstairs to the bar.

The elderly trio sat on two sofas separated by a low table. There was enough space for me but I wasn't sure whether I was glad or sorry. The tall woman moved her Zimmer frame

slightly and patted the empty space beside her. I sat down uneasily. I'd joked with Hubert about it not being an eighteen-to-thirty holiday but I hadn't expected it to be this bad!

'I'm Harold James, at your service,' said the lone male, who had the carefully laundered and manicured appearance that some elderly men achieve but usually only when a woman is regularly clipping and snipping stray hairs. His hair was strikingly silver, but dapper though he was, I didn't think he'd ever been very attractive. His features had a caved-in look, his eyes verging on blue but with bloodshot overtones. He insisted on buying me a drink, so I asked for an orange juice. He slowly made his way the few feet to the bar and just as slowly returned to hand me my glass, with a little stiff bow, and then sit next to the tiny woman opposite me. 'Take a few sips first, dear. I'm Mrs Nancy Patterson,' she said. 'And sitting next to you is Miss Margaret Bright.' Margaret managed to lift her head to give me a weak smile. Her name might have been appropriate once but now she was definitely less than sparkling.

'Drink up,' urged Nancy, as if my orange juice was the elixir of life itself. I quickly took two large swigs. 'Lower your glass,' she said. I lowered my glass. From her capacious bag she retrieved her vodka bottle and treated me to a glass-filling measure.

By seven o'clock I too was walking with a strange gait. I managed to follow them slowly into the dining room where a few quiet, totally sober souls were already on their first course.

'We're late,' giggled Nancy as she lurched sideways, her thin legs making her look even less stable. Nancy's legs suited the rest of her birdlike body. Her face was thin but she had good cheekbones, highlighted quite subtly with blusher, and she wore bright pink lipstick. Unfortunately she also wore a blue eyeshadow under pencilled brows, which had the effect of making her look like an aged porcelain doll.

I'd already found out that she was nearly eighty, had been married twice, no children, and had owned and managed a fish and chip shop for years. The fumes from the frying must have been beneficial to both hair and skin because Nancy

had a wonderfully clear complexion and thick white hair cut in a boyish short hairstyle that made her look younger but not quite as young as her toy boy, Harold. He was a mere seventy-one but needed a new hip or two and used a walking stick — 'When I remind him,' Nancy told me.

Over thin tomato soup Harold told me about his exploits as a plumber ('King of the gold taps'), and about how successful his business had been. Margaret tried to butt in a few times but the soup proved to be a trial and she stayed silent with her head bowed in its painful-looking position.

During a long delay while we waited for our main course she spoke at last.

'I've been here six months now,' she said.

'Yes,' said Nancy, 'and weren't you in a mess when you first arrived? You had more booze with you than the Co-op.'

'I did not.'

'You did! Sherry, whisky, gin. You'd got the lot. You were planning to do yourself in.'

'Don't exaggerate, Nancy,' said Margaret, obviously embarrassed.

'Harold agrees with me, don't you, Harold?'

'As ever, Nancy, as ever.'

Nancy shrugged her thin shoulders but still looked slightly peeved.

'Oh, all right . . .' said Margaret after a short pause. 'I admit I was depressed. I was old, deformed and lonely and then when all seemed lost I met you two.' She smiled across at the couple. Nancy smiled back with satisfaction.

'There you are, Kate,' said Nancy. 'I told you.'

I nodded, wishing at that moment Scottie would beam me up.

It was a relief when the main courses started to arrive, delivered with a fixed smile by a young waitress wearing high-heeled purple boots with her short black skirt and white apron. Hubert would have been enthralled.

Now that Margaret had started to talk there was no stopping her. 'Once I realized I didn't *have* to die I realized I could

live quite comfortably in this hotel. The chambermaid was really helpful, the room was cleaned beautifully every day, my bed was made, I could even have my shoes cleaned and my washing done. And it was cheaper than anything social services could offer me.'

I smiled at her in complete understanding as I thought of some nursing and residential homes I'd worked in. I knew if I was old and had a few thousand brain cells left and the capability to stand up, I would infinitely prefer to be in a hotel like this than with my knees covered with a crocheted blanket, eating sloppy mince with a spoon.

During the main course Harold talked about plumbing, Nancy talked about the merits of frying with lard as opposed to oil, and Margaret tried, without success, to steer the conversation towards a pre-Christmas shopping trip to France.

Silence only fell as the dessert trolley came into view. Virtuously I chose fresh fruit salad *sans* cream and decided that I had tendencies towards being a calorie miser — save a few here, save a few there. The trouble was at the sight of a jam doughnut or a cream slice I'd soon be blowing all my 'savings'. Still, I thought, even a few calories saved was less round the bum to worry about.

My companions, who had the compensation of age making them less calorie conscious, chose sumptuous trifles and gateaux. I was just about to tuck into my healthy option when a tall, youngish man walked into the dining room. He was easy limbed, dark haired, dark eyed as far as I could see — and I was doing my best to see him; in fact, my eyes were out on stalks.

'Who's that?' I asked Nancy.

'That,' she said, 'is the co-owner of the hotel, Stewart Michaelson.'

'And his other half?' I asked casually.

'Poor Nigel, you mean.'

I raised my eyebrows quizzically, thinking as I did so how difficult it was going to be to snoop and sleuth without falling under suspicion myself. But then if the staff at Uplands Lodge

had nothing to hide they wouldn't get too paranoid. Perhaps I could pass myself off as a long-lost cousin or similar.

'Why "poor" Nigel?' I asked.

She shrugged. 'I always thought of him like that. And then he just disappeared—'

'Now then, Nancy,' interrupted Harold. 'He didn't disappear, he just decided to . . . get out of the hotel business. People get what they call "burn-out" these days.'

Margaret lifted her head slightly. 'Is that the same as "going for the burn"?'

Nancy smiled indulgently. 'Come off it, Margaret. You know what it means. We go for the burn every morning just getting out of bed.'

All three of them laughed at this, causing Stewart Michaelson to glance our way. He wore a pale grey suit and a black polo-neck sweater. He looked faintly dangerous and very interesting and I tried in advance to think of something to say to make him think I was pretty interesting too. But life isn't like that and when he did speak to me I stuttered like an idiot. He'd only asked my name and if I was on business or pleasure, and stupidly I burst out with 'K . . . Kate Kinsella — just business.'

Luckily he smiled and merely said, 'Perhaps we could have a chat about that later in the bar.'

Being intermittently celibate and quite fancying him didn't stop me breathing a sigh of relief and thinking how delicious an early night seemed, because then I wouldn't have to think up any more lies or worry about what to do if at any time he decided to make a pass.

It was Nancy who said, 'You're well in there, dear. He usually avoids our table like the plague. I think he thinks old age is catching. We frighten him.'

'Surely not,' I said. 'You're so lively.'

She shrugged. 'Our minds might be lively but our bodies are only fit for the knackers' yard. Some people just see the wrinkles and the saggy bits. Nigel was different, though. He used to have a chat with us most evenings.'

'So where is he now?'

Nancy was about to speak when Margaret lifted her head and said slowly, 'I don't know where he is, but don't be misled, Kate . . . He wasn't particularly liked.'

'But I thought . . . Nancy gave me the impression . . .'

Nancy smirked mischievously at me. 'I never said I liked him. I only said he talked to us.'

Harold chuckled. 'You'll get used to us, Kate . . . you will. Come and join us at the bar. There's some live music tonight.'

I soon found out 'live' was a slight exaggeration. There was one man and his piano and rather than him tickling the ivories, they seemed to be tickling him. It made observing him a serious threat to one's mental health. Not that Nancy, Margaret and Harold thought that; they seemed entranced.

The evening passed aided by liberal doses of vodka added to my innocuous orange juice. I was just musing on the effect of the vodka — I'd begun to quite *enjoy* the pianist — when Stewart appeared. From being quite attractive when I was relatively sober, he now appeared totally irresistible.

'I think our trio are leading you astray, Kate,' he said, smiling cheerfully in all directions. 'You'll need all your wits about you while you're on the island.'

What was he talking about? I wondered. I must have looked perplexed because he quickly said, 'You're here on business?'

The lie came as easily to my lips as saliva at the thought of the lemon. 'Yes, I'm thinking of buying a hotel.'

'Really,' he said. I wasn't sure at that moment if he meant a 'Really?' or a 'Really!' Once you've told a lie like that the awful part is the nervous agitation it generates: Do I look as if I've got a few spare thousands? Will my underwear pass inspection? Do I seem to have the business acumen? Then, inspired now to tell even more lies, I did have a feeling this one could save the day — 'I've just come into some money.' I thought that was enigmatic enough until I realized he might have thought I'd won millions on the National Lottery.

Stewart smiled at me disarmingly. 'Well, good for you. I won't embarrass you by asking how much, but obviously enough to buy a hotel.'

I nodded.

'Just say the word and I'll give you a behind-the-scenes tour of this place. Give you the low-down.'

'Thanks, Stewart.'

'My pleasure.'

As he left the lounge bar I watched him go, wishing I could have told him the truth.

'So you're rich,' said Nancy.

I shrugged, trying to look modest and rich at the same time. 'It's enough to buy a small hotel. It's something I've always wanted to do.'

She smiled as if she understood and I felt more than obliged to buy the next round of drinks. This time there was no vodka added to mine and I sensed a less-than-subtle change in their attitude towards me. Having lots of dosh, I realized, could cause even mere acquaintances to grow a little cool. Memories of childhood exhortations to always tell the truth came flooding back and I felt an urge to go back to my room, ring Hubert and confess all.

Later that evening when I did ring Hubert he wasn't sympathetic. 'You sound drunk,' he said.

'I am. I've been led astray.'

'You're led astray very easily, Kate. What's happened? You haven't been gone twenty-four hours. Even you can't be in much of a mess yet.'

'Have some faith in me, Hubert,' I said, beginning to feel that I'd already failed on this mission.

'Stay off the drink, Kate. You have the capacity of a pregnant frog so stick to fruit juice and keep a clear head. Now . . . what cock-up have you made already?'

'Hubert, you can be a real know-all pig at times . . .' I waited for his response, but he didn't give me that satisfaction. So I said, 'I've told Stewart Michaelson, Nigel's partner, that I'm interested in buying a hotel. That would give me a chance to nose around behind the scenes without arousing suspicion.'

'Nothing wrong with that,' said Hubert. 'Sounds kosher to me.'

'And then I told him I'd come into money and now I think he might think I'm a lottery millionaire.'

There was a long pause before Hubert spoke again.

'And then again, Kate, why should he? Put him straight, that's all you have to do. Say a relative died and left you a tidy sum. Not too much, mind, the residents might want to start borrowing from you. You haven't given them a figure, have you? Like ten million or something?'

'No.'

'Good. Give them a figure, say . . . five hundred thousand. That should be enough to buy a small hotel and you won't have much left over.'

'That sounds sensible.'

'It is. Now you get to bed, Kate. I'll ring you tomorrow.'

As I lay on the bed waiting to feel slightly better before I slept, I thought of Nigel. Had he wanted to disappear? And why did it seem the only person clamouring for his return was an elderly aunt. Did the man have a serious problem? Like being ten feet underground or ten fathoms deep. Who would be chief suspect? I wondered. Had he had a violent disagreement with Stewart about the future of the hotel? Or was there more to their relationship than just being business partners? After all, they were two single men both in their thirties. At least I *assumed* they were single. So far I'd only wined, dined and told a lie. But tomorrow was another day and I planned to stay well clear of Harold, Nancy and Margaret and concentrate all my efforts on finding out more about Stewart's relationship with Nigel.

A warning voice somewhere in the part of the brain that should have been named the Vale of Sensibleness or something Latin and grand sounding told me that Stewart *was* dangerous. But in my state of male deprivation that only meant one sort of danger. That delicious feeling of finding a man your mother would never have chosen for you.

CHAPTER THREE

Like all resolutions made in that relaxed state just before sleep — such as going on a diet or promising yourself you'll write those letters or do your tax form — when the morning comes the resolutions are about as tangible as a dream. In a hotel, I reasoned, self-discipline was even harder to achieve, especially when the smell of bacon and toast seemed to creep under my door so tantalizingly.

Breakfast was certainly the highlight of the day, for after that followed a guided tour of bedrooms and kitchens which became very prolonged, primarily because Stewart kept getting called away, telling me to 'Stay put, I won't be a moment.' His 'moments' weren't my moments and I soon got bored waiting for him to return from his various missions. The more I saw of him, the more Mr Average he seemed, and I changed my mind about my mother disapproving of him.

I found it more than hard to bring Nigel into the conversation when discussing the merits of various laundry services or how many of the staff had taken the Basic Food Handling and Hygiene Certificate and therefore knew how to defrost a chicken. I did manage to find out that Nigel kept the accounts and was a keen cook, occasionally lending

a hand in the kitchen. That didn't help me much, but I did manage to deduce from that information that he might, if short of money, be able to find work in a restaurant or hotel. Undoubtedly that would mean on the mainland and a choice of several thousand establishments. Chances of him using his real name were zilch, so that was a line of enquiry I wouldn't be able to use, especially as my client didn't have the odd decade to spare.

I'd decided to skulk back to my room well before lunch, when the phone rang. It was Mrs Forrester, my client, and judging by her brisk-sounding voice perhaps I was wrong about her prospects on the longevity stakes.

'What exactly have you found out, Miss Kinsella?'

'Do call me Kate.'

'Very well, Kate. Progress?'

'I have to admit, Mrs Forrester,' I began apologetically, 'as yet I've only spoken to one or two members of staff and the co-owner, Stewart, of course, and . . . I haven't found any reason to believe that Nigel has come to any harm.'

'In that case,' she said sharply, 'you need to work a little harder.'

'I have only been here a day,' I muttered.

There was a pause while Mrs Forrester coughed and then she said, 'True enough, Kate. Perhaps I am being a little unfair. The police couldn't find any cause for concern either, but I do know my sister's boy would have maintained contact.'

'I'm sure he would, Mrs Forrester, but apart from you who else would he have contacted? . . . Girl friends, male friends? At the moment I can't ask these personal questions in case they arouse suspicions. I've told Stewart I'm on the island to buy a hotel.'

'Yes, I do see . . .' she mumbled. 'He did have a girl-friend. I really don't know how serious it was.'

'Could you send me a photograph of Nigel? It would help if I knew exactly what he looked like and of course I need one to jog people's memory.'

'Yes, yes, of course. I should have thought of that.'

I was about to say goodbye when I found myself suggesting that maybe the media could become involved in the hunt for Nigel.

'Do you mean newspapers?' she asked in obvious disgust.

'They can be helpful.'

'I never read newspapers, Miss Kinsella, and I would be mortified to see my nephew mentioned in some scandal rag.'

As she put the phone down I was left wondering . . . Whatever did Nigel visit her for? She seemed quite sharp mentally but I found her somewhat disconcerting and couldn't quite work out why.

During lunch that day I sat with Harold, Margaret and Nancy. I had tried to avoid them but they called over to me, obviously afraid I'd be lonely. They were polite but I noticed not quite as friendly as they had been.

'How's the hotel hunt going, Kate?' asked Harold.

'I haven't seen anywhere yet, but this afternoon I'll be going to the estate agents.'

Nancy stared at me for a moment with a bland expression, pressed her napkin to her mouth, placed it in her lap, looked up at me and said, 'You're not aiming to buy *this* hotel, are you?'

'Why, Nancy? Is it for sale?' I asked innocently.

'We'd be the last to know, wouldn't we?' she said glaring at me.

'Come now, Nancy, don't upset yourself,' said Harold, patting her hand. 'We always knew that was a possibility.'

I smiled reassuringly at Nancy. 'I've certainly got no intention of buying this hotel and as far as I know neither has Stewart of selling it.'

Margaret looked up slowly. 'It was Nigel who wanted to sell up.'

'I thought he just wanted changes made.'

'That's what he told everyone but he told me he wanted to sell his half of the business.'

'Why would he tell you that anyway?' said Nancy. 'He hardly spoke to us about anything important.'

Margaret smirked knowingly. 'I exaggerated. He didn't actually tell me . . . I overheard him talking to someone.'

'Who?' Harold looked up sharply from his battered haddock.

'His girlfriend,' answered Margaret.

'That girl with the plaits and the long skirts,' said Harold, giving his haddock a teasing poke with a fork.

'I do wish you wouldn't do that, Harold,' said Nancy.

'Do what, dear?'

'Give your fish a poke before you eat it.'

'The batter's so thick the air gets underneath — I'm just deflating it a bit,' he explained.

Nancy still looked irritated, so I asked as casually as I could, 'Was his girlfriend called Claire? I'm sure Stewart mentioned a Claire.'

There was silence for a moment, then Margaret said, 'She wasn't a Claire—'

'She was Charlotte,' interrupted Nancy.

'That wasn't her name,' said Harold.

'How would you know?' said Nancy. 'The only names you remember are what's running in the two-thirty.'

'You said you weren't going to nag me about my little flutters, Nancy. I don't like the mood you're in today.'

Nancy's eyes flashed daggers but she merely said triumphantly, 'I *do* think her name was Charlotte.'

Harold began shaking his head and then stopped at Nancy's fierce expression. It was Margaret who settled the argument.

'You're right, Nancy. I remember now. He called her Charlotte — honeybunch.'

'He would,' said Nancy in disgust.

'What was her surname?' I asked.

Nancy shrugged. 'We don't know. Does it matter?'

'No, not at all. I thought maybe if I found his girlfriend I could find Nigel.'

'Why do you want to find Nigel?' asked Harold with a hint of suspicion in his voice. I paused, continuing to chew

on my mouthful of chicken breast, and finally thought of a reason.

'Stewart recommended him as a bit of an expert on finance, especially hotel finance and I thought if I could find him he'd be really helpful.'

No one spoke for a while but eventually Margaret said, 'I don't know her last name, but I think she was a student. Older than average. She looked in her middle to late twenties and I do know she was in her final year.'

'What course?'

'I'm not sure. It was on the mainland . . . Art . . . no. I remember. Performing arts, that was it.'

'Where on the mainland?'

'I don't know that. But Portsmouth or Southampton, I suppose.'

I shrugged nonchalantly. 'Oh well, finding Nigel is no big deal. There must be others on the island who are in the financial know.'

'Yes, indeed,' murmured Margaret. 'And you are in a position to pay for advice, aren't you?'

I knew she was being catty, but I didn't let on. I smiled and said, 'When you've always been poor it's hard to get used to having money.'

She nodded her head in her own peculiar way and I assumed that meant she felt some sympathy for my erstwhile poverty.

After lunch I slipped away, murmuring something about estate agents but really I just planned a walk by the sea and a review of my progress to date.

The walk took longer than the review. The sun shone thinly with a watery bleakness, the sea looked more green than grey, seagulls screeched and whirled and I wandered lonelier than any cloud, more alone than at any time I could remember. I really missed Hubert's long face and our trips to the pub and our usually good-natured banter. I'd ring him later, I decided, and have a long chat on expenses.

After the sea and the beach I window-shopped, sticking mainly to bakers' shops and idly wondering if having a cream doughnut plus three huge meals a day was greed on such a grand scale that I'd be ousted from the pearly gates. I fought temptation as bravely as any tested saint and merely gazed at the cakes and walked on.

It was still only three thirty. Back at the hotel the rest of the day spread before me as long and tedious as a wet Sunday. It was no wonder, I thought, that the trio needed copious supplies of vodka. I'd just approached the staircase when Stewart appeared.

'I wanted to catch you,' he said smiling. 'I thought we might have a meal together.'

'Here?' I queried, wondering quite what the point of that might be.

'I thought a seriously good restaurant might make a change.'

I smiled. The hotel food was good but not very original — swordfish and parsnip galette were unlikely to feature on the menu.

'Are you sure there is a seriously good restaurant on the Isle of Wight?' I asked in all innocence as if I'd be able to recognize a seriously good restaurant anyway.

He gave me a mock stern look. 'Kate, this island may not have changed much since 1950 but the passage of time has let through balsamic vinegar, virgin olive oil and last week I heard someone had acquired a small jar of sundried tomatoes. So, no more insults. I'll meet you in reception at seven.'

Was this a date? I wondered. When it seemed to take me hours to get ready I thought perhaps it was. I couldn't make up my mind what to wear. Stewart's idea of a 'seriously good restaurant' might not mean swish and expensive, but of course I couldn't be sure. I only had two dresses; one is black, and was the only one I'd brought with me, so if I was to wear a dress my choice was limited. Even with that decision made

I vacillated. Should I go out and buy something? I stared at my alarm clock. It was five twenty; there was no time before the shops shut. I'd wear the black.

I stared at myself in the dress. My dyed red hair was looking unruly as usual, my skin seemed pale and my eyes bright, as if I'd been crying. I looked funereal. With Hubert by my side we would have been dead ringers for the Munsters. I was forcing a smile at that image when the phone rang. Telepathy, I thought, as I threw myself across the bed to answer the phone. But it wasn't Hubert.

'Hello, Kate. It's Caroline . . .'

Caroline, I thought, who the hell is Caroline? I don't know any Caroline.

'Caroline — Uxton,' she repeated. 'On the ferry. Adam's mother.'

'*That* Caroline,' I said. 'Nice of you to phone. How is Adam?'

'He's fine. I rang to ask if you'd like to come to dinner tomorrow evening.'

I didn't pause to think as I don't usually turn down invitations to eat. 'I'd love to,' I said.

'We're staying in a bungalow not far from Uplands Lodge. Just walk down the slope for about quarter of a mile. Number five, Jonquil Gardens. I'll give you my phone number just in case.'

I wrote down the number. It was only when I'd put the phone down that I began to regret saying I'd go. I didn't know the woman at all. She seemed OK but did we have anything in common? If I was to be the only guest it could be a bit of a strain. On the other hand, I reasoned, I didn't know Stewart either but I was eager enough to have dinner with him, although I convinced myself that was because over wine and candlelight I could find out much more about young Nigel.

It was as I was going down in the lift that I remembered I was meant to be a woman who'd just come into money. Should I offer to pay the bill? Would he think I was flashing my money around if I did? And if I didn't offer to pay would

he think I was as tight as a gnat's arse? It was a dilemma, but when I saw him standing in reception looking rather handsome and carrying a purple orchid I decided to stop worrying, enjoy myself by *acting* as if I was on a date but actually behaving like the professional investigator I tried to be but often failed abysmally.

Stewart put an arm round me as we sat in the taxi but the journey was so short that that was all the progress he did make. We stopped and there in front of us was the green and gold awning of the Royal Sahib. I smiled. I loved Indian food, had always thought French food overrated, but I'd obviously been brainwashed because I'd assumed a 'seriously good restaurant' *had* to be French.

Over poppadoms and that wonderful shredded onion plus mint and mango chutney I got to the point with Stewart.

'I'm a little worried about buying a hotel on the island,' I said.

'Why's that, Kate?'

'I've heard rumours about Nigel.'

'What sort of rumours?' asked Stewart sharply.

I took my time in answering. 'Well . . . that you . . . may have had something to do with his disappearance.'

Stewart nearly choked on his poppadom. 'Who the hell said that? It's rubbish, of course. For God's sake, he's a friend of mine and the only minor disagreements we ever had were about the future of the hotel.'

'I didn't meant to upset you. I just overheard a conversation. Someone saying it was strange Nigel hadn't contacted his friends and relatives.'

'What relatives? He hasn't got any relatives.'

I tried to answer casually. 'I'm sure I heard he had an aunt on the mainland.'

Stewart smiled. 'Aunt Lizzie. I forgot her. I can't imagine her noticing Nigel hadn't been in contact. She's a bit senile.'

I realized then, even before our main course had arrived, that Stewart had a serious problem with the elderly, and I had to say something. 'You really don't like old people, do you?'

'I wouldn't say that at all,' he said defensively. 'I don't particularly like the gruesome threesome at Uplands but I wouldn't like them if they were thirty somethings.'

'I think they're rather sweet.'

He raised a quizzical eyebrow but our food was being wheeled towards us and the pungent smell of frying onions and wonderful spices seemed to halt his response somewhere in his olfactory system.

'This is really, really good,' he said as he tucked in.

We ate hungrily for a while with the odd 'delicious' and 'lovely' said almost as huskily as if we were nibbling each other's naked flesh.

Becoming more talkative the fuller we became, we were giving each other a run-down on our respective lives by the time the last few grains of rice and crumbs of nan bread were left on our plates. I wasn't being completely honest, of course. I told him about Hubert but gave him the impression I'd been a full-time nurse until I got lucky. I still didn't say where the money came from and he didn't ask, so I began to relax.

'You seem fond of old people,' he said. 'I'm surprised you don't want to buy a nursing home.'

'Too much legislation,' I answered blithely.

'Hotels are nearly as bad these days. The fire regulations are a nightmare—'

He broke off as a male voice shouted, 'If you think I'm eating this — I wouldn't give this to a dog.' I swung round to see a drunken man lurching to his feet. I stared at him. He was, I supposed, between forty-five and fifty-five — I mean his approximate age and waist size. He made Hubert look handsome. 'I want to see the owner!' he yelled. 'Get me the owner! I want the little bastard to see what I've been served.'

Everyone in the restaurant now took an interest in the proceedings. Some of the turbaned staff gathered by the entrance like Gurkha warriors and I heard vague mutterings about retribution. Our waiter came over to us and whispered, 'Please don't worry. He's just a very nasty man. Very drunk.'

'Should someone call the police?' I asked as the dissatisfied customer hurled more abuse along with a couple of chairs and finally the table. 'No, no,' said the waiter. 'He'll go now.'

And indeed he did, but not without help. Two of the staff grabbed him by the arms and began dragging him to the door. The door closed, the staff began to right the table and chairs and within seconds all seemed normal again.

Stewart smiled. 'There you are, Kate — violent disorder. Do you still want to buy a hotel here?'

I nodded. 'I think I can stand the excitement. Was that Nigel's problem, do you think? The island being too quiet?'

Stewart shrugged. 'To be honest, I don't know what he thought. We were friendly but not that intimate. He was never very forthcoming and for the last few months before he . . . left, I couldn't interest him in the day-to-day running of the hotel. He obviously had other things on his mind.'

'What things?'

Stewart shook his head. 'I don't know, but just before he disappeared he'd seemed a bit worried and preoccupied. He spent more and more time in his cabin. I did ask him what was wrong but he wouldn't open up.'

'Cabin?' I queried.

'Yes, at the bottom of the garden behind that row of pine trees. He couldn't afford to buy a place away from the hotel and he liked his privacy. He kept all the books there.'

I noticed the past tense. 'So you've moved everything?'

Stewart shook his head. 'I must admit since Nigel went I've only been down there twice, just to leave some paperwork. I suppose I'm still hoping he'll come back before the annual audit.'

'Do you think he had woman trouble?'

'Maybe.'

'What about you? Do you have woman trouble?'

Stewart laughed. 'Who doesn't? I do have an ex-wife, if that's what you mean.'

It wasn't, but it was vaguely reassuring. Even so, I didn't want to pry. 'What about Nigel? Was he ever married?'

Stewart laughed briefly. 'Nigel didn't like to be tied down. In fact I think he preferred a succession of one-night stands.'

I smiled. 'You sound disapproving. I get the impression you didn't hold Nigel in much esteem.'

'I didn't mean to imply that, but to be honest Nigel could be an arsehole. He's good with figures, though. He got part way through his accountancy exams but quit when the going got tough.'

'So you think he's quit now and just gone walkabout.'

'It's his style.'

'What about Charlotte?' I asked.

Stewart's eyes glinted. 'What are you talking about?' he asked.

'Nigel's girlfriend.'

'Never heard of her,' he said sharply. A little too sharply. Of course he's heard of her. And in that instant I knew I had found a motive for murder.

CHAPTER FOUR

Now that I guessed Stewart did have a reason to murder Nigel my ardour was well and truly cooled. He didn't seem to notice, though, as he smiled and held my hand for one brief but rather suggestive moment.

'I thought,' he said, 'we could go back to the hotel and look at the books if you want. If I haven't made the hotel trade seem too dull and you're still interested, of course.' The 'still interested' sounded ominous and I wondered if he was the sort of man who thought that buying a girl a curry and a few poppadoms was a passport to other Eastern delights. There were to be no Eastern or Western delights with Stewart, I decided. He was, after all, el primo suspect and I couldn't afford to lose track of my main objective.

'I'm certainly still interested, Stewart . . . about the hotel but quite honestly it's a bit late for me to look at accounts which I wouldn't understand anyway. Perhaps during the day time?'

He nodded but looked a little disappointed. 'A club, then, or we could just go back to the hotel and have a drink in the bar?' This time he squeezed my hand with considerably more suggestion.

'This is really awkward, Stewart . . . I . . . well, I promised to visit someone after I'd had dinner with you. Someone I met on the boat coming over.'

'Male?' he queried nastily.

'Female.'

'I see.' His answer was so pointed I didn't need any signposts and I was annoyed.

'Stewart,' I said, 'for the price of a curry and a few poppadoms I'm not game for one night of passion. *And* I take exception to being thought a lesbian just because I prefer to spend time with a woman than with you.'

At that moment the bill arrived. I fumbled in my handbag, found my purse and managed to dredge out a twenty-pound note. 'That should cover it,' I said as I flourished the money on to the plate.

Stewart, I could see, was embarrassed and now I'd said my piece I was beginning to regret it.

As the waiter walked away I stood up and said politely, 'Thanks for a lovely evening. I'm sorry for my outburst. I do hope we can still be friends.'

He didn't answer for a while, then said, 'I'll get my taxi to drop you off.'

'There's no need,' I said with a suitably grateful smile. 'I can walk, it's not far.'

'There's every need. The pubs are closing and if anything happened to you I'd feel responsible.'

'OK,' I said, still feeling guilty about being so sharp with him. 'Thank you.'

In the taxi he didn't speak and I felt I'd been too hasty. He may have had a motive to murder Nigel but how was I going to find out more if I'd alienated my prime suspect and my prime source of information.

As the taxi stopped outside 5 Jonquil Gardens I said, 'Perhaps tomorrow we could have a talk about this, Stewart?'

'I suppose so,' he muttered grudgingly. 'Have a good night.'

I shivered in the cold night air outside number five and watched as the taxi drove slowly away.

The white bungalow, in a row of six, had a balcony with five wooden steps up to the front door. Having clomped noisily up them I expected Caroline to answer the door, so I stood gazing out at the black and treacle-like sea for a while until I realized she hadn't heard me arrive.

I knocked loudly but when she did open the door she didn't seem to remember me. She wore a brilliant-white towelling robe, which didn't make *her* look fat and shapeless. She'd drawn back her hair with a blue ribbon, she wore no make-up and she still looked fantastic. When she did remember me, she was overcome with embarrassment. 'Did I say tonight, Kate, I'm awfully sorry I thought it was tomorrow.'

I really warmed to her then. At least an embarrassment shared, I thought, is an embarrassment halved. 'No, please don't apologize, after all it's nearly eleven and I came here to . . . escape from someone.'

She smiled a wide friendly smile. 'There's no need to say any more Kate. I know all about that sort of thing. Come on in and tell me all about it. I'm really glad of some company. I'm all alone, Adam's staying with a friend.'

Caroline showed me through to the sparse living room that clearly said 'rented' in its cheap threadbare carpet and furniture. She'd tried to brighten the room with two vases of flowers but my eyes and spirit lifted only at the sight of a spindly coffee table on which stood a nearly full litre of white wine next to a long-stemmed wine glass and an opened box of chocolates. I felt comforted immediately — this woman could become a friend!

'You look as if you need a drink,' she said. 'You sit down, I'll fetch a glass.' She was back in a few moments with not only another glass but another bottle.

'I'll make a bargain with you, Kate,' she said, smiling and holding her head on one side so that I noticed her fair hair had dark roots. 'You tell me your troubles but I'll want

you to listen to mine as well, and we have to finish off the wine and the chocolates.'

'How can I refuse an offer like that?' I said, feeling far more cheerful even before I'd started on the wine.

Caroline encouraged me to drink and eat and after a glass of wine and four chocolates I experienced a warm afterglow that was almost orgasmic and it loosened my tongue although I didn't tell her the real reason for my visit. I told her I'd come to the island to buy a hotel, that I lived in Longborough and lodged with an undertaker landlord called Hubert.

'Any hope of a romance there?'

I laughed. 'He's twenty years older than me.'

'But with money?'

'I suppose so. I've never really thought it. He's . . . a foot fetishist.'

She laughed as she looked down at my very medium-heeled shoes.

'Pathetic,' she said. 'That's really pathetic.'

I found myself springing to Hubert's defence. 'He's not pathetic, he's very kind and generous. He can't help his little aberration and anyway most people are pathetic in some areas.'

She smiled at me from behind her wine glass. 'You're obviously very fond of him even if you're not yet romantically inclined.'

I ignored the 'yet' and for some reason told her all about the death of my drunken boyfriend by falling masonry. I began to get quite maudlin and as I did she kept topping up my glass.

When I paused she asked, 'So what went wrong tonight?'

What *had* gone wrong? I wondered. I shrugged. 'I got scared, I suppose. Once bitten and all that. I meet a man, like him, even get a bit lusty, but then I think about the consequences. I fear involvement, I suppose.'

'Is this Stewart single?' she asked.

'Oh yes, he's divorced.'

She laughed loudly and I realized she was more tipsy than me. 'Most men are these days. You've done the right thing,' she said. 'I know, I'm in the process of getting divorced from

a very violent, disturbed man. I'm always on the move, trying to escape from him. That's one of the reasons we've come here for Christmas. Mind you, he always seems to find me. I think he employs scumbag private detectives to follow me.'

I didn't blush, but I did begin to feel a little warm.

'Does he want a reconciliation?' I asked.

'He might want it, though God knows why, I've hated him for years,' she said angrily.

'Because of the violence?'

'That and the fact that he doesn't want me to work. He's got money, you see, not that he ever gave me much even when we were together. He wanted me either at home or working in an Oxfam shop.'

'What was your job?'

Curling her bare feet under her on the thin-seated sofa, Caroline settled herself back against the cushions before replying. 'Just secretarial,' she said. 'I'm working again now, thank goodness.'

'Why didn't he want you to work?'

She stared at me for a moment as if I was being stupid. 'He's insanely jealous. Even if the window cleaner said good morning he'd suspect we were having a rip-roaring affair.'

'Did he drive you into an affair?' I asked.

She laughed again. 'It was on the cards but he hardly let me out of his sight. Even when he was at work he rang me several times in the day.'

'What does he do?'

'He's a bank manager.'

I tried not to look surprised. 'Hubert has a theory,' I said, 'that this country's troubles are entirely due to the new breed of bank manager — "young, thrusting and greedy".'

'He could be right.'

'Hubert says twenty years ago bank managers were old fuddy-duddies but they were trustworthy. Now in Hubert's eyes that might as well be tally men or estate agents.'

Caroline laughed. 'Have some more wine,' she said, 'and tell me what you're going to do about Stewart.'

She filled my glass and I noticed I'd failed to see we were already on the second bottle. Strange, I thought, how I always had a sneaking admiration for anyone who had more than one bottle of wine in the house. One at a time seemed to be my maximum.

'Stewart,' I murmured thoughtfully. 'I'm going to try to get back in his good books because I do need his help on buying a suitable hotel.'

'Will you need a mortgage?' she asked.

'I'll probably have enough to pay cash.'

'Any left over?'

'I don't think there will be.'

'In that case you should get a mortgage, maybe a small one, but you'll need capital to start up. In hotels there's always something to replace, bills to pay, wages to find — you need a free flow of money.'

'I hadn't thought of that. You sound as if you know the hotel trade.'

'I wouldn't say that,' she said, smiling. 'But I did work as a chambermaid for a few months after I left school. I know about breakages — I was *always* breaking things. Seriously, though, much better to take out an affordable mortgage. I might be able to help you — I do have quite a few contacts in the housing market.'

'Thanks. At the moment I think I'll need all the help I can get. The hotel trade proved too much for Nigel. He disappeared three months ago.'

'Nigel?'

'Nigel Carter, the co-owner of Uplands Lodge.'

'Oh, I see,' she murmured. 'No one's seen him, then?'

'I've heard gossip-wise there was a woman involved. Perhaps they've run off into the sunset together.'

Caroline shrugged. 'Was he married?'

'No. In his thirties but not married.'

'Why has he disappeared, then?'

'No idea,' I said.

Caroline looked thoughtful. 'In my opinion, if it wasn't love it was money.'

‘Why?’

‘What other reason could there be? Either creditors or the like, or escaping from a lover’s grip. I mean he hadn’t already succumbed to marriage, had he? Perhaps he was weak, couldn’t cope with any pressure.’

‘He wasn’t in debt, as far as I know,’ I said thoughtfully and realized at the same time that really I knew very little about him.

‘He was probably fiddling the accounts,’ said Caroline confidently. ‘People can be very dishonest, especially in business.’

‘I suppose they can.’

I glanced at my watch. It was nearly one a.m. No wonder my eyelids felt waterlogged and my brain, temporarily I hoped, in a state of shutdown. I didn’t want to go back to the hotel yet, because Caroline was proving to be quite useful, and I liked her.

‘Stewart has offered to show me the books, I said, ‘and explain things in words of one syllable.’

‘Is he good on the financial side?’

I shook my head. ‘I think Nigel was really the money expert.’

‘I bet he was.’ She gazed at me thoughtfully for a few seconds. ‘You’re very naıve about business matters, aren’t you?’

I smiled. ‘I suppose I am. I’ve never had any experience. Nursing doesn’t teach you business acumen.’

There was a long pause before she said, ‘You do realize Stewart is setting you up?’

‘What do you mean?’

‘Taking you out to dinner, offering to show you the books. Next step, he’ll offer to sell you Uplands Lodge at a knock-down price.’

‘Surely not,’ I said swiftly. ‘It’s not for sale.’

‘Come off it, Kate. You arrive wanting to buy a hotel. His partner’s done a runner. Stewart must know, or at least suspect, Nigel was skimming the profits in some way.’

I didn’t answer at first. I was hurt. *Was* Stewart manipulating me? Offering to show me the books knowing a blind beggar would glean as much sense from them as I would?

'The bastard!' I said loudly as hurt pride quickly gave way to anger and the thought that maybe, if not me, then some other sucker. Perhaps he knew all the time where Nigel was. The thought occurred to me too that maybe Nigel was devious enough to want to worry his aunt to death — hoping on her death to inherit her money and bail himself out, or that he and Stewart had hatched a plot *together*. Exactly why they should do that I didn't now but I'd find out.

'You can't let him get away with it, Kate,' said Caroline. 'I'll tell you what . . . How about if tomorrow night I come to the hotel and we have a look at the books together? I'm pretty good at bookkeeping.'

'How? As far as I know they're at Nigel's place.'

'Where's that?'

'He's got a cabin-type place at the bottom of the hotel garden. Sort of home plus office. We'd have to break in.'

'We'll get in somehow,' said Caroline.

I remembered my previous, very minor attempts at breaking and entering. I may have got *in* but it's *then* the trouble starts. Somewhere, though, in that wooden abode was a clue to Nigel's disappearance — either in the accounts or something more private, but just as important. A forced entry was at least worth considering.

'I'll think about it, Caroline. You could come to dinner at the hotel and perhaps we could discuss it.'

She smiled in a satisfied sort of way. 'We may as well finish the vino,' she said as she emptied the remaining wine into our glasses. Lifting the glass to eye level she said, 'To tomorrow night!'

'Tomorrow night,' I murmured.

'You'll stay the night,' she said. 'There's a spare room. The bed's made up.'

I didn't argue. As I'd stood up I'd felt quite giddy.

I remember lurching slightly as I found my way to the spare bedroom, and as I turned to close the door Caroline was right behind me, her turquoise eyes glittering slightly.

'Just wanted to make sure you made it to the bed,' she said, smiling.

CHAPTER FIVE

In the morning I woke up with a start wondering where the hell I was and why I had such an awful headache. I remembered the plain chocolates but conveniently forgot the wine.

In the kitchen Caroline, wearing her immaculate white bathrobe, was busy making coffee, boiled eggs and toast. We didn't speak much, she read her copy of the *Daily Mail* and commented on bits of lightweight gossip, I read holiday brochures, noticing her own 'holiday home' listed with the name and address of the landlord. As we washed up the breakfast dishes Caroline said, 'What have you got planned for today, Kate?'

I paused before answering. 'I might visit one or two estate agents and maybe look at a couple of hotels, if there are any for sale.'

Caroline laughed. 'You really are green, aren't you! There are more hoteliers going bankrupt than any other businessmen. Even those not up for sale would probably sell for a half-way reasonable offer.'

'I didn't realize it was as bad as that. The recession, I suppose?'

'That and the fact that so many families go abroad for holidays now. The eighteen-to-thirty crowd want Greece or Spain. No one wants the dear old Isle of Wight.'

I left the bungalow at just after eleven, promising to be in reception at seven p.m., so that we could be fed and watered before attempting our vaguely planned breaking-and-entering scheme. It seemed somewhat foolhardy now, *sans* wine, and I wondered why Caroline should want to help me. But perhaps it was the fact that I'd helped her out on the boat that made her so keen to help. If Stewart was trying to set me up with a failing hotel it would be as well to know, so that I could feel righteous indignation. Misplaced, maybe, because I was fooling him, but nevertheless I looked forward to it and, of course, to finding Nigel. If Stewart *did* know where Nigel was perhaps I could coerce him in some way. I couldn't quite imagine myself playing solo Russian roulette with him or smacking him in the mouth. In the end I'd probably have to make do with mere righteous indignation and find Nigel myself.

I had no intention of visiting estate agents that day, as it was bitingly cold with a wind strong enough to make eyes water and knees tremble, and anyway my first priority was going to be to find Nigel's girlfriend Charlotte. I lazily anticipated lying on the bed and finding her via a few calls.

In the hotel, the welcome warmth made me quickly remove my jacket and gloves. Amanda Giles, the receptionist, handed me an envelope with my key. I opened it there and then, saw that it contained a photo, turned my back to her and gazed at the blond hair and blue eyes of a youthful Nigel — so youthful he was still at school. Could I really tout Aunt Lizzie's favourite photo of Nigel aged fifteen around the Isle of Wight and suggest that people use their imagination? My only hope was to find a recent photo in our excursion to the cabin at the bottom of the garden.

My second disappointment of the day was due entirely to my misplaced optimism that a few phone calls to colleges and drama schools would find an aspiring actress called Charlotte. What they did find was rudeness and sarcasm, although I had to admit that 'You must be joking — we've got Charlottes behind every arras' was one I quite liked.

* * *

At seven I was waiting in reception. The wind had dropped; it was dark and clear outside, with frost already glimmering on far roof tops. Caroline arrived by taxi, wearing a fun fur which suited her. I'd tried one once myself but managed only to look furrily fat and like a less-than-expensive tart. Caroline managed to look elegant, sexy and rich all at the same time.

'This is exciting,' she said. 'I've got a torch and a crowbar, one in each pocket.'

'What if we get caught?'

She shrugged. 'We won't. If we do I'll bluff our way out of it. I'll say we went in to rescue a stray cat or something.'

I still felt wary. She was taking over and I was letting her.

Dinner passed pleasantly enough. Caroline did most of the talking, going through Adam's childhood from labour onwards. Labour tales, I thought, are akin to hearing about hysterectomies, haemorrhoids and triple bypasses, of absolutely no interest unless you've experienced them. But I nodded politely and privately thought her tales of her violent husband were more interesting — or perhaps the wine last night had affected my judgement.

We sat in the corner of the small bar afterwards, drinking coffee and watching the comings and goings. Harold, Nancy and Margaret sat together on a three-seater sofa, looking like the three wise monkeys and occasionally waving across to us as though we needed cheering. Harold fiddled with his glasses often and Nancy's voice seemed to get higher the later it got, probably because of their secret supermarket vodka. There were a few other residents I'd never actually spoken to. One or two non-residents seemed to have drifted in and I noticed the average age was mid-forties and rising. Frankie, the barman, was unusually busy but managed to keep smiling and, I noticed, gossiping. I could hear snippets in the restrained atmosphere. 'Well, there you are, John, it just goes to show I was right. She came in here all the time. I'm not saying she was a tart but they weren't playing Scrabble — were they?' A little later I heard him say, 'If you ask me I'd say Derek needs a new woman like a teetotaller needs a bottle of whisky.'

Why hadn't I noticed Frankie's gossipy tendencies before? I wondered. Then I remembered that previously I'd been in the bar with Harold, Nancy and Margaret and perhaps he knew about the illicit vodka or he just didn't like them, because he had seemed positively surly and unapproachable then. Now he was animated and talkative and someone I should cultivate.

Caroline murmured, 'Excuse me,' and walked off in the direction of the ladies. I looked at my watch. It was ten p.m.

A few minutes later she reappeared, closely followed by a short, stocky man with receding hair and rimless glasses. They were obviously rowing and an expectant hush fell on the customers. She turned around to confront him and he grabbed her arm.

'You bitch!' he screamed. 'You wrecked my life. You scheming, evil bitch!' He raised his hand and hit her hard in the face. A man standing at the bar began to pull the assailant away and others moved forward.

'I'm calling the police,' said Frankie in a high-pitched voice. By now I was at Caroline's side, the man let go and she slumped towards me. I sat her down and saw that she was crying. Her attacker was being bundled outside, and I rushed into reception, past the men who had removed him and through the main door. I wasn't going to let him get away!

It was dark and beginning to snow outside and I could see him staggering slightly along the wet pavements. He wore no overcoat, strands of sparse hair lifted in the wind and rain, his shoulders were slumped in abject defeat and suddenly he seemed more sad and pathetic than dangerous. I assumed that this was her husband. He'd obviously been drinking and my chasing after him, I reasoned, wasn't going to achieve anything.

Back in the bar Caroline sat looking pale and shaken with a brandy in front of her. 'I'm sorry about that, Kate. I told you what he was like. He must have followed me from the bungalow.'

'Don't apologize,' I said. 'It wasn't your fault. Are the police coming?'

‘I asked the barman to cancel the call.’

‘Why?’

Caroline shrugged. ‘They’ll just give him a warning. It wouldn’t help.’

‘But he might be waiting at the bungalow.’

‘He’s already drunk, he’ll just get paralytic and fall asleep somewhere. Tomorrow he’ll appear, all contrite and pleading. I’m used to it, Kate. One day, of course, he’ll kill me.’

I sighed inwardly at her resignation. ‘Caroline, you really should slap a restraining order on him. You can’t live your whole life in fear.’

‘I’m getting hardened to it,’ she said and sipped her brandy.

Stewart suddenly appeared at the bar, spoke a few words to Frankie and then approached us. He sat on the arm of the sofa, gave me a rather forced smile, turned to Caroline and said, ‘I’m the hotel owner, Stewart Michaelson. I’m so sorry about the . . . incident, and sorry I wasn’t around to help out. I believe you told the barman to cancel the call to the police.’

She smiled, her eyes holding his. ‘I’m Caroline Uxton. It’s kind of you to be concerned, Mr Michaelson.’ She paused. ‘But unfortunately that man is still my husband and he’s to be pitied really.’

Stewart looked impressed, ‘I think that’s very magnanimous of you, Mrs Uxton. Could I get you ladies a drink?’

‘Call me Caroline. Yes, I’d love another brandy.’

‘And you, Kate?’

‘Coffee, please.’

As he walked away, Caroline turned to me and said, ‘He’s very attractive. I’m not surprised you were swayed by him.’

‘I haven’t been swayed,’ I answered swiftly. ‘And I’m not likely to be now.’

Stewart brought back the drinks moments later and then left informing us he had to check the menus for the next day.

‘What time do you think the bar will be empty?’ asked Caroline.

‘You still want to risk it?’ I said in surprise.

‘Of course. I owe you a favour.’

I paused before answering. I *did* want to gain access to Nigel's place because then I could get a better idea about the sort of man he was, without arousing too much suspicion, but I was still wary.

'Come on, Kate,' said Caroline. 'It would be as well to know what sort of man you're dealing with before he begins his sales pitch. After all, it could be a very good deal. I've picked up quite a few tips over the years about buying and selling businesses — we could beat him down on price.'

I shrugged at her determination. 'Yes, I'm still game, but I've had no suggestion from Stewart that he *wants* to sell me this place.'

'Just you wait,' she said, smiling. 'Just you wait.'

At eleven thirty we left the bar, waving goodnight to Nancy, Harold and Margaret, who looked as if they were too tired to walk to their rooms without help.

Upstairs we sat propped up on my bed watching television for a while and I tried desperately to keep awake. I'd actually nodded off when Caroline shook my arm. 'Kate, it's one thirty. We should make a move.'

Rubbing my eyes and stretching, I staggered to my feet. At that moment I would have loved to have the strength of character to refuse, but I didn't. We slipped on our coats and I followed Caroline out of the room and down the Staff Only back stairs. They were narrow and dark and lit only by the light of Caroline's torch, but we were soon at the back door and out in the snow-covered garden.

I stood for a moment staring at the white lawn and from there to the pine trees beyond. On my right was a circle of apple and cherry trees, all dripping with snow and glimmering in the light of the quarter-moon. Caroline whispered, 'Stop staring at the view — come on.'

The sound of the crunch of our feet on the snow reminded me — footprints!

Caroline turned round and shone her torch at the ground. 'Don't worry, we can say we came down to investigate a noise

and anyway it's thawing. By the morning the snow will have gone.'

In the right-hand corner beyond the fruit trees I caught a glimpse of the cabin tucked away behind more small pine trees like a large Wendy house. It was painted as white as the snow. As we got closer I could see the door, also white, had a black latch-type handle and above that was a black sign saying 'The Cabin' in gold letters. There were two small windows with drawn curtains and judging by the size of the cabin it contained only one room.

'Let's go round the back,' said Caroline as she shone her torch to light our way back into the dark place behind the cabin. Spiky bushes and a bumpy ground proved enough to make me stumble and as I put out my hands to save myself I felt a sharp pain in my wrist. By the time I'd sworn a few times the pain had become merely a dull ache. It didn't appear to be hideously deformed in the light of Caroline's torch so I presumed it wasn't broken.

'Are you OK?' asked Caroline as she brushed loose snow from my jacket.

'Fine,' I said. 'It's not broken — just throbs a little.'

'I'll do the hard work, then,' she said.

The back of the cabin itself proved to be bare white boards and one tiny high window. There was no way either of us could reach the window, let alone go through it.

'Let's abandon this, Caroline. Is it really worth the risk?' I asked, feeling unusually sensible.

'I'm the one doing the deed,' said Caroline taking the crowbar from her pocket.

The first crack of a split board sounded loud in the quietness of the night but somehow being at the back of the cabin gave me a certain feeling of security: like a child, I supposed, believing if you can't see someone they can't see you.

Caroline continued wrenching away and the next board she managed to crowbar off in one piece. Again the crack seemed ferociously loud. With three boards loosened, she

edged her way in sideways. I quickly followed, although it was more of a squash for me and I could hear my jacket being ripped open by a jagged edge.

She scanned the room rapidly with her torch and then lifted a lamp from a bedside cabinet, placed it on the floor and switched on. A dull glow flooded the room. A room that encompassed a whole living area; bed, desk, table, a tiny kitchen area and in one corner a shower area with a white shower curtain that was pulled across.

The musty smell of damp reminded me of an old garden shed and rotting things and my eyes stared at the thin red carpet which covered the floor. Had anyone searched for Nigel under the floorboards? I wondered. I thought not, because only his aunt feared the worst, but as I stood in his previous home I experienced one of those slight body tremors, not quite a shudder but more than a single shiver.

'What's wrong?' asked Caroline.

'I'm fine,' I said, because by then the feeling had passed and although I no longer noticed the smell I did notice the curtains, plain, creased, and a putrid green colour. They told their own story. Nigel had been depressed because only a depressed man could have lived with those curtains.

Caroline's concern for me hadn't lasted long. She was already opening the filing cabinet next to the desk in the corner of the room with the aid of the crowbar. She removed several invoice books, a handful of files and a couple of A4-sized cash books. She placed them in a neat pile on the desk, then peeled off her black leather gloves, revealing underneath a pair of tight-fitting surgical ones. I wasn't wearing any gloves and the fact that I wasn't told me two things: I was a lousy burglar, and Caroline Uxton wasn't. She'd done this sort of thing before and for reasons of her own she'd chosen me to accompany her.

I dithered for a while, told myself here was a golden opportunity to learn more about Nigel and then, resolving to make full use of the opportunity, began searching his domain in earnest.

In a small chest of drawers I carefully sifted through a few pairs of oldish cotton boxer shorts, two pairs of faded black silk boxers, assorted vests and a selection of socks, mostly old ones. I reasoned that like most people he had taken his best underwear with him. His single wardrobe revealed two suits, two pairs of shoes, only two pairs of casual trousers, plus three sad-looking sweaters.

Meanwhile Caroline sat reading the books and even though I tried to be quiet I thought my quest must be irritating her. She said nothing. She was far too engrossed.

I made mental checklists of what I had found and what I hadn't. The most striking missing object was any form of luggage. Unless Nigel hadn't owned a suitcase, which I thought unlikely for a man who wore silk boxer shorts, then he'd taken it with him.

In the bedside cabinet drawer I found two photographs of the hotel and a more recent one of Nigel. He wasn't alone. He stood between a small boat named *The Havana Belle* and a tall man with a beer gut that resembled a barrel of beer itself. I pocketed the photo and made my way to the shower area. I'd put off pulling back the shower curtain. Ever since I'd seen the film *Psycho* I'd felt that drawn shower curtains were a sure sign that some form of shock was in the offing.

I took a deep breath as I stood in front of the white curtain. Then I raised my hand and with a valiant flourish yanked it back.

There was of course nothing, except the shower itself. I opened the small bathroom cabinet. It contained a bottle of paracetamol, a packet of dental floss, E45 cream and a half-empty bottle of cheap aftershave. There was no razor — electric or otherwise.

Caroline continued to scan the books, oblivious to me and my search. 'How much longer do you think you'll be?' I asked.

'Hours,' she said, without looking up. 'You go back to bed, Kate. I'll come to your room in the morning.'

I bristled a little at that. I sat on the divan bed and watched her for a while. 'Surely there's something I could do?' I queried.

'Leave it to me, Kate. Unless you're an expert on double-entry bookkeeping.'

I wasn't, of course, and I sat for several minutes feeling totally useless and wondering what role I had let myself assume. Was I a burglar's mate? Or simply an accomplice?

Eventually I decided to leave. As I left via our back 'entrance' I glanced at Caroline, turning the pages of a ledger, still wearing her rubber gloves, and my only thought then was, What the hell is she up to?

CHAPTER SIX

The sound of heavy rain woke me at seven a.m. I'd only slept for about three hours but I felt strangely wide awake. Good, I thought, all trace of our footprints will be gone. I pulled back the curtains to see in the distance a black, choppy sea, matching sky and rain that had surely scoured every snowflake from sight.

There was no sign that Caroline had returned and although I admired her stamina, at this time of the morning she was in great danger of being spotted. And, of course, so was I.

The corridor was deserted and I felt like a criminal as I crept down the back stairs. I hadn't put on a coat just in case someone did see me, so that I could say I was lost and was merely looking for the dining room. As I opened the back door the rain beat at my face and I took a deep breath before running down the garden.

At the back of the cabin there was still some snow lying in wet clumps on the soggy ground. Rain ran down my face and I shook myself like a dog before attempting to get through the gap in the boards. This morning the space seemed narrower, so crouching down with my head only through the gap I called out, 'Caroline, come on out now. It's after seven

— we'll be seen.' There was no reply. 'Caroline — wake up. It's time to go.'

By now the rain had made me cold and I quickly scrambled through. Caroline was at the desk. No longer sitting but slumped.

Rain ran into my eyes and suddenly the whole room was suffused with red. The red of the blood which surrounded her. Red on the white paper in front of her, red in her hair, red on her gloved hands, her fur coat still on and bloodied as any slaughtered animal. I was used to blood, but in the right place, at the right time — the operating theatre or a casualty department.

Fear seemed to slow me down. The few steps to her body took for ever. I began to shiver and feel sick. The blood was on her wrist but I went through the motions of trying to find her pulse. Gently I lifted her head. One eye, fixed and staring, caught mine. Her blonde hair was matted and still wet with blood. I gulped back the bile that came into my throat and then I saw the weapon that had killed her — the crowbar — bloodied and thrown on the floor.

There was no telephone and I was in an agony of indecision. How could I explain my presence? Should I ring the police anonymously? I stared at Caroline's body for some minutes. Had she been attacked from behind? Had she been sleeping? Had she been aware of what was happening? I hoped for her sake she knew nothing. As for the killer, there was no doubt in my mind that her husband Lyle was responsible and he couldn't be allowed to get away.

I looked at my watch. It was seven twenty and I knew from the fact that the blood on her hair was still slightly wet that she hadn't died long before. At a rough guess I would have said after six a.m.

I walked slowly back through the garden, no longer caring if I got wet. Passing a room on the first floor I was surprised to see Nancy and Harold emerge from the same room. Nancy looked summery in a thin, short-sleeved jumper of palest blue with a black and red floral skirt. She wouldn't

be cold, though; I knew that because the temperature in the hotel was maintained at a constant 80°F. But I was cold; my wet clothes hung to me in a icy embrace.

'Are you all right, dear?' asked Nancy. 'You're so wet. Why didn't you put a coat on?'

Harold nodded as if in agreement. 'You should have a nice hot bath,' he suggested. 'Shall I get them to send you up your breakfast on a tray?' Strangely, I noticed he wore a powerful aftershave and his hair was slicked back as if gelled. I shook my head and walked on in a daze. I expected to find Amanda Giles in reception but Stewart was behind the desk.

'Where on earth—?' he began and then stopped as I interrupted him. 'Call the police, Stewart — There's been . . . a death.'

'Here? What's happened?' His face registered several emotions at once.

'Just call the police,' I said wearily.

He paused for a moment and then picked up the phone.

I sat down and tried to marshal my thoughts but Stewart had other ideas. He crouched down beside me and held my hand. 'Kate, what's happened? Where's the body?'

I realized I couldn't *not* tell him. 'It's Caroline Uxton, she's been murdered.'

'Christ,' breathed Stewart. 'Where? How?'

'In Nigel's cabin.'

'What the hell was she doing in there?'

'Stewart, I'm a bit shocked. I can't explain to you first and then to the police. You'll find out soon enough.'

He patted my hand. 'Would you like a brandy?'

I shook my head.

'Tea?'

I nodded.

I'd only drunk a few sips when the police arrived like a swarm of excited bees. The queen bee hovered at the desk wearing a grey pinstripe and an expression of grim determination.

'Where's the body?' he asked Stewart. 'I'm DCI Formbridge.'

Stewart indicated the corridor to the back door. 'Cabin in the garden.'

'You lot,' said Formbridge to his entourage. 'Cordon it off. Don't touch anything. Let the video man in first and then the scene of crimes. And watch where you put your bloody great boots. And where the hell is the doctor?'

'He's on his way, sir,' murmured someone timidly. Formbridge made a sound that was an expressive snort and added a sneer for good measure.

By now I was feeling nervous. He didn't seem a very nice man. He didn't look that pleasant either. He was thick set with heavy-lidded eyes and a dark menacing look — he'd have made a good extra in a Mafia film.

'Who found the body?' he asked of no one in particular.

By now a few residents were sauntering past towards the dining room.

'Move along quickly, please,' he said. 'Police business.'

Turning to Stewart, who looked as awkward as a jilted bridegroom, he said, 'Make sure they don't leave the dining room until we've got statements. And of course I shall want to look at the register.'

Stewart nodded.

'Right, then. Who found the body?'

It reminded me of those situations at school when a teacher demands someone owns up to a misdemeanour and guilt surges through the innocent.

'I found the body,' I said and felt as if I were saying 'I killed her.'

His dark eyes fixed on me and I knew he was noting my wet hair and clothes. 'Did you know the victim?'

I nodded. At that moment a young woman carrying a medical bag arrived.

'Ah, there you are, Doctor,' said Formbridge charmlessly. 'The body's in the cabin at the bottom of the garden.' He pointed towards the back of the hotel. The doctor, without a word, turned and walked in the direction of the back door.

Formbridge turned his hooded eyes towards me and I quailed inwardly although I did my best not to show it.

'Your name?'

'Kate Kinsella.'

'Miss?'

He made the word sound like an insult. I nodded.

'Well, Miss Kinsella. Perhaps you'd better explain how you managed to find a body at the bottom of the garden on this wet, cold December morning, when most people only manage to find fairies.'

There wasn't a hint of humour in his voice or his eyes and I found myself saying, 'It wasn't my idea. Caroline was doing me a favour . . .' He fixed me with a cold stare and I was aware Stewart was listening to every word.

'Caroline is the victim?'

'Yes. Caroline Uxton.'

'In that case I'd better visit the victim.'

I'd just started a sigh of relief when he added, 'I get very nasty about murders on my patch. We are talking murder, Miss Kinsella?'

I nodded.

'Don't move an inch. I'll be back.'

Stewart and I stared at his retreating back and I could almost see the questions forming in Stewart's mind.

'What the hell's been going on, Kate? What did you mean it was her idea?'

I mumbled about being in shock but he ignored me.

'Out with it, Kate.'

I sighed. There was no way I could lie any more. 'I'm a private investigator, Stewart. I've been employed by Nigel's aunt to . . . find him.'

Stewart stared at me. 'So all that crap about wanting to buy a hotel was a pack of lies.'

'Precisely.'

'What about Caroline? Where does she fit into the equation?'

'She thought you might be planning to "offload" the hotel on to me.'

'Why would I do that?'

'Because Nigel had been fiddling the books in some way and you might have thought it would be in your best interests to sell up before the deficit came to light.'

Stewart frowned. 'Do you think I'm some sort of idiot? The finances of this hotel are just fine and dandy and I have, as I told you before, absolutely no intention of selling up. Nigel had his money given to him, I had to work extremely hard for mine and this hotel is my life.'

I was trying hard to think of a suitable reply when DCI Formbridge returned. 'I think, Miss Kinsella, you have some explaining to do. At the station.'

Stewart flashed me a 'serve you right' sort of look and I stood up, still feeling slightly removed from the situation, as though I were watching myself through a frosted pane.

A woman police constable called Alison Joiner, who looked very young but drove the car with grim determination and an equally grim expression, took me to the police station. I didn't think it appropriate to make small talk and she needed all her concentration to drive in the ferocious rain.

At the station I was led to an interview room and offered tea. Alison Joiner sat with me in total silence until it began to unnerve me. I almost asked for a cigarette, which for a non-smoker showed the sheer depth of my unease. Every time I opened my mouth to say something I realized it sounded fatuous in the circumstances, so I stayed silent. It was almost a relief when Formbridge showed up.

'You're in trouble,' he said. 'And I mean trouble.'

I waited for what I guessed was going to be an even more damning quote — and it came: 'It seems to me, Miss Kinsella . . . you are, as we say, our prime suspect.'

I stared at him. He didn't blink and I could see by the expression on his face he meant it. My mind raced and for a moment I felt genuine panic; cell doors clanged shut, a single light bulb shone in my eyes day and night, cold porridge or

soggy cornflakes faced me every morning, not a man in sight, I'd have to wear prison-issue knickers, and would Hubert ever forgive me?

'Chief Inspector,' I began, trying to keep my voice firm, 'I'm a private investigator employed to find Nigel Carter, the co-owner of the hotel. I'm most certainly *not* a killer.'

In a voice heavy with sarcasm Formbridge said, 'I'm impressed. Perhaps you'd be willing to expound your theories on who the killer might be.'

'Her husband — Lyle — of course,' I said with confidence. 'He has a history of violence and Caroline told me he would kill her one day. He was at the hotel last night. He hit her and he wasn't in a pleasant mood.'

'So in your opinion as a private investigator this man is the murderer.'

'Who else?'

'Who else indeed.'

Formbridge's lips stretched somewhat, but to have called it a smile would have been a severe exaggeration. 'Perhaps you could explain, then, how this man Lyle Uxton could have been responsible, when he was safely in police custody after being locked up last night for being drunk and disorderly on the streets of Ryde and wasn't released until seven thirty this morning.'

CHAPTER SEVEN

I couldn't at that moment think of a suitable reply, so I just looked humble and murmured, 'Anyone can make a mistake.'

DCI Formbridge looked down his nose at me and frowned. 'Just start from the beginning,' he said. 'I want facts not half-truths. I want to find out exactly what happened last night. And I'm warning you,' he paused for fear-inducing emphasis, 'if I'm halfway suspicious that you're not telling the whole truth and nothing but the truth — you'll be sorry.'

I began at the beginning, my office and the phone call from Nigel's aunt.

'Hang on a minute,' interrupted Formbridge. 'Why *you*, if you run a medical and nursing detective agency?'

I shrugged. 'I'm the only one locally, I suppose. Either that or my fame has spread by word of mouth.'

He wasn't impressed. 'Carry on. You came to the Isle of Wight to find Nigel Carter. Have you made any progress?'

'Not really . . . I've been very low key, not wanting to arouse suspicions . . .'

'That's a joke.'

'No, it wasn't a joke,' I said coldly. 'If I'd said openly I was trying to find Nigel people would have clammed up. After all, he could have been murdered too.'

‘We found no evidence to suggest that.’

‘Neither have I . . . so far.’

‘Where did you meet Caroline Uxton? Here or on the mainland?’

‘On the ferry.’

‘You’d never met her before?’

‘No. I’d never met her before.’

‘Is this your first visit to the island?’

‘Yes.’

‘And Caroline’s?’

‘I think so.’ Had she actually told me? At that moment I couldn’t remember, but I did recall her saying something about the ‘dear old Isle of Wight’. No one says that sort of thing unless they are familiar with a place.

Formbridge fixed me with a stare as cold as a corpse. ‘Last evening — what happened?’

I related the whole evening to him.

‘I see,’ he murmured. ‘Two things spring to mind. Why didn’t you simply *ask* Stewart Michaelson to see the books? If he was trying to “offload” the hotel wouldn’t he have expected you to see the books? And, as far as Caroline Uxton is concerned, didn’t you think it odd that on the same evening she was attacked by a man she is keen to do some breaking and entering solely in the name of friendship?’

I paused. He was right, of course. If I’d been attacked by a man I would have wanted to take to my bed.

‘He wasn’t a stranger,’ I said. ‘He was her husband.’

Formbridge’s rubbery lips formed a thin stretched line. ‘That makes it all right, does it?’

‘I didn’t say that. It was just that she always expected him to find her. It would have been more of a shock if she’d been attacked by a stranger.’

‘But didn’t you think it strange she had the nerve?’

I shrugged. ‘She was a strong woman.’

‘Did you provide the crowbar?’

‘I did not!’

‘It’s no good getting indignant, Miss Kinsella . . .’ He paused. ‘Let’s recap, shall we? Caroline provided the crowbar and did all the donkey work. You just observed for a while and then took yourself off to bed to re-emerge a few hours later to find her dead.’

I could feel myself starting to blush with shame. Anything I said now would only compound my stupidity.

‘Well, what have you got to say?’

I looked him straight in the eye. ‘It seems that I made a mistake.’

‘Made a bloody mistake! I’ll say you made a mistake. A criminal mistake. I’m a man who sees things in black and white, Miss Kinsella. Right and wrong. You’ve admitted breaking and entering and you were the last person to see Caroline Uxton alive. I’m going to keep you here for further questioning and of course until we have some forensic results.’

‘Am I under arrest?’

‘Yes.’

He recited my rights, which seemed minimal.

‘Am I entitled to make a phone call?’

He nodded.

In a narrow corridor outside was a pay phone. Formbridge stood behind me, unnerving me. The phone rang and rang. Please be there, I muttered to myself. Please! Eventually, when despair had reached astral proportions, Hubert answered.

The sound of his voice was reassuringly normal and, for Hubert, quite cheerful.

‘Hubert . . . I . . .’

‘Hello, Kate. Everything all right? Cracked the case of disappearing Nigel, have you?’

‘No . . . I’m sort of . . . arrested.’

‘Only sort of, Kate? What did you do? Hit a lamppost or do a bit of jay walking?’

‘No, Hubert. This isn’t trivial. I’ve been arrested for breaking and entering and far worse than that—’

‘You are being serious, aren’t you?

‘I wouldn’t joke about anything so serious . . . would I?’

'Well, you do have a very odd sense of humour. Warped, even.'

'I'm ignoring that, Hubert. I really am in trouble. A woman I met on the boat and had dinner with last night . . . has been found murdered.' There was no response. 'Hubert, are you still there?'

'Of course I'm still here. I'm thinking.'

'Hubert . . . please. I need help.'

'You always do,' he muttered. 'I'll be there as soon as I can.'

'You will?'

'Yes. Just don't say anything until I get there.'

'I've already been interviewed.'

'Just keep your mouth shut from now on, then. I know it's difficult for you, but remember . . . Shut!'

I was about to thank him when Formbridge took the phone from me.

'Hubert coming to the rescue, is he? Your solicitor?'

'No. An undertaker. And, yes, Hubert is coming here.'

Formbridge gave a false cough. 'Coming from the mainland?'

I nodded.

He smiled with satisfaction. 'He could be delayed, of course. Gale force winds are forecast.'

'He'll be here,' I said firmly.

* * *

After three hours in a cell I began to feel claustrophobic. The loud clicking noise as the spy hole was opened every twenty minutes made me jump. I couldn't just watch the minutes tick by, so each time the noise and the sight of two anonymous eyes checking to see I hadn't hung myself by my knicker elastic came as a fresh shock.

It was a relief when I was summoned out of the cell and led back to the interview room. I remembered what Hubert had said about keeping my mouth shut, but that was all very

well in theory. If I refused to cooperate I guessed I'd be back in the cell before I had a chance to appreciate the delights of the relative normality of the interview room.

This time Alison Joiner sat in the corner and the tape recorder was on display. It seemed this was going to be a proper interview.

'Before we start, Chief Inspector, I'd love a cup of tea and something to eat.'

He nodded at Constable Joiner, who disappeared promptly, leaving Formbridge sitting across the desk from me looking smug.

Minutes later a tin tray with a pot of tea, china mug and cheese sandwiches was placed before me. It looked quite a banquet and even in my fairly dire circumstances I managed to enjoy the first few bites of my sandwich — until I became aware of them both watching me intently.

'Murder hasn't spoilt your appetite, then,' he said as I paused mid-sandwich. 'The death of a friend doesn't seem to have affected you much at all, does it, Miss Kinsella?'

'She wasn't exactly a friend. I'd only met her twice.'

'I see. So mere acquaintances getting themselves murdered don't matter.'

I took a deep breath. 'Chief Inspector, would you be kind enough to switch on the tape recorder. Then perhaps instead of being merely insulting you could ask me some penetratingly intelligent questions.'

Formbridge looked about ready to explode but he switched on the machine and in a carefully tight-lipped manner gave time, date, who was present, et cetera.

'What was your purpose in visiting the Isle of Wight, Miss Kinsella?'

'I was employed as a private investigator to find Mrs Elizabeth Forrester's nephew, Nigel Carter, co-owner of Uplands Lodge Hotel.'

'What progress have you made towards finding him?'

'None so far.'

'Did you tell anyone your real business in coming here?'

'No.'

'Why not?'

'I thought I could find out more . . . undercover.'

'But you found out precisely nothing.'

'The police and I had that in common.'

'Don't get smart with me. We made our usual investigations but—'

I interrupted swiftly. 'No one wanted to help you.'

Formbridge frowned angrily and crossed his arms defensively over his chest. 'I concede you may have a point,' he said, 'but since he'd packed a suitcase and was seen on a ferry leaving the island, and at that point he was still breathing, there seemed little for us to worry about.'

I murmured. 'I see,' and tried to keep my surprise from showing. Why hadn't Stewart told me Nigel had been seen?

The interview dragged on with questions ranging from how did Caroline and I get talking in the first place and who suggested the crowbar. During the questions I amused myself by giving Formbridge a background: his mother was Italian, his father English. He'd got three O levels, could produce a mean pasta sauce, drank red wine, beer or Scotch, was divorced (on the grounds of being a miserable old git) and had two teenage children he saw as little as possible.

'Do I have to repeat the question?'

'If you would, Chief Inspector,' I replied.

'What did you and Caroline row about?'

I stared at him. 'I didn't say we had a row.'

'I'm suggesting you did. I'm suggesting that you had a serious row. Maybe you went to the cabin much earlier than you admitted to and a row broke out. Or you stayed there all night and rowed when you were both tired and edgy. Perhaps one single blow killed her and then in a panic you had to make it look like a frenzied attack.'

'It *was* a frenzied attack,' I said tersely. 'But I wasn't involved. I hardly knew her. I liked her. I'd got no reason to row with her, nor did I have a motive for killing her. Even if I were lying about the times, which I'm not, I've worked as

a night nurse and, believe me, I've got tired and edgy but I haven't battered anyone to death because of it.'

Formbridge managed a tight smile. 'No need to get agitated, Miss Kinsella. Just testing.'

Formbridge finally terminated the interview and left the room. This left Alison Joiner, gnome like, in the corner.

'Do you mind if I ask you a question, Officer?' I said as I turned in my chair so that she could see me face to face.

'Fire away.'

'Is DCI Formbridge divorced?'

She shook her head. 'He never married. He lives with his mother.'

'She's Italian.'

'Not that I know of. I think she came from Southend.'

I felt disappointed but not surprised. In my state of mind I felt that I'd got everything wrong. Was it my fault Caroline had died? If I'd stayed with her all night maybe I could have deterred her killer, perhaps I could have even saved her. It was a sobering thought.

'What happens now?' I asked.

Alison Joiner shrugged. 'Another cuppa maybe, or he might want you back in the cells.'

I thought of Hubert and made up a short prayer to guide a travelling undertaker safely to my side. Shortly after that when the door opened I thought my prayer had been successful — it hadn't. It was Formbridge.

'Take her back to the cells,' he said to Constable Joiner.

My heart sank. I dreaded going back to the cell. I dreaded spending a night there. If I closed my eyes I was sure Caroline's one staring eye would be upon me. That one dead eye was as potent as any conscience and I was beginning to feel as responsible for her death as if I had wielded that crowbar.

When the cell door clanged shut I broke down and cried.

CHAPTER EIGHT

I spent five more hours in the cell. It felt like five days. I was too depressed to think and my nerves seemed as strung as a fiddler's bow. I sat on the edge of my so-called 'bed' feeling as if I were waiting for a train during a long and protracted train strike.

When the cell door did open I jumped in surprise. It was Formbridge looking tight lipped. He stood at the entrance to the cell with his hand holding open the door and his body blocking my view and my exit. I suspected he was going to give me dire news. Instead he said, 'Your Hubert Humberstone is in reception. And you're a very lucky lady. Due to Mr Humberstone's intervention my boss says you are to be allowed back to your hotel until we decide what action to take. There may be more questions to be answered.'

I struggled for a response. With such a mixture of emotions I thought for a second I'd lost my voice. I wanted to jump up and down and scream hysterically like a winning game show contestant, but I managed to keep my cool and say, 'Thank you, Chief Inspector,' while thinking joyously, 'Thank you, Hubert.'

Hubert stood in reception with what was left of his hair pressed firmly into place. He wore a navy suit, dark blue

shirt and matching tie. Given a pair of dark glasses, he and Formbridge could have been two hoods you would walk over broken glass to avoid.

'Kate,' Hubert said as he placed an arm round me. 'Are you all right?'

I sagged against him for a moment so pleased to see him but not wanting to burst into tears or do anything dramatic. I took a deep breath. 'Thanks for coming, Hubert. Can we get out of here now?'

Outside, the air was clean and cold and I could smell the sea and the pungent smell of fish and chips overlaid with beer.

'Can you smell a pub?' I asked as I couldn't actually see one. He sighed and I had a strong feeling he was about to be disapproving.

'You haven't changed,' he said. 'I thought you might have taken this . . . débâcle seriously. You've no idea how many people I've had to speak to . . .'

'Were they famous?'

'Is it likely?'

I laughed. 'Just a thought.'

In the Pig and Whistle I thanked Hubert properly by ordering him steak and kidney pie and a pint of bitter. We managed to find a corner alcove, which although dim meant we could just about see our respective meals, and at least it was as private as a pub ever can be.

'I've no idea how you got me out, Hubert, but my gratefulness will definitely last until eternity.'

My fulsomeness didn't impress him. 'You worry me, Kate,' he said as he sipped his beer. 'You blunder in and then expect me to bail you out.'

I smiled. 'I'd do the same for you.'

He looked heavenwards but said nothing, and I knew that until I was put to the test he'd never know the answer to that one.

'You'd better tell me all about it,' he said.

I spared Hubert graphic descriptions of Caroline's body. He traded in death and I was sure there was nothing in her

death that would shock or surprise him, but I did let him know how guilty I felt.

'Had you thought that maybe the murderer didn't mean to kill Caroline?'

I stared at him. 'Of course he didn't,' I said sarcastically. 'He just wanted to chastise her mildly with a crowbar.'

'I didn't mean that,' he said, obviously peeved. 'I meant that the killer could have been after you. Caroline was, in a way, doing your job.'

I paused. I really hadn't thought of that. 'No one knew what I was doing here,' I said sharply. 'Only Nigel's aunt.'

'Don't get upset,' said Hubert.

'I'm not upset. It's ridiculous, To everyone at the hotel, Caroline included, I was just someone with a bit of money who wanted to buy a hotel.'

I could see Hubert wasn't totally convinced. 'That thought never crossed your mind?'

'Can we drop this? Soon you'll be encouraging me to come home and forget about finding Nigel.'

Hubert didn't say a word. He didn't have to. I could see by the expression on his face he'd already decided where I'd be out of harm's way.

'I'm not leaving here until I've found Nigel and who murdered Caroline. I owe it to my client and to myself.'

Hubert shrugged. 'I can't stay here long to help you,' he said. 'I know I'm not indispensable to Humberstone's—' He broke off. 'Sod it! Of *course* I'm indispensable, I'm the boss.'

I almost told him I didn't need his help but resisted that urge and said, 'Yes, Hubert. I'm really grateful you could spare me the time.'

Hubert scanned my face, trying to judge, I guessed, if I was being sincere.

'How much headway have you made in finding Nigel?' Hubert asked, knowing full well I hadn't made any but I wasn't going to admit it.

'Some. I've been snooping a little and I've been generally alert.'

'Bullshit!'

'Hubert! You used to be such a gentleman.'

'You've changed me, Kate, and I think you've . . . I think you've been skiving. That's why you're in this mess. You haven't been professional.'

I seethed inwardly. Knowing he was right didn't help.

'I'm going to find Nigel if it kills me.'

'One death is quite enough,' said Hubert in a voice resonant with funereal tones.

I stood up.

'Where are you going?' he asked.

'To get you another pint,' I answered, knowing that with beer coursing through his veins Hubert would mellow.

Three pints later Hubert had indeed mellowed and the conversation dwindled to high-heeled shoes and the delights of Danielle's wonderful personality and 'her' unusually high arches. I wasn't sure which was topmost in Hubert's assessment of her attributes, but either way it was a lot less depressing than murder.

We walked back to the hotel and I was aware as I walked into a busy reception area that eyes were upon us, and I felt as if somehow they all held me responsible. Stewart wasn't there and Amanda glanced at me with thinly disguised suspicion. As Hubert signed the register she said, 'You're just next door to Miss Kinsella, Mr Humberstone.'

Straight-faced, he answered, 'Thank you. That'll be near enough to hear her snoring, then.'

Embarrassed, I elbowed him quickly towards the lift.

Once in his room he made it clear he didn't want me helping him unpack his Y-fronts or watching him doing it and I couldn't blame him for that, so I said, 'I'm going to wander down to the harbour. I'll see you later.'

The photo of Nigel plus 'friend' and boat was, I hoped, going to prove useful and I liked being near boats and hearing that tinkly sound they make even in the slightest breeze. No one had even remotely suggested Nigel was interested in boats, fishing or even paddling in the sea but it was a lead

and the photo looked fairly recent. Could he even swim? If he was dead his death at sea was a definite possibility or at least the disposal of his body at sea seemed fairly likely. But why should he be dead? What had he done to merit death? A little voice told me to hang on and worry about Caroline instead. After all, Caroline was positively dead while Nigel could be laughing up his sleeve and sunning himself in the West Indies. What had *she* done to exact such a violent response? I hoped the police would swiftly chase up her husband because I had a feeling Lyle had hired someone to kill her. Unless, of course, it really was me who was supposed to die.

I stood staring at the boats, the *Saucy Sues* and the *Esmeraldas*, and I resolved that I'd do my damndest to find Caroline's killer and locate Nigel.

The boats continued to bob up and down on a choppy sea, their masts making that distinctive metallic sound seem as if the boats were communicating with each other. They needed to talk to each other because I couldn't see a soul fiddling with the riggings or whatever boat people do with boats. Surely, I thought, an old salt will be along soon. I wore my black padded jacket, scarf and gloves but I still felt cold and I began to shiver. I walked backwards and forwards along the harbour edge but not a single old salt, or even a young salt, appeared and I'd just decided I was wasting my time when I spied a figure in the distance. I couldn't tell if the backside was male or female but it was human and I walked quickly towards the blue denim.

Even as I neared the rear which jutted out on to the quayside there was no movement from it. I could see now there was a can of paint in use. I could also see from his sockless hairy ankles that it was a man.

'Excuse me,' I said with that nuance of apology that almost needs practice. He didn't reply. I repeated my 'excuse me', this time more loudly and with more emphasis on the 'excuse'. He moved backwards on his knees, paintbrush in hand, and eventually stood up. He towered above me, but he had a splash of black paint on his thin nose so I concentrated

on that and tried to avoid his eyes, which flashed like blue neon with a faulty circuit.

'What do you want?' he asked. 'Where's the bloody fire?' He seemed so angry I wondered if 'boat rage' wouldn't be next year's tabloid fetish. We'd had the year of mad dogs, the year of rape, the year of road rage — surely boats couldn't be far behind?

'I'm sorry to disturb you, but I couldn't find anyone else around. I'm trying to find a missing person and I—'

'Say no more, madam,' he interrupted. 'Was it a he or a she you were looking for?'

'A he, but I—'

He didn't let me finish but was smirking with a mouthful of yellow teeth and saying, 'You're in luck, dear. I've just seen him under my boat, stuck to the port side like a bleeding barnacle.'

I resisted a strong urge to kick him in the groin and, finding him totally repulsive, moved backwards and sidewards. In doing so my foot caught the can of paint which scattered its contents over the side of his boat.

That definitely took the smirk from his face. I didn't hang around and as I began to run I called out, 'Thanks for your help.' His curses followed me and I'd only got to the end of the harbour before I'd doubled over with lungs in overdrive and a heart rate so fast it was more pearly gates than heart rate.

As I paused to hang over a low wall to recover I resolved two things: never to interrupt a man painting with his bum in the air, and to get fit. If he had decided to chase me I wouldn't have stood a chance. Next time it could be a knife-wielding maniac instead of a sockless boat painter.

As my bodily functions returned to normal sluggishness and I walked away from the harbour, I noticed tucked away behind a stone wall the Harbour Master's Office. A small, one-storey building with red check curtains, it seemed to be occupied by a man who took up most of the window space. He was obviously a hardened sea farer because the door was

propped open, in the depths of winter, by a doorstop in the shape of an anchor. The round man who sat at the desk puffing on his pipe was the old salt I'd been looking for, although I doubted he'd been in a small boat since he'd upped his calorie intake. He wore one of those nautical navy jumpers with a 'boat' neck and the two pockets in the front, the sort advertised in the Sunday magazine supplements. His bushy white beard was neatly 'trained' below a complexion that had been well seasoned by wind, rain and sun.

'What can I do for you, my dear?' he said in a voice that sounded as if he had worn out his vocal cords shouting 'Land ahoy!' from a crow's nest. I wondered at this point how hard he worked at his image. A wildlife programme observing him would have named him '*Barnacle paternalis*'.

I came straight to the point. 'I'm a private investigator, looking for a hotelier, Nigel Carter. He's been missing for some weeks.'

He lovingly stroked the bowl of his pipe for a moment and then glanced up at me via pale blue eyes that were a touch reddened round the edges.

'Get Carter, is it?' I must have looked blank. 'You know . . . the film.'

I nodded, remembering only vaguely.

He took a long puff, the smoke white and faintly aromatic drifting towards the open door.

'Sit down, dear. Do you fancy a cuppa?'

'I'd love one. I'd love one even more if I could close the door.'

He smiled, showing crooked teeth. 'I like a bit of a draught. I forget some people don't. You close the door, dear, if you want.'

I closed the door and he swivelled in his chair to flick the switch of an electric kettle on a shelf behind him. Two mugs appeared from a drawer in his desk and in moments we were drinking strong tea. Robbo Tyler began giving me accounts of every sea swell, sea rescue, storm, sinking, drowning, near drowning, type of rain, the sinister colour of clouds, people

mangled on rocks, bodies appearing all bloated after, as he put it, 'The sea had had its way with them.'

'That's really interesting, Mr Tyler,' I said, trying to sound sincere. 'But as far as I know Nigel Carter had no interest in the sea. But I did want to know about a certain boat.' I handed him the photo and he stared at it for a few seconds.

'I'll tell you something, my dear, there's not many on this island that aren't fond of the sea. It's got a strange pull on people. Fascinated, they are, by the sea.'

'I'm sure they are,' I replied, trying to hide the weariness I felt. 'But I'd be so happy if you could tell me who actually owns the boat.'

He puffed on his pipe again. 'Do you know,' he said, 'there's no legal requirement to register a boat.'

'I didn't know that.'

'Of course, those on the Continent want things changed, but here we like a free and easy approach. Boat owners do check names with Lloyds Shipping but otherwise anyone can have a boat.'

My spirits were all ready ten fathoms deep but I persevered, 'Mr Tyler, I really do need to know who owned *The Havana Belle*.'

'Of course you do, dear, and I can help. If that boat was ever in this harbour I should know about it. You come here and look at my ledger.'

I stood beside him to look at his listings. 'This is my ledger for the past five years, but I've got records going back years and years.'

'Great,' I murmured, 'but wouldn't it be easier to keep everything on computer?'

'Computer! Computer indeed. Wash your mouth out with soap, my girl. As long as I work here, and I hope that's till the day I drop, I'll have no computers. Computers break down and they get those nasty viruses — puts them out of action, you know — just like people.'

I kept a straight face. I had the feeling he thought computers could actually get the flu.

We scoured the ledger. Each boat had a name and a number, plus, alongside, the name and address of the owner. It took ages as Robbo regaled me with more sea tales than a land lubber should be forced to bear. In truth, I saw the sea as being safer and more interesting from behind the comfort of a hotel window unless it was high summer, of course, when the sea did have its charms.

'Well, there you are, you look at this,' said Robbo. 'No wonder I didn't realize. I was on holiday at the time it was registered. My mate stood in for me.'

I stared down. The handwriting was different from that of previous entries, but there it was, *The Havana Belle* — owner James Renton, Holly House, Ryde. I flashed the photo before Robbo's eyes. 'Do you know this man?' I asked.

He held the photo a minute distance from his face and I realized he was very shortsighted. 'It doesn't look much like him in the face,' he said uncertainly, 'but body wise it looks like him.'

'So you do know him?'

'I only know *of* him.'

I waited expectantly.

'He's rich, been on the island some years, does a bit of property developing and money lending, spends a lot of time in Spain . . .' He paused to puff on his now-dead pipe. 'I wouldn't recommend you have anything to do with him.'

'Why not?'

'I think he's a criminal, but he's too clever to get caught.'

I nodded and stared thoughtfully at the ledger. I peered closer. The entry was two years old, but there was a date and some tiny letters in one column. I managed to make them out — RIP.

'Does that mean he's dead?' I asked. 'It says RIP.'

Robbo smiled, the pipe still in his mouth. 'That's not for a person, that's for the boat. Let me have a closer look.' He raised the ledger and said, 'If you look closely you'll see a small F in the circle.'

I looked again and sure enough there it was.

'That means,' explained Robbo, 'there was a fire on board. I remember now. It didn't immediately come to mind because I wasn't on the island then, but my mate told me about it. Being a 'Belle', which is a common boat name, I don't suppose I took much notice.'

'What exactly happened?'

Robbo frowned. 'Give me a minute, will you, dear? We've had quite a few fires in this harbour, I can tell you.'

He proceeded to tell me about fires on boats since the year dot. There was no stopping him. I did wonder whether he'd have been a bit more succinct if I'd been a big, ugly, six-foot man with a scar down my right cheek and bulging pectorals. Perhaps all my investigations would have been shorter and easier if I'd been a man. Since that wasn't a remote possibility I tried being firm.

'I am in a hurry, Mr Tyler. Just *The Havana Belle* fire, please.'

He looked disgruntled. 'I can't speak from first-hand knowledge, you know. I like to be a bit graphic in my descriptions . . .'

'I gathered that,' I said, with a smile that I hoped would coax a response. 'Just tell me what your mate said about it.'

'I'll just fill my pipe,' he said slowly. 'That'll help me remember.'

I watched in mild agitation as he began digging into the bowl of his pipe with some sort of thin metal, digger dagger or scraper. I wasn't sure if it had a name. Once he loosened the old tobacco he banged it loudly home into a metal waste bin. Then he took the stem of the pipe apart and began cleaning it out with one of those slightly furry pipe cleaners. Sighing inwardly I tried to remain patient.

'You have to do this properly,' he said, looking up from beneath less-than-well-trained eyebrows. 'There's no half measures with smoking a pipe.'

Eventually, after filling, packing and a ritual lighting, I realized that pipe smoking was not merely a habit, it was most definitely a hobby. He puffed away for a few moments as

though trying to get the pipe into gear. Then, once satisfied with its pulling power, he murmured, 'Right, dear. That's better. I've got the old thinking cap back on. It was winter — November. You can see that from the date. My mate said this chap, the owner, came down to check the boat over. I think they had a chat, but I'm not sure. Anyway this chap — James Renton — went off to the boat. It was moored in number ten bay. About two hours later my mate saw him leave and shortly afterwards there was a small explosion. My mate didn't play the hero, of course, I mean when there's no one on board you don't, do you? He called the fire brigade but the fire took hold in a couple of minutes, there was lots of smoke and the flames were licking the sides before he'd put the phone down. *The Havana Belle* was a goner by the time the firemen arrived.'

'Did they find the cause of the fire?'

'A leaking gas canister, that's what they thought, dear. Gas canisters can be a problem on boats.'

'Was the boat insured?' I asked.

He laughed. 'Yes. I expect so. Can't insure against sinking, of course, or acts of God, but theft and fire . . . yes.'

'Did this James Renton buy another boat?'

'Not that I know of. It's not moored here, anyway.'

'And you never saw Nigel Carter here?'

Robbo looked puzzled. 'Oh, you mean the young chap in the photo? No, I don't think so, but of course I meet so many people.'

'Could you make some enquiries for me?'

He smiled at me and then noticed his pipe had gone out. I could see the ritual starting all over again. Instead, he placed his pipe lovingly in the ashtray and stroked his beard thoughtfully. 'I can do that,' he said. 'I'll ask my regulars if they knew Carter.'

'You look worried,' I said as he frowned.

'I'm trying to remember something. You'll have to bear with me, dear. My memory isn't what it was, especially for fairly recent events. Ask me something about forty years ago and I'm your man.'

I waited while he stared ahead and rocked slightly from side to side as if he were at sea. Eventually he picked up his pipe, stroked the bowl with a loving caress and then said triumphantly, 'I've got it! A girl. My mate said there was a girl. She came after the fire to help the owner salvage something, only there wasn't anything to salvage. There was only the shell left.'

'What was she like, this girl?'

'He didn't say. He thought she was good looking, but then he thought all women were good looking unless they had buck teeth, cross eyes and a crew cut.'

'He didn't give you a name?'

'Sorry, my dear, can't help you there.'

As I stood up I said, 'Thank you, Mr Tyler. You've been a great help.' I wasn't yet sure that he had, but he'd had good intentions.

'Have I, dear?' he said. 'Jolly good. Do call again. I'm here to be of service.'

Just as I approached the door I knew I had one more question to ask. 'Mr Tyler, would you describe me as a girl?'

He smiled. 'What else? Of course you're a girl.'

I smiled to myself but the smile soon dispersed into a grimace as the cold air made me shiver. The boat masts clinked away in the ever-increasing wind and the sea looked as dark as the inside of a coal bucket. I consoled myself that while I may not have been much the wiser about Nigel, at least I felt younger.

CHAPTER NINE

I was walking back, my hands deep in my pockets, my thoughts just as deep, when I saw him. At least I thought it was him. After all, I had only seen the man once and then it had been a dramatic moment during which I'd been more concerned about Caroline. I took my hands out of my pockets and began walking faster. Formbridge had said he'd gone back to the mainland and that was where they would look for him, but what better place to hide than your exit point?

I continued to follow him as he walked uphill in the direction of the shops and Union Street. His strides were far longer than mine but I didn't want to break into a trot or cause him to notice me in any way.

Once in the main road it was easy to keep him in view simply because there was no one about. Ryde in winter could easily have been twinned with Longborough. The Christmas decorations swung miserably at every gust of wind and I sensed the general feeling that this was how it would be just prior to a nuclear attack.

He walked on rapidly and it was obvious he wasn't just window-shopping. It could have been the walk uphill or the cold weather but I realized, or at least my bladder realized, that I wouldn't be walking much further with a normal gait

unless I found a loo. Perhaps, I thought, the female bladder was the real reason men reigned supreme in so many professions. The brain surgeon standing for hours is likely to be a man, and the long-distance lorry driver. Fictional detectives don't have bladders, of course, so gender wasn't a problem there, but I did, and the more I walked the more my thoughts became fixated below the waist. How far was he going? Could I nip in somewhere and still catch up with him? I thought it unlikely, so I carried on regardless, trying desperately to forget my discomfort.

It was then in the distance I saw the unmistakable tall figure of Hubert on the other side of the road. I waved to him and as I did so my quarry turned round. He was some yards in front of me and I still wasn't totally sure it was Lyle Uxton. He'd slowed down a little and as Hubert approached, wearing a dark navy trench coat with the collar turned up and one of those little furry hats on his head, I tried not to laugh.

'Hubert, I'm desperate for the loo,' I said in a rush. 'I'm following that man. Will you take over for me?'

With a mere suggestion of a raised eyebrow he nodded.

'Where is the nearest one?' I asked.

'You've been here longer than me,' he said. 'The hotel's as near as anywhere.'

As I rushed off I urged Hubert to 'Go . . . go . . . go!' which, judging by his expression, didn't please him one bit. I turned round just before going down one of the side streets that led to the hotel and saw him following but trying to look nonchalant. If I'd been the one being followed and I'd turned round and seen Comrade Humberstone behind me I'd have run like hell.

At the hotel I managed to visit the ladies' without a soul seeing me and I dashed in and out again and was back on the main street within five minutes. There was no sign of either of them, which I suppose wasn't surprising. I stood dithering for a few moments and then saw Hubert appear from a doorway looking more sheepish than sleuth like. I rushed towards him. 'Where is he?' I demanded.

Hubert continued to look sheepish. 'I lost him.'

'How could you lose him? Did he get swallowed up in the crowds of happy shoppers? Did an alien spaceship land and he just happened to be kidnapped?'

'There's no need to be sarcastic, Kate.'

'Hubert . . . What happened?'

'I got distracted,' he mumbled.

'What by, for goodness' sake? Something in sea shells? That's all the shops here seem to sell.'

Hubert looked away, embarrassed. 'It was these shoes, if you must know. I wasn't looking at them long. When I looked up he was nowhere to be seen.'

I didn't say anything. What could I say? After a few moments Hubert said, 'I'll show you where I lost him, shall I? Perhaps we could split up, one to the left, the other to the right.'

'He could be in the same "God knows where" place that Nigel's in by now.'

Hubert shrugged. 'I'll show you,' he said.

The shoe shop wasn't far, but all Hubert wanted was another glimpse. 'Look,' he said. 'Aren't they splendid?'

'Great.' He didn't notice the exasperation in my voice; he was too enamoured. There they were in the front of the window — Cindy and Kelly. Cindy was in black patent, open toed with a strap around the heel and just across the front of the foot. The stiletto heel was thin and sharp enough to have been a lethal weapon. Kelly had the same type of heel but was in red patent and was altogether more strappy. Any foot in such a shoe would have been on a vertical plane and any proud owner would have had to practise an unusual mincing walk.

'I think they're about four and a half inches,' murmured Hubert.

'Probably,' I said. 'Except that I couldn't care less. Cindy and Kelly have a lot to answer for.'

'I'll make it up to you, Kate,' said Hubert, his eyes still riveted to the shoes. I took him by the arm and had to firmly prise him away.

'We may as well go back to the hotel,' I said. Hubert didn't answer. He was obviously still in high-heel heaven.

Once back at the hotel he'd adjusted his mind because as we stood outside our rooms he said, 'I'm going to do some real snooping today and I think you should concentrate on just one person.'

'Who?'

'Stewart.'

'I think I'm *persona non grata* with him now.'

'You will be if you don't tart yourself up a bit.'

'What's that supposed to mean?'

'It means you'll never be Mata Hari in flat shoes and an anorak. Doll yourself up a bit and he'll tell you all about Nigel.'

'You mean seduce him?'

'You don't have to go that far,' said Hubert, sounding shocked.

'Hubert, you are such an old hypocrite,' I said, smiling. 'You fall in love with a pair of shoes but a tad of normality shocks you.'

'Rubbish.'

'Think about it,' I said as I opened the door of my room.

I sat on my bed and then looked at myself in the mirror. I had a red nose from the cold air, my hair had a flattened look and my eyes had need of mascara. Hubert was right. Looking like I did I wouldn't tell myself any secrets. And secrets, I was convinced, was what this case was all about.

As I lay in the bath with closed eyes I tried to think about Nigel, but it was Caroline who haunted my relaxed state as if she were saying, 'What about me?' In my mind's eye Adam stood beside her. I'd only met him once but surely he would know if Caroline had any enemies, other than his own father, of course. Before seeing Adam, though, I planned to learn more about Nigel via Stewart. Perhaps one death connected with his hotel would make him more circumspect about helping me.

I was roughly drying myself (does anyone pat themselves dry?) when the word 'connected' resounded in my mind.

Could Caroline's death have been connected in some way with Nigel's disappearance? Why the hell should it? came the retort. But then again why not? She'd seemed very keen to see the books as if somehow she had an interest herself.

Still wrapped in a towel I rang Stewart on the internal phone. 'Hi, Stewart,' I said, trying to make my voice sound as soft and enticing as Haagen Dazs ice cream. 'This is Kate.' I paused for my identity to sink in. I didn't want him to think I was so conceited he'd know who I was straight away. 'I was wondering . . . I was wondering . . .' — oh God, I thought, spit it out — 'if we could talk about things over a drink. I want to explain and apologize.'

There was total silence while I felt a sinking feeling in the pit of my stomach. Eventually, though, he said slowly, 'I don't see why not. I'm not saying I won't try to make a pass at you again, so don't try acting like an affronted virgin.'

I managed to laugh lightly. I was pretty sure Mata Hari would have done that. 'You can always try,' I said flirtatiously, as though he was really in with a chance.

'I can't make it till after nine,' he said.

'Fine.'

'I'll meet you in reception. About nine.'

'See you then.'

As I put down the phone I felt just a tremor of excitement. Was it the hint of a sexual adventure or was it that I enjoyed the idea of sleuthing with lusty overtones? Or did I have a warped romantic view of being a femme fatale and sacrificing myself for my 'art'? Whatever the cause of my emotions, I decided, I wasn't going to be swept off my feet by a man who didn't wish to confide in me in an upright position.

When I told Hubert I was meeting Stewart for a drink he said, 'Don't worry Kate, I'll keep an eye on you.'

'I don't think that will be necessary.'

Hubert shrugged. 'I can see you need help, but I can't stay here for too long. Danielle's holding the fort. If she gets a rush on I'll have to go back immediately.'

I was peeved at the idea he thought I needed help but deep down I knew he was right. I wasn't exactly a high-tech detective. I'd got no bugging devices or anyone who could access bank or financial details for me. I only had Hubert.

'You could be right about my needing help,' I said after a long pause. 'I do need you to ask a few questions for me, find out the gossip about Nigel and Caroline — if there is any.'

'I'm not that good at small talk, Kate. You know that.'

'Talk big-talk, then. I'm sure Harold, Nancy and Margaret would be interested in cut-price funerals.'

Hubert looked miffed. 'I try to be subtle. You can't just blunder in because someone's over seventy and suggest they need to make plans for their instant departure into the next world.'

'Do you believe in a "next world", Hubert?'

He shook his head.

'Do your best, then, especially with the staff. Frankie, the barman, seems to be very gossipy and I'm sure Amanda, the receptionist, knows more about Nigel than she's letting on.'

'Haven't you talked to them yet?'

'I've been too busy.' Hubert sighed. He wasn't impressed. 'Hubert, I've only just "come out". I can be more open with my questions now, but even I have to be a bit circumspect.'

'You just remember that when you're being wined and dined by the owner.'

'We're only having a drink.'

'You're dressed up for a drink,' said Hubert, but I noticed he only glanced at my court shoes with their two-and-a-half-inch heels. If I'd been wearing a bin bag he'd have probably only noticed the shoes.

Hubert and I sat at a table for two during dinner and I noticed that we were being talked about. I wasn't sure if it was because we looked like an odd couple or because I was notorious for having found a body under mysterious circumstances. Whichever way I looked, eyes were upon us. Was it the same the night I ate at the hotel with Caroline? The

answer came back with worrying clarity — yes. And with a start I realized that someone in the hotel might have killed Caroline. We'd been seen that night going to Nigel's cabin and the murderer intended to kill one or both of us . . .

'What's the matter? You've gone all vacant looking.' Hubert's voice intruded on my thoughts.

'I was just thinking.'

He smiled. 'About time. Have you come to any conclusions?'

'Not exactly — just that it's got to have been someone in the hotel. Someone who either saw us or overheard what we planned to do.'

Hubert smirked. 'That took a lot of deducing.'

'There's no need to be sarcastic, Hubert. Doing this sort of thing is like making a diagnosis. You can't just rush in and suggest that a slight cough is indicative of pneumonia. You have to weigh up all the signs and symptoms before even making a tentative diagnosis.'

'Yes, Dr Kinsella.'

'I'm being serious. Someone looking out from the back of the building must have seen us.'

'Or followed you.'

'Yes, but it couldn't have been with prior knowledge, because I didn't tell anyone and I'm sure Caroline didn't. Someone overhearing us is a possibility, though.'

'She may have told her son,' suggested Hubert.

I shook my head slowly. 'I'd thought of that, but it's unlikely she'd tell a fourteen-year-old she was planning a bit of breaking and entering.'

'What about the friend Adam was staying with?'

'Now that is a possibility. I'm planning to see Adam and meet the owner of the bungalow soon. Even so, I still think this was an inside job. Someone wanted to prevent Caroline finding out Nigel's darkest secrets. I've had a vague impression all along that no one wants Nigel to be found but why, I don't know. Stewart in particular hasn't given me information . . . as if he's trying to protect him.'

Hubert ran a hand through the hairs on his head. 'In that case, Nigel couldn't have been on the fiddle unless Stewart was in on it and doesn't want to be implicated. It's safer for him *not* to help to find his partner.'

I couldn't disagree with that and by eight thirty we were sitting in the bar and I was trying to work out who had been in the bar the evening in question. If I'd known what was going to happen I would of course have paid more attention. We had been fairly engrossed in our plans, though I remembered Frankie's gossiping and Harold, Margaret and Nancy sitting across from us. They couldn't have overheard us and no one sat directly behind us.

By nine thirty Stewart hadn't turned up and Harold and Hubert had got into conversation about bread and dripping, syrup of figs, and bananas after the war. I fidgeted in my seat and kept looking round for Stewart until, at a quarter to ten, I'd almost given him up. 'I'll wait till ten,' I whispered to Hubert. I was a little upset at being stood up, even though it was purely business. But I couldn't help remembering other times I'd been stood up or had waited for phone calls that never came. The way I felt at the moment I was prepared to do battle on the strength of those other occasions when disappointment gives way to anger but there's no one to yell at.

At ten o'clock, just as I was about to go, Stewart walked in.

'I'm sorry to keep you waiting,' he said, like a GP with a long-suffering patient.

'No problem,' I said sweetly, keeping my pride intact. For God's sake why should I care anyway? PIs were meant to hang about.

'It's a bit public here. Come up to my flat.' He took my arm and I was like putty in his hands. I winked at Hubert, whose answering look was pure anxiety.

Stewart's flat was on the third floor. It was rather sparse, with a traditional mahogany table and only two chairs, one lamp with a blue fringed shade, no plants or flowers and two 'bucket' chairs, obviously hotel issue.

Once I was sitting down he asked, ‘Glass of wine? White or red?’

‘I’d rather have coffee,’ I said.

‘Please yourself.’

He disappeared into the kitchen and I moved over to the window, pulled back the blue velvet curtains a fraction and peered out into the night. I could see a side portion of the cabin and the lights from the hotel splayed on to the garden. *He* could easily have seen us that night.

‘Enjoying the view?’ he asked. I hadn’t heard his footsteps and he startled me.

‘I was wondering if you could see the cabin from here.’

‘Come on, Kate, admit it. You were snooping.’

‘I do it professionally.’

‘You should have told me that from the start,’ he said as he handed me a mug of coffee.

I merely smiled. Why should I defend myself?

He sat with a glass of whisky and stared across at me. ‘Well, Kate Kinsella, private investigator, what exactly do you want to know?’

CHAPTER TEN

'I want to know as much as you can tell me about Nigel,' I said boldly.

He smiled. 'And I suppose you think I know everything about him.'

'You've worked with him for ten years. You ought to know him quite well.'

Stewart sipped at his whisky. 'What you're saying is that if you worked with someone for ten years you'd know everything about them. Well, we worked together. We went through some rough patches together, but that's all.'

'I think you're being evasive.'

'I don't give a damn what you think, but I will tell you a bit more about Nigel. I met him ten years ago when we thought Britain was dawning into a golden age. It was in a hotel in Southampton; Nigel was a chef. I was looking for a partner and he was interested in buying a hotel. We had a long chat and he said he had a rich aunt who would lend him the money. We decided to buy on the Isle of Wight because hotel prices were slightly lower and the potential was there.'

'Did you make a profit in the first year?'

Stewart shook his head. 'That first year was very hard. We worked sometimes sixteen hours a day. We had

to redecorate the whole place, get the garden and kitchens organized. It was bloody hard work. My wife of two years walked out and financially we were really struggling.'

'Nigel wasn't married?'

'No. He didn't confide much but he did tell me he would never marry.'

'Did he say why?'

'No. Just "once bitten" — that sort of thing.'

'What about girlfriends?'

'I don't think there was anyone special. He saw a few girls over the years but I think he thought having his heart broken once was once too often.'

'What about Charlotte?'

Stewart shrugged and sat back with his hands intertwined behind his head. 'She wasn't his usual type and although I said I didn't know her I did catch a glimpse of her once or twice years ago — not that I recognized her in the hotel. She'd lost a considerable amount of weight and her hair was a different colour.'

'How long had they known each other?'

'I'm not sure,' he murmured, with a slightly puzzled expression. 'Strange, isn't it, just how little you can know about someone?'

I nodded in agreement. 'What about his interests generally? Did he like sports or sailing or—'

Stewart's deep laughter interrupted me. 'It's just as well you're not planning to buy a hotel. Running a hotel isn't just a job, it's a way of life. I manage most weeks to play an afternoon's golf. Admittedly it's quieter in the winter and in January I have been known to take a week off but now Nigel's gone that's gone too.'

'So you're telling me Nigel had no interests?'

'He went round the corner most evenings to the Pig and Whistle to escape from the residents, drank real ale, once or twice he went sailing but apart from that . . . he worked.'

I sat quietly for a moment. From Nigel's photo I hadn't expected him to be a real ale man — with beard, sandals, a predilection for Morris dancing.

Stewart got himself another whisky and seemed to forget I was there for a few moments. He sat staring into the glass, looking slightly anxious.

'What's the matter?' I asked.

'Just thinking. Perhaps I should have seen it coming. He'd been getting depressed for some months before he went, not weeping and miserable but very quiet, sort of worried. Looking back I can see he was depressed.'

'Was there any reason for that?'

'Does there have to be a reason?'

'No, but sometimes there is.'

Stewart frowned. 'I know he'd have preferred not to have permanent elderly residents and he wanted to attract more conference holders, but that had been his stance for some time. I don't think he was depressed by it.'

'Could it have been a woman or family problems . . . ? What about his parents?'

'He didn't talk about them, but I got the impression they were dead.'

'You didn't ask?'

'No. If he'd wanted to tell me he would have done.' He paused. 'Thinking back perhaps there was some major rift. Perhaps that was why he'd got depressed.'

'Being dead is a major rift,' I said.

'I didn't say they were dead, Kate, I just got that impression. For all I know they could be very much alive.'

'His aunt would have known, of course, but I'm sure she said Nigel was her only relative.' I thought about that for a moment 'What about Nigel's male friends?'

Stewart smiled. 'Apart from me, you mean. Mainly, I think, the blokes he met in the Pig and Whistle.'

'Do you think he would have confided in any of them?'

'No way. We may not have been that close but he did trust me and I think if he'd wanted to I would have been the one to tell.'

'What about Charlotte? Wouldn't he have confided in her?'

‘Kate, Nigel didn’t trust women. He wanted a woman but he couldn’t trust them.’

I sat for a moment giving Stewart the full questioning eye contact. After a very short time it unnerved him. ‘What?’ he snapped.

‘I was just wondering why you let me believe Nigel just disappeared when in actual fact he packed his bags, his affairs were pretty much in order, and he was seen on the ferry.’

‘I didn’t see him on the ferry. The police told me he was seen on the ferry. That’s merely second-hand stuff.’

‘Did he go to the doctor’s about his depression?’

‘I wouldn’t know that, would I? As I said, he wasn’t going round like a sick man, he was just quieter than usual.’

‘Quiet, as in worried or even scared?’

There was a long pause. ‘You’re right. He could have been scared.’

‘Did he ever mention James Renton?’

‘That shark! I told him to stay well clear of him. He’s definitely bad news.’

‘I found a photograph of them together standing by Renton’s boat.’

‘Would you like another coffee?’

I smiled. ‘Don’t try to change the subject, Stewart. Why did Nigel get involved with Renton?’

‘He wasn’t involved with him. A few years back Nigel wanted to build an extension, more rooms, more dosh, more suitable for conventions. He approached the banks but they’d got much more cautious and liked to say no, so eventually he sought out Renton.’

‘What happened?’

‘Renton offered to lend him the money but he wanted me to sign the loan agreement and I refused.’

‘Did Nigel resent that?’

‘He did at first, then he seemed to realize it was for the best.’

‘He didn’t hold a grudge against you?’

Stewart smiled. 'That wasn't Nigel's style. He seemed to accept the situation and settled back into a routine.'

'What about Nigel's personal finances?'

'You mean was he solvent?'

'Yes.'

Stewart's eyes lingered for a moment at my ankles, then he said, 'Nigel was very good at handling the hotel's finances, but on a personal level he always seemed short.'

'What was he spending his money on?'

'Keeping the Pig and Whistle in business, I should think.'

'Did you both take the same salaries from the business?' Stewart nodded.

'You manage on yours?'

He nodded again and smiled. 'Our salaries aren't that generous, but I can manage to save some.'

'Is it possible that Nigel had creditors he was trying to escape from?'

'Anything's possible, Kate, but how about changing the subject now? Tell me about yourself. How did you get into the detection business?'

I told him briefly.

'How do you manage the technical side?' he asked, as if he suspected I was a techno-moron.

I bristled. 'If you mean how do I manage bugging phones and using long-range cameras, et cetera, I don't. That sort of equipment costs a fortune. As I build up the business I might buy myself a few gismos but at the moment I just have to manage with a little help from Hubert.'

'Is Hubert in love with you?'

'Don't be so silly,' I said, quite shocked. 'He's in love with someone called Danielle.'

As I placed my coffee cup on the small table in front of me Stewart leaned over and placed his hand over mine. I looked up to see his eyes bright and shining with a lusty luminousness. It took me by surprise and I held his gaze. After a few moments of eye contact it was obvious he wasn't content to just imagine; he wanted more than the window

of my soul. We stood up as if in slow motion and just as slowly he took me in his arms. As he kissed me it came as a shock — it had been so long since I'd been in a man's arms. The contrast of the taut, hard body and his warm soft lips had me moving fast from 'No, no, I couldn't possibly' to 'Oh God, I can't stop now'. I also knew I was completely in his power when the fleeting thought passed through my brain that doughnuts and cream cakes couldn't compare with the warm lusciousness of his mouth.

It was then that his mobile phone rang from his back pocket. Startled, I pulled away from him and was immediately back in the land of the sensible.

As he answered the phone, I left. I waved from the door and blew him a kiss and wondered if, for me, it would always be like this.

* * *

The next morning at eight thirty DCI Formbridge called me. At first I thought he was at the station but he wasn't, he was in reception wanting to see me. I knocked loudly on Hubert's door but there was no reply.

It wasn't an exclusive: staff and residents were there en masse. Stewart was at the front of the small crowd and he smiled cheerfully at me.

'We do have a search warrant,' Formbridge was saying. 'Are there any objections?'

As if anyone would dare, I thought.

Formbridge's eyes scanned the faces as though one piercing glance from him could seek out guilt like radar finding a submarine. 'I suggest,' he said slowly, 'that everyone returns to the dining room and stays there until my men have finished.'

A slow shuffle began then, headed by Margaret who perhaps thought she might be trampled on in the rush. As I followed the others Hubert came up behind me. 'What's going on?' he whispered.

'Where have you been?' I whispered back.

'Paper shop. What's happening? And why are we whispering?'

'You started it,' I said. 'The police are searching our rooms. What they hope to find I don't know.'

I heard Hubert breathe in sharply. 'What's the matter?'

'You know,' he said.

'Are you ashamed of your Y-fronts, Hubert?'

'Oh, very funny,' he snapped.

I didn't say any more because I'd realized he didn't want people rooting through his personal things and neither did I. It definitely seemed like a violation if one's underwear could be violated.

Breakfasts carried on in the dining room, fresh tea and coffee were made, and then we sat and waited. It seemed a little like a siege or a disaster and even the staff moved round the tables chatting with the guests. Amanda Giles came to sit with us.

'This is a nuisance, isn't it?' she said. 'But at least it gives us a chance to talk to the guests.'

'Could be a mixed blessing,' said Hubert glumly.

'Have you worked here long?' I asked Amanda.

She smiled. 'Too long — more than five years now.'

'So you knew Nigel quite well?'

'You're looking for him, aren't you?'

I nodded and waited for her to answer my question.

She didn't. 'Have you made any progress?'

Hubert cleared his throat noisily as though trying to warn me to be cautious. 'Progress has been slow,' I said, 'but steady. Nigel hasn't covered his tracks that well.'

'Hasn't he—?' She broke off, aware that in those two little words she had exposed a wealth of meaning.

'He was the careful type, was he?' I asked. 'You think he planned his disappearance and it wasn't just a spur of the moment decision.'

'He didn't confide in me,' she said sharply.

'Not even during pillow talk?' I muttered.

'What did you say?'

‘I must have misunderstood, Amanda . . .’

‘Misunderstood what?’

‘I got the impression you and he were an item.’

Her face flushed angrily. ‘Who told you that? It’s not true.’

‘I’m sorry. I did say it was just an impression.’

‘Someone must have said something. Nigel and I were always friendly but not friends, if you know what I mean.’

I nodded. She was still agitated and she was still lying. I stared at her for a few moments and I could see her grow uncomfortable.

‘I think I’d better circulate a bit,’ she said then. ‘Some of the oldies may be distressed by the police being here.’

I looked across to Harold, Nancy and Margaret. They were laughing and chatting and were about as distressed as tropical fish in a luxury tank.

When Amanda had left our table Hubert said, ‘What do you think?’

‘I think, Hubert, no one wants Nigel to be found. That must be because . . .’

‘Because they are trying to protect him from someone. Maybe this chap Renton. I’m not sure. Nigel could have been on a scam which hasn’t been discovered yet but even so the people who knew him don’t want him to get caught.’

‘Does that include Stewart?’

‘I think so.’

Hubert sipped at his coffee and then gave me one of his anxious looks. ‘In that case, who would care enough about him to murder Caroline because she was getting nosy?’

‘What are you trying to say, Hubert?’

‘Caroline was an outsider. She’s now dead. You could be next. Get too close to Nigel and it must be curtains.’

‘You’re being too dramatic. I still think her husband hired a hit man.’

Hubert raised his eyebrows. ‘So you’re saying that someone staying in this hotel is a hit man. Have a good look round. Who do you think it could be?’

CHAPTER ELEVEN

After nearly an hour of the lingering smell of bacon and toast and the constant chinking of cups against saucers both Hubert and I began to feel restless. Frankie, with a hip-swinging walk and jaunty pony tail approaching our table, came as something of a high spot.

'Hi, you two,' he said in a boyish voice that I was convinced was an affectation. 'Mind if I join you? This is a bit of a pain, isn't it? I've got other things to do, you know. I mean, a barman's work isn't all beer and skittles.'

'You seem to enjoy it,' I said as I pulled out a chair for him. 'Have you always been a barman?'

'I was born a barman, sweeties. I see a glass and I have to fill it.'

'You're like Hubert, then,' I said, turning to smile at him. 'He's a born undertaker. He sees a corpse and he has to bury it.'

Frankie laughed loudly. Hubert scowled at both of us.

'Word has it you're a private detective trying to find our Nigel.'

I nodded. 'Word has it that if anyone knows Nigel's whereabouts . . . you do.'

His expression showed he was faintly flattered. 'I do like to pride myself on knowing what's going on, but our Nige kept his cards close to his chest.'

‘Yes, but I’m sure he told *you* something. After all, the barman is everyone’s friend.’

Frankie shook his head so that his pony tail swung slightly. ‘I try to be but Nigel wasn’t talking much those last few weeks.’

‘You mean he was depressed?’

‘Yeah, I suppose so — quiet, anyway. I asked him what was wrong the night he disappeared.’

‘You actually saw him that night?’

‘He was here late. He’d come in from the Pig and Whistle and he stood at the bar for some time. I remember because he wasn’t drinking, he just had a tomato juice. There were only two punters, both talking hanging and flogging, and Nigel didn’t join in but every so often he looked at me as if he wanted to talk.’

‘What about when the customers left?’

Frankie frowned. ‘It’s strange. He stood there for a while and I told him a few bits of gossip — you know, who’s going with who, and he listened and smiled in all the right places, then he said he was going to bed, but as he turned to go he said, “You’re a lucky son-of-a-bitch, Frankie.”’

‘What do you think he meant by that?’

Frankie hesitated. ‘I think the poor sod was having women trouble. I think he envied me.’

‘In what way?’

‘My lover.’

‘Why should he be envious of your lover?’

Frankie smiled and looked at me in a faintly puzzled way as if I should know why. ‘Darren’s so beautiful and uncomplicated. We’ve been together now for four years. Nigel got on well with him. Occasionally on my night off we might pop into the Pig and Whistle. Usually we go to gay bars or clubs on the mainland but sometimes we went to the local.’

‘What made you think, apart from that remark, that Nigel was jealous of your happiness?’

Frankie put his head on one side and looked at me quizzically. ‘Now come on, sweetie, you know as well as I do that

a heterosexual man without a woman is on a journey without a map, no means of transport and he's scared to ask the way. Whereas a woman without a man will make her own map and will ask the way if she's lost.'

'Does being a barman give you all these insights?' I asked.

He smiled. 'Lonely men drink in hotel bars and these days there are more lonely men around. The sad fact is they can't cope with women and they certainly can't cope without them.'

'Are you saying Nigel couldn't cope with women?'

'Oohh, Katie, I didn't say that, now did I? He wasn't gay, if that's what you're hinting at, but he did tell me once he didn't trust women. He was the "love 'em and leave 'em type", I guess.'

'So there was no one special?'

'He saw a girl called Charlotte occasionally but she doesn't live on the island. I got the impression she was a career girl and not the type to want to live in his wooden cabin.'

'I'm surprised he hadn't bought a house. That cabin isn't very homely.'

'He liked it,' said Frankie sharply. 'And anyway he didn't have the brass to buy a house.'

'Was he short of money, then?'

Frankie reached over and tapped me on the back of the hand. 'You're jumping to conclusions again, you naughty girl. I didn't say he was short of money, but . . .'

'But what?'

'I think he had some debts or outgoings he never mentioned.'

'Why do you think that?'

He shrugged. 'Sometimes he'd made comments about going on holiday if he could afford it. Once he said, "You make one mistake in your life, Frankie, and you pay for ever."'

'Perhaps he didn't mean money,' I suggested.

'I think he meant money and emotion, sweetie. My guess is someone screwed him up once and then it got to him, like a delayed reaction.'

'You're very perceptive, Frankie. So perceptive that I think you could make a very good guess as to where he is now.'

Frankie smiled, looking pleased. 'Well, I do have a theory. I reckon he's in a hotel somewhere working as a chef and waiting for his aunt to die so that he can start a completely new life.'

'So you know about his aunt?'

'Yeah, poor old thing. Not quite the ticket in the brain department but he's her only next of kin and he cops for the lot.'

'He could have waited here. Why do a disappearing act?'

'Search me, but you did ask and that's what I think.'

He looked about to leave the table and as my eyes caught Harold waving to me, I asked, 'Before you go, would you do me a favour?'

'I'm your man,' said Frankie cheerfully.

'Would you look round the diners here and tell me if you think any one of them could be a hit man.'

'You're kidding?'

'No, I'm perfectly serious.'

He flashed me a half-amused, half-puzzled expression but began table-watching immediately. 'The table for two on the right — that's Mr and Mrs Denks, staying here while they have their dream bungalow built. Both retired teachers, teetotal but fond of juice. Chatty at times but I can't imagine he's got a Luger strapped to his waist. The table in front of them, the two middle-aged men in smart suits. They've got friendly with each other since they moved in about three months ago. Their wives have given them the elbow. They both drink till they get legless and Norman, he's the bald, fat one, gets the shakes. The only way he could kill anyone would be to fall on them. His friend, Graham, is a timid bloke. I call him "duckie" and it scares him. He thinks I fancy him but he's not quite the suave older man I'm attracted to.'

I could see Graham certainly wasn't Frankie's type; he was so ordinary, everything about him in the medium range except for looking slightly crumpled and shrunken. As if years of marriage had taken the stuffing out of him, quite literally.

'Then, of course, to the right there's the amazing drinking trio — Harold, Margaret and Nancy. They quaff their cheap vodka nightly and worry about money all the time but it's romantic, isn't it?'

'What do you mean?' I asked nonplussed.

'Harold and Nancy. Didn't you know? They came here separately, all miserable and within two weeks they were sharing a double room. I've heard rumours they're planning to get married — just before Christmas.'

'That *is* romantic,' I said. 'And you don't think Harold's hit-man material?' I said it as a joke but Frankie didn't laugh.

'He's an ex-soldier,' he said. 'He's the only one with any potential at all.'

'His hips are too arthritic,' I said.

'He can manage some things. You should see Nancy's smile some mornings.'

I laughed. 'What about the young couple at the table by the window?' The girl had a sullen downturned mouth, frizzy hair and the habit of continually fidgeting. She also wore a collar that seemed to choke her. I was prejudiced against women like that — tight and buttoned up. Her male companion had small close-set eyes that travelled extensively over any female that breathed. He had lank, longish hair and an aged expression on his pallid face as if he'd already seen and done enough in his twenty-four or so years.

'Ah, the happy honeymooners,' said Frankie. 'They've been here nearly two weeks. They're house-hunting. Cheryl and Ian. Miserable little toads. Just look at them, they hardly speak to each other. I give that marriage a year at most.'

I didn't need to ask if either of them could be hit men. They just didn't seem primed to exercise any vigilance or manoeuvrings; they seemed more tired and jaded than the average refugee escaping from a war zone.

Not many suspects, I thought, on the paid killer level but the staff increased the numbers for amateur murder.

Frankie smiled. 'I hope that helped, sweetie.'

'Very much. You really have been a great help,' I said. 'Could I speak to you again? You might just remember something else.'

'I think I've told you all I know,' he answered, but as he spoke he looked slightly worried, as if he had told me all he knew and thought he'd said too much.

When he'd walked away the silent Hubert asked, 'What did you make of that?'

'I thought you'd died in the upright position, Hubert. You could have asked some brilliantly pertinent questions.'

'I was expecting you to do that.'

'I thought that chat went quite well.'

'You didn't ask him about Renton.'

I swore inwardly but refused to let Hubert see I was angry with myself. 'Why didn't *you* ask, Hubert? Honestly, sometimes I think you want me to fail.'

'That's rubbish,' he said crossly. 'I need your rent money.'

That was completely untrue and he had the grace to look slightly embarrassed as I raised my eyebrows in disbelief.

'If you must know, Kate, I didn't like him.'

'Why? Because he's gay?'

'No. I think he's a liar.'

'What do you think he lied about?'

Hubert thought for a moment. 'Perhaps he wasn't lying, but he wasn't telling you everything.'

'Why should anyone tell me anything? To them I'm just a paid snoop. Sometimes I'm surprised that people talk to me at all.'

'What are you planning to do when the search is over?'

'At this rate it'll be lunchtime. I thought a trip to the Pig and Whistle might yield a smidgen of info.'

'We'll see,' said Hubert glumly.

Somehow Hubert's glum response was merely a reflection of my own doubts. Would I ever find Nigel . . . ? My thoughts were interrupted by the sight of the sour face of Formbridge at the dining room door.

'Ladies and gentlemen, the search of the hotel is over. I must ask you to bear with me now as we wish to briefly re-interview you all.'

A collective sigh seemed to echo round the room and soon a mixture of CID and uniformed police were descending on our tables as fast as wasps on a jam sandwich.

Formbridge settled on our table. 'Miss Kinsella,' he said, grim faced. 'Have you found Nigel Carter yet?'

He knew damn well I hadn't, but I didn't want to give him the satisfaction of actually saying so. For some reason I said, 'I'm pretty sure I know where he is.'

'Well, bully for you. I'm only interested in the murder of Caroline Uxton at the moment.'

'Is her husband totally in the clear?'

'So far.'

'I thought I saw him on the island.'

Formbridge stared at me unsmiling. 'He came back voluntarily to see us. Now . . . do you mind if I ask the questions?'

I waited while he took out a note book and found the right page. 'I'd like you to go back to the evening in question when you and Caroline were sitting in the bar. I want you to tell me exactly what happened.'

I paused. If I'd known what was going to happen I'd have been more observant.

'Come on, Miss Kinsella. You're paid to notice things.'

'So are you, Chief Inspector.'

'Just get on with it.'

I related the events of that evening as best I could. I tried to remember exactly who was in the bar and where they were standing or sitting, but it wasn't easy.

'Was anyone sitting behind you?'

'I've thought of that one, Chief Inspector. No one could have overheard us — we had our backs to the wall and anyway we didn't really discuss our . . . plan.'

'What happened when Caroline left the bar?'

'She went to the ladies' and when she came back her husband was beside her shouting and being threatening.'

‘So he must have been waiting for her in reception.’

‘Yes. The ladies’ is just off the reception area. But of course he could just have been coming in and seen her leaving the loo.’

‘What did you do while the row was going on?’

I thought back. What did I do? Eventually I said, ‘I sat there for a few moments. I was shocked. Then I stood up, but by that time he’d already hit her. I chased him out.’

‘How far did you chase him?’

‘Not far enough,’ I muttered.

‘What was that?’

‘He was too fast for me. I lost him.’

Formbridge squinted at me. ‘Don’t lie to me. Lyle Uxton has already told us that although he dashed out of the building he stopped running once he was outside. He said he wanted to be caught.’

‘Caught for what? Wife battering or to give him a good alibi for when his wife was murdered by a paid killer?’

Formbridge’s answering smirk was so pronounced that I knew I was wrong. ‘When you got back to the bar what did you do?’

‘I went straight to Caroline to comfort her.’

‘Was anyone with her at that point?’

‘No . . . but someone had bought her a brandy.’

‘So she was drinking brandy when you got back to the bar?’

‘Yes.’

‘What sort of state was she in?’

‘Quite calm, really.’

‘In fact, it was as if nothing had really happened?’

‘Well, yes, I suppose so.’

‘There’s no suppose about it, Miss Kinsella. After all, it didn’t stop her wanting to do some breaking and entering, did it?’

‘No. I was a little surprised that she still wanted to go ahead with it.’

‘It didn’t occur to you that she was a hard case.’

'Well, I . . .'

'Come on now, Miss Kinsella. Were her reactions normal?'

'Chief Inspector, I'm not in court. You sound like a prosecutor. Caroline was a battered wife who was brutally murdered. You make it sound as if she were the perpetrator of her own murder and not a victim.'

Formbridge stared at me. 'Did she seem like a cowed victim to you?'

'Well . . . no.' I was beginning to feel defeated by this line of questioning.

'Precisely, Miss Kinsella. Caroline Uxton was no pathetic victim, except in death. And to add insult to injury I'm going to give you a little snippet of information.'

As I waited for him to impart his little snippet a uniformed sergeant approached the table. They whispered together and then the uniformed man left.

'What was I saying?' said Formbridge. He knew perfectly well; he just wanted me to react.

'You mentioned some information.'

'Ah yes. Caroline . . .' He paused. 'She never was Mrs Uxton. There is a Mrs Diane Uxton, Lyle Uxton's legal wife. Caroline Gordon changed her name by deed poll to Uxton. She was only his mistress.'

CHAPTER TWELVE

Formbridge, having imparted his little snippet, stood up, nodded at me in open triumph and walked away.

'Bastard,' I muttered.

Hubert, my erstwhile silent witness, now seemed to have had his switch thrown. He'd opened his mouth to say something which I guessed would either be a put-down or a startlingly obvious observation. For some reason I was annoyed with him.

'Don't say anything, Hubert. I've got to do a Garbo, "I vont to be alone."'

'We haven't been dismissed yet, Kate. And there's no need to get sarky with me. It's not my fault about Caroline.'

'What am I going to do?' I was aware my voice was high pitched and on the moany side.

Hubert shrugged. 'Perhaps the Pig and Whistle will provide a clue.'

'Pigs might fly.'

'If we drink enough they probably will,' said Hubert, and I smiled.

Eventually we were dismissed and filed out of the dining room as quietly as a well-behaved school assembly. On the way to the pub Hubert began giving me advice. 'It seems to

me,' he said thoughtfully, 'you shouldn't even try to find Caroline's killer. You can't compete with the police and anyway you should finish one job at a time.'

He *was* right, I knew that, and I murmured in agreement, consoling myself with the thought that the sooner I found Nigel the sooner I could concentrate on finding Caroline's killer.

The Pig and Whistle had just opened and had a desolate air although the landlord had tried to brighten the place by stringing up some coloured lights, lighting a real log fire and adding an artificial Christmas tree in the corner with brightly coloured wrapped packages underneath — a few jolly customers would have helped. The landlord forced a smile for us and recommended we sat by the fire. He was thin and pale and wore round, thin-rimmed glasses. He had the appearance of an ageing intellectual and his *Times* newspaper with a nearly completed crossword confirmed he was quite bright. Hubert ordered the drinks, a pint of bitter for him and a warming rum and blackcurrant for me.

'I wondered if you could help me,' I said to the landlord. 'My name's Kate Kinsella and I want to find Nigel Carter. I've been told he was a regular of yours and possibly a friend.'

He peered at me from above his glasses, which had slipped down his aquiline nose. 'Yes, he was a regular and, yes, he was a friend. I say was not because he's gone walkabout, but because he borrowed five hundred quid and promised to pay me back within the week. That was more than three months ago and I haven't seen him since.'

'Had he ever borrowed money before?'

'Yes, and he's always paid it back.'

'So do you feel that something dire might have happened to him?'

'It's a possibility,' he said slowly as he handed me my drink.

I sighed. Now what? 'Could he have been harassed by anyone for money?'

'You mean robbing Peter to pay Paul? Maybe. But he didn't say.'

I had the strong feeling mine host wasn't planning to be helpful. 'I really do want to find Nigel. He could be in danger. Even if he's not, your five hundred pounds could become a little nearer to your pocket.'

The landlord picked up his *Times*. 'Are you good at crosswords?' I shook my head. 'I'm stuck on one. You solve my clue and I'll give you a clue.'

'It's a deal. How long have I got?'

'By the end of your first drink. Here, take it. It's eight down.'

I grabbed the paper and Hubert and I sat down at the table nearest the fire. 'Drink slowly, Hubert, this could take some time.'

He stared at the clue. I stared at the clue. Realization did not dawn. I glanced towards the landlord, who winked and waved to me.

'This is a complete waste of time,' said Hubert. 'I could go blind staring at these stupid little squares.'

'He knows something,' I said, 'and he wants to play this little game with us. It's got to be worth a chance.'

Hubert looked up at me glumly. 'I shouldn't be here at all. Just tell me what you've achieved so far. You haven't found Nigel, a woman we now find out was a liar has been murdered, you've been arrested, I've left my business at a lucrative time of year and my girlfriend is coping alone. Now we're sitting here doing a sodding crossword.'

'Don't exaggerate, Hubert. It's only one clue.'

'I want another drink,' he said, sounding petulant.

'Not until we've solved this clue. I think the landlord may know something and he's going to tell me but only if we show we're worthy of getting a clue he can't manage.'

'It's all very childish,' said Hubert, draining his glass quickly to show me he didn't want to play.

We toyed with words and fretted at our lack of intelligence. Eventually I'd finished my drink too and we were still no nearer an answer.

'I agree, Hubert, this is childish. We just ain't clever enough. I'll go and tell the landlord.'

An elderly man with a red nose was ordering a drink at the bar. The landlord glanced at me warily, I thought. When the customer wandered away clutching his drink the landlord raised his eyebrow. 'Well?' he said.

'We've failed. We just couldn't crack it.'

'Thank God for that. I would have been peeved if you had. I've spent some time on that one.'

Strangely, I wasn't that surprised, because I knew some people who consider themselves clever don't like to be outsmarted by those they judge their inferiors. And at that moment I felt intellectually inferior to a woodlouse, but I managed to force a wan smile and order two more drinks. While Hubert's second pint was being pulled the landlord said, 'I consider myself a generous type . . .' He paused and I thought maybe so but definitely pompous. 'I like Nigel, he was a good customer and I'd like to see him in here again, so I'll give you that clue, which isn't perfect but is half there.'

I waited. He handed me both drinks. 'On the house,' he said.

'Is that a clue?'

'No. That's me being generous. The clue is "The proletariat would be lost without it."'

I repeated it to myself, thanked him profusely and walked quickly back to Hubert.

Hubert raised his eyebrows to heaven and we sat for a while brainstorming and examining every single word.

'I think,' said Hubert, 'he's winding us up. I can't hang around in Ryde in the bleak mid-winter while people need burying in Longborough.'

'You're right,' I agreed. 'It's not fair on you. I can manage now. I've got a couple of leads — James Renton, Adam's connections and the landlord's clue.'

'That's a joke,' said Hubert. 'You just take care with this Renton bloke and remember Nigel isn't an open, upfront type. If you ask me he's an arsehole.'

'Hubert, your language is deteriorating.'

He grinned. 'I blame you for that.'

* * *

Hubert left late afternoon and I had to admit I felt depressed. After he'd gone I forced myself into action. Christmas was coming and I didn't want to be in Uplands Lodge on Christmas Day.

I went first to the address I'd seen at Caroline's holiday home. I knew it would be impressive when the mini cab driver murmured, 'Nice,' as I gave him the address. And 'nice' it was. The sort of house that had room for six cars and a cottage, just in the front drive. Its mock-Grecian pillars signalled an owner who was slightly ostentatious, but who cared?

The man who answered the ornate brass knocker was silver haired at the temples, medium height and I didn't really notice the neatness or otherwise of his features because he had the bluest eyes I'd ever seen.

I didn't bother with any subterfuge. 'I'm Kate Kinsella, Medical and Nursing Investigations. I . . . knew Caroline. I found her body.'

'That's very succinct . . . May I call you Kate?' I smiled and nodded. 'I'm Alex Freeman. Come on in.'

Once inside the front door the marble floors, Persian carpets and pot plants tall as trees gave the vast hall a feel of summer and foreign lands. I muttered my admiration and Alex led the way to a kitchen: large, pine clad and so tidy it was obvious that a woman kept him organized.

I sat at the kitchen table, which was empty save for a basket of dried flowers, and he filled a cafetière with boiling water. While we waited for the coffee to brew he said, 'You're investigating Caroline's death?'

'No, not exactly. I'm investigating the disappearance of Nigel Carter.'

'Why you? It doesn't seem a medical problem.'

'I'm not sure,' I answered truthfully. 'His aunt employed me to find him. She's dying and I was the most local investigator, I suppose.'

'Are you any good?'

I laughed. 'I'm dogged.'

'How can I help you?'

'I've just found out that Caroline lied to me about being married to Lyle Uxton . . .'

He smiled. 'Caroline lied about most things, Kate.'

'I see.'

'You don't see. Most people find out about Caroline . . . when it's too late.'

'What exactly was your relationship with her?'

His blue eyes stared at me for several seconds. 'Nigel and I were once friends, a long time ago. We went to school together in Southampton.'

'And Caroline?'

He poured the coffee into bone china mugs. 'We both fell in love with Caroline—' He broke off as the sound of footsteps stopped at the kitchen door and in walked Adam and another tall boy. They wore 'grunge', baggy trousers and old sweaters with rampant holes.

'This is my son Tom, and Adam you've met, I believe.'

The boys eyed me sullenly. I felt I had to say something to Adam. 'I'm sorry about your mother, Adam,' I said, knowing that the words were almost meaningless, but to not comment on her death would have seemed like ignoring her life.

He shrugged in response, a sullen look on his face. 'Yeah. So am I,' he said.

'We're going out, Dad,' said Tom.

'Don't be late back,' said his father.

When they'd left, Alex smiled and shook his head. 'Christ knows where they go but as long as they get in at a reasonable time I don't ask too many questions.'

'How has Adam been?'

Alex frowned. 'To be brutally honest you wouldn't think anything had happened. He seems his normal sullen

self to me. They're not much trouble and I'm quite happy to have them in the holidays.'

'What about Adam's future?'

'He's Tom's best friend; they get on well. Adam can stay here for the duration if he wants.'

'Are you divorced?' I asked bluntly.

'No. My wife died when Tom was three years old. She was killed by a hit-and-run driver. No one ever found out who.'

I sipped at my coffee, wondering why he'd never married again. He must have read my thoughts because he said thoughtfully, 'I couldn't go through that sort of loss again. I've had girlfriends, but the moment they get serious I end it.'

'What about Caroline?'

'What about her?' he said sharply.

'I get the strangest feeling,' I said, 'that no one really cares that she's been murdered. And now it seems not even her son is grieving for her.'

He shrugged in the same way Adam had shrugged. 'She was a difficult woman.'

'Was she?' He didn't answer. 'She was very attractive,' I said. 'Lively and good company. I don't understand.'

'I knew her when she was young. She changed.'

'You were in love with her once.'

'Yes, once upon a time I was in love with her.'

'What happened?'

'She met Nigel and I was yesterday's man.'

'I see.'

'I don't think you do.'

'What about her so-called husband? Was he your first thought when you heard she'd been murdered?'

'Let's just say I wouldn't have been that surprised. I think she led him a dog's life.'

I was perplexed. 'She told me he was violent. She seemed very scared of him.'

Alex smiled at me as if he were soothing somebody extremely stupid. 'That was the impression she wanted to give. It suited her.'

'Why?'

'Perhaps she needed sympathy. She liked to be the centre of attention.'

'But I saw him being violent towards her. He hit her, he was screaming at her.'

'What you saw was a man at the end of his tether.'

I remembered then why I hadn't chased him. It was a gut reaction to a man whose body language spoke of defeat and misery.

A phone ringing in another room called Alex away and I sat there feeling not only puzzled but worried about my intuitive powers. I'd believed everything Caroline had told me, but now nothing seemed true or certain. Why should I believe Alex? Could he be a suspect? Why not? He could quite easily have known what Caroline was planning to do.

'Sorry about that,' said Alex on his return to the kitchen. 'It was one of my tenants. Being a landlord isn't always a picnic. I've some holiday lets and a few permanent tenants, so there're always problems.'

'Was it really Caroline's first stay on the Isle of Wight?'

He smiled. 'No, but I hadn't seen her in some time.'

'What about the night she was murdered?'

'What about it?'

'I just wondered if she'd told you what she was planning to do?'

This time he laughed. 'Oh, Kate. You really don't have a clue about Caroline at all, do you?'

'I didn't say I did. But I wondered if you could be a suspect?'

He didn't smile at that. He stared at me for a moment. Then he grinned. 'Do you think the police haven't grilled me on that one? I do have one of my tenants to thank for my alibi. That morning I had an early phone call about a leaking roof and I went to sort it out. The police have, of course, verified my alibi. And, of course, I had no motive to kill Caroline. I hadn't seen her for a year. I usually see her at the school sports day. The boys are boarders at the

same school and although Adam has spent time here before, Caroline didn't fancy staying in one of my properties. This year for some reason she changed her mind.'

'You were telling me both you and Nigel had been in love with Caroline. Could you have been harbouring a grudge all these years because Nigel stole your girl?'

'Come off it. That was fifteen years ago.'

'People can hold grudges for longer than that.'

'Possibly, but not me. I'm a well-adjusted individual . . .' He paused. 'You surely don't think . . .'

'Don't think what?'

'That I had anything to do with Nigel going missing?'

'It's occurring to me now that you may have.'

He shook his head. 'You're on the wrong track, Kate. I saw Nigel occasionally. We even talked about old times, but if anyone should be suspected of killing Caroline it would be Nigel himself.'

Why hadn't I thought of that? Nigel disappears, Caroline is murdered, but who would suspect a man who wasn't there?

'Why should Nigel want to murder his ex-girlfriend? She was off his hands. I can't see why.'

Once more the phone rang and I waited impatiently for his return. When he did come back he looked annoyed. 'I've got to go. This mad tenant will give me no peace until I pay her a visit.'

'I'm sorry to have kept you, Alex. Please do me a small favour, though. I've been given a cryptic clue to Nigel's whereabouts and I haven't solved it yet.'

'OK, try me.'

'Here is it, then . . . "The proletariat would be lost without it."'

He rested his arms on the kitchen table looking thoughtful, then shook his head slowly. 'No idea, I'm sorry.'

'Oh well, thanks for trying.'

As I left the house I too was thoughtful. Although I hadn't guessed what the clue meant I had a feeling Alex had. Which meant that for some reason he was also among the number who didn't seem to want Nigel found.

CHAPTER THIRTEEN

I'd already walked part of the long drive when Alex called out, 'I'll give you a lift if you like.'

'Thanks.' I was more grateful than he knew because I'd realized I'd forgotten the most important question of all. What was Caroline's permanent address?

We'd stopped at traffic lights and it was drizzling with rain. Ryde's Christmas decorations hung in bright profusion but the grey skies and nearly empty main street gave them a pathetic jauntiness like a flag waving above a sinking ship.

'Why do you want her address?' he asked suspiciously.

'I'm looking for Nigel and maybe the neighbours have seen him there. I mean, he did have a relationship with her once.'

'Why should he see her now? Their relationship was over years ago.'

'He might have sought her out if there was no one else. If he was in real trouble.'

'What sort of trouble could he have been in?'

'Money troubles. Someone after him threatening to break his legs.'

'I don't think he was a wild spender.'

‘He was a regular in the Pig and Whistle and drinking flushes away money.’

Staring straight ahead, Alex said, ‘This is a small place. I never heard any rumours he was drinking heavily.’

‘Did he gamble?’

‘I didn’t hear any rumours about that either.’

He gave me the address just as we stopped outside Uplands Lodge. I wrote it down in my note book. ‘The police will have been there,’ he said.

‘A neighbour might be helpful.’

Alex smiled and squeezed my hand. ‘You are a little optimist, aren’t you? Let me know how you get on.’

* * *

The hotel reception area seemed as hot as a sauna after the cold of outside, partly because it had been invaded by a small crowd of high-spirited pensioners. Eventually Amanda handed me my key and whispered, ‘They’ll be staying over Christmas. Let me know if they make too much noise.’

I wasn’t sure if she was being serious, but judging from the level of noise I thought she probably was. ‘Are there any messages for me?’ I asked.

She shook her head then said, ‘I’m sorry, Kate, I forgot, there is one. Mr Humberstone left you this.’

She passed me a bulky envelope. There was a note amongst a bundle of twenty-pound notes:

Call yourself a private investigator? Buy a camera.
Behave yourself!
PS. That clue — isn’t there a French connection? Proletariat — isn’t that French? What about Paris? Don’t go there without telling me.

I smiled. Dear Hubert. As long as I lived I knew there would always be a soft mushy place in my heart for him.

I dithered for a few minutes, feeling an urge to rush out and buy a camera immediately, but I told myself my knowledge of cameras was limited to knowing that a Polaroid produced a photo within seconds and that itself I thought was a miracle. Zoom lenses were as foreign to me as the Internet and I knew that some eager young shop assistant would sell me some complicated camera that would need a degree just to understand the instructions. I persuaded myself to wait a while, decided to have dinner and plan meeting James Renton.

Later that evening I appeared at the dining room to the noisy chatter of the Christmas holidaymakers. I felt incredibly young. Apart from the staff I was the only one without greying hair or a blue rinse. I could see Harold at his usual corner table for four and after a few moments he waved at me and pointed to the empty chair beside him. I gazed round, looking for a lone alternative but there was none. I walked slowly towards his table, past the noisy new guests, and slid myself into the chair beside Harold.

'We were just talking about you,' said Harold.

I smiled. 'Nothing too bad, I hope.'

'Nancy was wondering if you lead an exciting life.'

'I wish it were, Nancy. I spend days sometimes just waiting for work. I get quite a few enquiries from people who want their partners or spouses put under surveillance to catch them . . . at it. And I'm not really that sort of detective . . .'

'What sort are you, then?'

'I prefer my assignments to have a medical or nursing background.'

'Why are you looking for Nigel?'

Why indeed? I wanted to say but instead I smiled at Nancy's eager face and said, 'Because his aunt is dying and that's as medical as it gets.'

'What's his aunt like?'

'I haven't actually met her. I've just spoken to her on the phone. She desperately wants me to find Nigel.'

Margaret, who until this point had been toying with a bread roll, lifted her head slightly and said, 'Why?'

I was taken aback for a moment. 'Why what, Margaret?'

'Why does she want you to find him?'

I stared at her sharp blue eyes. 'Because she's fond of him and is puzzled that he hasn't been in contact. She fears something nasty may have happened to him.'

'Better not to know, then. Finding out he was dead would probably kill her anyway. Why don't you lie and say he's gone to live abroad? You could get someone to send a postcard in capital letters and convince her it was from him.'

'Margaret, I'm shocked. That would be taking money by false pretences.'

She shrugged. 'What do you think, Harold?'

Our first course had just arrived and it appeared Harold was more interested in examining his fish mousse from all angles than answering. After a short pause he said slowly, 'Let's face it. Nigel was no real loss to anyone.'

'Why do you say that?' I asked.

'Who have you found who cares where he's gone?'

I was about to protest when I realized he was right. No one did care that much. 'No one really cared about Caroline Uxton either—'

'Not even her son?' interrupted Nancy.

'How did you know she had a son?' I asked.

She laughed briefly. 'I do read the papers. It was all in there.'

'Of course,' I muttered.

During the main course I thought I should say something about the forthcoming wedding. It seemed a low-key event and I couldn't help wondering if it was really true, although I now noticed Nancy was wearing an engagement ring. I hadn't heard them making plans so I thought I'd better be tactful.

'That's a lovely ring you're wearing, Nancy. Is it new?'

She smiled at me and then raised her hand to smile at the ring. 'We're getting married next week. Very quietly. Stewart's putting on some food and drink for us here. We're not having a honeymoon, though. We're having that now, aren't we, Harold?'

'Yes, my darling. We certainly are.'

Harold's hand touched hers and for several seconds they smiled delightedly at each other. Then Harold said, 'It was fate that brought us together.'

Nancy laughed. 'More like financial disaster.'

'In what way?'

'We both had businesses that were failing and we both tried the wrong way of saving them.'

'Was this on the island?' I asked.

Harold shook his head. 'No, dear. We both lived in Southampton, although we'd never met until we came here.'

'What happened to your businesses?' I asked.

'A loan shark took us for nearly everything we had.'

'The same one?'

Harold nodded. 'Yes. The same one.'

'Couldn't you have taken a civil action against him?'

'I talked to the police about it,' he said, frowning, 'but they more or less told me I had been stupid and although they knew he was crooked there wasn't much they could do.'

'So this loan shark is still working in Southampton?'

He nodded again and said quietly, 'He's still got offices there but I heard someone say he lives on the island now.'

'Don't let's talk about it any more, Harold,' said Nancy. 'You know how it still upsets you.'

Harold's brows lowered and his hands bunched into fists. 'If I ever see him again . . . I'll kill him.'

'Please, Harold, don't say that,' said Nancy, her voice sounding a little tremulous. 'If it hadn't been for him we might never have met, so it did have a silver lining for us.'

'And a gold lining for that bastard,' said Harold coldly.

Nancy patted his hand. 'It's all in the past now, dear. We have to look forward, not back.'

Harold managed a slight smile at both me and Nancy. 'Sorry, Kate. You don't want to hear our woes.'

'What was this loan shark's name? I'll make sure I avoid him.'

It was Nancy who answered me. 'James Renton.'

* * *

I rang Hubert later that night.

'So what do you think it means?' asked Hubert.

'I think Nigel borrowed money from Renton, couldn't pay it back and Renton threatened to break his legs or worse and Nigel had to do a runner.'

There was a pause during which I swore I could almost hear Hubert's thought processes.

'What did he want the money for in the first place?'

'Good question. That thought had occurred to me.'

'And?'

'Nothing's really come to mind unless he was fiddling the accounts as Caroline suspected.'

'Have the police got the books?'

'Yes. But they aren't going to give me any information, are they?'

'Is that surprising?' asked Hubert, sounding as if he was definitely talking from the high moral ground.

'How's business?'

'Busy. Full to overflowing.'

'Hubert, you could have just said "busy". I don't like the overflowing image.'

'You're only trying to change the subject, Kate. What are you going to do now?'

'See James Renton, of course.'

'And say what?'

'I'll think of something.'

'Just you be careful. That sort of man hires thugs to do his dirty work. He won't be breaking legs personally.'

'I'm glad to hear it. How's Danielle, by the way?'

'She's fine. I don't know what I'd do without her now. She's more like a partner than a receptionist.'

Again I felt a little pang of quite unreasonable jealousy.

'Bye, Hubert. Take care.'

'Let me know how you get on with Renton. And if I were you I wouldn't tell him you were looking for Nigel.'

'I wasn't planning to.' I was about to put the phone down when I remembered the camera money.

'Thanks for—' I broke off; the line was dead.

I scanned the local paper for a while and reading about a fire reminded me of the fire on *The Havana Belle*. Somewhere in this tangled mess that fire probably played a part. If it was an accident it wasn't worth following up; even if it was deliberate would it help me find Nigel or a murderer? I doubted that. I stared at the ceiling for a while trying to remember when exactly Elizabeth Forrester had last phoned me. Of course, she could have died in the interim. On that depressing thought I turned back to the local paper and ran through the Lonely Hearts columns.

I smiled at the tone of political correctness of some of them. 'Caring and sensitive. Great sense of humour' were a favourite tag. One woman wanted a 'clean', honest, sincere, caring man. What happened, I wondered, to dynamic, passionate men? Had they all gone the way of caring sensitivity? Those that weren't 'caring and sensitive' seemed sports-mad: 'Male, 28, tall and handsome. GSOH. Keen on fishing, cricket and rugby. Seeks like-minded female'. What an optimist! Any respondent would certainly need a sense of humour, even if he was handsome.

It was the opposite page then that caught my eye. There, amongst the bankruptcies, was a boxed message from a firm of solicitors asking a Brian Goody to get in touch with them. I could do the same for Nigel. Surely he would surface if he thought his aunt was dead. I know Mrs Forrester hadn't wanted me to get in touch with the media but this was discreet and all I had to do was find out which paper Nigel read and place an advert giving my Medical and Nursing Investigations address. If he'd left the Isle of Wight because of money troubles surely he'd be even more desperate now to get his hands on his aunt's money.

When I finally fell asleep that night, full of optimistic thoughts, I was disturbed twice by the noisy new guests staggering to their beds. After that I slept fitfully and had nightmares in which Caroline's head lifted from the table and her bloody mouth uttered three chilling words:

'What about me?' she asked, over and over again.

CHAPTER FOURTEEN

The nightmare affected me badly. In the light of a grey December morning I stood staring blankly out of the window. It was all very well trying to find Nigel, who irresponsibly had disappeared, but what about Caroline? Had the police made any progress? Were the Isle of Wight CID capable of dealing with a murder case? After all, the IOW was hardly renowned as the murder capital of the world. This could well be Formbridge's only experience of murder. For goodness' sake, I probably had more experience than he! A little warning voice told me to be careful. Just because fictional detectives seemed to have all the suspects lined up like extras in a film didn't mean I could do the same. Had I even found one solid suspect? Stewart had to be in the running and James Renton, or at least one of his hench men, and Alex, of course, who professed to have loved Caroline once and lost her. He could quite easily have carried his bitterness with him through the years. And who was Adam's father anyway?

After an early breakfast I found James Renton's address in the phone book and booked a taxi. The driver, when he finally arrived, was as sullen and silent as the grey skies above Ryde. The journey into the island hinterland was thankfully short, taking only half an hour.

The house, in a hamlet of six or so houses, gave me the impression of 1920s middle-class gentility. There were wide bay windows and timbered gables. Inside I knew there would be high ceilings and deep skirtings, and an attic room where once a maid of all work spent her few measly hours of freedom. Now it would be a study or would house a billiard table. The illusion was shattered by two things: the satellite dish on the side of the house and the sight of two huge Rottweilers who loped excitedly towards me as I approached the front gate. There was a fence and trees and shrubs between the dogs and me, but their legs looked long and powerful and I had the feeling they could be over the fence in seconds. Just as I began backing away a man appeared. Renton. He was tall and wide, wearing gold-rimmed glasses and a dark grey pin-striped suit. He looked quite respectable until he opened his mouth and called the dogs. 'Here, Flash! Here, Thunder! Get inside.' I heard in his voice the sound of north London; although his accent was pronounced its pitch was the most striking thing; high, squeaky and it certainly didn't belong with his large head and body.

Once the dogs were inside he came up to the gate. 'Yes, love, what can I do for you?'

That was the crunch question? I looked past him at the house beyond. 'I was just admiring your home, it's wonderful. I'm staying on the island for a while — sort of house-hunting — and I came out here because someone told me there was a house for sale in Little Barstead. This *is* Little Barstead, isn't it?'

'Yes, love, it is. But my castle isn't for sale. Great, though, isn't it? But I don't know of any for sale round here.'

'Oh, I see.' I tried to look crestfallen. 'That's a real shame. I'm a nurse. My name's Kate Kinsella, and I was thinking of opening up a small nursing home. This sort of house would be ideal, but . . .' I sighed at this dramatic point.

'But what?'

'I've been turned down by two building societies already.'

He smiled knowingly. 'Ah well, my lovely girl, if you're trying regular building societies I'm not surprised you're being turned down. Have you got any collateral?'

'A small cottage, that's all.'

He opened the gate then, placed a beefy arm round my shoulder and said, 'You come with Uncle James to my office and we'll talk business. I'm sure I can find you a mortgage. You just have to know the people who, for a small fee — sometimes a larger fee — will be helpful. And of course it might be worthwhile for you to consider places already up and running.'

'I hadn't thought of that.'

'I think of everything. I'll move heaven and earth for my clients.'

'Clients?' I queried.

'I run a specialist company — helping people just like you.'

'Where's your office?' I asked.

'Cowes. We can go now if you like. I've got all the paperwork at the office and it's more businesslike.'

I dithered. In a car he might want to chat, which had a down side in that if I wasn't careful he might get suspicious. Conversely, if we chatted he might give away more than mortgage details.

'How long will it take?' I asked.

'As long as it needs,' he said, giving my shoulder another squeeze. 'I don't like to shortchange people.'

On the drive to Cowes in a white Porsche (not his only car, he informed me) he told me about his small empire which somehow he made sound like a cross between Dr Barnados and Help the Homeless.

'People contact me from all over the country,' he said. 'They know I can help them. I've got an office in Southampton and Portsmouth as well as the Cowes branch.'

'Do you only deal with business mortgages?'

He negotiated a bend at an uncomfortable speed before answering me. 'My clients only have to ask and I'll do my

best. Loans, second mortgages, bridging loans, you name it, love, I'll organize it.'

'I haven't got much capital, Mr Renton.'

'You call me James and let me worry about your capital.'

By the time we arrived in Cowes I'd almost convinced myself that buying a nursing home was my life-long ambition, and James Renton had certainly given me the impression that finding the money was a mere inconvenience that could easily be overcome.

Cowes was shrouded by a cold, misty pall, as if the sea had cast up a greyish gauze and the bulk of the population had scuttled indoors to await its disappearance, or spring, whichever came the soonest. A few rather weather-trodden people braved the outside, but the sky seemed to bow them down or perhaps it was pre-Christmas financial panic. Whatever it was, the town and the sea seemed far from welcoming.

James Renton obviously felt no shame about using his own name, because stamped in gold letterings on the opaque glass frontage were the words Renton Finance.

Inside, a young girl stood at the filing cabinet and turned towards us as we entered. She wore a very short black skirt, a white sweater with a sequinned butterfly over her left breast, and sported long red nails which I thought proved she did more filing than typing.

'Any calls, Angel?' Renton asked cheerfully.

'Only the police, Mr Renton,' she said. Her voice gave me the impression she had a mouth full of chewing gum.

For a second he seemed slightly flustered. 'It's since that murder in Ryde,' he explained. 'Unfortunately the victim worked in my Southampton office, so they keep tracking me down to ask me bloody silly questions.'

'I heard about that almost at first hand,' I said. 'A real tragedy.' I smiled and said lightly, 'They don't suspect you of killing her, do they?'

He affected a shocked expression. 'Come on now, Kate. Do I look the type?'

For a moment I gazed at him before realization dawned. He expected an answer! 'Of course not,' I said, trying my utmost to sound convincing. Then I added, 'But if you knew the victim quite well you're bound to be on their list.'

Now he looked faintly annoyed. 'She worked for me on a part-time basis about fourteen years ago and we did have a bit of a flirtation but I was married then and I soon saw sense. Now let's get down to business. Angel, two cups of coffee, please.'

Angel left the room on heels high enough to impress Hubert and I had to ask, 'Is that her real name?'

He smiled. 'One of the reasons I employed her. She's a lousy typist but she can take messages, make coffee, file and she doesn't argue with me.'

'So you don't have a partner?'

'I did once. It didn't work. I've got managers in my other two offices but I don't allow them too much freedom.'

'Why not?'

He smiled knowingly. 'You can't trust anyone these days. Someone always tries to rip you off.'

By the time Angel returned with the coffee Renton had handed me estate agents' details of three nursing homes. The prices were staggering and I nearly laughed.

'Take no notice of those prices,' he said. 'They're repossessions. We can negotiate a good price for you.'

'You'd need to,' I said with a wry smile. 'Perhaps a small residential home is more in my price vision.'

'Vision is what you need, Kate. Just imagine yourself as queen of your own little kingdom. Self-employed, a good profit margin, no bosses to worry about, a holiday abroad twice a year, a decent car. I did it; you can do it too.'

I could feel myself being swayed. It sounded a lot better than struggling to find a week's rent and finding that a new crank shaft is a cause for complete financial collapse. Perhaps running a nursing home was more 'me' anyway. After all, in the finding of lost hoteliers I'd made as much progress as a Conservative government trying to resurrect the housing

market. Now I sat here drinking coffee and feeling quite unable to bring either Caroline or Nigel into the conversation without arousing his suspicions.

Renton sat like some Eastern potentate while I flicked unseeing through the brochures. 'I'm a bit worried,' I said eventually. 'I know being self-employed sounds wonderful, but I've heard so many . . . stories about people getting into terrible financial situations.'

'What sort of stories?' he asked.

'Well . . . I was in the Pig and Whistle pub the other night in Ryde and I overheard someone saying a hotelier called Nigel Carter had disappeared taking with him a tidy sum belonging to the hotel. I can't help feeling slightly panicky when I hear that sort of thing.'

'Don't you fret, Kate. I'll be looking after you,' said Renton with a wide smile. 'I knew Nigel. He was a prat. I employed him once because he was good at figures, but I found out what he was up to and sacked him.'

'What was he up to?'

'He was doing little private deals on my time and with my stationery. He thought I wouldn't catch him but I did. No one, I repeat *no one*, gets the better of me.' His smile had long gone now, to be replaced by an ice-cold glare.

'Is that why you're wary of having a partner now?'

He smiled again, reverting once more to the jovial salesman. 'Could be, love, but I don't like talking about losers. Let's talk about you winning.'

At that point the phone rang. 'Renton Finance. May I help you?' intoned Angel in a sing-song fashion. She listened for a moment, then covered the mouthpiece. 'It's the Bottomleys,' she whispered.

'Tell them I'm in Southampton,' said Renton.

'He's in his office in Southampton, Mr Bottomley.'

Even from my position in the office I could hear the voice sounded irate. Again she covered the mouthpiece. 'He says you're a liar. He's in a call box round the corner and he's seen your car. He's on his way.'

'Shit!' said Renton. 'Sorry, Kate, love. The man's a nutter. I got him a bridging loan and now he can't pay it and he thinks it's my fault. I'll have to see you another day. How about tomorrow? In the meantime, you could see those ones you've got the details of.'

I nodded and picked up the brochures, aware of almost being bundled out of the door. Not quickly enough, though, to miss the Bottomleys. Mrs Bottomley was short, fragile looking and clung on to her tall, thin husband, whose face seemed to register both rage and despair. I noticed she'd been crying and although I walked away briskly I only went round the corner to a café where I could sit by the window and wait for them to come past.

I drank tea from a thick white cup and waited. Half an hour passed and I thought maybe there was another way out of the cul de sac. The café was an 'If it's not fried we don't serve it' sort of place and the smell of frying onions seemed to permeate even the tea.

It was five minutes later that the Bottomleys came into view, and they didn't look any happier. I left my window seat and walked out to them, trying hard not to appear as if I were pouncing on them.

'Excuse me,' I said as I barred their way. 'I'm so sorry to bother you but I noticed you going into Renton Finance and I wondered if you'd be willing to let me buy you a cup of tea and ask you a few questions.'

Mrs Bottomley, still tearful, gazed warily at her husband as if for confirmation.

'What's your connection with that piece of scum?' he demanded.

'Come into the café and I'll explain.'

They seemed to shrug in unison, then with only slight reluctance followed me in and I ordered tea and doughnuts all round. I had a vague feeling of unease when Mrs Bottomley refused hers. Depression is, after all, a reason for eating jam doughnuts; to refuse indicates a very severe depression.

'Our lives are in ruins,' muttered the male Bottomley. His large lower lip trembled slightly, his eyes watered.

'I think you'd better drink your tea and eat that doughnut,' I said, as though sustenance would solve all his problems. He gave me a doleful look and Bottomley female sipped her tea and sniffed loudly.

'I'm Kate, by the way,' I said, hoping they would reciprocate with their Christian names, but they didn't.

I ate my doughnut and tried to guess their ages. I supposed they were in their early forties and as I tried to imagine them in more cheerful circumstances I still thought they would have that frayed-at-the-edge look. Mrs Bottomley wore a short beige coat and underneath a beige and brown jumper with a brown pleated skirt. Her spouse wore brown cords and a dull green jumper under a green padded anorak. As a child he could have been a train spotter.

His wife's doughnut plus his own seemed to lift his spirits slightly. 'We should have listened to our solicitor, dear, shouldn't we?'

His wife nodded miserably.

'What happened?' I asked.

He stared at me and sighed. 'We'd set our heart on this house on the island. We live in London and we love the peace and quiet here. We've no children and I'm about to be made redundant, so, with house prices being so much lower here, we decided to make the move. We had a buyer for our house at a reasonable price and we made several trips over here to find our dream house. And we found it, didn't we, dear?'

'Dear' nodded and smiled weakly at the memory and husband 'dear' continued. 'The owners of the house near Ryde were selling up and going abroad and of course they wanted a quick sale. So we were desperate for the house and made enquiries about a bridging loan. Our solicitor advised us not to, various banks and building societies turned us down and then just by chance we heard someone mention Renton Finance. Renton assured us he could get us a loan. We did have a buyer, so I thought that for just a few weeks we could manage.'

He paused and stared into his teacup. 'We did manage for a few weeks. The charges were far higher than we thought at first and with Renton's fees on top it was getting very difficult, and then the bombshell dropped — our buyers had changed their minds.'

'Oh dear,' I murmured. 'I can see that all this is disastrous, but surely in his way Renton did what you wanted.'

Mrs Bottomley sighed loudly. 'He says we should have read the small print but we did and it wasn't there.'

'What wasn't?' I asked.

'The ongoing fee to Renton, plus the security for the loan was . . .' She paused and glanced sadly at her husband. '. . . the house. We're going to lose the house. We can't afford to go on . . . we can't.' She broke down and sobbed quietly while her husband patted her shoulder with patient resignation that seemed born of practice.

'Have you seen a solicitor?' I asked.

Mr Bottomley answered. 'Yes. We've even been to the police. Morally it seems Renton is in the wrong but not legally. We signed up, we have to pay the price.'

I tried to find something reassuring to say but could only remember vaguely from George Orwell's *Down and Out in London and Paris* a line which said that the fear of losing everything was far worse than the actual event. Once everything is lost the only way is up, I supposed was the message, but I didn't think it would particularly help the Bottomleys at this hiatus in their lives.

'We're not the only ones fleeced by Renton, you know,' said Mr Bottomley. 'He's wrecked other people's lives. We're collecting names and addresses. We placed an advert for people who'd become involved with loan companies — we didn't name Renton in particular, but in the replies he was the one most frequently mentioned. You see, men like him prey on the desperate. Those with County Court judgments, those already in arrears, those who don't earn enough to pay a mortgage, people in debt generally. People have committed suicide because of him.'

'I'm so sorry,' I said. 'I'm lost for something comforting to say. But if there's anything I can do?'

They both shook their heads in unison. 'We have to go back to London now,' he said. 'Losing our house is one thing, but that shark is obviously on a fiddle with estate agents and he'll pocket a large part of the proceeds. It's like he's stolen our life blood . . . all we ever worked for.' Mr Bottomley half stood up, glanced anxiously at his wife, then sat down again. 'Will you do me a favour?' he asked.

I nodded and smiled.

'Read these.' From inside his jacket pocket he produced a small bundle of letters. 'These are just a few of the answers I've received.'

I began reading and I soon realized that each letter contained tales of heartbreak, disappointment, broken relationships and broken lives. The bitterness of the letter writers was also reflected in the retribution they wished to exact, ranging from boiling in oil to castration and even decapitation.

When I'd finished reading them I said, 'At least you two do still have each other.'

He smiled wryly. 'Yes,' he said slowly. 'We do still have each other.'

I watched them leave, hand in hand. Their shoulders were hunched and their footsteps sounded loud on the cobbles. Somewhere in the distance I heard the faint sounds of a Christmas carol — 'God rest you merry gentlemen, Let nothing you dismay.' It seemed hardly appropriate and for a moment their retreating backs reminded me of another occasion — when I failed to chase after Lyle Uxton because he, too, looked so defeated.

CHAPTER FIFTEEN

Hubert rang for an update that evening. I updated him, which didn't really take long, because although I'd found out that Renton was a loan shark whose financial gnawing was extremely frightening, I certainly had no evidence that he was violent or that he had anything to do with either Nigel's disappearance or Caroline's death.

'Hubert, he doesn't have to go in for the kill in reality. He goes in for the kill financially.'

'Don't get metaphysical with me, Kate.'

'I think the word is metaphorical.'

'Just don't try and be too clever.'

'Clever! That's a joke. I seem to have more leads to follow than a kennel full of dogs.'

'You should just stick to finding Nigel. There's no reason to dabble in murder.'

'Thank you, Hubert, for being so supportive. Given the connections between Nigel and Caroline, plus Renton, plus the rather strange Alex, I'm dealing here with a very complex case.'

'Perhaps you're making it more difficult. Have you solved that clue yet?'

'No, Hubert, my IQ isn't up to it.'

‘Danielle’s solved it.’

‘She’s obviously clever,’ I said bitchily, ‘as well as having higher insteps and a bigger cleavage than most women.’ I’d nearly said most ‘normal’ women but at least I hadn’t been that bitchy.

There was silence from Hubert until I mumbled, ‘I’m probably just jealous.’

‘Do you want to know the answer?’

‘Of course I do.’

‘She did it simply by word association — proletariat — French word — France — Paris — Metro — leave out the “r” — you get Metropole. Danielle says there is a Metropole Hotel just outside Southampton.’

She would know that, I thought, but I thanked Hubert and told him to thank Danielle.

‘Are you going to visit the Metropole?’

‘I don’t know why he should be there but I’ll go. After all, it was a clue given to us by a man to whom Nigel owed money.’

‘You could be disappointed, Kate. After all, if someone really wants to disappear then it’s easy enough to stay missing.’

‘Yes, but why should anyone be after him? I don’t think he’d imagine that his aunt would find a private investigator to track him down, so he must relax his guard after a while.’

Hubert murmured something about taking care of myself and suddenly I wanted to go back to Longborough and my cottage in Farley Wood more than anything else in the world. Except that Christmas was coming and there was only Hubert and now he would probably spend Christmas with Danielle. Perhaps I would be better off staying on at the hotel, I thought. At least I wouldn’t be alone. By then I’d probably have found Nigel and discovered who murdered Caroline. And undertakers might suffer poverty!

* * *

The crossing to Southampton was rough, rough, rough. My stomach seemed to become part of my gullet and my bowels

danced the twist. Thankfully my feet were soon back on unyielding concrete, but even there the winds were strong enough to cause me to sway. I waited with a few other disembarked passengers at a taxi rank, wondering if they felt more disembowelled than disembarked, for they had strange expressions on their faces as if they had just relived a disaster movie and they weren't quite sure if they played survivors or victims.

The Metropole Hotel had a grey frontage that was, I think, meant to be white. It did have a red awning and a lit Christmas tree outside. Inside, the red carpets and red lamps gave it the aura of a bordello, a hot bordello, as the heat seemed overwhelming after the cold outside. In one corner of the reception area was another Christmas tree at least six feet tall and decorated with silver and gold baubles, and on the reception desk itself stood a tiny artificial tree covered in silver and gold stars. I did wonder idly as I stood there if the trees were to compensate for the lack of staff — there was no one about.

It was five minutes before anyone did appear. I smiled at her when she did. She was in her late twenties, I supposed, with a slightly shaggy blonde haircut, pale face with red full lips, and she wore a black and white waistcoat, white blouse and black skirt. Pinned to her waistcoat was a small sprig of holly.

'Welcome to the Metropole Hotel. Would you like a single or a double room?'

'Single. Just one night . . . provisionally.'

She seemed vaguely disappointed, but smiled at me very professionally, hoped I would enjoy my stay and would I please sign the register.

My room when I found it in the maze of silent corridors was poky, hot and stared out on to a brick wall. The cream furnishings were restful but in the two minutes it took to unpack my overnight bag I felt claustrophobic. I wandered back downstairs determined to continue on into the kitchens.

The kitchen door was slightly ajar and I could hear voices. I peered through. A couple of pans as large as cauldrons were bubbling away, there were frying pans in action,

vegetables being chopped and two fat men and a boy working as hard as if Fanny Craddock's ghost haunted them.

'Excuse me,' I called out casually from the doorway. 'What time will Nigel be in?'

'No idea, sunshine,' said the least fat man who had a sweaty bald head and wore a less-than-white jacket. 'I've never heard of a Nigel working here. Have you, Mick?'

Mick wiped grubby fingers down his trouser leg and merely shook his head.

'Thank you,' I said as I determined to give dinner at the Metropole a miss.

So much for publicans' clues, I thought, as I braved Southampton in the wind and the cold. Or maybe, of course, Danielle had been wrong. Metro, Metropole, Metropolitan . . . I'd check the phone books. Maybe there were other hotels of that name or maybe it was somewhere else entirely — a restaurant or a company.

I spent the rest of the day visiting anywhere with a hint of France — the French Quarter Café, Paris Bakery, and a restaurant called Metropolitan Gateway. No one had heard of Nigel Carter. And I had to admit I was getting sick of the sound of his name.

Back at the Metropole I sat miserably in my room and wondered if I could face dinner there. Eventually I decided to visit the bar and make up my mind after a couple of drinks.

The bar was hot, dimly lit and crowded. Various offices were obviously having their pre-Christmas tipple and there seemed to be giggling girls and loud back-slapping men everywhere. The queue at the bar itself was so tall and deep I couldn't really see how many bar staff were serving. A very drunk man put an arm around me, wished me a very merry Christmas, kissed me on the cheek and then whispered, 'I could give you a Christmas present you'll never forget.'

'And I could give you some crushed nuts,' I whispered back. Unfortunately my words didn't have a deterrent effect and he squeezed me even more tightly to him.

‘Next, please,’ said a voice. The queue had moved along and there was I sandwiched under a drunk’s arm. I trod so hard on his right big toe that he yelped and let me go.

‘Nigel Carter, I presume,’ I said to the barman.

He stared at me in surprise. ‘Do I know you?’ he asked.

I shook my head. ‘I’ve been looking for you.’

‘I can’t talk now,’ he said, giving me a pleasant smile. ‘I’ll meet you when the bar closes about midnight.’

I had to be content with that, but I felt a crushing sense of anti-climax. I’d found the man whose disappearance had haunted me and led to an investigation punctuated by murder, and there he was, a barman, fit and well.

I ordered a white wine from him and sat down in a crowded corner of the room on the only empty chair. The drunk still watched me with a silly grin on his face. I think he was a man who liked to suffer.

My view of the bar was frequently occluded by various bodies who seemed to think I was with their group. When a young man asked me what I was drinking and I told him I was waiting for someone he said, ‘Well, have a drink while you wait.’ I tried to decline but he rushed off and some time later returned with a large cocktail that looked innocuous but definitely wasn’t.

I did notice Nigel watching me occasionally with a puzzled expression, as though trying to work out who the hell I was and why the hell I was looking for him . . .

‘Where do you work, then?’ a voice asked me. It was the man with the cocktail, who now stood within a trouser width of my legs.

‘I’m here on business.’

‘What’s your name?’

‘Kate.’

‘Mine’s Carl.’

Carl moved forward slightly so that our knees touched. He was baby faced and all of twenty-one. By now I’d realized he’d had more than a cocktail too many and was gazing at

me with that glazed lusty look some drunken men get just before they collapse.

'Excuse me, Carl,' I said as I stood up.

'You don't need excusing,' he said, breathing his alcoholic fumes at breast level. 'I like you just the way you are.'

I pushed past him quickly, through the jolly hordes, and made my way to the reception area and the front door. I stood for a while outside in the cold night air listening to the distant sound of the sea and wondering if Nigel would take my absence as an opportunity to run again.

I decided it was a chance I would take. I returned to my room, watched television and waited. Round about midnight car doors began to slam and goodbyes and Merry Christmases echoed loudly in the street outside.

The bar was almost empty and at first I couldn't see Nigel, but he must have been bending down behind the bar because he suddenly appeared. 'I won't keep you long. Would you like a drink while you're waiting?'

I shook my head. He was better looking than his photos, fair haired, a slight summer tan remaining and bright blue eyes. His mouth, though, was a little small for his face and his lips thin and tight.

I sat down and watched him clearing tables, washing glasses and generally tidying the bar. There was another barman but he was much shorter than Nigel and I'd really only seen a vague glimpse of him through the joyous throng.

'You go, Ed,' he said. 'This lady wants to speak to me.'

Short Ed smiled brightly at me and muttered to Nigel, 'Lucky ol' you.'

Once Ed had gone, Nigel drew up a chair beside me and said, 'You wanted to find me. You've found me. Now tell me the when, where, how and why.'

I introduced myself and told him that his aunt had employed me to find him.

'You've met my aunt?' he asked.

'I've only spoken to her on the phone.'

He shrugged. 'OK, so now you've found me you can tell her I'm well, can't you?'

'Yes, but she really wants to see you.'

'Does she indeed?'

'It has been difficult to find you, Nigel, and even if you're not very fond of your aunt you could at least pay her a visit before she dies.'

Nigel began to laugh then. I sat stony faced. After he'd finished laughing he said, 'You really don't know what you've done, do you?'

I was puzzled now. 'Well, I won't know, will I? Until you explain.'

'Have you any idea why I left Uplands Lodge?'

'Money troubles? Maybe you had a scam going which no one's discovered yet.'

'I had to leave.'

'Come on, Nigel,' I said in my best soothing voice, 'tell me why.'

Nigel sighed. 'I wasn't being a wimp. I'd put up with it for over a year. I just couldn't take it any more.'

'Take what?'

'The death threats.'

I sat back in my chair. 'Did you tell the police?'

'No.'

'Why not?'

'I don't think they take death threats very seriously.'

'They may have done. Especially after . . .'

'After what?'

Surely he knew Caroline was dead.

'Oh, you mean Caroline.' His voice held no trace of emotion.

'Yes.'

'I read it in the papers. I almost left here then but I thought I'd probably be found. And I've been proved right. How did you find me?'

'I wasn't told exactly, but the landlord of the Pig and Whistle gave me a clue.'

Nigel half smiled and shook his head in mock despair. 'For an intelligent man he's a stupid bastard.'

'Tell me about the death threats.'

He paused. 'They came by phone, by letter. Not very original or clever, but relentless. In fact they never varied. "You're a dead man." That's all they said, but I had the feeling I was being watched all the time. Stewart thought I was getting paranoid . . .'

'So Stewart knew about this all along?'

'He was sworn to secrecy. Yes, of course he knew. We were partners, after all. I didn't read about Caroline's murder in the papers; Stewart rang me immediately and told me to go abroad.'

'You didn't think it would be sensible to help the police with their investigation?'

'And become prime suspect?'

'Why should you kill Caroline?'

'Why *not* me? That's the way the police would see it. She was killed on my property, we had once been lovers. And—' He broke off.

'And what?'

'Nothing.'

I stared at him. He looked away, uneasy. 'I'm pretty knackered now, Kate. I think we'll have to continue this conversation tomorrow.'

I sighed. 'OK. What time?'

'I'll meet you in here about nine thirty.'

'Fine. Could I just ask you one more question, Nigel?'

'Fire away.'

'About your aunt.'

'What about her?'

'Did she know about the death threats?'

He smiled. 'Unlikely that I'd tell her, Kate.'

'Why? Because of her age or her illness?'

'Neither, really. My aunt has been suffering from senile dementia for years. They call it Alzheimer's disease. She doesn't speak, she doesn't recognize me and she certainly

couldn't use the phone. Whoever employed you was certainly not my aunt.'

I sat and stared at him. I was lost for words. Then it dawned on me.

'Oh my God, Nigel. I've found you for . . .'

'Yes, Kate. Whoever wants to murder me has been led here by you.'

CHAPTER SIXTEEN

The next day I waited in the bar, and waited and waited. At ten thirty barman Ed turned up. 'Where's Nigel?' he asked.

'I was hoping you could tell me.'

'I'll check in his room.'

Minutes later Ed came back looking worried. 'He's gone. Everything's gone — clothes, shoes, books — the lot.'

I mumbled my thanks, went straight back to my room and began to pack. I felt like crying. I'd failed, he'd been there and I'd lost him. Why should he hang around? Someone was after him, undoubtedly the same person who killed Caroline, and I couldn't blame him for running. I just blamed myself. I should have insisted he inform the police. Too late, too bloody late, I told myself.

Even as I left the hotel I wasn't sure where I was going. I was on the mainland, I told myself, and here I was going to stay, but further inland — Longborough.

* * *

I watched Hubert in the doorway of the Chapel of Rest. He was arranging a posy of flowers in the hands of an elderly lady's corpse and as I swung open the door and said, 'Hi!' he jumped in surprise as though the corpse itself had spoken.

'You shouldn't do that,' he said.

I waited for the welcome which didn't come, so I gave my own. 'Well, hello, Kate, good to see you, I've really missed you . . .'

'That's enough. You know I'm pleased to see you. You just gave me a nasty shock. This dear lady was a clairvoyant. I thought she'd come back from the other side.'

I laughed. 'No, Hubert, I'm the one back from the other side — the other side of the Solent.'

'Found Nigel, then?'

I nodded.

'Well? Tell me the details.'

'Not here, Hubert. It's time for tea. Do you fancy a cream cake?'

'I think the bakery's gone bankrupt since you left.'

His face was so serious just for a second I believed him. 'What do you fancy, Hubert?'

He thought long and hard. 'A cream horn, and could you get Danielle a cream slice?'

I smiled between gritted teeth. 'Of course. I won't be long.'

When I returned Hubert and Danielle were sitting in the office and there were three mugs of steaming tea.

'Hello, Katie, love. You're looking well.' Her voice was as deep as a chief stoker and she looked as tartily feminine as always. I was convinced her description of me 'looking well' was another way of saying I'd put on weight, but I still ate my doughnut and enjoyed every mouthful.

'Don't keep us in suspense, Kate,' said Hubert. 'You found Nigel, so have you told his aunt yet?'

'It's not as simple as that.'

Hubert looked up at me with a pained expression. 'It never is with you. What happened?'

I paused as I brushed away the sugar from my lips. 'I found him working as a barman at the Metropole Hotel. I spoke to him after he finished his shift . . .'

'Yes,' said Hubert impatiently.

I sighed. Hubert knew me well enough to expect failure and problems but Danielle didn't and I really didn't want to parade my dire performance in front of her.

'Come on, Kate. What have you done?'

'I haven't done anything,' I said irritably. 'Nigel arranged to meet me in the morning for another chat — but he didn't turn up. He's on the run again.'

'Who's he on the run from, dear?' asked Danielle as she arranged her legs and feet so that Hubert could see her thrilling insteps.

'I don't know. All I do know is he's definitely running and he's scared.'

'Is it money — that chap Renton?' asked Hubert.

'It's not money, Hubert. Someone wants him dead. It could be Renton or one of his hench men. But whoever it is has been sending death threats.'

They both fell silent and I sipped at my tea trying to work out my next move.

'What about the aunt?' asked Hubert.

I managed a wry smile. 'That's another complication. The person I spoke to on the phone was not his aunt. His aunt has Alzheimer's disease and isn't capable of speaking on the phone.'

There was a slight pause before Hubert said, 'So you were set up to find Nigel for whoever wants to kill him.'

'That was very well put, Hubert. I'm impressed.'

'I can be impressive when I try,' he said. Danielle looked as if she was about to agree, so I flashed her a glance which told her quite clearly 'I don't wish to know', and she stayed silent and thrust her head back in a way that could only be described as 'camp'.

'What's your next step?' asked Hubert.

'I was hoping you wouldn't ask,' I said. 'I'm not sure whether to go back to the Isle of Wight tomorrow or assume Nigel hasn't gone far away and keep searching for him.'

Danielle murmured, 'I should find his aunt if I were you, Katie. There might be a clue there.'

'I had thought of that,' I said sharply.

Hubert opened his desk drawer and produced a list of nursing homes. 'I pick up from most of these,' he informed me, 'but if it'll help I'll mark the ones that take Alzheimer patients.'

'Thanks, Hubert. You're a peach.'

Danielle nodded in agreement and once more I found myself resenting her. Hubert, I felt, was my exclusive friend and I knew that was being totally unreasonable but she/he seemed ever present and I was used to having Hubert all to myself. Well, I told myself firmly, you'll just have to get used to it.

I smiled sweetly at Danielle, and Hubert gave me a list of four that were known as homes for the elderly mentally infirm. There were two in Longborough and two in outlying villages.

My car wouldn't start. I swore at her and slapped the steering wheel a few times, but she still wouldn't start. 'You bitch,' I moaned. 'A few days I leave you and you get sulky.' I sat there turning the ignition again and again until I knew I'd flooded the engine and there was no option but to start walking.

Longborough was cold and breezy but not with the biting cold of so-called sea 'breezes', and the Christmas decorations didn't look quite so forlorn in the main street as they did beside the sea.

I had some idea of where Hazelwood Nursing Home was and I arrived at four thirty in the dark to face the gauntness of an Edwardian house with large bay windows, a general air of solid respectability and acute dullness. The door was opened by a resident, I presumed, with grey hair poking out from a navy blue fez-type cap, sharp grey eyes and a permanently smiling mouth.

'I'd like to see the owner if possible,' I said. 'I'm looking for a home for my grandmother.'

'Come on in,' she said, still smiling. 'I'm the owner, Avril Danes.'

She showed me through to her office. 'Do sit down. Would you like to tell me about your grandmother?'

I had just begun to formulate a nicely demented grandmother in my mind when Avril Danes said, 'Is there a house to sell?'

I nodded. 'Yes. She has a buyer.'

'That's good, that's very good,' said Avril Danes. 'Some people just have their savings and of course it doesn't take very long to use that up.'

'How much are the fees?'

Without blinking she answered, 'Three hundred and fifty pounds a week, plus you have to pay for hairdressing and chiropody and, of course, you have to supply all bath requisites such as soap and talcum powder. And we like them to have new underwear and at least one new nightie every six months.'

'So it's well over twenty thousand pounds a year.'

'I do like to get the financial position straight. Elderly people don't like to have to be told to go.'

'Does that happen?'

She stared at me. 'Oh yes. Some of my patients come in quite young, you know, and they live on and the money runs out. Social services haven't got the resources, so they send them somewhere cheaper.'

'How cheap is that?'

Avril continued to smile irritatingly. 'Cheapest is about two hundred and fifty a week but some places are quite dreadful, you know.'

'Aren't homes inspected regularly?'

'Oh yes, once in a while, but nowadays it's only the paperwork that interests them.'

'You don't sound as if you approve.'

Avril lost her smile for a moment. 'I'm worn out, you know. I look as old as some of the residents. I *am* as old as some of the residents. I'd like to sell up and I've been trying for five years now. My husband left me; he couldn't take the strain. The staff don't stay. The relatives complain about everything.'

‘Oh dear,’ I murmured.

‘I’m sorry, dear. I go on sometimes. I trained as a nurse before we all became pen pushers and had to write essays on client sexuality. Sexuality is the last of my poor residents’ problems, since they don’t on the whole know night from day or even how to feed themselves any more.’

I nodded sympathetically. ‘Could I tell you about my gran?’

‘Of course you can. Can she feed herself?’

‘Yes, but she can only use a spoon.’

‘Fine. Fine. Is she incontinent?’

‘Sometimes.’

‘Does she still recognize people?’

This is it, I thought, the crunch question. ‘Well, she still talks about people,’ I said. ‘From way back. She did have a particular friend; she occasionally mentions her — Elizabeth Forrester.’

Avril looked blank for a moment, then she said, ‘Oh, you mean Lizzie. We’ve always called her Lizzie. What a coincidence.’

‘It’s a small world, isn’t it?’ I said. ‘Could I see her?’

‘Of course, but she won’t be able to communicate with you.’

‘I’d still like to see her, and have a look round, of course.’

‘Follow me, then,’ said Avril. First home I walked into I’d found her. I was over the proverbial moon.

As she opened the office door a high-pitched wail began, followed by someone shouting, ‘Mother, Mother.’ A slightly stale but characteristic smell of urine and incontinence pads permeated the corridor, and together with the wailing and shouting even I felt uneasy.

‘She’s on the ground floor,’ explained Avril. ‘She still walks occasionally, so we have to be careful. Those that can’t walk are nursed upstairs.’

As we walked along the corridor with its Indian restaurant red-flocked wallpaper I wondered why most nursing homes seemed so dimly lit and why so many of the staff

looked like Sumo wrestlers. I knew nursing home work meant lots of physical work but the two members of staff who passed us were large with muscular arms and thin, grimly smiling lips. If I had a poorly gran I most certainly wouldn't let her live out her last few years in a place like this.

Mrs Elizabeth Forrester was slumped in an armchair that looked as old as her and sagged as much as she did. Her stark white hair straggled lifelessly beyond her chin and although she looked up as we entered the room there was no flicker of interest or animation in her vacant grey eyes.

'Hello, Lizzie,' said Avril. 'I'm showing this lady round.'

There was no response from Lizzie.

'It's a nice room, isn't it?' Avril continued with her sales pitch. 'A lovely view of the garden, and we have the en suite shower and toilet. Your grandmother could have the room next door.'

I stared out at the garden that Elizabeth Forrester could no longer appreciate, then turned to Avril Danes and said, 'Would you please leave me alone with Mrs Forrester for a few minutes?'

She looked a little surprised but nodded and said, 'I'll be in my office when you're ready.'

I sat down by Mrs Forrester and held her fragile white hands. 'I've seen Nigel. He's very well,' I said quietly but directly into her ear. 'Nigel. Your nephew.' There was no verbal response but she squeezed my hand. Her eyes showed no understanding, though, and I guessed her response was merely a reflex reaction.

Moments later she fell asleep, still holding my hand. Gently I slipped her fingers from mine and walked over to her bedside table to examine the few mementoes of a long life.

There was a wedding photograph of an unrecognizable Elizabeth with a balding groom, one of Nigel as a young boy and one more — this time a very elderly Elizabeth sitting in a garden with a young woman in nurse's uniform. The photo

was small and blurred but the nurse interested me. She was buxom with red hair and a pretty face.

Back in Mrs Danes' office I waited for her to appear. When she did she seemed to have forgotten I was still around and looked slightly puzzled. 'I've been with Mrs Forrester,' I reminded her.

'Oh yes. Did she say anything?'

'No. Does she ever speak?'

'Not to me but to some of the nursing assistants she does. Just the odd word — father or mother — that sort of thing.'

'Who is the nurse in the photo?' I asked.

Again Avril looked puzzled; the strange hat combined with a very creased brow made her look decidedly odd. 'Let me think,' she said. 'Lizzie's been here about five years but she had private nurses before that. I think that one was her favourite.'

'Does her nephew Nigel visit her often?' I asked.

Avril gave a surprised look. 'I've never seen him. All I heard about him was there was no love lost between them. When Lizzie first came here she could speak; she was confused sometimes but she'd managed to make a will and she told me although Nigel was her only kin she wasn't going to leave him anything. "He's a waster," those were her exact words.'

'So who has she left her money to?'

'Charities, as far as I know. Why do you ask?'

I laughed. 'Just being nosy, I suppose.'

'What about your gran?' asked Avril.

I shrugged. 'It's difficult, I've got one or two other places to see before I make a decision. If Mrs Forrester had been able to converse then my gran would have felt less isolated, but I'm not sure.'

'In understand,' said Avril Danes. 'The trouble is with running a home like this, especially if an owner wants to sell, you do need full occupancy. It doesn't look good to have empty beds.'

'I'm sure it doesn't. I'll be in touch, Mrs Danes.'

I left Hazelwood with a sense of relief, glad I didn't have a gran to worry about but still very puzzled about Nigel. I realized my only hope in finding the nurse in the photograph was via Pauline Berkerly, my friend who ran the Berkerly nursing agency. She'd been in the area for some time and if she didn't know her personally there was no doubt she'd find out for me.

I rang her from my office at Humberstones.

'A plump redhead, at least ten years ago. You don't ask much do you, Kate?'

I murmured something about nursing her most difficult patient if she found out for me. Pauline laughed. 'I'll hold you to that. But you'll have to give me something to go on. Was this woman in the photo qualified?'

'She wore a blue uniform. I couldn't see any badges.'

'That doesn't mean anything. Trained nurses are always losing theirs. I'll see what I can do. I'll ring you.'

'Be an angel, Pauline, and make it quick. I've a client and I think his life might be in danger.'

'Is being a private investigator like the films, Kate?'

'You must be joking. This job has been one cock-up after another. My suspects have alibis or no motive and it's like walking through treacle wearing shoes made of Velcro.'

Pauline laughed. 'I'll stick to my boring little number, then.'

It was ten p.m. when she rang back. 'Well, Kate,' she said. 'I've just got lucky. A home-help neighbour of mine who knows all the gossip from way back — and probably gossip that hasn't even started yet — remembers Mrs Forrester. In fact she used to clean for her until the "nurse" arrived. A redhead, plump and in her twenties. My neighbour was surplus to requirements then so she certainly hasn't forgotten.'

'Was Mrs Forrester OK mentally then?'

'That's just it, Kate. The Alzheimer's was just beginning and she was anxious and rather depressed and she grew very reliant on her nurse . . .'

'How long was she there?'

'Only about three months, but the gossip is — and it may be just gossip — that Mrs Forrester kept cash under the mattress. A considerable amount.'

'Pauline, have you got a name for me?'

'Only a first name at the moment — Charlotte.'

CHAPTER SEVENTEEN

'Charlotte.' I said the name over and over again as though somehow by doing that all would become clear. The mysterious Charlotte had once been Elizabeth Forrester's nurse and had been seeing Nigel. As there was no love lost between aunt and nephew the money for the hotel must have come from Charlotte. Had they made an arrangement that he'd pay the money back and then he'd reneged on the deal? And how was I going to find Charlotte with only her first name to go on and only a very sketchy description? I stared at the photo that I'd 'borrowed' from Mrs Forrester's bedside table. Charlotte's features were rather blurred but I could see they were neat. Hubert's footsteps outside my door caused me to pause and I waited for his knock.

He came in looking miserable. 'What's the matter?' I asked as I pulled up a chair for him.

He frowned. 'I've just had a row with Danielle.'

'That's not like you. What happened?'

'I asked her to live with me but she said it wouldn't work.'

Although I felt ashamed of myself my first reaction was 'Good!' but I managed to say, 'Why's that, Hubert?'

'She wants to be independent . . .' He paused. 'Do you know I think she's a . . . feminist.'

I tried not to smile. He made the word feminist sound like a cross between being a member of the Baader-Meinhof group and spy for the KGB.

'Give her time, Hubert. Working in an undertaker's and living on the premises are two different things. And, let's face it, although your flat is very comfortable she'd always feel like a guest.'

'I didn't think of it like that,' he said thoughtfully. 'Perhaps if we bought a place together.'

That wasn't what I had in mind but I nodded and murmured something about the path of true love. He seemed to perk up at love's mention.

'What about you, Kate? How are you getting on?'

'I thought you'd never ask. I've been to see Elizabeth Forrester. She's not compos mentis. She disliked Nigel when she was well and she didn't leave him any money.'

'I don't like to say this, but this hasn't been one of your most successful ventures.'

'Thanks, Hubert, I needed that.'

My face must have registered either indignation or despair — even I wasn't sure what I felt at that moment — because Hubert suddenly felt inclined to stand up and put his arm round me. 'I'm worried about you, Kate, you look really knackered.'

I ignored that remark but thrust the photograph under his nose. 'That's Charlotte,' I said. 'Someone Nigel was supposed to see occasionally.'

He stared at the photo for a while. 'She's very pretty,' he said.

'Is she?' I looked again. Yes, I suppose she was.

'She could have changed,' said Hubert. 'How old is this?'

'Ten years, maybe a bit more.'

'I think some women improve with age,' said Hubert thoughtfully.

Suddenly I saw my rainbow. 'Hubert, you really are a genius,' I said, giving him a kiss on the cheek.

'I don't know what I've done to deserve that,' said Hubert with a mixture of embarrassment and pleasure.

We sat in silence for a while until Hubert decided we needed a nightcap and produced some malt whisky and American dry ginger. After a while he asked if I wanted to see his Christmas decorations so we decamped to his flat and sat by the light of a six-foot Christmas tree. He showed me his battery-operated Father Christmas that did a twirl while playing a medley of Yuletide tunes.

'It's a bit naff, isn't it?' I said.

'Not at all, Kate. I think it's quite tasteful. Danielle chose it.'

'She'll be here for Christmas, will she?'

'Of course. You'll be here too, I hope.'

'There's only a week to go, Hubert. I haven't bought a single present. I even forgot my mother this year.'

'You must get more organized, Kate.'

'Tell me about it,' I said sarcastically.

And he did!

I left early the next morning and Hubert insisted on driving me to the station. 'You should take your car,' he said.

'It's not worth the worry, and anyway that's purely academic because it's not starting and the Isle of Wight is so small that I can always hire one.'

'Just be careful, Kate. You don't seem to have any idea who killed Caroline, you've lost Nigel—'

'I did *not* lose Nigel,' I interrupted him. 'He lost me. And I will find out who killed Caroline . . . I just need a few more days.'

Hubert didn't look at all convinced. As I left he said, 'I'll be really disappointed if you don't make it back for Christmas. I regard you as family.'

I paused, feeling gratified and sad at the same time. 'That's the nicest thing you've ever said to me, Hubert.'

As I waved goodbye to him from the train I resolved that I'd be back for Christmas Day if I had to swim the Solent with one hand tied behind my back — and with my last-minute Christmas presents strapped to my back.

* * *

Uplands Lodge now sported fairy lights round the door frame and its hanging baskets and their brightness seemed a welcome contrast to the great bulging grey clouds and sleety rain. I was just taking off my jacket and scarf when Stewart appeared, flashing me a cheerful smile. 'Nice to see you back,' he said. 'Let me buy you a drink.' I reminded myself that he was a liar, although to be fair he had made a promise to Nigel, but that still shouldn't have caused him to lie so expertly.

The bar was only just beginning to gather in the pre-lunch drinkers but Stewart was quick to find a two-seater sofa in a corner, and while he ordered coffee I watched the guests, for the most part, struggling in.

'It could be depressing,' said Stewart, obviously guessing my reaction as he handed me my coffee. 'But our older guests are nearly always cheerful. More cheerful in fact than the younger ones who come in the summer.

'I found Nigel,' I said abruptly.

'Oh.'

'You knew all along where he was, didn't you, Stewart?'

Stewart looked away, unwilling now to lie to my face. 'I wasn't sure, not a hundred per cent, but he swore me to secrecy. He was a frightened man; there was nothing I could say that would make him less frightened.'

'Was it just the death threats?'

'That was enough, I would have thought. They were regular.'

'What did he do with the written ones?'

'He tore them up straight away.'

'Were they sent from the island or the mainland?'

'From the mainland.'

'And who do you think they were from?'

Stewart shrugged. 'How the hell should I know?'

'Why didn't he go to the police, Stewart?'

'What would they have done? Nothing, because nothing happened.'

'Caroline was murdered.'

'Yes, but that was nothing to do with Nigel.'

'How do you know?'

'Well, I don't know, but why should it?'

'Why not? They had been lovers.'

This time Stewart really was surprised. 'I didn't know that. I always thought some woman had broken his heart at some point in his life. I know he only saw Charlotte occasionally and even then he didn't introduce us. Strange, I thought, but then some men prefer not to be committed.'

'Do you actually want Nigel to return or at least survive?' I asked him.

Stewart's eyebrows raised a fraction. 'What are you getting at?'

'Can't you see? Those death threats weren't idle threats, they were deadly serious. It was just a question of timing, Caroline came to the Isle of Wight and it was the right time for the murderer. Now that person must find Nigel.'

'Why?' asked Stewart pointedly.

'If I knew that, Stewart, I'd know who the murderer is. All I would say is that between them they caused someone a terrible need for revenge. Someone may have been harbouring resentment for a very long time.'

We sat silently then, staring around us. I watched Nancy and Harold sitting near the bar drinking a pre-lunch sherry and holding hands and smiling at each other. Margaret was absent and I realized it was the first time I had seen the betrothed pair without her.

'Where's Margaret?' I asked.

'She's staying with a cousin over Christmas.'

'What about the wedding?'

'It's the day after tomorrow. I expect she'll turn up for that.'

I looked at my watch. It was nearly one o'clock. Time was running out for me. If I wanted to be back in Longborough by Christmas Day I was going to need help or luck, preferably a bit of both. And, more to the point, I'd have to start missing a few meals.

'Stewart, I want you to be totally honest with me, especially if you want to save Nigel's life. Have you any idea where he may have gone?'

He shook his head. 'If I had any ideas I'd tell you. Perhaps he's with Charlotte, but I only know she doesn't live on the island. At a guess, though, I'd say she lived on the south coast because in the past he's been over on the ferry and back within a few hours.'

I stared at him for a few moments. He was telling the truth, I felt sure, so I smiled, shrugged inwardly at the loss of my lunch and hoped I could manage to fit dinner in.

* * *

Alex Freeman was out when I called at the house but Tom and Adam were both in. It was Tom who opened the door to me and invited me in. Adam was sprawled between two chairs watching a horror video.

'What do you want?' he asked without taking his eyes from the screen. Tom now lay flat out on the sofa, also watching the screen.

'I want to ask you a few questions about your mother and Nigel Carter.'

Again he didn't move. 'Yeah. The police have already asked me. I said I didn't know anything.'

'Would you mind switching off the video, Adam?'

'I'm enjoying it.'

'I don't give a damn,' I said, striding over to the television and switching it off. They both sat up in surprise. 'Don't you care that your mother's been murdered?' I burst out. 'Don't you want the murderer brought to justice?'

He smirked in response and I had an overwhelming desire to smack his face very hard. 'I don't know why you're getting in a state,' he said. 'She was my mother; you didn't know her.'

'That's why I'm here. Someone she once knew, Nigel Carter, could be in danger.'

'So?'

'So, Adam, I'd like you to tell me a little more about your mother and Nigel.'

He stared at me for a moment with sullen resentment. 'She knew lots of men. Men and money, that's all she was interested in.'

'Could you explain that?'

'I'm not that clever.'

'Oh, I think you are.'

'Oh, for goodness' sake, Adam,' said Tom loudly. 'Why don't you tell her what she wants to know, then we can watch the end of the video.'

Adam struggled with the idea for a time then slowly, 'My mother wasn't a nice person. I quite liked her. She was good to me, really, but she did bring men along and . . .'

'And what?' I prompted.

'She wasn't very honest. She . . . I can't be bothered. You can have it. I haven't told the police I've got it but if it means I'll be left alone then I'll get it for you.'

I was mystified but he left the room and I waited. Tom switched the video back on and for a few minutes I watched zombies on the rampage until I could bear the suspense no longer. 'What *is* Adam doing?'

'He's getting stuff from the attic.'

Moments later I could hear something being dragged down the stairs. Adam appeared at the door carrying a large tin box. He held it out to me. 'It's quite heavy,' he said. It was. I almost staggered. 'This is the key,' he said, holding it in front of my face and then placing the key in my jacket pocket. I walked out carrying the tin box like a bow-legged chicken, with Adam walking in front of me to open doors.

At the front door I did manage to do a Columbo (ask a pertinent question on my exit). 'The night your mother was murdered, Adam, did you know she planned to break into Nigel's cabin?'

'She told me,' he said. 'She kept me informed.'

'I see,' I said. 'Did you tell the police that?'

'No, why should I?'

'Why not if you had nothing to hide?'

He stared at me nastily. 'If you had a mother like mine you wouldn't want people to know. She's dead now and I don't want anything more to do with her. That's why you've got the box. That's all that's left of her.'

'What exactly is in the box?'

He shrugged. 'I don't know and I don't care.'

'You haven't looked?' I was amazed.

He shrugged. 'No. I don't want to know. Anything to do with my mother is bad news.'

Somehow the box in my arms seemed to get heavier. 'I haven't got a car here, Adam, I forgot. Could you ring for a cab?'

'OK,' he said, his voice weighed with the sound of his perceived male superiority.

He walked back into the house and slammed the door. I placed the box on the ground and waited. It began to rain and after five minutes I felt very cold. I marked time on the spot, swung my arms and prayed that Adam actually had phoned for a cab.

Fifteen minutes later, when the rain had soaked me through, my hair hung in rats' tails and I was as cold as one of Hubert's corpses, the minicab appeared. As we drove away I saw Adam's face at the window. He was still smirking.

CHAPTER EIGHTEEN

I was aware of some very strange looks from the guests as I staggered into Uplands Lodge. I was mortified to see Stewart, who seemed equally taken aback by the sight of me soaked to the skin and carrying a metal box.

'Here, let me take that,' he said. Strangely I felt reluctant to let go of my burden. 'Come on,' he urged. 'What on earth's in it?'

'I've no idea.'

He followed me up to my room. My shoes squelched as I walked and the rain dripped coldly from my head down my neck. He paused at the door and looked expectant as though waiting to be asked in. 'Thanks, Stewart, I'm going to have a really hot bath now.'

'What about the box?' he asked.

'Could you put it on the bed?' He placed it down carefully and even then stood expectantly. I smiled. 'Do you want to be there at the opening?'

'I must admit I'm interested. Whose is it?'

'Caroline's. The police don't know it exists. Her son kept quiet about it.'

'Intriguing,' he murmured as he brushed a wet strand of hair from my eyes. I wasn't sure if he meant me or the box, but I decided to ask him back anyway.

‘I’ll have the grand opening in an hour.’

‘Have you had lunch?’ he asked.

I shook my head.

‘I’ll bring up some sandwiches.’

I stared at the dull green metal box, placed the key beside it and ran a hot bath. I lay in the bath, topping up the water occasionally, and thought about Caroline and Adam. Why had she said she was married to Lyle when in fact she’d only changed her name by deed poll? Why had she pretended she wanted to help me when in fact she merely wanted access to Nigel’s cabin? Why pretend she didn’t know Nigel at all? Another mystery, of course, concerned Adam. Whose son was he? And was he the mainspring of the mystery? More importantly would the box contain the answers?

Stewart appeared just within the hour carrying a tray of sandwiches and coffee.

‘Do you want to do it now or shall we eat first?’ he asked.

‘Let’s eat first,’ I said. ‘Why change the habits of a lifetime?’

We ate in silence for a while, then Stewart said quietly, ‘Do you think Nigel could have had anything to do with Caroline’s death?’

‘What makes you say that?’

‘Nigel disappears, which is a good enough way *not* to become a suspect and Caroline turns up dead in his cabin.’

‘It’s possible,’ I agreed, ‘but unless he came over from the mainland by submarine the chances are someone would have seen him, either on the ferry or simply skulking about.’

‘Maybe someone did see him and hasn’t come forward.’

I thought about that for a moment but no one in particular came to mind.

‘Caroline gave the box to Adam a week before she died,’ I said. ‘So she must have genuinely thought her life was in danger.’

In unison we stared at the box. Its shiny gold-coloured lock seemed to me like an all-seeing eye. We walked over to the bed and I picked up the key. ‘At least it’s not big enough

for a whole body,' I said with a nervous laugh but thinking at the same time it *was* big enough for a severed head.

The lock, obviously an unwilling virgin, seemed to reject the key at first. I persevered, trying first one angle then another. Just as I thought I would need a hammer and chisel and was about to break out with a set of swearwords that would shock a brickie, the key turned.

I stared at the contents of the box with vague disappointment mixed with relief; there was nothing slightly messy such as severed body parts, no neatly stacked bundles of twenty-pound notes or interesting jewellery. There were simply mounds of paper, sheets of names and addresses, bank receipts, a passport, two building society books. I looked across at Stewart, who answered me with a wry smile.

'Needs a bit of sorting, doesn't it?' he said.

'I'll be up all night trying to organize this lot,' I murmured. 'My clerical skills are on a par with my detecting abilities.'

'Don't put yourself down,' said Stewart, giving my arm a reassuring pat. 'It doesn't look as if Caroline was that organized. She could have put them in appropriate bundles.'

'It looks like she did this in a rush,' I said, 'as if she had to leave somewhere in a hurry and she just threw the lot in.'

Stewart nodded. 'I'll come back later,' he said, 'and give you a hand. Just organize them into piles and we'll examine them properly in a systematic way.'

He left and I began sorting the loose papers into some kind of order. There were sheets and sheets of names and addresses from an organization called Finders in Birmingham. There was headed paper bearing the title Quick Finance, Prop. Caroline Uxton, 12 Menon Way, Southampton.

There was also a small number of leaflets entitled: 'WE CAN HELP.' Underneath were the words:

> *CCJs no problem. Can't get a mortgage? No problem. Want to buy a business? A shop, hotel or nursing home but can't get the finance? No problem. WE CAN HELP.*

During the last ten years WE CAN HELP has helped many, many people realize their dreams and released them from the frustration of 'black lists' and flat refusals.

WE CAN HELP will offer you sound advice and relieve you of the tedium and disappointment associated with trying to finance a new life when everyone you contact seems to turn you away. WE CAN HELP will not turn you away. Our name is our motto.

Underneath the blurb it said: *Please contact Charlotte Uxton at WE CAN HELP, 4 Commercial Street, Bedford.*

I stared at the name. Perhaps I should have realized that Caroline and Charlotte were the same person. What really struck me, though, was one word in the flyer — hotel.

I continued to sort through the rest of the papers and found a solicitor's letter relating to her change of name by deed poll — Caroline Charlotte Makepeace to Uxton. Also, Adam's birth certificate, a shortened version merely stating that he was born in Bedford on the fourth of January — Adam Makepeace.

I'd just started looking at bank statements when Stewart came back. He stared at the assortment of paper on the bed. 'Pandora's box,' he said. 'Or is it a can of worms?'

'It depends,' I said cagily.

'What do you mean?' he asked.

'Tell me about buying this hotel.'

'Why? What's that got to do with Caroline?'

'I don't know yet, Stewart, but a good deal, I think. Did you in fact get a good deal?'

He frowned. 'Well, yes . . . We did buy this hotel at a bargain price. We were just lucky.'

'Luck may have had nothing to do with it. Was it a repossession?'

'Yes, but it was all legal. The previous owners went bankrupt. It seems they borrowed money for refurbishments and overstretched themselves.'

'Did you ever meet the owners?'

He shook his head. 'Nigel and I viewed the hotel empty. No guests, no owners, just an estate agent from Flowers and Tone.'

'And the mortgage?'

'From a small building society — South Downs. What are you trying to say, Kate?'

I shrugged. 'I'm not sure, but Caroline, also known as Charlotte, was a very shady lady.'

'You mean a crook.'

'I think she was a confidence trickster and a bit of a femme fatale. Only someone got their own back and I'm afraid Nigel is well in the running as a suspect.'

'Why?'

'I think she must have reneged on a deal and his disappearing was a chance to either plan her demise or establish a reasonable alibi. In fact it seems highly possible that he actually told her to go to the cabin. She made it seem a spur of the moment thing, but it may have been planned all along.'

'Who else could have known she planned to visit Nigel's cabin that night?'

I paused. 'She told Adam. She may even have told Alex.'

'So Alex could be in the running as a suspect.'

I nodded. 'Yes, but with reservations. The Isle of Wight police can't be that stupid that they would have overlooked him. His alibi must have been strong, or he had no motive, or . . .'

'Or what?'

'He's managed to commit the perfect murder.'

* * *

My bedtime reading that night consisted of the names and addresses of hundreds of people. People in debt, desperate people like the Bottomleys. The tragedy for most of them was that their names would be removed from the blacklist but only temporarily. How the mortgage scam actually worked I didn't know, but I knew a man who did! How exactly I was going to get him to tell me was a different matter.

I rang his office in Cowes the next morning. Angel answered the phone sweetly, saying after a short pause, 'Mr Renton will be delighted to see you any time.'

I took the bus to Cowes and arrived at his office just before lunch. I was fully resolved to put on a tough act but when his large hand gripped mine and his burly frame towered above, I nearly changed my mind. 'I'd like to talk in private,' I said.

'Angel, go for your lunch now, dear.' Angel, wearing a red mohair jumper and short, tight black skirt, tottered out, smiling.

'Do sit down, Kate,' he said. 'Have you found anywhere you like?'

'Not exactly.'

He raised an eyebrow. I took a deep breath. 'I'm a private detective and I have in my possession incriminating evidence that I'm sure you wouldn't want me to make public.'

Only for a second did he seem surprised. 'Well, well, you had me fooled,' he said. He sat back in his black leather office chair and opened a drawer. After a few moments he produced a large Havana cigar and slowly peeled off the cellophane wrapper.

'So you're on the make, are you?' he said as he caressed the cigar slowly between his fingers.

'No. I simply want information in return for my silence.'

'What sort of information?'

I paused. What exactly *did* I want to know? 'Uplands Lodge Hotel—' I began, but he didn't give me chance to continue.

'What about it?' he asked sharply.

'It was a repossession?'

'Yes, I believe it was.'

'Come off it, Mr Renton, I haven't got time to waste. I've got names and addresses, telephone numbers and if you're not worried on the business front I'm sure your wife would be interested in your more personal activities.'

For the first time I saw a genuine flicker of anxiety on his face, then he cut the end off his cigar with a pair of nail scissors, lit it, inhaled deeply and tried his best to look nonchalant.

'You're bluffing,' he said. 'I've got nothing to hide.'

'You've no worries, then, Mr Renton. I'll just let the *News of the World* have the story and they'll decide if it's newsworthy. I'm sure your wife will be most interested if they decide to print.'

He puffed on his cigar and I tried to guess his sexual secrets. It was then I noticed him glancing at a photo on his desk. Its back was towards me. 'Is that a photo of your wife?' I asked.

He nodded, looking quite miserable. 'I don't want her to find out. She'll leave me.'

'Your . . . secret . . . will be quite safe with me, Mr Renton. It's only your financial secrets I want to explore.'

He thought about that for a moment then said, 'OK. You've won. You want to know about Uplands Lodge . . .'

'And the scams in general.'

'Business acumen, I would call it,' he snapped as he stubbed out his cigar with as much ferocity as if he were grinding me into the ashtray.

'Looking after number one?'

'Yes. I don't believe in worrying about anyone else. Would they worry about me?'

I didn't answer that question. 'Tell me about Uplands Lodge,' I said.

'My memory could be a bit hazy. It was more than ten years ago.'

'I'm sure you remember how much profit you made to the last ten pence.'

He smirked. 'You're beginning to understand how, I think. Well done, love. I don't keep too much paperwork, it's not wise, but I do remember the main points. Uplands Lodge was called Fairview then. It was owned by a couple in their thirties called Cox — John and Denise. Someone in the family had put up the money and they did quite well for their first three years. Then Denise fell pregnant. She lost the baby and became depressed. The business went downhill. They came to me for help.'

He took another cigar from the drawer and laid it carefully in front of him on the desk. 'I suggested,' he continued, 'that to get extra funds they remortgaged.'

'So you arranged for a second mortgage.'

'I tried.'

'How hard?'

'That's the name of the game,' he said with a self-satisfied smirk.

'What do you mean?' I asked.

'I mean, Miss Private Dick, that I haven't made my pile of money running a charity. I run a finance company — the only people who come to me are already failures. No one else will even speak to them. I give them hope for a while.'

'Oh, how charitable!'

'The Coxes came to me. So for a thousand upfront I offer to spend my valuable time chasing their second mortgage. A few weeks later I say I haven't had much luck but I'm still trying and I ask for another thousand.'

'Then what?'

'They say they haven't got it so I suggest they borrow it from relatives. They do. Another five hundred, I say, we're nearly there. Then one day I ring them: would they come and see me? I explain I've had no luck and in all honesty their efforts should now be put into selling the hotel. I arrange for an estate agent to value the hotel, who only slightly undervalues it. They send in their surveyor who finds so many faults that they have to drop the asking price. Time passes, they have trouble paying their original business mortgage plus paying back relatives. I offer to loan them money, at a high interest rate, of course. They agree. Soon, of course, the bank is calling in their money — threats of repossession are made. A few months go by; they can see there is nothing to be gained by staying. They close up and go off into the wild blue yonder. The hotel goes up for auction at a knockdown price, previous interested persons are contacted and told that I can help them gain a loan at a reasonable interest rate. In this case there were three interested parties who all

became clients of mine. Nigel Carter and Stewart Michaelson didn't need much of a loan and they were the lucky buyers. Everyone was happy, the estate agent and the surveyor got a pay-off, Nigel and Stewart got the hotel and I made a few pounds. It was a good deal.'

'Except for the Coxes.'

'They were losers. Life's like that. Some people win and some lose.'

'So what percentage of people who come to you for mortgages actually get one?'

He shrugged. 'About five per cent, I suppose. I have to be successful sometimes. People are so gullible, you know. I get them to tell me their outgoings and all their debts. I write them down on a sheet of paper with another sheet tucked underneath. So their last couple of debts are written on another sheet entirely. Then when they keep getting turned down I accuse them of not telling me of all their debts. They protest that they told me everything and I produce the sheet of paper minus the last couple of debts, which are on the other sheet. They are so stupid they apologize to me.'

I tried to keep my voice level. 'What about ordinary loans? How does that work?'

Renton shrugged and rolled his cigar on the desk backwards and forwards. 'Your ordinary Joes with their CCJs. They come in wanting one big lump sum to pay off their little debts. So I warn them that if they can't pay, their house is in danger, but being losers they take the risk. Most of them can't cope with the repayments and they lose their house anyway. Then, of course, there's a little extra for us all round.'

I watched his greedy face, his pudgy soft hands still rolling the cigar, the cellophane making a soft crinkly sound against his plush desk, and I wished him nothing less than plague and pestilence, financial disaster and full exposure in the *News of the World*. For someone like him, morals were for losers, losers were there to be fleeced for as much as possible and the broken lives and broken dreams of others were of as much importance as the pruning of a wayward tree.

‘Why don’t you light that cigar, Mr Renton?’ I asked.

He shrugged and took my advice.

‘What about Nigel and Caroline?’

‘What about them?’

‘Their death threats.’

He nearly choked on his cigar and I knew immediately he’d also been threatened.

‘I’m surprised you dare have your phone number listed, Mr Renton. There must be more than one person wanting something nasty to happen to you.’

‘You’ve outstayed your welcome,’ he said. ‘I’ve told you how my business works. If you don’t approve, that’s your problem. I shall deny this conversation, of course, and anyway nothing I do is illegal.’

‘What about the backhanders?’

‘Who’s going to admit to that? Get real!’

‘Among your dissatisfied customers have you any idea who might be sending you threats?’

He shook his head. ‘I’m not that worried. Looney or loser, they’d be hard pressed to get past my dogs, my security system and my cameras.’

‘Someone got to your *Havana Belle*, though, didn’t they?’

Scowling, he puffed hard on his cigar, the cloud of smoke hitting me in the eyes.

‘How did you find out about that?’

‘Put two and two together, Mr Renton. I take it Caroline and Nigel were your protégés . . .’

‘Un-bloody-official,’ he snarled. ‘She was the brains of that team. He didn’t have her guts. I had to get rid of them both. They ripped me off, starting doing little private deals on the side. She was good, though.’

‘Was she good in bed too?’

His mouth dropped slightly. ‘How did you know?’

‘Caroline liked to share and share alike.’

I was on a roll now and I didn’t want to stop. I was loving every minute of his discomfiture. ‘Did she tell you Adam was your son?’

His mouth dropped even more. 'He *is* my son — I've been maintaining that boy for years—' He broke off. 'Don't look at me like that. We had to keep it a secret — I was a married man. My wife can't have children — it would have broken her heart to find out I'd a child by another woman.'

'Mr Renton,' I said quietly, 'in the confidence trickster world I think Caroline surpassed you. At least three men think they are Adam's father. And I'm guessing now, but I think all three men have paid maintenance over the years.'

'You're lying. Adam is *my* son.'

'You're going to claim him now, are you?'

'No, but financially he'll be set up for life.'

I stared at him. 'Someone managed to kill Caroline. Nigel is still running and someone on this island is after you. I should always look over your shoulder, Mr Renton, because if there is any natural justice in the world you'll get yours.'

By now he was a tad puce in the face and on his feet. I'd rattled his cage and I was glad. 'Do mind that cigar,' I said as I left his office. 'Someone might just put it where it belongs.'

CHAPTER NINETEEN

I arrived back at Uplands Lodge feeling jubilant that I was at last getting somewhere but that feeling was tinged with the depressing thought that society allowed people like Renton to carry on their very rough trade. Citizens were still going to prison for arrears of the now-defunct poll tax but loan sharks could legally wreck people's lives and escape any sort of retribution.

In my room I started writing a list. I wrote 'FIND NIGEL' at the top, as if by writing it down I'd as good as succeeded. Then under 'CAROLINE'S KILLER?' I jotted down my few suspects. I decided that I had to have two sections: Alibied and Non-Alibied. Alex was in the alibied section, along with Lyle Uxton. Renton fell between both camps. Nigel also had no alibi but he undoubtedly had a motive. My list was beginning to look messy so then I decided on a Venn diagram — A and NA. Lyle and Alex remained clearly in the A circle, Stewart and Nigel in the NA circle, Renton came in the cross-over of the circles, along with, and reluctantly, Adam. He was tall. He was strong enough and he certainly didn't seem grief stricken about his mother's death. But equally he didn't seem nervous or agitated as would be expected. The idea of a paid killer seemed a little off the mark

in view of the use of the crowbar. Of course, my only experience of paid killers was either in films where they usually used guns, or from newspapers, where a considerable number of undercover police seemed regularly to pose as contract killers. That, of course, showed there was a market for hired killers and no doubt there were some who were cunning enough to make the murder seem both random and amateur.

I was on to my second Venn diagram and really thinking things through when someone knocked on the door. I guessed it was Stewart so I called out, 'Come in.' I guessed wrong. At first I didn't recognize him; he wore a cream Aran sweater, tweed jacket and brown cords. He looked no more handsome but he did seem fairly relaxed. I wasn't, I was on edge. 'What on earth are you doing here?' I asked Lyle Uxton.

'I'm sorry to barge in. There was no one in reception so I came on up.'

'Why are you here?'

'May I sit down?'

I nodded. He wasn't a tall man but I felt more comfortable once he'd sat down.

Seeing his face in repose, its roundness gave him a slightly younger look than I remembered from our brief encounter, and together with his minimal hair and rimless glasses he gave me the impression of an ageing baby.

'I know where Nigel is,' he said quietly.

'You do?'

He nodded. 'He's staying with me. He turned up at my home . . . my ex-home. My wife told him where I was living.'

'What did he want?'

Lyle Uxton smiled, which made him look cherubic. 'I think he wanted sanctuary. He's scared, he's convinced someone is after him.'

'I'm sure they are,' I said.

His glasses slipped slightly down his small nose and he stared at me with a worried expression. 'Do you really think so?'

'Could you persuade him to come back? After all, he could have information that would help catch Caroline's killer.' There

was a long pause in which he seemed to be deep in thought. 'Do you want to tell me about your relationship with Caroline?'

'I've told the police. I may as well tell you.'

'You start,' I said. 'I'll make us some coffee.'

I sacrificed my last two sachets of coffee and was just pouring boiling water into the mugs when he said, 'I met her on the ferry going over to the mainland. She was having some sort of panic attack . . .'

I nearly scalded myself, but he didn't notice.

'I know now that she feigned those attacks whenever she travelled. That way she always met someone who was a "soft touch". Anyway, she met me, she had a face like an angel and she told me that she was escaping from an abusive relationship and that she had nowhere to live. I was married but I knew of a flat she could rent and I suggested she took it. That's how it all began.'

'Did you divorce your wife?' I asked.

He shook his head. 'Caroline didn't want me to. She said she didn't want to be known as a home wrecker.'

'Have you got children?'

'Only Adam. Caroline became pregnant almost immediately. I was delighted but she only allowed me to visit once or twice a week. I gave her money, of course . . . but I soon realized I wasn't the only man in her life.'

'What about your wife?'

'I told her about Caroline. For years she put up with me and the situation. There was, of course, a lot of bitterness and resentment. I lived for the time Caroline consented to see me. I suffered agonies of jealousy when I thought she was seeing other men.' He sighed loudly. 'Most of the time I was miserable and unhappy. Stupidly I thought, given time and the fact that Adam was my child, she would settle down as she grew older, and we would be together. But she didn't change. Caroline was fond of me but she didn't love me. I don't think she loved anyone. She loved money most.'

'I've seen her building society accounts,' I said. 'Very impressive. How did she make that sort of money?'

Lyle's bottom lip trembled. 'She wasn't too greedy at first. I knew she was running a small business but I didn't take that much interest.'

He paused and I could see his eyes had begun to water and he stared straight ahead as if lost in his own world of betrayal and misplaced love. To bring him back to the present I asked, 'Did she want more money from you?'

He didn't move for a moment, then he shook his head slowly. 'I was assistant manager at a small bank. I'd been in the area some time. She started asking me to introduce her to estate agents and surveyors and builders. We entertained, she spent her money. Then she started wanting information on client accounts, names and addresses, that sort of thing . . .'

'Those in the red?'

'How did you know?'

'I know. Just keep on talking, Lyle, get it off your chest.'

He smiled wanly. 'Yes. I loved her, you see. I thought if I did this for her she might . . . well, love me back. I know that sounds pathetic and perhaps I am. But I went along with her plans because I couldn't live without her. I tried to reason with her but she pointed out I wasn't stealing clients' money, that what she was doing was perfectly legal, so I was weak and I carried on doing just what she wanted.'

'Did you get found out?'

'No. Six months ago my wife left me for another man. I didn't love her but she was honest and good and worth ten of that evil bitch Caroline.'

'Why did Caroline come to the Isle of Wight this time?'

'I think she was just customer hunting. Strange about her . . . activities. With her it was the thrill of the chase. She made money but she hadn't got expensive tastes. She still lived in her flat in Southampton. In my calmer moments I used to think she was doing it all for Adam but in bad times when I could have strangled her I thought she did it all for herself. She was promiscuous, selfish, amoral and I still loved her, so what does that make me? A pathetic . . . stupid . . . moron.'

I wanted to offer him a comforting platitude but I knew it wouldn't help. Instead I said, 'Did you want her dead?'

He sighed. 'Sometimes. Mostly I just wished I'd never met her. She'd wrecked my marriage, I've resigned from my job and worse than that I have no claims on Adam. He has no regard for me, considers me more like an uncle or a family friend. He's so like her, he absorbed all her attitudes, only connects with people who can be useful.'

'Did Caroline make a will?'

'Yes, about two years ago — everything goes to Adam.'

'Did she tell you about the death threats?' I asked, guessing that she'd received plenty.

Lyle rested his head in his hands. 'Yes, I knew about them.'

'What did you think?'

'I didn't think anything. I sent them.'

'*You* sent them?' I asked in amazement. 'Why?'

He looked me straight in the eye. 'Why? Because I wanted her weak and vulnerable. I wanted to demoralize her, make her lean on me, cause her to give up her activities.'

'But it didn't work like that.'

He smiled. 'She was a tough nut. She told me to pull myself together. She also said more than one person wanted to kill her.'

'It may have been bravado.'

He shrugged. 'I really don't think she was scared. She had no sense of guilt and no fear of death.'

'I wonder, then, why she gave Adam a box of papers containing her passport, bank books and business papers? It was as if she knew someone was about to kill her.'

'Maybe she had a premonition. She believed in all that spiritual stuff.'

'Did you know about her previous relationship with Nigel?' I asked.

He nodded. 'Oh yes, I knew. I sent him death threats too.'

'Have you admitted that to him?'

'No. Do you think I should?'

'Yes. He might come back here if he didn't think he was being pursued by a homicidal maniac.'

'I've got to know him in the past few days. He'd fallen under her spell years ago but he hasn't said much about recent years. It's as if he's ashamed of loving her too.'

'Or perhaps he's done something of which he's ashamed. They did work together for a while.'

'She wanted everyone in her power, you know,' murmured Lyle thoughtfully. 'She was strong and we were weak.'

'Or too nice or too trusting or just too loving.'

He shook his head miserably. 'I don't know anything any more. My life's in ruins. No job, my wife's gone, my house is up for sale. My son doesn't want anything to do with me. Once he even said to me he didn't think I was his father. That was very hurtful. The day he was born was the happiest day of my life.'

I sighed, wondering if Nigel, Alex and James Renton had all heard the news of his birth with jubilation. Had they all offered her maintenance or had she demanded it? Surely James Renton and Lyle couldn't have seen any genetic likeness in the gangly boy, or was their pride in fatherhood as blind as their feeling for Caroline?

Lyle suddenly looked tired. 'I'd better go now. The police need to see me one more time.'

'Before you go, Lyle, will you answer me one more question about Caroline?'

He nodded.

'Her looks. Has she changed much over the years?'

He smiled. 'Oh yes. When I first met her she was plump as a little cherub, then she got very slim about a year after Adam was born. She often changed the colour of her hair, sometimes red, blonde or brunette. Sometimes she changed the style of her clothes — ethnic, power dressing, smart casual — she was a different person to different people.'

'Did she ever do any other sort of work — non-office work?'

'No.'

'Did she ever go away?'

'After Adam was born she nursed her elderly aunt for a while. She was more of a companion, really. Somewhere in the Midlands, I think. The aunt died, she came over here, but as I said, her previous relationship was violent and she decided to settle in Southampton.'

'Was *your* relationship violent?'

'I slapped her a couple of times but I'm not really a violent type. She could bring out the worst in me.'

'You're sure it was only a slap?'

'Yes,' he said firmly. 'And I was very ashamed of myself.'

'So you don't think Caroline had ever been frightened of you?'

He stared at me and then smiled. 'Caroline wasn't frightened of anyone. She was tough. The sad thing is, I still love her. I know she was selfish, perhaps even evil, but I'll never stop missing her.'

'Why did you follow her to the Isle of Wight, Lyle?'

He shrugged. 'I suspected she was seeing someone. I watched her leaving the bungalow, followed her to the hotel and assumed she was meeting a man. I'd been drinking, I was at the end of my tether. That's why I got violent. I would never have harmed her.'

'Someone else was also at the end of their tether, Lyle. I just wish I knew who.'

CHAPTER TWENTY

After Lyle's visit I sank into the private investigator's doldrums or the 'What the hell do I do now?' syndrome. I tried ringing Hubert, only to be told by Danielle that the cold room was 'chocca' because influenza was rife in a local nursing home and he was fully booked with funerals until the day before Christmas Eve.

The weather had taken a turn for the utterly dire with gale force winds and rain that didn't seem to fall — it was thrown! Who did I see next, anyway? As far as I could guess, only Adam remained without an alibi and of course young Tom. Boys of their age did occasionally commit murder but surely not matricide? As far as motive was concerned, all the usual ones might count — jealousy, money . . . even love.

I went down to breakfast, chose a full fried one and didn't feel a whit of guilt. After all, it was raining hard and today I decided was a day for reflection and a full stomach. The dining room was noisy and busy, but I managed to bag the only two-seater table in a corner and for a while sat in splendid isolation. Until, that is, Stewart came over to join me just as my vast breakfast arrived. He smiled at my bacon, egg, sausage, tomatoes, mushrooms and — oh, most heinous

item of all — fried bread and said, 'I like a woman with a hearty appetite. Do you mind if I join you?'

'Not at all, as long as you too have the full breakfast.'

'I'm man enough for it,' he said, somewhat suggestively.

Trying to concentrate on my food I merely smiled, although I've always suspected as far as suggestive smiles go, on men they look like a leer and on women they look simpery, so I hoped my smile was simply a reflection of food enjoyment.

After a while the silence between us made our chinking knives and forks, swallowing and then crunching on the fried bread seem exaggerated, so I said, 'Lyle Uxton came to my room yesterday.'

Stewart swallowed hard. 'What the hell for?'

'To tell me Nigel was staying with him.'

'Why on earth should he go there?'

'Why not? They had Caroline in common.'

'How is he?'

'Fine. Lyle says he'll try to persuade him to come back.'

Stewart pushed his plate away, his breakfast only half eaten.

'You do want him to come back?'

'Of course I do.'

I knew he was lying, but why? 'You don't look pleased,' I said.

He shrugged. 'I suppose I've got used to being in sole charge. The power must have gone to my head.' He was trying to be light hearted but not succeeding.

'Stewart,' I said quietly. 'Don't you think it's time you were honest with me?'

He glared in response. 'I don't know what you're talking about. I've got to go now, Kate. I'll see you later.' With that he left as quickly as if pursued by a charging rhino.

I continued eating my toast and told myself firmly that of course being a private investigator wasn't easy, why should anyone want to give me information, I was lucky to have got this far . . . I was well into my own little pep talk when

I gazed up from my toast to see DCI Formbridge standing in front of me.

'All right if I join you?' he asked. A smile from Formbridge would have been asking too much, but he did manage to incline his head.

'They'll give you breakfast if you want,' I said.

He looked undecided. 'Was the full breakfast good?'

'Delicious.'

'Hmm. I should be watching my cholesterol.'

'I'll watch it for you,' I said. He didn't appreciate my little joke. I thought breakfast might cheer him up, so I said, 'It's just the once, Chief Inspector, and anyway you won't need lunch, so that's a saving.'

'That's true,' he said as he signalled to a waitress.

While he waited for breakfast he stared round the guests, then unexpectedly said, 'Nigel Carter rang this morning. He's coming back.'

I didn't say anything.

'You'd already found him, hadn't you?' He was obviously disgruntled.

I nodded. 'Have *you* made any progress?' I asked.

'Of course we have. But we've found quite a number of people were less than distressed by Caroline's death so it's made the investigation a bit slower. We're getting there, we persevere and I do have a strong suspect.'

'Why are you here today?' I asked.

'Just taking a look round,' he said cagily.

'So you think someone staying in the hotel murdered Caroline?'

'Oh yes,' he said. 'Don't you?'

'Well, I did think that at one time but anyone fairly agile could have got into the garden without having to go via the hotel. The wall's high but not that high.'

'Our scene of crime boys didn't find anything to indicate that anyone came over the wall.'

'What did they find?'

At that moment the waitress arrived with his breakfast and as he began to eat hungrily I realized he wasn't going to answer that question. After a few mouthfuls he said thoughtfully, 'Caroline Uxton had a colourful life — a poverty-stricken childhood, an alcoholic single mother who bought booze before food. They lived like gypsies, moving from one place to another, but each place got worse, more run-down, more problems. She left home at sixteen, worked as a chambermaid for a while, then later for James Renton, who runs a so-called finance company.'

'How did you find all this out?' I asked.

'Diaries we found at her flat in Southampton.'

'So you know the men she was involved with?'

'We certainly do.'

I waited for him to expand on the male front but he didn't, he carried on eating. After a while he said, 'We do know who benefits from her death . . .'

'Adam?' I queried.

He shrugged. 'In time.'

He sipped his tea, helped himself to some of my cold toast and flashed me a rather sickly smile as if saying, 'We know something you don't know.'

'Are you going to tell me, Chief Inspector?'

'Why not? She left all her money, a considerable amount . . . to Lyle Uxton. We've just told him, it was a do-it-yourself will but it's been verified as perfectly legal so he's come out of it quite well.'

'What about Adam?'

'His school fees are to be taken care of by Lyle and he'll have some money when he's twenty-one. It was her wish that Adam kept in close contact with Lyle as, in her words, "Lyle has always been a good father to Adam."'

'Does Adam know about this?'

He will do today. That's where I'm going from here.'

'It may not come as a surprise.'

'That's true.'

'Could he have killed his mother?'

'Of course he could.'

'Have you questioned him?'

Formbridge's lips set once more into their near-normal angry position. 'This force may not be the Met but we do maintain our standards. Yes, he has been questioned very carefully and sympathetically.'

'Not by you, then,' I said, just as a joke but he glared in response.

'I'll be talking to him today,' he said coldly.

He left then, merely nodding at me again and I felt slightly peeved because if there was anyone I'd brave the wind and the rain for it would have been Adam.

'Hello, Kate,' said a voice at my side. 'You look as if you've lost a shilling and found a tanner.' He was wearing one of those zipped-up cardigan-type jumpers, olive green with brown suede panels at the front, and cream trousers. He certainly looked sprightly enough at that moment for the rigours of his forthcoming wedding day.

'Hello, Harold. I don't remember shillings but I know what you mean.'

'I hope you'll be coming to the wedding. We're not sending official invitations to those at the hotel. Everyone's welcome. Nancy is getting really excited. Mind you, she hasn't even found a frock to wear yet.'

'When exactly is it?'

'The twenty-second. It's at three p.m. at the Baptist Church, then back here for tea and a dance.'

'I'm looking forward to it,' I said, making a quick mental note not to forget to buy them a wedding present. 'Is it just as exciting the second time around?' I asked.

Harold looked at me thoughtfully. 'It's different,' he said. 'Just different.'

'Why don't you sit down, Harold?' I suggested.

Resting his walking stick against the chair, he sat down heavily and, after a short pause, said, 'I've just been out for a walk. I go for the paper every morning, rain or shine.'

'Why don't you have them delivered to your room?'

He smiled. 'It gives me a reason to go for a walk. I used to have a dog called Jasper, just an old mongrel but I walked him every morning and twice in the evening, so even when I do go for a walk it's not the same. I like to have a reason to walk and buying a paper is as good a reason as any.'

'What happened to Jasper?' I asked.

Harold looked at me then, so sadly that I wished I hadn't asked. 'When I lost the business,' he said slowly, 'and had to move, I couldn't keep him, so . . . he was old and arthritic and I had him put down.'

'I'm sorry,' I murmured.

Harold shrugged. 'It's a pity people can't be put down as easily as dogs. There's no suffering. He didn't even blink when the needle went in. He just kept looking at me — I didn't know he was gone.'

I was struggling to find something appropriate and comforting to say when I saw Nancy approaching slowly. When she finally reached our table, she said, 'There you are, Harold. I've been looking everywhere for you. You're always disappearing.'

He smiled. 'Never mind, love, I'll soon have the ball and chain on.'

'That's not a nice way of putting it, is it?' she said. 'Come on, love, we've got things to discuss.'

Harold gazed heavenwards. 'Women and weddings,' he said as though talking directly to God. 'They make such a palaver.'

'And men,' said Nancy, 'do nothing but moan about the cost.' She smiled at me, they smiled at each other and then Nancy helped Harold to his feet and they walked off arm in arm.

I wondered as I watched their retreating backs if I'd have to wait till I was in my seventies to meet the man of my dreams. And would I think him worth the wait?

A short time later, with my door slightly ajar as I dithered about going out in the still-torrential rain, I heard the chambermaids chatting. I'd only seen them fleetingly before

and in no way could they be 'maids'. One was well into her sixties with slightly bowed legs and the other was fortyish with varicose veins and her bleached hair was only memorable because of its black roots.

I stood with my ear to the door hoping they wouldn't notice it was slightly open and listened.

'Untidy!' said one. 'Number eleven. You're lucky you're not doing my floor this week, Jean. Number eleven, they're old enough to know better.'

Jean laughed. 'Will they win this week, do you think?'

'They won last week. I think I'll bet on that couple in six.'

'He looks a bit past it, Mary. My old man looks as if he's got more life in him than that fella in six.'

'Looks can be deceiving, you know, Jean. What about Harold and Nancy. They won the WFL three weeks in a row.'

'I know. I mean, they can hardly walk, let alone . . . Maybe getting married will cure 'em.'

They both laughed and I heard the sounds of packets being removed from their trolley and then doors opening and closing. I picked up my coat and umbrella and crept out of my room as if I'd just eavesdropped on a royal tryst.

CHAPTER TWENTY-ONE

I paused at the entrance to the hotel and decided I needed to hire a car. I could hardly practise surveillance in a downpour standing under a brolly for hours at a time. I assumed that Formbridge, if he had visited Adam, wouldn't have spent long with the surly youth, so my timing might just be well judged.

An hour later, having used some more of my camera money, I sat, slightly steaming, in a warm new car sucking Polos, listening to the radio and waiting for Adam to leave the Freeman house. Of course there was a chance he wouldn't go anywhere at all but being an optimist I convinced myself was all part of the job. I sucked enough Polos to rot gold fillings and though I occasionally gave the windscreen wipers a quick swish I could quite easily have been sitting in a car wash for the amount of the outside world I could see.

Two hours later the rain eased off somewhat and I was relieved to see I hadn't wasted my time. Adam and Tom were on the move by minicab. I'd always wanted to say, 'Follow that car.' It didn't have quite the same cachet when spoken aloud to myself but it galvanized me into action and I drove behind the cab at a safe distance, keeping virtuously to the speed limit.

I soon became aware they were going towards Ryde. Perhaps they were simply going Christmas shopping or to the Arcade to play the fruit machines. Once in Ryde I realized they were not on a fun trip because the minicab stopped at the boatyard and the two boys took shelter under the stone-built gents' lavatory.

From my car, between soft rivulets of rain running down my windscreen, I could see them waiting. Was the gents' loo significant? I wondered. After about five minutes they grew fidgety and were obviously cold, because they wore only sweaters and jeans. Adam, in particular, began pacing along the edge of the small building. There was no one to be seen and even Robbo's office looked deserted. The boats bobbed up and down noisily, a few seagulls wheeled overhead and we all continued to wait. Once or twice the boys glanced over to my hire car but luckily they couldn't see me because of the rain on the windscreen.

It was then he appeared. I'd looked down for a moment to switch on the radio and when I glanced up a figure with his back towards me was talking to the boys. He carried a large black umbrella, but I knew from his width who it was — James Renton. They talked for a few moments, then I saw Adam stuff something into the pocket of his jeans. Renton turned and walked away and the boys, seeming more jaunty now, walked in the opposite direction towards the town. They'd obviously booked the minicab for the journey home, because the same car turned up at the entrance to the boatyard.

I assumed they would be going home, so I followed behind and once I was sure that they were at least going in the right direction I allowed myself to lose sight of the car without worrying.

Outside the house there was no sign of the minicab or the boys and I cursed myself for losing sight of them. I ate my last Polo and was about to drive away when one of the downstairs lights came on.

I knocked several times before I heard answering footsteps. It was Tom who opened the door. He stared at me

questioningly for a few moments, then shouted, 'Adam, it's that woman asking questions again.'

'The name's Kate.'

'Kate!' he yelled.

'I'm coming. Just hang on a minute.'

'You'd better come in,' said Tom.

As I walked into the hall Adam came slowly down the stairs.

'Why are you hassling me?' he asked. 'I gave you that box so that you'd leave me alone. Do you want me to tell the police you've got it?' His smile seemed tight and nasty.

'Are you trying to blackmail me, Adam?'

He shook his head. 'I don't suppose you've got any money.'

'So if I had you would consider blackmail?'

He shrugged. 'Why not? Dickheads deserve all they get.'

'Like Renton?'

He couldn't hide his surprise. 'You followed us?'

I nodded. 'Yes. I saw what went on. I take it with your penchant for blackmail he was giving you a pay-off.'

Anger flashed in Adam's eyes and Tom moved to stand beside his friend. Suddenly they both looked threatening. Even more so as they moved closer so my heel touched the wall and I began to feel a sense of claustrophobia at their sheer physical nearness. They were invading my space and I would have sworn on oath that both boys were exuding dangerous amounts of testosterone.

'I think you two should stand back,' I said firmly. 'I would hate to have to assault your manhood with a Japanese twist. Quite incapacitating, I can assure you. You'd have to crawl away.'

My threats seemed to have the desired effect. Tom's right hand moved swiftly to protect his manhood and Adam suffered a brief cringe before moving back and pulling Tom with him.

'What's a Japanese twist?' asked Adam.

'Similar to a Chinese burn but agonizing. Do you want me to demonstrate?'

'No thanks. Just ask your questions and then go.'

'That's not very polite, Adam,' I said, emboldened by my success. 'You could invite me in properly and I'd love a cup of coffee.'

'All right, then,' he answered reluctantly. 'Come into the kitchen. We have got other things to do, you know.'

The kitchen sink and drainer were cluttered with take-away food containers and I counted at least six glasses and four unwashed mugs.

'Your father isn't here, then Tom?' I said.

'He's gone away for a few days on business.'

'And the cleaning lady?'

'Her husband's ill. She hasn't been in for several days.'

'When will your father be back?'

He shrugged. 'Don't know. He said he'd be a few days looking at property on the mainland.'

The coffee, when I was eventually presented with it, was vile, but I thanked them anyway, sipped it slowly and stared at them between sips. I was deliberately trying to make them uneasy, and it worked.

'What's your game?' asked Adam.

'I'm not playing games, Adam. I'd like to find out who killed your mother, because although I was hired to find Nigel Carter I subsequently found out about the connection between him and your mother . . . and I'm a person who needs to know.'

'She's dead. Nothing's going to bring her back.'

Just for an instant I thought I saw genuine sorrow in Adam's eyes, then, just as swiftly, his usual surly expression returned.

'Whoever killed your mother may kill again,' I said. '*You* could be a target.'

He grinned. 'What have I done?'

'You tell me, Adam. Today you met with James Renton and it seemed to me he was giving you money. What was he buying?'

'He just wants to help,' said Adam. 'He knew my mother.'

'I know he did. Come on, Adam, be realistic. Renton could be the man who killed your mother, perhaps not personally but he could have hired someone to do it.'

'He wouldn't do that.'

'Why not?'

'Because he thinks he's my dad and he knows if I found out he'd killed my mum I'd kill him.'

'Do you think you could kill someone?'

Adam smiled lazily. 'Yeah. I'd shoot them. But I'd have to have a really good reason.'

'I'm glad to hear it. In your opinion, then, killing isn't wrong.'

'I didn't say that,' said Adam indignantly. 'Of course it's wrong, but you have to look after yourself, don't you? You think I don't care about my mother being killed, but I do. I'm looking for him too and when I find him — he's dead!'

'What did Renton pay you for, Adam?'

Adam's mouth tensed into a sulky line. 'I'm not saying anything. He didn't give me any money and I don't know why you think he did.'

'I saw him.'

'You couldn't have.'

'I saw,' I repeated.

Simply by the expression in his cold bright eyes I knew Adam wasn't going to give in. Crossing his arms he said, 'Prove it. Go on, prove it.'

I was well aware I had lost my way with him on this point. Of course I couldn't prove it, but equally I didn't want a fourteen-year-old to have the last word. 'Think about it, Adam. Very carefully. If you have information that could trap the killer, and he knows, you could be next.'

'I'll be ready,' he said.

'Your mother probably thought that — until the first blow.' He winced. 'Leave me alone. Just leave me alone.' His voice sounded higher, slightly scared.

'Remember, Adam, if you want to talk I'm at Uplands Lodge Hotel.'

I left then but one thought did strike me. I was fairly sure Adam wasn't trying to protect Renton, but what about Alex? Of course Alex did have his alibi but what if *he* had paid someone to do the terrible deed. Or maybe his alibi wasn't as cast iron as the police assumed.

* * *

Back in my hotel room I was debating the pros and cons of chasing up alibi witnesses when there was a knock on the door. It was Nancy. 'I've got it!' she said excitedly. I was about to say 'Got what?' when I saw the large shiny plastic bag. 'Your outfit?'

She nodded. 'Will you come down to my room, Kate, and tell me what you think? You're young and I'm sure you'll know if it's suitable.'

'Yes, of course. Where's Harold?'

'He's gone off to the hire shop for his suit. So we'll be all on our own.'

Although the room was large and the furnishings standard hotel issue, Nancy had made it home with many little extras, fresh flowers and potted plants, two matching footstools and various knick-knacks from across the years. She seemed to guess my thoughts. 'It's home to us now, dear. Strange to live in one room but we're ever so happy. Harold goes out quite a bit. He enjoys a walk even in winter.'

It was while Nancy changed into her wedding outfit in the bathroom that I moved to the window and gazed out. Behind the trees I could see the cabin and by craning my neck I could also see a man's back. He straightened up, turned round and began walking back towards the hotel.

It was Nigel.

'Well, what do you think, Kate?'

Nancy stood before me in a pale blue two-piece suit, the jacket slightly fitted and showing at the neck a white silk mandarin collar. Her cheeks were pink, her hair a shimmering silver, her eyes bright with excitement.

'You look lovely,' I said. 'Harold's a very lucky man.'

Having seen the outfit now, and having seen Nigel, I must have moved towards the door without realizing it.

'Don't go yet,' said Nancy. 'You haven't seen the hat. I've got two to choose from. Are you sure this outfit looks all right? It's such a worry. I do so want everything to be perfect on the day.'

'You'll look perfect,' I said as I resigned myself to catching up with Nigel later.

Nancy was putting on a matching blue pill-box hat with half-veil and a confection of tiny flowers when she said, 'I'm surprised you've never married, Kate.'

'I haven't given up. After all, you're getting married for the second time.'

'True,' she said. 'My first husband was a good worker but he gambled. We got into money difficulties. He wouldn't retire. Work and worry killed him in the end.'

'What about Harold's first marriage?'

Nancy stared at herself in the mirror. 'Harold says all that is in the past. I don't know the full story, but losing his plumbing business was a real blow. He worked long past retirement age, you know. Then his business went bust . . . He doesn't talk much about that time in his life but sometimes I catch him with a funny look in his eye as if he's remembering . . .' She paused, adjusted the veil, smoothed down her skirt and said softly, 'At our age all those old memories seem so fresh as if everything happened just the other day.'

Two cups of tea and two custard creams later I left Nancy and began the search once more for Nigel.

There was no sign of him in reception or the bar and I was just about to go down to the kitchen when Stewart appeared.

'If you're looking for Nigel,' he said, 'he's gone.'

'I seek him here, I seek him there . . .' I began.

'I'll tell you what he came for,' said Stewart, 'if you promise to have lunch with me.'

I smiled. 'Done!'

Stewart suggested we ate lunch via room service in his room. As we waited he said, 'I'll put you out of your misery. Nigel's gone to see the police.'

'To confess?'

Stewart smiled. 'No, not to confess. To tell the police that a key he had hidden outside the cabin has gone missing. He'd forgotten about it. Last year he'd mislaid his keys and as he'd only got one to the cabin he had two cut. For some reason he decided to place one under a stone outside the cabin. He did tell me once he left his keys in the Pig and Whistle.'

I couldn't quite fathom the significance and must have looked blank, for Stewart seemed to know I needed an explanation.

'Someone had access to his cabin even before he left. Nigel said he sometimes had the feeling that someone had touched papers on his desk, but he thought that was just his increasing paranoia. He's only just remembered about the key, and the morning Caroline was killed the murderer could have used the door and even been in the cabin for some time before Caroline was killed. She would have heard someone scrabbling through the hole you two forced.'

'Which is why she didn't put up much of a fight,' I murmured. 'Perhaps they talked first; maybe it developed into a row.'

'We'll probably never know, Kate.'

I shook my head. 'I'm sure the police have a good idea who did it. Maybe they can't prove it yet but I want to be at least equal with them.'

Stewart gave me a slightly patronizing smile, so I said in retaliation, 'Stewart, do you remember a short time back we were talking about Caroline and I called her Charlotte — you didn't bat the proverbial eyelid.'

'I knew she was Caroline Charlotte so I didn't comment.'

'I see. I also find it really strange Nigel didn't give you a spare key to keep in the hotel? Are you sure he wasn't frightened of *you*?'

Stewart stared back at me so coldly I shivered. 'Are you frightened of me?' he asked.

Suddenly I wasn't sure.

'Are you?' he repeated.

'Of course not,' I said sharply, but I was lying.

CHAPTER TWENTY-TWO

Alex Freeman phoned me later that evening. 'I'm sorry I missed you, Kate,' he said, as if I'd made a social call. 'The boys told me you came round. If there's anything I can help you with I'll be in all evening.'

I paused before I answered. I felt suspicious, as though he wanted to check me out, find out what Adam had told me.

'Fine — about nine?'

'Come earlier, Kate, I'll do a stir-fry. Say, eight?'

'I'll be there.'

I arrived at the house at five to eight, waiting as long as I dared without knocking, and thought as I stood there that time-keeping is really a psychological trial. Arrive early and you can look too keen, too eager; arrive late, you feel inefficient and lazy. Being punctual to the minute indicates a certain rigidity of personality and an attention to detail you might not be able to keep up. All in all I guessed that I admired the unpunctual person most, who turns up cheery and unconcerned. Lateness to me meant embarrassment, whereas to some of my past friends being late was one way of showing they were unconventional, free spirited and couldn't give a damn what anyone thought about them.

When I did knock on the door it was opened so promptly by Alex that I suspected I'd been watched — merely waiting for time to pass.

'Kate, I'm so glad you could come,' he said with a very welcoming smile.

'Why's that?' I asked.

He smiled again. 'I don't often get a chance to share my brilliant chicken stir-fry with an attractive woman.'

'I'm sure that's not true,' I said, feeling at that moment quite unable to make flirtatious small talk.

'Come on through to the kitchen. You don't mind eating in the kitchen, do you?'

'I prefer it.'

The kitchen had resumed its usual pristine condition and Alex poured me a glass of wine, assuming I'd drink it.

'I'm driving Alex. I've hired a car. Could I have a soft drink?'

He shrugged. 'I could phone for a minicab, then you could keep me company.'

I shook my head. 'I'd love some orange juice.'

I watched him as he reluctantly poured me out some orange juice. He was tall, he was attractive, supposedly he cooked a good stir-fry, but he was just too sure of himself, too convinced of his own desirability.

'The boys are out,' he said as he handed me a tall glass of juice. 'It'll give us a chance to talk.'

'What in particular do you want to talk about, Alex?'

He smiled easily. 'This and that — but it can wait till after we've eaten.'

Within minutes Alex and his wok enjoined in a routine of smoking oil, fiercely frying chicken and bean shoots, which he shook and tossed as if his life depended on it. *Or* he was merely showing off. A short time later, with a huge bowl in front of me, I tasted his oriental delights. I had to admit, although it didn't taste like a Longborough Chinese takeaway, it was pretty good.

'This is wonderful food,' I said, looking him straight in the eye, 'but I didn't come for the food. I came for information.'

'What do you want to know?'

'I want to know more about Caroline.'

'Why?'

'Why?' I repeated. 'Because she was murdered.'

Alex put his hand out and touched mine. 'Have you found anyone who's sorry she's dead?'

'Well no, but . . .'

'You're going to keep pecking away, aren't you, Kate?' he said gently as he stared at me with those Paul Newman blue eyes.

'I suppose I am, although I do want to be home by Christmas, which leaves me only three days.'

They finished the meal in a rather strained silence.

As Alex stacked the dishwasher, he said without turning towards me, 'Perhaps it's time I told you the truth.'

He finished stacking, poured himself a whisky and sat down again at the kitchen table. 'I've spoken to Nigel and we both agree that we have to tell the police what really happened. Not because we're overly concerned about Caroline's death, but to ease our consciences and prevent anyone else dying.'

'So you think this person could strike again?'

He nodded. 'The police seems to think so. You see, Nigel has been in contact with them, they now know that some incriminating papers were removed from the cabin, presumably at the time Caroline was murdered. The murderer knows our names and addresses.'

'What do you mean, "our"?'

He sighed. 'In those days we worked together — Renton, Nigel and me and, of course, Caroline. Mortgage rackets, mostly. That's how I acquired so much property.'

'And now you feel ashamed of yourself?'

He smiled wryly. 'Partly, perhaps, but I'm totally legitimate now, except . . .'

'Except what?'

'Caroline couldn't leave me alone. She'd ring me wanting false references — that sort of thing — and she wouldn't take no for an answer.'

'Why not? Surely you could have told her you didn't want to be involved any more.'

He shifted uneasily in his chair and finished his whisky in one gulp. 'It wasn't that easy. You remember I told you I slept with Caroline. I was married at the time, which was bad enough, but Caroline also found out I was bisexual.'

'I see,' I murmured.

'Do you? I don't think you do. Gay awareness is gaining ground but bisexuality is still a bit of a mystery and I do have a penchant for young men. I've always been terrified that if it became public I might lose Tom. I've always helped maintain Adam and kept in touch with him and I know he wants to stay with me rather than Lyle, whom he seems to despise.'

I nodded. 'What did she have on the others?'

Alex had stood up and was refilling his glass. 'Are you sure you won't have one?'

I shook my head. 'I think you're trying to change the subject, Alex. I did ask if you knew what she had on the others.'

Alex stared for a moment into his whisky and I thought he was going to ignore my question entirely. 'I'm not sure, but I wouldn't tell you even if I were. Their private lives were and are no concern of mine. Anyway, I'm glad the bitch is dead.' He took another mouthful of whisky. 'She had no conscience, no morals. Her only motivation was power and accumulating money. She manipulated us like puppets.'

'And you let her.'

He shrugged. 'Yes, we did. Perhaps we were weak but we had so much to lose.'

'Is your alibi kosher?' I asked quietly.

He smiled. 'Oh yes. The tenant in question is very law abiding and the police are perfectly satisfied I was where I said I was at the time of Caroline's death.'

'And the boys? Are you sure they didn't leave the house?'

'What's that supposed to mean?'

'They could have killed Caroline, or at least Adam could . . .'

'Nonsense! Don't be so bloody ridiculous.'

'It does happen, Alex.'

He stared at me, his eyes losing their blue friendliness and taking on more the colour of a turbulent sea. 'I think you'd better leave now. Neither Tom nor Adam has violent natures. They are perfectly normal teenage boys, selfish but not, I repeat *not*, killers.'

'Did you know Adam is capable of blackmail?' I asked, but I didn't really expect an answer. He continued to stare at me with a mixture of anger and bewilderment as if he couldn't quite believe I could dare say such a thing. I felt I still had a point to make and I was going to make it. 'Adam has been taught by an expert. From all I've learned about Caroline she could probably have made a criminal of Mother Teresa.'

'You're talking nonsense, woman. I don't have to listen to any more of this.'

I shrugged. 'I'm going now, Alex, and I'm sorry if I've upset you, but it is possible that Adam's desire to be with you and Tom may have been motive enough to kill his mother. Murder has been committed for less.'

His answering glance seemed to confirm that murder could be motivated by merely casting aspersions, so I made a hasty exit, but I knew as I left that he was uneasy and would remain so until he could talk to both the boys. Even so, I wasn't convinced that Alex would shop either of them. *If* they were killers, they could quite unconsciously have committed the perfect murder.

* * *

When I got back to the hotel I bumped into Harold and Nancy as they were returning to their room. Nancy's face looked a little pinched and her eyes were slightly red.

'You don't look well, Nancy,' I said.

She forced a wry smile. 'I'll have to put on a brave face for tomorrow,' she said. 'I can't let Harold down.'

Harold squeezed her hand in response and she smiled up at him.

'Has something happened?' I asked.

Nancy nodded. 'It's Margaret. She's phoned to say she's not well enough to come tomorrow.'

'Is it serious?'

She shook her head. 'I don't think so, but she was . . . well . . . strange. As if she didn't want to come.'

'I'm sure she does,' I said.

'Maybe,' said Nancy, sounding unconvinced.

'Come along, dear,' said Harold. 'We've got a lot to do.'

As I watched them walk slowly away I felt a little puzzled. Was Margaret jealous of Nancy's happiness? I was just thinking I'd probably never know the answer when Amanda appeared.

'Hello, Kate. Have you seen Stewart?'

I shook my head.

'He's never around when I want him,' she said, frowning.

'Problems?'

She smiled and shook her head. 'Not really. It's just a catering problem.'

'The wedding?'

She nodded.

'I've just seen Nancy,' I said. 'It seems Margaret isn't well enough to attend the wedding.'

Amanda gave me a quizzical look. 'I don't know if I should be telling you this, but a friend of mine works in a guest house called the Rosedale, just outside Ryde, and Margaret's staying there.'

'How strange,' I murmured.

'You won't tell Nancy, will you? She's under the impression Margaret is staying with relatives.'

'No, of course I won't.'

Once in my room I stared out of the window for some time. I decided I had two options. The first was that having

found Nigel for an albeit bogus aunt my mission was accomplished and I could go home. The second was that I had a duty to find out who murdered Caroline. I had a feeling that going back to Longborough would win over the high moral ground, but first I would visit Margaret. I was curious about her sudden defection, and even if I left the Isle of Wight immediately after the wedding would I enjoy Christmas . . . wondering?

CHAPTER TWENTY-THREE

On the way to Margaret's new abode I bought a bottle of sherry from the off-licence. It seemed faintly unethical to encourage her to drink but at her age and in her frail physical condition it was, I thought, a justifiable indulgence.

The Rosedale Guest House was a large Edwardian house just outside the centre of Ryde. The front door had a brass knocker and stained glass of rather gaudy red roses. It was opened by a tall, middle-aged woman with ultra-black hair cut short in a spiky fringe. She carried a cloth in her hand and wore a plastic rose-covered apron.

'I've come to see Miss Margaret . . .' I announced. She dabbed at the woodwork on the door before answering me.

'She's in her room,' she said, polishing some imaginary speck on what to my eyes seemed absolutely pristine paintwork. 'Along the corridor first room on the right.'

The hall carpet obviously reflected the rose theme and the pictures on the walls didn't deviate but depicted every rose from dog rose to full blown. Outside Margaret's room were several small framed collages made of rose petals and I had a strong impression of rose-smelling polish until I realized my eyes had deceived my nose and it was really lavender.

‘Come in,’ Margaret called at the sound of my knock. When I entered the room, she lifted her head slightly to see her visitor and I knew by her anxious expression I wasn’t welcome.

‘Nancy doesn’t know you’re here, does she?’ she said sharply.

‘No, Margaret, she doesn’t. I came to see what was wrong.’

‘I’m a bit tired, that’s all. There’s nothing wrong with me.’

‘May I sit down?’

She nodded.

‘It’s a lovely room,’ I said as I sat next to her on a high-backed grey chair with rose-embroidered chair antimacassar.

‘I like it,’ she said and she moved her head slightly to look round.

The carpet was a plain rose pink, the lampshades a darker pink with tassels; even the cornices of the high ceilings were rose shaped. In the bay window on a drop-leafed table stood a vase of red roses. ‘It’s much bigger than your room at Uplands,’ I said. ‘More like a bedsitter.’

‘I’m quite happy here,’ she said, the emphasis on the ‘quite’.

‘Did you move because it’s cheaper?’

‘I did not,’ she said indignantly. ‘I heard it was a nice clean place and the food was good, so I moved. I wasn’t happy at that hotel.’

‘I’m surprised at that, Margaret. I thought you, Harold and Nancy made a great team.’

She paused. ‘Things change.’

‘What things?’

‘Kate, I don’t want to be rude, but I don’t want to talk about Harold and Nancy.’

Simply to change the subject I said, ‘What about Christmas? Will you stay here for Christmas?’

‘Of course. Mrs Munro, the landlady, will be here and there are four other permanent guests. I’m looking forward to it.’

‘I’ll be leaving after the wedding, probably. Nigel’s appeared and I’m sure the police are making headway with Caroline’s murder, so there’s no reason for me to stay.’

‘No,’ she murmured. ‘None at all, I suppose.’

Margaret’s head hung painfully low and for a moment I thought she’d fallen asleep. I was getting nowhere fast, but I was determined not to leave until I found out about the rift, because it seemed so sad that three people who were such good friends should be estranged.

Suddenly Margaret lifted her head slightly. ‘Would you like a cup of tea?’

It was then I remembered the sherry, so I produced it with a flourish from my shoulder bag.

‘Even better,’ she said as she smiled for the first time since I’d entered the room.

‘I’ve got some gin to go with it,’ she said as she stood up slowly and walked over to her bedside cabinet.

‘Gin with sherry?’ I queried. A mixture like that seemed more like slow suicide than mere indulgence.

‘You’ve never tried it?’ she said.

‘It sounds lethal.’

She gave a dry laugh. ‘Oh, it is, dear, but it’s delicious.’

Producing two large schooner glasses, she’d poured the gin in before I could tell her I didn’t want it.

We sipped slowly on our drinks and I had to admit this was one way to drink gin, the pleasure being you couldn’t actually taste the stuff.

‘Nancy’s found a lovely outfit to wear for her wedding,’ I said.

‘Blue?’

I nodded.

‘Blue’s always been her colour.’

‘I think Harold’s wearing dark grey.’

‘Nancy’s too good for him,’ said Margaret and I noticed she’d very nearly finished her glass.

‘What makes you say that?’

‘Intuition,’ muttered Margaret.

I knew then that Harold was the problem and not Nancy, and a few reasons sprang to mind. Perhaps Margaret had found out he was a bit of a womanizer or maybe even a

gold digger. Perhaps Nancy's finances were in better shape than Harold's, but even so the difference wasn't likely to be that great. Finishing my gin and sherry in a final gulp, my mind quickly toyed with ideas of Harold as a flasher, a peeping tom and a paedophile. But I firmly rejected them all.

'Time for another,' said Margaret, holding out her glass to me.

In her glass I added a generous measure of gin; in mine I was a little more parsimonious, because I'd realized that Margaret could drink me under the proverbial table.

'I never married,' she said as I handed her the glass.

I smiled. 'Are you glad or sorry?'

Raising her head so that she could look directly into my eyes she said, 'Very glad I didn't marry, but I would have loved children. I was born in the wrong era. As a school teacher now I could perhaps have been a single parent.'

'It would have been hard.'

She nodded. 'I suppose it wouldn't have been fair on the child either.' She smiled briefly. 'Men do have their uses, I suppose.'

There was a pause then. I desperately wanted to get back to the Harold and Nancy question but I wanted to be tactful so I said eventually, 'I've been to quite a few weddings, but I can never imagine myself being married.'

'Why's that, dear?'

I shrugged. 'My relationships just seem to go wrong. Or maybe I don't have very good taste in men. The steady reliable types frighten me. I imagine the life. He comes in at just after six each night, jaded and tired and expecting a meal even if you've just got home yourself. Then he switches on the TV and after a little moan about work and colleagues he falls asleep. Once a week together you do a supermarket shop and perhaps on a Sunday, in the early days, he takes you out for a pub lunch but after a while he says, "Your cooking is so much better, darling, let's stay in." So you stay in. If you want to go out with a girlfriend he doesn't exactly object but goes all quiet and sullen so after a while you stop bothering.'

‘What’s the alternative, though, Kate? Hours and hours spent alone. No one really caring if you live or die. It can be very hard living alone. I talk to myself quite a bit. Once I did have some single friends but they are gradually dying off.’

‘Hey, come on, Margaret, we must have drunk too much — we’re getting maudlin.’

‘On the contrary, my dear, we haven’t had enough. Drink up and I’ll pour us another. If you want the bathroom it’s just next door.’ Was she psychic? I wondered.

By the time I came back into her room the third drink awaited me. I wouldn’t be driving my hire car back to the hotel tonight. I was drinking on an empty stomach; it was five p.m., the wedding was tomorrow and as yet I hadn’t bought a present for the happy couple.

‘Have you bought Nancy a wedding present?’ I asked.

Keeping her head down she said quietly, ‘I didn’t have the heart.’

‘Why not?’ I asked. ‘Harold hasn’t got a terminal illness, has he?’ This seemed to me the most logical explanation.

‘Not of the sort you mean.’

‘I only know one sort. Why don’t you tell me about it?’

‘I couldn’t do that, Kate. I have to keep my secret.’

‘But surely if it’s something that will affect Nancy, don’t you have a duty to . . . at least warn her?’

‘She’ll find out in time.’

‘But in the meantime this dark secret could spoil their marriage. Perhaps it would be better in the open.’

‘I think not,’ said Margaret firmly. ‘Some things are better off not being exposed and anyway I could be wrong.’

‘She’s your friend,’ I said. ‘If you were marrying Harold wouldn’t you want to know and would it make a difference? I mean, would you still marry him?’

Margaret seemed to think about that for some time, staring at her hands and rubbing them nervously together. ‘I probably would still marry him,’ she said. ‘And live in hope.’

I sighed. ‘Margaret, think about it. If it was you, would you rather be forewarned, at least?’

'I suppose it wouldn't come as such a shock,' she said. 'But who wants bad news on their wedding day?'

'Come on, Margaret, what bad news? Other than him having a dire condition I can't see what else could be so bad.'

'You're not drinking, Kate. Drink up.'

I stared at her glass, which was empty. I couldn't let the side down. I finished my drink in one.

'That's better,' she said. 'You won't be anxious soon.'

'I'm not anxious, I'm just puzzled.'

'You'll stay for supper, won't you?' she said. It wasn't really a question and at that moment I felt hardly able to stand, but I was sure I could eat.

'If it's no bother,' I said.

'It's no bother to me. I'll just tell Mrs Munro you'll be eating tonight. She'll bring it along to us.' She stood up then and staggered a little. 'I'll need my trusty frame,' she said. 'Here in my room I try to do without, but for the corridor I need help.' From a huge walk-in cupboard she lifted out her Zimmer frame, patted it fondly and began walking slowly to the door. 'I won't be long. I keep it hidden away so it doesn't remind me I'm disabled.'

'Shall I pull the curtains?' I asked.

'Good idea,' she said, twisting her neck to speak to me.

'It's always best to cast out the night.'

Once she'd left the room I stood up, then sat down again quickly. My head was spinning and all blood flow seemed to have stopped in my legs. I felt my top lip; it was numb. This is a sure sign, I told myself. You're drunk! I tried to stand up again by using my hands to lever myself from the chair, but I couldn't move. I sagged back down into the chair and held my head. I felt ill, really ill. The room started to go round and round, the black sky outside was moving too, dots of light shimmered before my eyes, my stomach knotted and unknotted, but worse than that was that I couldn't seem to think properly. Thoughts drifted in and out of my brain like goldfish in a fancy tank — I had seaweed floating in my brain

— in and out and round and round. I knew I was drifting but I couldn't hold on to my thoughts.

I had nightmares in my horrible drifting, nauseous world. Mrs Munro was doing things to me. Undressing me. Moving my chair around the room. Doing things to my arms and legs. The word dying flitted into my head. That must be it. I was dying. Dying, I thought. Now my past life would flash before me — but then there was nothing.

Nothing until a face appeared. Black, black hair, spiky fringe like tiny daggers. Pale face close to mine. From some distance I heard my name being called. It was then I became aware of the pain in my head, an iron band. I tried to open my eyes. When I finally succeeded, a bright light seemed to scorch them and I closed them quickly. 'Meningitis,' I croaked. 'I'm dying.'

CHAPTER TWENTY-FOUR

'Here, drink this,' said a voice I recognized as Margaret's.

'What is it?' I managed to croak.

'It's just warm milk, it'll do you good.'

'I don't like milk,' I managed to say. 'I'm feeling a bit better.'

'Drink it,' said Margaret firmly. I drank it. It tasted foul but I was thirsty. 'I'll help you to the bathroom,' she said as she held my hand to sit me upright.

'I'm in your bed,' I murmured in puzzlement as I gazed at her floral duvet cover. 'I thought I was in hospital.'

Once I was on my feet I managed to get to the bathroom without help. I splashed my face with cold water and noticed my wrist watch had been removed.

Margaret was waiting for me my the bed. 'You can't go yet; you're not quite well enough,' she said. 'Rest in bed for a bit longer.'

'I'm just a bit groggy,' I said. 'I'll be fine in a few minutes.'

'Get back into bed, dear,' she said, holding the corner of the duvet up. I struggled back into bed and minutes later, when I felt the strange and awful tiredness creep over me . . . I knew.

'You've poisoned me!' I burst out as I struggled to sit up.

Margaret pushed my shoulders back down on to the bed.

'Not poisoned, dear. That's a bit dramatic. I've drugged you. Just some more of my Ativan tablets crushed up in the milk.'

'Why?' I asked, but my voice didn't seem very loud, so I asked again, trying to make my voice louder. 'Why?'

'I'll tell you when you wake up, dear. You have a lovely sleep.'

'Sleep!' I thought. 'Sleep! I could be dying,' but the effects of the drug soon meant I didn't really care. Sleep was fast engulfing me and I felt no anxiety.

* * *

When I did wake up Margaret sat by my bedside more like a worried gran than a treacherous poisoner. 'You've woken up at last,' she said, as if I were being lazy and having a lie-in. 'I'll make some tea.'

'No thanks,' I said quickly.

Margaret laughed. 'It's all right, Kate. Just plain tea this time. You can go as soon as you feel better.'

Emboldened by the fact that I was still vaguely alive, I said, 'I'm not leaving here until you explain why you've done this to me.'

'All in good time. All in good time. Would you like something to eat? Mrs Munro will cook you anything you fancy.' Pride wouldn't allow me to say yes to food, so I shook my head.

'I'll go and tell her you're feeling better and you can get dressed.'

Once she'd left the room on her Zimmer frame I raised myself from the bed feeling, I'm sure, less well than Lazarus, and dressed myself as quickly as I could. I found my watch on the table in front of the window and stared at the time — six p.m. I pulled back the curtains — it was dark. What day was it? Saturday — the day of the wedding. I'd missed it. Margaret

had wanted me to miss it. Why? Why the hell should she have wanted to keep me here so that I couldn't attend the wedding?

When Margaret came back she seemed genuinely pleased. 'You do look better,' she said.

'I'm so glad,' I said sarcastically. She didn't seem to notice my sarcasm; in fact she seemed almost excited by her deed. 'Mrs Munro is bringing you a tray of tea and toast. She was worried about you last night. I told her about the gin and sherry but not the Ativan.'

'Of course not.'

Margaret walked slowly towards me without her Zimmer frame and rested her hand on mine. 'I'd rather you didn't tell Mrs Munro that I . . . spiked . . . is that the word? your drinks. I think she'd understand, but on the other hand she might think it was a bit dramatic.'

'Dramatic,' I echoed. 'I think that's an understatement.'

'I did it for the best.'

'Whose best?'

'Nancy's, of course.'

At that moment, there was a knock at the door, which I jumped up to answer. Mrs Munro, carrying a tray of tea and toast, stood there. 'Well, I am relieved to see you up and about. I was really worried. I thought you were ill, but Margaret told me you hadn't got much of a capacity for drink so it was to be expected.'

I wanted to give her a sharp retort but merely said, 'I'm sorry I was so much bother.'

'No bother at all, dear. I should stay off the alcohol, if I were you. Some people it just doesn't agree with.'

'I'll remember that in future.'

When she'd gone I turned to Margaret. 'Are you going to tell me why you wanted me to miss the wedding?'

Margaret gave me a sly glance. 'I thought you had put two and two together and that was the reason you had come to see me. Nancy and Harold are the two most precious people in my life. I couldn't let you go, just in case you guessed and Nancy's wedding day would have been spoilt.'

I poured out tea for both of us and began eating the hot buttered toast. 'For some reason, Margaret, you practically told me anyway.'

Margaret nodded slowly and thoughtfully. 'I'd had a lot to drink. It made me loose-tongued.' She paused. 'I've always had a problem with alcohol. It was those two who saved me . . .' Her eyes filled with tears, then she added miserably, 'They are only . . . suspicions.'

'Mine too now,' I said, but as I thought of Harold, all neatly pressed and happy, I found it very hard to believe.

'What makes you think Harold is a murderer?' I asked.

'I didn't say that,' she said. 'I just have my . . . doubts.'

'You realize I shall have to find out more, don't you?'

'Of course,' said Margaret. 'At least Nancy is married now. It's just so much more respectable. I never did approve of them sharing that room. To me they were living in sin.'

'Margaret, are you going to tell me the basis of your suspicions?'

'No,' she said firmly. 'I'm not. I've decided that I'm going to develop a really bad memory. When the police do come, and they will after you've spoken to them, I'm going to act dotty. Without my evidence they won't have a case.'

'Is Nancy so special to you?' I asked.

Margaret smiled. 'They both are. I told you before, they saved my life. I feel I have an obligation to them.'

I finished my tea and toast in silence. As I left, Margaret said, 'I do hope you'll come to see me again.'

Outside, the shock of the cold fresh air made me shiver, my head felt more muzzy and I prayed I'd be able to drive. Once in the car I kept the engine running for a while until the heater came on, then opened the window slightly and drove back to Uplands Lodge very slowly and very carefully.

In reception I could hear the wedding celebrations still going on. Even the Christmas tree had a smattering of confetti. I was creeping towards the lift when Stewart appeared.

'Kate, where've you been? I was just about to call the police. I've been really worried.'

'I'm OK Stewart, I was delayed.'

He frowned. 'You look awful. In fact you look ill.'

'I'm not too chipper,' I said, and I had to admit I felt worse now than I had earlier on.

Stewart put an arm around me. 'You could do with a drink,' he said.

I couldn't even force a smile. The idea of alcohol nauseated me. 'That's the last thing I need. I'm just going to my room to lie down for a while.'

'I'll take you.'

'There's no need. I'll be fine.'

'I'll take you,' he repeated, and I didn't feel up to arguing, so I let him take me by the arm and to my room. 'Lie down on the bed and I'll make you a cup of tea.'

I watched him making tea and he watched me drinking it, but at least he let me finish it before he started asking questions. 'Now then,' he said as I swallowed the last drop. 'What happened?'

'I was slipped a Mickey Finn.'

Stewart's expression moved from disbelief to concern. 'Who the hell by?'

'I'd rather not say at the moment,' I murmured.

There was a long pause, in which Stewart looked peeved, but eventually he said, 'OK . . . I'll ask you again later. But I would like to know why this person didn't want you to attend the wedding.'

I paused now, debating with myself. Could I trust him? There was no suggestion he'd had dealings with Caroline, and yet . . .

'Come on, Kate,' he said irritably. 'Out with it. This sounds serious.'

'I was drugged by someone who suspects Harold killed Caroline.'

Stewart immediately began to laugh. 'Come off it. Does Harold really strike you as a man capable of murder?'

'He was in the army.'

'Probably the catering corps.'

'Just because he's old, Stewart, doesn't mean he wasn't capable of wielding a crowbar.'

'I'm not saying he's not physically capable, but in God's name — why?'

'That's something I've yet to find out. And I've got twenty-four hours to do it in.'

'Why such a short time?'

'I want to be home by Christmas.'

'You could have Christmas here.'

I smiled. 'It's not the same as being at home. Hubert wants me there.'

'Is he on his own, then?'

'No, he does have a girlfriend.'

Stewart shrugged. 'So you'd be playing gooseberry?'

'Well . . . Yes, I suppose so.'

He smiled and patted my hand. 'If you can't make it home I promise you'll have a good time here. But in the meantime I think you ought to tell me who has these suspicions about Harold.'

'Let me rest for a couple of hours, Stewart, then I'll come down to the bar about nine and drink orange juice with you.'

'It's a date,' said Stewart. 'If you don't appear I shall come looking.'

I felt relieved when he'd gone. I wanted to lie on my bed and think. What exactly did I know about Harold? He'd been in the army, he'd run a plumbing business, he was a widower, he'd had some financial trouble, he gambled on the horses, he enjoyed walking, he loved Nancy and he liked a drink. He liked to drink in the bar! And that's where he was the night Caroline died.

I closed my eyes and tried to remember the scene that night. Harold, Nancy and Margaret had sat on the three-seater sofa, Caroline and I were at a corner table. They had waved to us and Harold had fiddled with his glasses — gold-rimmed. Had he worn them before? I couldn't remember. Was he fiddling with them because they were new? I'd remembered his blue eyes being bloodshot and he hadn't

worn glasses then. So were they new that day? If he was wearing them at night in the bar they weren't reading glasses. In that case they were distance glasses, which meant he could see more clearly. And what did he see more clearly? Caroline. He'd recognized her at that moment. After the visit by Lyle, perhaps he guessed she would stay in the hotel. Did he see us go to the cabin?

I fell asleep fully dressed and when I woke my head was aching, but I did feel more alert. It was nearly nine. As I ran a bath I debated the pros and cons of telling the police of my suspicions, but what did they amount to? Harold once wore gold-rimmed specs and liked an early-morning walk. Really I had no more than that to go on.

I'd just got out of the bath when I heard knocking at my door. I threw on my bathrobe feeling irritated that Stewart should dare to come and rout me out for being a mere twenty minutes late. I opened the door with a flourish and there stood Harold and Nancy, both pink faced and a little bleary eyed but still smiling.

'We're so sorry you were too poorly to come to the wedding,' said Nancy. 'We've saved you some wedding cake, though.' She handed me the cake wrapped in silver foil. 'There's still food left downstairs if you fancy it.'

'Thank you. Aren't you going to dance the evening away?'

Harold leaned on his stick. 'To be honest,' he said, 'we're really tired. We've had a smashing day, but it's been a long one.'

'It wouldn't have been so long, Harold, if you hadn't got up at the crack of dawn as usual.'

Harold didn't answer. He wasn't wearing glasses either.

'You're not wearing your glasses, Harold,' I said, trying to sound casual. 'Don't you usually wear them?'

Harold opened his mouth to reply but Nancy answered for him.

'He should wear them, Kate. He can walk past people without recognizing them. He's walked past me before now.

He's vain, he says a stick is bad enough but, as I told him, he is over seventy so what can he expect?'

Harold managed a smile. 'I'm going to bed. I know you want to stay and chat for a while. Don't be long.'

Nancy watched him walk away and I saw a flicker of anxiety cross her face. 'Have you got time for a little chat, Kate?' she asked.

'Of course, come on in.'

Nancy refused tea and once she'd sat down she began playing with the cuffs of her sleeves.

'You seem troubled,' I said.

She gazed at me for a moment with bright but anxious eyes. 'I'm worried about Harold.'

'His health?'

'Yes . . . his mental health. He's got something on his mind. I thought it was the wedding. He stares out of our window for hours at a time. I think the murder upset him. He watches the cabin. And he walks all the time. He says he's keeping fit but I think it's a waste of shoe leather. His shoes don't last five minutes—' She broke off, as if remembering something. 'He's upset about Margaret too. Once he got quite angry, saying he didn't believe she was ill and she was a nosy, interfering busybody. That upset me for days too, but there it is — friends come and friends go. And of course it was a little sad for him today — his son not being there.'

'Does his son live abroad?'

Nancy shook her head. 'No, dear, he's dead. He committed suicide in the eighties. In the car. The worse part, though, was that he didn't die alone. The family went. His wife and teenage son too. Harold doesn't talk about it much, he keeps it all bottled up inside him.'

'Was there a suicide note?' I asked.

'I don't think so, but I do know that when interest rates went up and the housing market collapsed it affected the plumbing business very badly. Harold tried to help out his son but Andrew had already got involved with a loan shark

and it was too late — he was bankrupt and Harold had to sell up at a great loss.'

'Poor Harold,' I murmured.

Nancy gave me a sad little smile. 'I'd better go. Harold will be waiting for me. After all, it is my wedding night.'

CHAPTER TWENTY-FIVE

I met Stewart in the bar just after ten. It was crowded and most people seemed to be drinking heavily. The Christmas tree glittered in all its artificial glory and barman Frankie sported a sprig of holly behind one ear. Stewart, I thought, seemed a little subdued.

'You're very quiet,' I said.

'All this will wreck Christmas for the guests,' he said. 'Some of them may even decide to leave.'

'So you're just worried about profits?'

'I didn't say that, but police still swarming everywhere and asking more questions won't exactly create an atmosphere of good will to all men.'

We both drank orange juice and although we sat alone at a corner table lit by a red candle I felt there was a coolness between us that I couldn't quite explain. Eventually I said, 'Is there something else wrong, Stewart?'

He stared at me for a moment. 'I'm sorry I seem a bit distracted, Kate. I've just spoken to Nigel. I think he's suffering a crisis of conscience. He wants us to sell up and . . .'

'Give back the money he stole from his aunt?'

'You knew about that, then?' he asked in surprise.

'I knew Caroline posed as a nursing assistant and stole the money his aunt hoarded.'

He nodded. 'It seems she called herself Charlotte and because the old girl was already confused she stayed just long enough to clear out the several thousand pounds she'd hidden in the house.'

'You won't give up the hotel without a fight, will you?' I asked.

Stewart managed a smile. 'If we can sort out the Harold situation with as little fuss as possible, then maybe I can persuade Nigel to stay, if not I shall have to find a new partner.'

'I wonder if the police are on to Harold.'

Stewart shrugged. 'I think they'll get round to him eventually, but if he had an alibi for the time in question—'

'Nancy!' I exclaimed.

'What's that supposed to mean?'

'She must have said he was with her at the time, and who would disbelieve a sweet-faced elderly woman?'

'He could get away with it. It might be better if he did,' muttered Stewart.

'I know Caroline wasn't in the running for a Nobel Peace Prize, but she didn't deserve to die like that.'

'That's a matter of opinion,' said Stewart.

'I thought you didn't know her.'

'I've heard a few things since she died. None of them good.'

'So people who aren't whiter than white should just be bumped off?'

'That's an over-reaction.'

'Is it? Quite a few men were happy enough to sleep with her. I'm surprised you didn't.'

'Calm down, Kate. I wouldn't tell you if I *had* slept with her, but then I think she was quite resistible. I'm not keen on thrusting, ambitious types.' He smiled at me as if suggesting I was the opposite of thrusting and ambitious — which was, I suppose, laid back and lazy. Suddenly I felt I had to show Stewart I really couldn't care what he thought. Abruptly, I

announced, 'I'm going now, Stewart. I'm still a bit hung over from last night.'

'Was it something I said?' he asked with the faintest of smiles.

'No, of course not. I just want to make an early start in the morning. Maybe even before the chambermaids arrive. What time do they start?'

Stewart looked puzzled. 'Six thirty. They help out in the kitchen first.'

'Thanks. I'll see you tomorrow.'

I felt guilty as I walked away and I was aware of his eyes following me, but I couldn't let him influence me. I was determined to find a little more evidence, because after all there was only circumstantial evidence at the moment; then I would contact the police. After that, I'd hopefully make a quick exit back to Longborough. The last ferry I knew was on Christmas Eve. And I wanted to be on it.

* * *

My alarm trilled at six a.m. and in a half-awake state I was washed and dressed by six fifteen. I deliberately left my door open, sat on the bed and waited for the trolley to trundle along the corridor. It was just after seven when I heard sounds of activity outside. I looked along the corridor to see Mary, who was the older of the two, going into a bathroom carrying a plastic box of cleaning materials.

'Do you want to use the bathroom, dear?' she asked when I approached.

I shook my head. 'I just wanted to ask you a couple of questions — I'm a private detective.'

'That's nice, dear, but I'll have to keep working as we talk. We're a cleaner short so we have to do the bathrooms pretty sharp in the mornings. Not many need to use the bathrooms, mind; most of the rooms have baths or showers, but there's always one who wants to use it when it's not convenient.'

'I wanted to ask you about Harold James; he's on the floor below. The man who got married yesterday.'

She grinned and began spraying the bath with a foam spray. She cleaned and talked at the same time. 'Not my floor, but he's more spritely than he looks.'

'In what way?'

From her bending position she twisted her head and winked at me. 'You know what I mean.'

'Have you noticed that he goes out early every morning?'

Mary paused at the tap end of the bath. 'Jean has. She talks to Nancy quite a bit. Nancy sleeps like a log in the mornings. He's up with the larks.'

'Do you remember the morning the body was found in the cabin?'

'Course I do, love. What a day. I didn't see anything, though. I was on this floor that day. We swap floors sometimes.'

'What about Jean?'

'She was a bit late that morning. She didn't notice anything.'

I waited until Mary had finished polishing the taps and was about to ask her another question when Jean walked in. 'I've run out of bloody teabags again,' then, seeing me, she said, 'Sorry, didn't see you there.'

'I've been asking Mary a few questions. I wondered if you'd mind answering a few.'

'What about?' she said suspiciously.

'Harold James.'

'Why him?'

I shrugged. 'Just something I need to clear up.'

A reluctant expression crossed her face. 'Look, tell you what, I'll do a deal with you. I'm dying for a fag and we're not supposed to smoke, so I'll stand here and have one and answer your questions as long as you don't grass on me.'

I smiled. 'Done!'

Taking a packet of cigarettes from the pocket of her blue overall she lit one, inhaled deeply and said, 'Righto.'

'I must get on,' said Mary, gathering up her cleaning materials and bustling away.

'Did you notice anything strange about Harold James the morning the body of Caroline Uxton was found?' I asked Jean as she took another puff of her cigarette and blew the smoke just past my face.

'No, I don't think so.'

'Did you see him that morning?'

'I saw him and Nancy come out of their room.'

'He didn't seem unusual in any way?'

She shook her head. 'Well, only one thing, I suppose. Well, two things. I didn't tell the police because you get a bit confused, don't you? And you don't want to look stupid. It's nothing really, just that . . . He'd had a shower and he made a right mess — water everywhere. Not like him at all. I think Nancy had got up in a bit of a hurry and I don't think she noticed. Ever so neat and tidy, they are.'

'You said two things, Jean.'

'Oh, yeah. The paper. He buys the *Sun* and I like the *Sun*. But as soon as he's read it he bins it 'cos they have the *Radio Times* so he doesn't need it for the telly. Sometimes he cuts out the racing page but that doesn't interest me. So every morning when I do his bin I take out the *Sun* and read it during my tea break.'

'Yes . . .'

'Well, that morning it wasn't in the bin. I just wondered why he hadn't got his paper.'

'What time does he usually go out for it?'

'It varies. I've seen him going out as I come in at half past six, but Nancy says he'll sometimes be out as early as five thirty, just as the shop takes delivery of the papers.'

'Thanks, Jean, you've been a great help.'

'Have I? That's good. I've helped two people today, then. Funnily enough, I saw Harold about half an hour ago as I came along the corridor. He was off to get the paper but we stopped for a little chat and I told him I knew where Margaret was staying. She's at Rosedale; my friend Di works

there as a cleaner. Anyway, he was really pleased, said he'd take her a piece of wedding cake.'

'Oh, my God . . .'

I rushed straight to Harold's room. Nancy opened the door; she wore a pink dressing gown, her hair had not yet been combed and her eyes were puffy and dull looking, as though she'd had a sleepless night.

'Is Harold here?' I asked.

'He's gone for a walk, dear. Why?'

'I just wanted to ask him something,' I mumbled.

'There's nothing wrong, is there?' she asked anxiously. Even as she asked I guessed by the expression on her face that she knew. And I knew there was nothing I could say at this moment.

'No, Nancy, nothing's wrong. Don't worry. I'll see you later.'

I left the hotel immediately and began driving. As I drove through the narrow, empty streets I realized Harold might just as easily have gone for his newspaper, but Nancy didn't say that, did she? She said he'd gone for a walk. I glanced at my watch; it was still only seven thirty. I was sure I'd be there in time.

There was very little traffic but the clouds were grey and low, I needed my side lights and I knew I was driving too fast. Once I clipped a kerb, risked a red light and narrowly missed a man on a zebra crossing and although I slowed down a little I was still over the speed limit. My car screamed to a halt outside Rosedale and I ran out of the car leaving the keys in the ignition and the door wide open.

My demented knocking brought Mrs Munro, one sleeve in, one sleeve out of her dressing gown, black hair in clumps on her head. 'What's the matter? What's happened?'

'Margaret!' I yelled as I rushed to her room. I burst into the room.

Margaret lay on the bed wearing a high-necked nightie and a dressing gown. One fur-lined slipper had fallen off. I couldn't bear the thought of her lying there with only one

slipper on and I bent down to pick up the stray slipper and stood there holding it and staring at her pale face. Her false teeth had dropped slightly, the room smelt of . . . alcohol! I stared at her chest and saw the slight rise and fall. She wasn't dead! She was dead drunk.

I rubbed her hands and patted her face. 'Margaret. Wake up! Has Harold been here?'

'Harold,' she slurred eventually. 'He came to the window. He didn't come in. I opened the window and spoke to him—' She broke off.

'Margaret, stay awake! What did he say?'

There was a long pause. 'Say . . . He didn't say much. He said . . . I should look after Nancy and he was going for a swim.'

'Oh, my God . . .'

From behind me I sensed Mrs Munro shuddering. 'Call the police, Mrs Munro.'

She looked about to faint, so I said firmly and slowly, 'Leave the room, Mrs Munro, and call the police.'

She began to tremble but she started to move and murmured, 'Yes, yes the police.'

* * *

I drove straight to the beach, all the time looking for Harold. I heard the police sirens long before I saw them. The sea itself was black and choppy and as I ran on to the beach I desperately scanned the horizon. Although I stared and stared I could see nothing but the black sinister waves. Until, that is, someone shouted, 'There he is!' I followed the pointing finger of a constable and saw one black-sleeved arm, far out, just a flash and then it was gone. For a moment we all stood motionless, then two constables started stripping off their clothes. Suddenly Formbridge's voice rang out. 'Get your kit back on. It's too bloody late. He's a dead man. The current out there is lethal, he's dead from the cold anyway.' His men hesitated and then began dressing. Formbridge turned to me and said almost

apologetically, 'I can't risk my men's lives for a corpse. The divers are on their way. Believe me, he's a goner.'

We all stood watching for some moments the vast, black, treacherous sea that was now Harold's grave and I thought of newly wed Nancy who so soon had become a widow and felt tears welling in my eyes.

As I walked back to my car Formbridge said, 'We were on to him. We just didn't have any evidence. I think his coming to Uplands Lodge was all part of his plan to wreak revenge on those he held responsible. Undoubtedly he planned to kill Nigel but Nigel did a runner and then Caroline appeared, he recognized her and bingo!'

'Did Nancy give him an alibi?'

'She said he didn't budge from her side until seven a.m. Strangely enough, Margaret alibied him as well. They never lock their door and she expected Harold to be up and she said she looked in on him wanting an aspirin and he was fast asleep in bed. No one believed it, but she wouldn't change her story.'

'He could have done the deed and then gone back to bed.'

'He could indeed, but proving it was another matter. We'd found out about his son's connection with Caroline Uxton and Renton. Harold wrecked his own business trying to save his son's. They both went under in the end.'

'Why didn't he go for Renton? And who fired Renton's boat?'

Formbridge shrugged. 'I think Harold, probably. He was building up to murder. It was a sort of warning.'

Back at the hotel I stayed with Formbridge while he broke the news to Nancy. She was dressed now in a navy roll-neck jumper and skirt. A stray tear escaped down her cheek but that was all. She remained remarkably self composed.

'I knew he'd kill himself if he was found out,' she said.

'So you knew he'd killed Caroline Uxton?'

For a moment she gazed at Formbridge as if pitying *him*. 'Of course I knew. He thought he had a chance of getting

away with it. She made it easy for him coming to the hotel that night and being in Nigel's cabin.'

'How did he get in the cabin?'

Nancy smiled wanly. 'Silly Nigel hid a key outside the cabin. Harold had been in the cobblers collecting some shoes he'd had repaired and he saw Nigel getting a key cut. It was a special offer — two for the price of one. So Nigel got two keys cut. Harold started to go to the cabin occasionally, just looking for evidence against Nigel, I suppose. After Nigel disappeared he used to go there more often—' She broke off. 'Harold wasn't a violent man. He tried the legal way, consulted solicitors, even barristers, but in law it seems crooks can cheat, lie and ruin lives and there is nothing anyone can do.'

'Did he plan to kill Renton too?'

Nancy shrugged. 'Harold was always neat and methodical. And that's all I'm going to say at the moment.'

'Could I ask you a question, Nancy?' I said.

She looked at me steadily for a moment. 'I know what you're going to ask. You're going to ask who telephoned you and paid you to come here. Harold organized that. He wanted Nigel found. His sister made those calls. She'd heard there was a private investigator in the area and Harold thought you might be capable enough to find a missing person.'

'I see,' I murmured. Not meeting a prospective client was one mistake I wouldn't make again.

Formbridge moved forward then and touched Nancy on the arm. 'You'll have to come to the station, Mrs James, to make a formal statement.'

'I'll just get my coat,' she said calmly.

As she fastened her buttons and picked up her handbag she turned to me. 'I think, Kate, for the funeral I'll wear my wedding outfit. Blue is my colour. Harold liked me in blue.'

I nodded and smiled. There was nothing I could say.

A WPC waiting outside led Nancy away. Formbridge gave a sort of satisfied grunt, then smiled. 'Remember this, Miss Kinsella, and you can quote me at any time. "Behind any man's decision is a woman's permission."'

‘Will she be charged with being an accessory to murder?’

He frowned. ‘I’m not sure. In view of her age I don’t think she’ll get a custodial sentence.’

There were so many questions I wanted to ask Nancy and Formbridge but I knew I’d have to wait. The Chief Inspector was obviously in a hurry to close his investigation. He shook my hand and I was instantly grateful he wasn’t Sicilian or Italian because then he might have kissed me.

‘Merry Christmas,’ he said, with resignation.

CHAPTER TWENTY-SIX

In a slightly dazed state I walked to the shops. Other shoppers had that frantic Christmas-shopping-at-the-last-minute look. Some seemed totally desperate. The loose ends of my investigation seemed to me to be as numerous as dandruff, and combined with worrying about presents, buying the camera, checking the times of the ferry the next day, taking back the hire car, no amount of Salvation Army carol singing could make me feel less agitated.

I bought Hubert's present first. I knew exactly what to buy him. Danielle was a bit more difficult. In the end I decided on a complete hand-care kit — nail varnish, false nails, nourishing cream, emery boards — the works. With male hands to care for, I reasoned, she needed as much help as she could get.

The camera shop fazed me and I would have needed a salesperson with time to spare. The salesman on duty looked more demented than the queue of shoppers. I moved on to a supermarket where I felt more at home and I started buying the sort of treats you buy only at Christmas: sugared almonds, Turkish delight, chocolate-covered nuts, expensive tins of biscuits.

Back at the hotel the atmosphere seemed subdued. Even the bar was empty, almost, it seemed to me, as a mark of respect.

A few of the guests gathered in corners and stared at me as I came in laden with Christmas shopping.

As I collected my key Amanda said with a worried smile, 'Stewart's been looking for you.'

I nodded. 'I'm going up to my room. I'll be leaving in the morning.'

'That's a pity,' she said. 'I think he was hoping you'd stay.'

I was still wrapping presents when Stewart came to my room.

'You're really going, then,' he said.

I smiled. 'This was not one of my most successful investigations, Stewart. I just want to put it all behind me.'

'Don't be so hard on yourself. Caroline was a fraudster on a grand scale and fraud cases takes years to clear up.'

'What about you?' I asked. 'Is Nigel still wanting out?'

'I think I can persuade him to stay. I just wish I could do the same with you.'

I shrugged, half wishing that I could stay. After all, Stewart was attractive and he'd not been swayed by Caroline. 'I'm a loner, Stewart. I can't help it. My experience of sharing my life with someone wasn't that joyful.'

'We could take it slowly. Learn to trust each other.'

I shook my head sadly and then stretched up to kiss him. His lips were cool and soft and a for a few seconds I wavered. I *could* stay here for Christmas.

'Just stay on for a few more days,' he murmured in my ear. 'You'd enjoy it.'

I wavered for several more seconds, then gently I pushed him away. 'Hubert needs me,' I said.

'What for?'

'Just to be there.'

Stewart realized then that he wasn't going to change my mind. He kissed my hand. 'Come back in the summer, Kate. And write to me.'

'I'll do that.'

'Goodbye, then.'

Once he'd gone I started to snuffle.

In the morning I rang Hubert to let him know I was on my way home but disappointingly only the answerphone spoke to me.

The rattling sound of the chambermaid's trolley reminded me about Jean and Mary. Jean was having a surreptitious smoke in the bathroom and Mary was acting as look-out.

'Hello, dear. We heard about what happened yesterday. Terrible — really terrible. I'd never have thought it of Harold. I mean, he didn't seem like a murderer, did he?'

'No, he didn't,' I said.

As I handed them each an envelope with money in I had to ask the question even if they did think I was stupid. 'Mary, I overheard you talking about the WFL,' I said. 'It's been puzzling me.'

She laughed and Jean emerged from the bathroom laughing too.

'I'm surprised you didn't guess, dear,' said Jean. 'You being a private detective. We had a little bet each week. Harold won a few times.'

They laughed again. 'It's the Well Fucked Look.'

'I thought it was that,' I lied.

The crossing was cold, choppy and packed with last-minute Christmas returners. A middle-aged woman weighed down with plastic bags full of presents fell just outside the ladies. She'd fallen on her wrist and seemed in some pain. This time I hesitated. 'Does anyone know first aid?' I asked in a loud voice.

'I'm a doctor,' answered a female voice as she waded in through the concerned onlookers. I slipped away unnoticed and congratulated myself on being so sensible.

Once we'd docked and left the boat I stood and searched the faces of waiting friends and relatives for Hubert. He wasn't there and I experienced one of those moments in life when you feel totally alone and abandoned.

Then suddenly I heard a voice calling 'Kate!' and there he was. Looking sombre and tired, his face seeming paler than ever.

'I've driven like the clappers, Kate. I rang you last night but you must have been out.'

'I went to bed early. I put the phone on mute.'

'I spoke to the owner. He told me you were leaving early in the morning. Come on, let's get to the car. I'm perished.'

The 'car' was a hearse. 'Why do you do this to me, Hubert?'

'Danielle wanted to use my car,' said Hubert. 'This was all there was. Just be grateful for a lift.'

On the way back to Longborough I was grateful for the smoothness of the ride and for the blanket Hubert provided.

'So, what happened?' asked Hubert.

'I can't say it ended in a blood bath, Hubert, but . . . someone died.'

'Not Nigel?'

'No. Nigel's fine.'

'Well then, Kate. Mission accomplished.'

I tried not to laugh. 'Oh, Hubert,' I said. 'You make things seem so simple.'

On the journey I told him in great detail about Caroline and her scams, how lives had been ruined. I even told him about the Bottomleys.

'Only one thing to do about that sort of fraud,' said Hubert. 'Get the media involved. Ring the tabloids, TV, radio stations. That sort of publicity will ruin their little racket.'

'You're' right,' I said. 'But then you usually are.' He smiled, highly gratified.

* * *

Obviously under Danielle's influence Herbert had decorated his flat in very dubious taste. There seemed as many baubles and as much glitter as in the whole of Ryde itself. The enormous Christmas tree stood in the corner of the lounge with flashing lights, shiny balls and glittering silver strands.

The three of us ate a huge cooked breakfast washed down with Buck's Fizz and then we exchanged presents.

As Hubert opened the box and saw his gift his eyes lit up as bright as the lights on the tree.

'I suppose it's a joint present, really,' I said, smiling at Danielle. 'I bought the largest size — an eight. Will they fit?'

'I'll make them fit, darlin',' said Danielle.

Holding the black strappy creation with stilt-like heels, Hubert gazed at them for several reverential seconds as though they were icons. Then he passed them solemnly to Danielle, who forced her at least size nine feet into them. She tottered round the room. Hubert watched her and smiled happily. He was in his own personal heaven.

I smiled through a haze of Buck's Fizz and Christmas bonhomie, aware that I could get maudlin and sentimental. But I didn't care. I was home, it felt like home and I was amongst friends.

THE END

THE JOFFE BOOKS STORY

We began in 2014 when Jasper agreed to publish his mum's much-rejected romance novel and it became a bestseller.

Since then we've grown into the largest independent publisher in the UK. We're extremely proud to publish some of the very best writers in the world, including Joy Ellis, Faith Martin, Caro Ramsay, Helen Forrester, Simon Brett and Robert Goddard. Everyone at Joffe Books loves reading and we never forget that it all begins with the magic of an author telling a story.

We are proud to publish talented first-time authors, as well as established writers whose books we love introducing to a new generation of readers.

We won Trade Publisher of the Year at the Independent Publishing Awards in 2023. We have been shortlisted for Independent Publisher of the Year at the British Book Awards for the last four years, and were shortlisted for the Diversity and Inclusivity Award at the 2022 Independent Publishing Awards. In 2023 we were shortlisted for Publisher of the Year at the RNA Industry Awards.

We built this company with your help, and we love to hear from you, so please email us about absolutely anything bookish at feedback@joffebooks.com

If you want to receive free books every Friday and hear about all our new releases, join our mailing list: www.joffebooks.com/contact

And when you tell your friends about us, just remember: it's pronounced Joffe as in coffee or toffee!

ALSO BY CHRISTINE GREEN

KATE KINSELLA MYSTERIES

Book 1: DEADLY ERRAND
Book 2: DEADLY ADMIRER
Book 3: DEADLY PRACTICE
Book 4: DEADLY PARTNERS

Printed in Great Britain
by Amazon

35333579R00130